Hellmut Kapfenberger **Berlin−Bonn−Saigon−Hanoi**

Hellmut Kapfenberger

- geboren 1933 in Schalkau (Thür.)
- nach Grundschulbesuch 1948 bis 1951 Lehre als Möbeltischler
- zur selben Zeit Volkskorrespondent für die Kreiszeitung Sonneberg
- 1952 Delegierung zu einem Volontärslehrgang der Nachrichtenagentur ADN in Strausberg bei Berlin
- 1953 bis 1990 Arbeit in der Auslandsredaktion des ADN in Berlin
- 1963 bis 1968 Fernstudium an der Fakultät für Journalistik der KMU Leipzig, Abschluss als Diplomjournalist
- dazwischen 1970 bis 1973 Korrespondent für ADN und Neues Deutschland in Hanoi
- 1980 bis 1984 Leiter des Indochina-Büros des ADN in Hanoi und ND-Korrespondent
- zwischen beiden Einsätzen mehrmals als Sonderkorrespondent in Vietnam, Laos und Kambodscha
- bis 1992 Arbeit in der ADN-Marketingabteilung, dann Vorruhestand und schließlich Rente

Hellmut Kapfenberger

Berlin-Bonn-Saigon-Hanoi

Zur Geschichte
der deutsch-vietnamesischen Beziehungen

2013 • Verlag Wiljo Heinen, Berlin und Böklund

Es setzt
sich nur soviel
Wahrheit durch,
als wir durchsetzen.

Bertolt Brecht

Inhalt

Wort zur Sache 9

Ruf aus dem Gebirgsdschungel Nordvietnams 17

DDR appelliert an deutsche Fremdenlegionäre 41

Adenauer: »Heldenhafte Verteidiger
der freien Welt« 63

Thälmann-Bild im französischen
Kolonialkerker 91

Willkommen in Moritzburg und Dresden 107

Treffen in Berlin –
»Wilhelm, wie geht es dir?« 119

Vietnam-Politik im Zeichen von
Antikommunismus und Aufrüstung 131

Bundeswehrstrategen wittern Morgenluft 153

Bonn rechtfertigt Bombardierung
des Nordens 179

Mit großem Aufwand den USA zu Diensten 199

Reservisten der Bundeswehr »to the front« 219

Zehntausendfacher Ruf:
   »Hände weg von Vietnam!«   *247*

DDR auf der anderen Seite der Barrikade   *279*

1973: Neue Bedingungen
   für Zusammenarbeit   *313*

»Arbeitskräftekooperation«
   zu beiderseitigem Nutzen   *349*

Beispiellose Bewegung der Solidarität   *359*

Vergangenheit im Spiegel der Gegenwart   *381*

Neuanfang auf
   außenpolitischem Scherbenhaufen   *401*

Jubiläum mit manchen Fragezeichen   *456*

Nachwort   *462*

Dokumente   *468*

Anmerkungen   *474*

Literaturverzeichnis   *503*

Wort zur Sache

*Am Vorabend des ersten Jahrestages des Sieges
im vietnamesischen Befreiungskampf erhielt am
22. 04. 1976 der Weißenseer Weg im größten
Neubaugebiet der DDR-Hauptstadt Berlin den
Namen des vietnamesischen Präsidenten.*
BArch Bild 183-R0422-036 ADN-Zentralbild/Schneider

Dem Jahr 2010 war nach dem Willen der Regierungen in Berlin und Hanoi die Rolle zugedacht worden, hierzulande als *Vietnam-Jahr* und an der Küste des Südchinesischen Meeres (in Vietnam: Bien Dong = Ostmeer) als *Deutschland-Jahr* in die Geschichte der deutsch-vietnamesischen Beziehungen einzugehen. Als Anlass hatte der 35. Jahrestag der Aufnahme diplomatischer Beziehungen zwischen der Bundesrepublik Deutschland und der Sozialistischen Republik Vietnam zu dienen.[1] Nichts trübte dabei den Anschein, man habe 1975, am 23. September jenes Jahres, den Grundstein für die Beziehungen zwischen beiden Ländern gelegt. Zweierlei bleibt dazu anzumerken: Zum einen kann die Bundesrepublik wahrlich nicht für sich in Anspruch nehmen, in Richtung Vietnam für Deutschland Wegbereiter gewesen zu sein. Zum anderen hat sie nicht erst vor 35 Jahren lebhaftes, mit offiziellen Beziehungen untermauertes Interesse an diesem Land demonstriert.

Blicken wir zurück. Ein halbes Jahrzehnt nach ihrer Gründung im Jahr 1945 signalisierte die Demokratische Republik Vietnam ihre Bereitschaft, diplomatische Beziehungen mit den Regierungen aller Länder aufzunehmen, die die territoriale Souveränität und nationale Unabhängigkeit Vietnams achten. Sie tat diesen Schritt in einer Situation, in der es zwar noch um Leben oder Tod des jungen Staates ging, die Chancen für den Triumph über den französischen Rückeroberungsfeldzug aber deutlich gewachsen waren. Am Rhein stellte man sich damals taub, an der Spree hingegen ward Anfang 1950 der Ruf aus der Gebirgswelt Nordvietnams erhört. So hätte im Jahr 2010 gut und gern zuvörderst des 60. Jahrestages der Anerkennung der DRV durch die Deutsche Demokratische

Republik und der Anbahnung diplomatischer Beziehungen zwischen beiden Staaten gedacht werden können.

Es war das Werk der USA in ihrem erst später mit massiver militärischer Macht demonstrierten Mühen, dem kommunistischen Regime auf vietnamesischem Boden das Lebenslicht auszublasen, als im Oktober 1955 im abgespalteten Landessüden gegen jedes Völkerrecht eine Republik Vietnam proklamiert wurde. Die Regierenden in Bonn wurden nun hellwach. Man hat sich nicht in der vietnamesischen Hausnummer geirrt, als sie nur Wochen später entschieden, in Richtung Vietnam offizielle Beziehungen zu knüpfen, nicht etwa zur legitimen Regierung in Hanoi, sondern zu Saigon. So stellte sich der zuerst proklamierte deutsche Teilstaat, primäres Produkt westlicher antikommunistischer Machtpolitik im Herzen Europas, an die Seite des Spaltprodukts US-amerikanischer imperialistischer Machtpolitik in einer neuralgischen Region Asiens, eines künstlichen Gebildes mit staatlichem Anstrich. Es konnte nicht überraschen, dass in den deutschen Landen im Jahr 2010 die Existenz offizieller Beziehungen zwischen der BRD von damals und jener Scheinrepublik Vietnam von Dezember 1955 bis Ende April 1975 kein Thema war.

Wohl eher der Not gehorchend als dem eigenen Triebe, entschloss man sich am Rhein noch 1975, nur knapp fünf Monate nach dem Verlust dessen, was zwei Jahrzehnte lang lieb und im wahren Wortsinne teuer war, zu diplomatischen Beziehungen mit dem Staat, der schon seit einem Vierteljahrhundert solche Beziehungen zur DDR unterhielt. Das Scheitern des Versuchs der USA, sich in Vietnam und damit in Indochina und dem ganzen Südostasien auf Dauer festzusetzen, war eine bittere

Niederlage auch für die bundesdeutsche Vietnam- und gesamte Asien-Politik. Politisch, materiell, finanziell und personell praktizierte bedingungslose Gefolgschaft gegenüber Washington hatte sich nicht ausgezahlt. Der nach den USA zweitgrößte Geldgeber für das Regime in Saigon bis zu dessen Ende im Frühjahr 1975 war offenbar zu der Erkenntnis gelangt, dass ein »Weiter so« verhängnisvoll sein könnte. Ein Verweilen an der Seite Washingtons im Umgang mit dem Land, dem über Jahrzehnte die Rolle der Führungsmacht im indochinesischen Raum zugefallen war, verhieß zu allererst unermesslichen Schaden für eigene Interessen auf einem höchst zukunftsträchtigen Markt. Mithilfe bei der Überwindung der letzten der einst gewaltigen Kriegsschäden und der ohnehin noch chronischen Unterentwicklung der Region hingegen versprach höchst profitable Investitionsmöglichkeiten.

Wider alle Vernunft beließ man es in Bonn aber, augenscheinlich der einst geschworenen Bündnistreue verpflichtet, nach der Aufnahme diplomatischer Beziehungen zur SRV für lange Jahre bei diesem ersten, plakativen Schritt. Es sollte noch bis 1990 dauern, ehe der fortdauernden rigorosen US-amerikanischen Embargo- und Blockadepolitik zum Trotz allererste ökonomische Fäden geknüpft wurden, indem man Vietnam in den Kreis der Empfänger bundesdeutscher Entwicklungshilfe aufnahm. Das geschah, als Überlegungen in Washington ruchbar wurden, eine mit Sicherheit von eigennützigen ökonomischen Erwägungen diktierte Kursänderung gegenüber dem einstigen Kriegsgegner einzuleiten. Dennoch sollte weitere Zeit verstreichen, ehe politische Kontakte von nennenswertem Rang zwischen Bonn und Hanoi zu registrieren waren. Damit kam die Bundesrepublik nur wenig den USA zuvor, die sich 1995 zu staatlichen Beziehungen mit Vietnam entschlossen, sicherlich, um in dieser Region nicht gegenüber Japan und anderen namentlich asiatischen Ländern noch weiter an politischem und wirtschaftlichem Boden zu verlieren.

Berlin-Bonn-Saigon-Hanoi lenkt die Aufmerksamkeit zunächst auf Vergangenes, das den beiden deutschen Staaten sehr unterschiedliche Zeugnisse ausstellt und der Bundesrepublik alter Prägung nicht eben zum Ruhme gereicht. Wozu aber in der Vergangenheit kramen, lasst uns lieber nur die Gegenwart sehen und vielleicht auch in die Zukunft schauen, mögen manche sagen, jene vor allem, die Peinliches lieber mit dem Mantel des Schweigens bedecken möchten. Zwei triftige Gründe sprechen dagegen. Da ist zum einen das kluge Wort, dass der, der die Vergangenheit nicht kennt, die Gegenwart nicht verstehen und die Zukunft nicht gestalten kann. Sollte das etwa nicht auch auf die zwischenstaatlichen Beziehungen als einen der sensibelsten Politikbereiche zutreffen? Und welche Beziehungen böten sich wohl besser dafür an, den Wahrheitsgehalt dieses Wortes zu prüfen, als eben die deutsch-vietnamesischen?

Der andere Grund, Vergangenes nicht Vergangenheit sein zu lassen, liegt in der ureigenen deutschen Gegenwart und hat nur anscheinend mit der Geschichte der deutsch-vietnamesischen Beziehungen nichts zu tun. Bundesaußenminister Klaus Kinkel, ehemals Chef des BND, hat ihn am 23. September 1991 formuliert, als er in der Begrüßungsrede auf dem Deutschen Richtertag in Köln der »deutschen Justiz« auftrug: »Es muss gelingen, das SED-Regime zu delegitimieren, das bis zum bitteren Ende seine Rechtfertigung aus antifaschistischer Gesinnung, angeblich höheren Werten und behaupteter absoluter Humanität hergeleitet hat, während es unter dem Deckmantel des Marxismus-Leninismus einen Staat aufbaute, der in weiten Bereichen genauso unmenschlich und schrecklich war wie das faschistische Deutschland, das man bekämpfte und – zu Recht – nie mehr wiedererstehen lassen wollte.« Dieser Geist drückt auch heute bleischwer auf das Land, und nichts deutet darauf hin, dass das ein Ende fände. Ihn atmet auch das 17 Jahre später, Ende 2008 und damit fast zwei Jahrzehnte nach der »Wiedervereinigung« auf dem Parteitag in Stuttgart beschlossene langfristige CDU-Deutschlandprogramm mit dem wohlklingenden Titel »Geteilt. Vereint. Gemeinsam. Perspektiven für den Osten Deutschlands.« Endgültige und dauerhafte Verdammung eines »menschenverachtenden totalitären Systems« zum »zentralen Inhalt des Schulunterrichts in ganz Deutschland« zu machen, einen »Lehrstuhl zur Erforschung und wissenschaftlichen Aufarbeitung des DDR-Unrechtsregimes an einer Berliner Universität« dauerhaft zu etablieren, die »Verletzung der Menschenrechte« als wesentlichsten Teil der »Bilanz von 40 Jahren DDR-Diktatur« zu geißeln, sind Maxime für einen offenbar nicht absehbaren Zeitraum. »20 Jahre nach dem Ende der DDR darf es kein Vergessen und Verdrängen geben.«

Man muss die CDU beim Wort nehmen dürfen. Kein Vergessen und Verdrängen? Einverstanden. Dann aber nicht nur mit Blick auf die untergegangene DDR. So möge denn dieses Buch eines Ostdeutschen, der sich mit aller gebotenen Objektivität des Themas Deutschland-Vietnam angenommen hat, als eine Antwort verstanden werden. Möge es Antwort vor allem an jene sein, die alle Welt glauben machen wollen und von der Historiographie verewigt sehen möchten, dass Deutschlands Geschichte in der zweiten Hälfte des 20. Jahrhunderts in Gänze, im Inneren wie nach außen, von einem »Saubermann« und einem »Schmuddelkind«, einem Rechts- und einem Unrechtsstaat, geschrieben worden sei. Und möge es all denen, die sich der historischen Wahrheit verpflichtet fühlen, Anlass sein, sich der gesamten deutschen Nachkriegsgeschichte mit kritischem Blick zu widmen. Sie hieß nicht nur Unrecht in der DDR, sondern auch »Radikalenerlass« und Notstandsgesetze in der BRD.

Geht es um Vietnam und damit eine jahrzehntelange Auseinandersetzung von weltpolitischer Dimension zwischen den Blöcken, dann braucht sich die DDR ihrer Vergangenheit nicht zu schämen. Weder hat sie einen Aggressionskrieg, einen flagranten Bruch des Völkerrechts, Kriegsverbrechen ungeheuren Ausmaßes jahrelang gutgeheißen, politisch, materiell und finanziell nach Kräften unterstützt, noch hat sie je einen »ihrer« Söhne in diesem Krieg an der Seite des Aggressors an oder hinter die Front geschickt. Die Bundesrepublik kann das von sich wahrlich nicht sagen. Ist sie deshalb ein »Unrechtsstaat« geworden? Die Antwort möge sich jeder selbst geben.

Jeder, dem an einem guten, fruchtbaren Verhältnis zwischen Deutschland und Vietnam gelegen ist, konnte es nur begrüßen, wenn sich beginnende Normalität in den beiderseitigen Beziehungen unter den veränderten Bedingungen nun offiziell in Deutschland- und Vietnam-Jahr manifestieren sollte. Von amtlicher bundesdeutscher Seite vermied man, wie nicht anders zu erwarten, jeden offenen Gedanken an schmachvolles Vergangenes. Für Vietnam hingegen war es ein Gebot politischer und ökonomischer Vernunft, aber auch Ausdruck ausgeprägter Höflichkeit, einen wahrnehmbaren Rückblick zu unterlassen. Beide Seiten ließen aus sehr unterschiedlichem Grunde die Vergangenheit ruhen. Sollte jemand aber meinen, das verdienstvolle Wirken der DDR und vieler ihrer Bürger, die beispiellose Solidarität praktizierten, seien in Vietnam vergessen, und man erinnere sich nicht mehr, wer auf Gegners Seite stand, der ist mit der Realität nicht vertraut. Sie zu vermitteln, ist auch Anliegen dieses Buches. Die Vergangenheit hat in Vietnam bleibende Spuren hinterlassen.

Ruf aus dem Gebirgsdschungel Nordvietnams

Ho Chi Minh 1951 in der Felsgrotte im Viet Bac.
Bildband CHU TICH HO CHI MINH –
PRESIDENT HO CHI MINH,
Hg. VNA Publishing House, Hanoi 2004

Vietnams Diplomatie der Neuzeit sandte ihr erstes Lebenszeichen nicht von seiner Hauptstadt aus in die Welt. Ihre Wiege stand im Gebirgsdschungel des Landesnordens, Schlachtenlärm war ihr Wiegenlied. So sind auch als Geburtsorte der vietnamesisch-deutschen Beziehungen in den außenpolitischen Chroniken und Archivalien nicht die Hauptstädte Hanoi und Berlin registriert. Den Platz der Metropole am Roten Fluss nimmt darin das Widerstandszentrum im Viet Bac ein. Von jener Dschungelregion nahe der chinesischen Grenze aus dirigierte die Führung um Ho Chi Minh den Überlebenskampf des von kolonialen Fesseln befreiten Staatswesens an der Ostflanke der indochinesischen Halbinsel.

Diesen Ausgangspunkt zu kennen ist vonnöten, will man die Außenpolitik Vietnams in den vergangenen sechs Jahrzehnten wie eben auch die Entwicklung und Gestaltung seiner Beziehungen zu Deutschland begreifen. Er prägte von Anfang an und von Grund auf das deutsch-vietnamesische oder auch vietnamesisch-deutsche Verhältnis, die Beziehungen auf staatlicher Ebene ebenso wie jene zwischen den gesellschaftlichen Kräften hier und dort in den Jahrzehnten der Existenz zweier deutscher Staaten. Nicht der vietnamesischen Seite ist es anzulasten, wenn die Vergangenheit noch Jahre nach dem Ende der DDR nicht eben förderlichen Einfluss auf die zwangsläufig gebotene Gestaltung von Beziehungen der Bundesrepublik zur eigentlich höchst ungeliebten Sozialistischen Republik Vietnam hatte. Und noch immer ist manch einer mit altbundesdeutscher Vita, Verantwortungsträger auf dem Feld der Politik wie auch Meinungsmacher im Medienbereich, nicht frei von ideologisch bedingten Vorurteilen, zumeist verbunden mit anmaßend schulmeisterlichen Anwandlungen. Verwundern kann das nicht, ist doch die seit der Ära Adenauer sorgsam konservierte antikommunistische Grundhaltung großer Teile der westdeutschen Gesellschaft und namentlich ihres politischen Establishments unverändert manifest.

Den Anfang der vietnamesischen Diplomatie markierte eine Erklärung der Regierung der Demokratischen Republik Vietnam »an die Regierungen der Länder der ganzen Welt«. Das Kabinett von Staatsoberhaupt und Regierungschef Ho Chi Minh[1] hielt es am 14. Januar 1950 für angezeigt, die Weltöffentlichkeit erstmals auf die alarmierende Entwicklung aufmerksam zu machen, der sich das Land seit mehr als vier Jahren ausgesetzt sah. Man war sich mit Sicherheit der äußerst geringen Chancen bewusst, weltweit genügend Gehör zu finden und so nicht nur der französischen, sondern der gesamten imperialistischen Propaganda wirksam Paroli bieten zu können. Die Lage aber ließ keine andere Wahl. Was war dem Ruf aus dem Dschungel vorausgegangen? Was veranlasste die Führung des neuen Vietnam zu diesem Schritt, der fraglos nur wenig Erfolg verhieß? Was legitimierte sie, zu einer Zeit im Namen Vietnams die Stimme zu erheben, da die Existenz dieses Staatswesens in den Metropolen der westlichen Welt längst in Frage gestellt war? Es gilt, die jüngste Geschichte zu konsultieren.

Am 2. September 1945 hatte Ho Chi Minh, Ministerpräsident und Außenminister einer Tage zuvor gebildeten, als *Nationales Befreiungskomitee* firmierenden *Provisorischen Regierung*, in der freigekämpften Hauptstadt Hanoi die Unabhängigkeit des Landes und die Gründung der Demokratischen Republik verkündet. Jahrzehntelanges opferreiches, politisches und bewaffnetes

Aufbegehren gegen fremde Unterdrückung und Ausplünderung war damit von Erfolg gekrönt. Die entscheidende Phase des Befreiungskampfes war im Mai 1941 in einem Refugium in der nördlichen Gebirgs- und Grenzprovinz Cao Bang eingeleitet worden. Die zu jenem Zeitpunkt dort von der Indochinesischen Kommunistischen Partei und dem anerkannten revolutionären Führer Nguyen Ai Quoc[2] initiierte Gründung der gesamtnationalen *Liga für die Unabhängigkeit Vietnams (Viet Minh)* war die endgültige Kampfansage an das in der zweiten Hälfte des vorausgegangenen Jahrhunderts errichtete französische Kolonialregime. Sie war zugleich Antwort auf die eben vollendete Okkupation der ganzen indochinesischen Halbinsel durch japanische Truppen. Die folgenden Jahre des Kampfes gegen das doppelte Joch von Besatzungs- und intakt gebliebenem Kolonialregime kulminierten in der zweiten Augusthälfte 1945 in einem landesweiten bewaffneten Aufstand, der als siegreiche Augustrevolution in Vietnams Geschichte eingegangen ist. Der Führung von Partei und Viet Minh um Ho Chi Minh war es damit möglich, aus der *Befreiten Zone im Viet Bac,* dem Mitte 1945 in sechs nördlichen Gebirgsprovinzen entstandenen *Widerstandszentrum,* in die Hauptstadt überzusiedeln.[3]

Trotz der Proklamierung des unabhängigen Staates war die Zukunft des Landes von vornherein ungewiss. Eine Abmachung zwischen London und Washington[4] sah vor, nach der Niederringung Japans und damit dem Ende des zweiten Weltkrieges auch in Asien zeitweilig die südliche Landeshälfte Vietnams von britischen und die nördliche von guomindang-chinesischen Einheiten besetzen zu lassen. Propagiertes Ziel war, die japanischen Truppen zu entwaffnen und ihren Abzug von der Halbinsel zu überwachen. Dem entsprechend gingen in der ersten Septemberhälfte britisch-indische Truppen in Saigon von Bord, überschritten von den USA in Südchina aufgestellte und ausgerüstete chinesische Divisionen im Norden die Grenze. Die Britische Mission aber kollaborierte vom ersten Tag an offen mit dem japanischen Kommando, ließ mit dessen Segen einige tausend vom japanischen Militär internierte französische Soldaten frei und bewaffnete sie wieder. Provokationen britischer und der neu formierten französischen Truppen führten in Saigon in der zweiten Septemberhälfte zu heftigen Kämpfen und damit zum Beginn neunjährigen Widerstandskrieges gegen französische Rückeroberungspläne.

Für Vietnams Führung waren im Moment des Triumphes 1945 die von London und Washington abgesegneten neokolonialen Ambitionen Frankreichs kein Geheimnis. General Charles de Gaulle, 1940 stellvertretender Kriegsminister Frankreichs, war bei dessen Kapitulation vor Nazi-Deutschland nach London geflohen und hatte dort die Bewegung *France Libre* (Freies Frankreich) ins Leben gerufen, die postwendend von Großbritannien als faktische Exilregierung anerkannt wurde. Mitte 1943 gründete er in Algier ein *Komitee der Nationalen Befreiung,* dem die Anerkennung durch London und Washington zuteil wurde. Nachdem Anfang 1943 der britische Premierminister Winston Churchill Frankreich koloniale »Rechte« bescheinigt hatte, verkündete de Gaulle im Dezember, das von Japan okkupierte »Indochina befreien« zu wollen. Einem seiner Generäle befahl er, ein neues Expeditionskorps vorzubereiten.

Im Frühjahr 1945 ernannte er, seit der Befreiung Frankreichs Chef einer Provisorischen Regierung in Paris, den Oberkommandierenden der französischen Truppen auf der Halbinsel zum Generaldelegierten der Bewegung France Libre in Indochina. Zeitgleich ließ er verlauten, Indochina eine gewisse »Autonomie« gewähren zu wollen, gestützt auf militärische »französische Präsenz«. Im Sommer 1945 leitete er Maßnahmen zur Wiedererlangung der Macht in Indochina ein. Aus dem Bestand der Besatzungstruppen gingen Mitte August in Westdeutschland als erstes eine Division der Kolonialinfanterie und eine gepanzerte Abteilung an Bord britischer Truppentransporter, die Anfang Oktober Saigon erreichten.

Noch 1945 folgten weitere Einheiten. Einer davon gehörte der Fallschirmjäger Peter Scholl-Latour an, von dem es im Geleitwort eines seiner Bücher[5] heißt, er kenne Indochina wie kaum ein anderer, »seit er 1945 an Bord eines französischen Truppentransporters zum erstenmal dorthin reiste«. Er reiste (!) in einen kolonialen Rückeroberungskrieg. Der Truppentransporter *Andus* »war von der Royal Navy ausgeliehen. Es lief so manches auf Pump bei den französischen Streitkräften in jenen Tagen«, schreibt Scholl-Latour. »An Bord der ›Andus‹ befanden sich zwei Kompanien Fremdenlegionäre. Zu zwei Dritteln waren sie Deutsche. Die meisten von ihnen kamen aus französischer Kriegsgefangenschaft, wo sie halb verhungert waren. (…) Einige hatten bei der SS gedient und wollten die Entnazifizierungsverfahren in der Heimat meiden. Die deutschen Legionäre sangen abends ihre alten Wehrmachtslieder, wo von Erika und Heide, von Lore und Försterwald die Rede war.« Er notiert, dass es unter diesen Deutschen »von angeblichen U-Boot-Kapitänen und Ritterkreuzträgern wimmelte«.

Bei »belgischen Legionären« an Bord habe es sich in Wirklichkeit um Franzosen gehandelt, »die, um in dieser Ausländertruppe dienen zu können, eine falsche Staatsangehörigkeit angegeben hatten. (…) Die falschen Belgier waren französische Kollaborateure, die im Krieg auf deutscher Seite in der ›Legion gegen den Bolschewismus‹ und später in der SS-Brigade ›Karl der Große‹ gedient hatten. Soweit sie nicht durch Einsätze gegen die eigene *Résistance* im Mutterland belastet waren, hatte de Gaulle ihnen die Chance der Rehabilitierung geboten. Fünf Jahre Dienst in der Fremdenlegion in Indochina, und mit weißer Weste könnten sie wieder in die Heimat zurückkehren«, weiß Scholl-Latour zu berichten. Über seinen eigenen Weg zum Fallschirmjäger des französischen Expeditionskorps in Vietnam, sein Tun in diesem Krieg gegen die »Roten« verliert er in dem durch und durch antikommunistischen Geist atmenden Buch kein Wort.

Der Befehlshaber der britischen Truppen im Süden verband die Ankunft der ersten französischen Einheiten mit der Androhung von Gewalt gegen Widerstandsaktionen. De Gaulle ernannte einen neuen Hochkommissar für Indochina. Am 21. Oktober starteten britische und von den USA modern ausgerüstete französische Einheiten eine gemeinsame Offensive. Anfang Januar 1946 befanden sich das Mekongdelta, das mittelvietnamesische Hochland (Tay Nguyen) und ein Teil der mittleren Küstenprovinzen weitgehend unter französischer Kontrolle. Die noch schwachen, vor allem waffentechnisch unterlegenen vietnamesischen Kräfte hatten zurückweichen müssen. Im Mekongdelta und im mittleren Hochland entstanden Widerstandszentren, ländliche Räume wurden zu Partisanenregionen.

Offenkundig war, dass weder die Regierung in London noch die Administration in Washington unter Präsident Harry Truman, einem notorischen Antikommunisten und Propagandisten des Kalten Krieges, daran interessiert waren, die DRV als missliebiges »kommunistisches Regime« und Vorreiter eines »kommunistischen Vormarsches« mitten in Asien auf deren ersten Schritten wohlwollend zu begleiten oder gar ihren Bestand zu garantieren. London ging es fraglos um die Wiedererrichtung und Sicherung seiner Herrschaft in seinen von den Japanern okkupierten Kolonialgebieten. Im Frühjahr 1945 hatten britische Truppen der antifaschistischen Widerstandsbewegung Burmas, die die japanischen Besatzer vertrieben hatte, das Land mit Waffengewalt wieder entrissen. Zeitgleich mit dem Eintreffen der britischen Einheiten im Süden Vietnams schlugen britische Truppen die kommunistisch geführten patriotischen Kräfte in Malaya nieder, die die Japaner verjagt und Organe der Volksmacht geschaffen hatten. Ein vietnamesischer Funke hätte alle Bemühungen Londons in Asien zunichte machen können. Hilfe für die Wiedererrichtung der französischen Herrschaft über Indochina war deshalb fester Bestandteil der Londoner Nachkriegs-Asienpolitik.

Die USA agierten vorwiegend noch hinter den Kulissen. Sein Hauptaugenmerk richtete Washington zunächst darauf, im Krieg von den Japanern geraubte Pfründe, so die schon Ende des 19. Jahrhunderts unter amerikanische Kuratel geratenen Philippinen, und strategische Positionen wie das japanische Okinawa, die 1944/45 im Pazifik-Feldzug neu gewonnen worden waren, auf Dauer zu sichern. Es hatte Anfang der 40er Jahre im von Bürgerkrieg überzogenen, schon 1931 von Japan überfallenen

China maßgeblichen Einfluss auf die regierende Guomindang gewonnen. So konnte es sich mit Blick auf Indochina vorerst eines willfährigen Stellvertreters bedienen. Die nach Vietnam in Marsch gesetzten 200 000 Mann der Guomindang-Armee brachten in ihrem Tross Kollaborateure mit, die vor den Kräften der Viet Minh nach Südchina geflohen waren. Ihnen gelang es, in einigen grenznahen Provinzstädten die Organe der Volksmacht zu eliminieren.

Vieles deutete darauf hin, dass die Guomindang-Streitmacht mit amerikanischem Segen darauf aus sein werde, mit der Installation eines genehmen Regimes in der nördlichen Landeshälfte mit der Hauptstadt Hanoi der DRV das Genick zu brechen. Im Dezember 1945 verlangte der Befehlshaber der chinesischen Truppen von der Regierung in Hanoi ultimativ den Rücktritt Ho Chi Minhs zugunsten von Ex-Kaiser Bao Dai, der im August in aller Form abgedankt hatte, die Entlassung der kommunistischen Minister und weitere auf die Demontage des neuen Regimes gerichtete Schritte. Damit einher gingen vielfältige Intrigen zur Schürung von Unruhen und zur Abspaltung bürgerlicher Elemente von der bewährten nationalen Einheitsfront, Morde an leitenden Mitarbeitern der neuen Verwaltungsorgane und andere Provokationen.

Die DRV-Regierung um den exzellenten China-Kenner Ho Chi Minh[6] konnte dennoch davon ausgehen, dass die Destabilisierungsaktivitäten im Norden keine tödliche Gefahr darstellten. Auch rechnete sie nicht mit einer großangelegten militärischen Operation der in der Bevölkerung äußerst ungeliebten chinesischen Truppen. Die größte aktuelle Bedrohung sah sie in dem mit britischer wie auch materieller und finanzieller amerikanischer

Hilfe in Gang gesetzten französischen Rückeroberungsfeldzug im Süden. Mit einigen politischen Konzessionen und eindringlichen Appellen an die Bevölkerung, Ruhe zu bewahren und sich nicht provozieren zu lassen, gelang es, eine direkte blutige Konfrontation mit den chinesischen Invasoren zu vermeiden, ohne im Aufstand errungene Machtpositionen aufgeben zu müssen. So war es möglich, alle verfügbaren, aber stark begrenzten Mittel, auch einen Teil der regulären bewaffneten Einheiten aus dem Norden, der Bedrohung im Süden entgegenzusetzen.

Im Gefolge der chinesischen Truppen erschien im Oktober eine hochrangige amerikanische Militärmission aus China in vermeintlich freundschaftlicher Mission in Nordvietnam. Entsandt vom Chef des Militärspionagedienstes *Office of Strategic Services (OSS)*, General Donovan, Repräsentant einer einflussreichen Finanzgruppe in den USA, kreuzte sie bei der Regierung in Hanoi mit der Offerte auf, weitreichende Privilegien für amerikanische Konzerne in Vietnam würden mit Finanzmitteln, Spezialisten, Material und Ausrüstungen vergolten. Der Finanzgruppe Donovan sollten Instandsetzung und Ausbau der wenigen maroden Eisenbahnlinien sowie von Straßen und Flugplätzen übertragen werden. Unter diesen Bedingungen versprach man der DRV die Anerkennung durch Washington. Offenkundig verfolgte die Truman-Administration ein doppeltes Ziel: Auf solch bequeme Art das noch schwache, am amerikanischen Finanztropf hängende Nachkriegs-Frankreich allmählich in Indochina ausbooten und zugleich das erste kommunistische Regime in diesem Teil der Welt unterwandern.

Für die Regierung Ho Chi Minh aber konnte trotz aller Nöte und Gefahren nicht in Frage kommen, französische Kolonialherrschaft gegen Dominanz des USA-Monopolkapitals einzutauschen und so den Erfolg jahrzehntelangen Kampfes konterkarieren zu lassen. Sie lehnte ab. Den Fehlschlag der Zuckerbrot-Mission des Geheimdienstes quittierte Washington postwendend damit, die DRV zur »kommunistischen Bedrohung« und ihre militärische Niederwerfung zu einem »begrüßenswerten Vorhaben« zu erklären. Damit war der künftige Kurs der USA in Sachen Indochina klar fixiert.

So sah sich denn die junge DRV, ein ausgeplündertes bettelarmes Land, zeitgleich britischer, französischer, US-amerikanischer und guomindang-chinesischer Feindschaft gegenüber. Die Voraussetzungen dafür, einen erfolgreichen militärischen Abwehrkampf zu führen und zugleich die Lösung gravierender ererbter innerer Probleme wie Hungersnot, Krankheiten und Analphabetentum in Angriff zu nehmen, waren denkbar schlecht. Stützen konnte sich die Regierung einzig auf das Vertrauen der überwältigenden Mehrheit der Bevölkerung in Nord und Süd. Den Beweis dafür lieferten am 6. Januar 1946 Wahlen zu lokalen und regionalen Volkskomitees im ganzen Land und zur ersten Nationalversammlung. Mit einem beispiellosen organisatorischen Kraftakt und dem selbstlosen Einsatz ungezählter freiwilliger Helfer wurden alle Versuche der Apparate der französischen Truppen im Süden und der chinesischen Einheiten im Norden vereitelt, diese ersten freien Wahlen in Vietnam mit massiver Einschüchterung und auch mit dem Mord an Wahlagitatoren zu torpedieren. Der Wahltag wurde zu einem einzigartigen Triumph für Regierung und Viet Minh. Die Wahlbeteiligung war, mit mehr als 90 % sogar in der südlichen Landeshälfte, überwältigend. Die große Mehrheit gab den Kandidaten der Viet Minh, Vertretern aller Bevölkerungsschichten und nur zum Teil Kommunisten, ihre Stimme. In Hanoi demonstrierten 98 % der Wahlteilnehmer mit ihrem Votum für die Viet-Minh-Vertreter um Spitzenkandidat Ho Chi Minh ihr Vertrauen in die Führung ihres Landes.

Ein von London abgesegneter Deal zwischen Paris und der chinesischen Regierung zielte zu jener Zeit darauf, den französischen Truppen die Tür in den Norden Vietnams zu öffnen. Das Ende Februar 1946 besiegelte Abkommen ermöglichte 4000 einst vor den Japanern nach China geflohenen französischen Soldaten die Rückkehr in den Norden Vietnams. Die Guomindang verpflichtete sich zum Abzug ihrer Truppen. Die Britische Mission in Saigon stellte ihre Tätigkeit ein, auch die britischen Truppen rüsteten zum Abzug. Die japanischen Kräfte waren inzwischen auf amerikanischen Frachtern außer Landes geschafft. Frankreich hatte damit weiter an Boden gewonnen. Es war aber schon wegen zunehmenden Widerstands in den bereits okkupierten Südgebieten bis hin zur Landesmitte noch nicht in der Lage, das ganze Land gewaltsam unter Kontrolle zu bringen. Von Europa aus wurden Truppenverstärkungen auf dem Seeweg in Richtung des nordvietnamesischen Hafens Haiphong in Marsch gesetzt.

Im Frühjahr 1946 trachtete die französische Seite erkennbar nach einer Atempause. Wegen des Unvermögens, bereits einen landesweiten Widerstandskrieg gegen einen hochgerüsteten Feind führen zu können, musste auch Vietnams Regierung auf Zeitgewinn bedacht sein. Sie griff französische Signale für Gespräche über eine Feuereinstellung auf. Beide Seiten schlossen am 6. März in Hanoi ein »Vorbereitendes Abkommen« (Accord préliminaire) für baldige offizielle Regierungsverhandlungen. Darin anerkannte Paris eine »Republik Vietnam« (nicht die DRV) als »freien Staat« im Rahmen einer »Indochinesischen Föderation« und der »Französischen Union«. Die

Regierung der DRV unter Präsident und Ministerpräsident Ho Chi Minh, berufen Anfang März 1946 als Nachfolgerin der Provisorischen Koalitionsregierung vom 29. 08. 1945 auf der konstituierenden Tagung der DRV-Nationalversammlung, des ersten vietnamesischen Parlaments. (Aufnahme vom 03. 11. 1946)
Bildband CHU TICH HO CHI MINH –
PRESIDENT HO CHI MINH,
Hg. VNA Publishing House, Hanoi 2004

Frage der Einheit und territorialen Integrität Vietnams, eigentlich 1945 schlüssig beantwortet, sollte auf Verlangen der Franzosen Gegenstand eines Referendums in allen Landesteilen sein. Die Feindseligkeiten sollten eingestellt, Truppenverlegungen unterlassen werden. Vietnam hatte schmerzende Vorleistungen für Verhandlungen erbringen müssen, aber das Nahziel einer vorläufigen Waffenruhe erreicht.

Die vietnamesische Regierung tat trotz Protesten unter der Bevölkerung und selbst in den Reihen der Indochinesischen KP verbindlich die Bereitschaft kund, französische Einheiten »freundschaftlich zu begrüßen«, die zur Ablösung der chinesischen Truppen im Norden eintreffen. Ein vereinbarungsgemäß auf 15 000 Mann begrenztes französisches Kontingent sollte in den folgenden Jahren schrittweise durch eine neue vietnamesische Armee ersetzt werden und spätestens Ende 1951 das Land wieder verlassen. Noch im März marschierten die ersten Einheiten dieses Truppenkontingents, darunter Fremdenlegionäre, in Hanoi ein. Der chinesische Abzug zog sich von April bis Juni hin.

Weitere vorbereitende Gespräche im April und Mai auf vietnamesischem Boden scheiterten dann an neuen unzumutbaren Forderungen der französischen Seite. Sie beharrte auf dem Projekt einer »Indochinesischen Föderation« unter einem französischen Generalgouverneur, wie er schon bis zur Augustrevolution in Hanoi gewaltet hatte, und bestand auf Vertretung Vietnams in Beziehungen nach außen. Zum Hauptkonfliktpunkt wurde der Status von Nam Bo[7] angesichts der unverhohlen bekundeten Absicht Frankreichs, das zuerst neu okkupierte südliche Landesdrittel von Vietnam abzutrennen. Bei aller seit März bekundeten Kompromissbereitschaft der Regierung Ho Chi Minh konnten ihre Unterhändler diesen Versuch, dem Land eine Neuauflage der kolonialen Verhältnisse aufzunötigen und es definitiv zu spalten, nur mit dem Abbruch der Gespräche beantworten. Die Antwort war der massive Bruch der Waffenruhe durch die französischen Truppen in weiten Landesteilen.

Von dem Wunsch beseelt, vielleicht doch zu einer friedlichen Verständigung mit Frankreich zu gelangen und so ein Blutvergießen großen Ausmaßes zu vermeiden, nahm Ho Chi Minh eine Einladung der Regierung in Paris zu einem Frankreich-Besuch an. Zusammen mit ihm ging eine von Minister Pham Van Dong[8] geleitete Regierungsdelegation für die vereinbarten offiziellen Verhandlungen am 31. Mai in Hanoi an Bord einer Maschine der Air France. Am Tag ihrer Ankunft auf französischem Boden, am 1. Juni, installierte der im Vorjahr inthronisierte französische Indochina-Hochkommissar in Saigon eine »Regierung der Autonomen Republik Cochinchine«. Mit dieser Provokation, der Ausrufung eines Separatstaates, hatte Paris seinen zu erwartenden Verhandlungskurs kundgetan. Von der französischen Seite demonstrativ wochenlang verzögert, begannen die Verhandlungen am 6. Juli in Fontainebleau bei Paris. Die bilaterale Runde, in der Pham Van Dong eine Schar zweitrangiger Beamter gegenübersaß, war von vornherein zum Scheitern verurteilt. Noch während der zähen Verhandlungen, am 1. August, rief der Indochina-Hochkommissar in der Tay-Nguyen-Stadt Da Lat zusammen mit Gefolgsleuten aus Vietnam, Kambodscha und Laos die »Indochinesische Föderation« aus, den Zusammenschluss von Vietnams Süden mit den beiden Nachbarländern. Die Widerstandskräfte in Nam Bo kündigten die Waffenruhe von Anfang März auf, die französischen Truppen verstärkten überall ihre Provokationen.

Mitte September wurden die Verhandlungen ergebnislos abgebrochen. Nun drohte endgültig Krieg, zumal Frankreich seine Truppen in Vietnam unterdessen auf eine Stärke von 70 000 Mann gebracht und große Mengen schwerer Waffen herangeschafft hatte. In einem letzten Versuch, Zeit zu gewinnen und eine Verständigung zu ermöglichen, unterzeichnete der noch in Frankreich weilende Ho Chi Minh, der die vergangenen Wochen zu ungezählten Gesprächen genutzt hatte, mit dem Chef der französischen Delegation am 14. September als Minimalkonsens einen *Modus vivendi*⁹. Die vietnamesische Seite konnte darin wenigstens durchsetzen, dass die in Nam Bo eingekerkerten Patrioten freigelassen werden sollten, Frankreich den Bewohnern dieses von der Abspaltung bedrohten Landesteils demokratische Rechte und Freiheiten zusicherte und beide Seiten einer Waffenruhe zustimmten. Die französische Regierung erklärte, ein Referendum in Nam Bo über die Zukunft des Südens akzeptieren zu wollen. Die grundsätzlichen Fragen, die das ganze Land und den Bestand des einheitlichen Staatswesens zwischen chinesischer Grenze im Norden und Kap Ca Mau am Golf von Thailand betrafen, blieben unerwähnt.

Am 20. Oktober 1946 kehrte Ho Chi Minh an Bord eines französischen Kreuzers nach Haiphong zurück, von einer großen Menschenmenge im Hafen begrüßt. Wieder in der Hauptstadt, wandte sich der Präsident und Regierungschef, den nationalistische Kräfte längst des Verrats bezichtigten, mit einer Botschaft an das besorgte Volk. Er sei der Einladung nach Frankreich in der Absicht gefolgt, »die Frage der Unabhängigkeit und der Vereinigung des Nordens, der Mitte und des Südens zu regeln«. Diese Fragen aber hätten wegen der Lage in Frankreich noch nicht geregelt werden können. »Wir müssen warten. Aber ich wage es, mich dafür zu verbürgen, dass Vietnam früher oder später garantiert unabhängig ist und dass die drei Teile (...) vereinigt sein werden.« Den äußerst beunruhigten Landsleuten in den schon okkupierten südlichen und mittleren Regionen versicherte der Präsident: »Wir haben dieselben Vorfahren, wir entstammen derselben Familie, wir alle sind Brüder und Schwestern. Unser Land besteht aus drei Teilen, dem Norden, der Mitte und dem Süden. (...) Niemand kann die Kinder einer Familie trennen. Niemand kann Frankreich teilen. Also kann auch niemand Vietnam teilen.« Nun müsse der ganzen Welt gezeigt werden, »dass das vietnamesische Volk schon alle erforderlichen Voraussetzungen dafür besitzt, unabhängig und frei zu sein, dass die Anerkennung unserer Freiheit und Unabhängigkeit eine Notwendigkeit ist.« Davon aber sollte die Demokratische Republik Vietnam noch weit entfernt sein.

Ho Chi Minh informierte, dass Paris für Mai 1947 die Wiederaufnahme der Regierungsverhandlungen zugesagt habe. Die weiteren Geschehnisse aber ließen deutlich werden, dass der vorgebliche Verhandlungswille ein Täuschungsmanöver war. Die militärischen Provokationen der Franzosen im Norden häuften sich. Ein zum Kommissar für Tonkin (Bac Bo) bestallter General verhängte Mitte November den Ausnahmezustand über Haiphong. Am 20. November eröffneten französische Truppen in der Stadt unprovoziert das Feuer auf vietnamesische Einheiten. Das französische Kommando forderte ultimativ deren Abzug aus der Stadt. Das dreiste Verlangen wurde zurückgewiesen. Die Antwort waren schwerer Beschuss des Stadtgebiets durch Schiffsartillerie und Luftangriffe auf Wohngebiete. Chroniken sprechen von rund 6000 Todesopfern unter der Bevölkerung. Zeitgleich besetzten in den äußersten Landesnorden vorgestoßene französische Kräfte Provinzstädte nahe der chinesischen Grenze.

Dringende Appelle Ho Chi Minhs an die Regierung in Paris und das französische Kommando, das Blutvergießen zu beenden, blieben unbeantwortet. Stattdessen folgten militärische Provokationen in der rund 100 Kilometer westlich Haiphongs gelegenen Hauptstadt. Am 17. Dezember brachten Fallschirmjäger bei einem blindwütigen Feuerüberfall auf eine der stark belebten Straßen in Hanois Altstadt 100 Menschen um. Die Lage spitzte sich gefährlich zu. Am Abend des 19. Dezember gab der Tonkin-Kommissar den Befehl zum Sturm auf den Amtssitz Ho Chi Minhs, den einstigen Palast des französischen Generalgouverneurs für Indochina. Der Präsident aber hatte schon seit Tagen außerhalb der Hauptstadt übernachtet und nach Hinweisen der Aufklärung am Nachmittag des 19. Dezember den Palast endgültig verlassen. Mit dem Angriff auf den Sitz des Staats- und Regierungschefs hatte Frankreich faktisch einen unerklärten Krieg gegen die DRV entfesselt. Der im September 1945 in Saigon begonnene und seither auf die südliche Landeshälfte begrenzte Widerstand wurde nun zum nationalen Widerstandskrieg Vietnams. In der Nacht zum 20. September rief Ho Chi Minh in einem dramatischen Appell das ganze Volk zum allgemeinen Widerstand auf.

Die Ausgangsposition für diesen Kampf war für Vietnam, dessen unterentwickelte Wirtschaft völlig daniederlag, extrem kompliziert. Von der Außenwelt vollkommen abgeschnitten, war es gänzlich auf sich selbst gestellt. Lediglich noch im Aufbau befindliche, unzureichend bewaffnete Fußtruppen, in großangelegten Kampfhandlungen noch unerfahren, und die mittlerweile im ganzen Land existierenden Partisaneneinheiten sahen sich einem mit modernster amerikanischer Militärtechnik ausgerüsteten mobilen Feind gegenüber. Zu den ersten schweren Kämpfen kam es in Hanoi und anderen Städten, so Haiphong, Hue und Da Nang. Die französischen Truppen erlitten erstmals erhebliche Verluste.

Im Laufe des Frühjahrs 1947 konnten die französischen Truppen weitere wichtige Städte und neue Gebiete einnehmen. Anfang März erklärte das Parlament in Paris Indochina zu einer Föderation autonomer, »im Rahmen der Französischen Union unabhängiger« Staaten. In einem letzten Verständigungsversuch schlug die DRV-Regierung Ende April noch einmal eine Waffenruhe und neue Regierungsverhandlungen vor. Der vom Indochina-Hochkommissar zu Ho Chi Minhs Gebirgslager als Emissär in Marsch gesetzte Fallschirmjäger-Hauptmann überbrachte einen »Friedensplan« mit den Kernforderungen, alle vietnamesischen bewaffneten Kräfte zu entwaffnen und den französischen Truppen auf dem ganzen Territorium Vietnams volle Bewegungsfreiheit zu gewähren. Ho Chi Minh konnte das dreiste Verlangen, das er in einem »Brief an das vietnamesische Volk« eine Aufforderung zur bedingungslosen Kapitulation nannte, nur zurückweisen.

Frankreich wollte definitiv keine Verhandlungen. Stattdessen starteten starke Kräfte von Armee und Fremdenlegion Anfang Oktober eine Großoffensive gegen das

Widerstandszentrum im Viet Bac. Der Versuch, die dort konzentrierten Hauptkräfte der *Nationalen Verteidigungsarmee* zu vernichten, die politische und militärische Führung der DRV auszuschalten und so frühzeitig den selbst entfesselten Krieg zu gewinnen, schlug gründlich fehl. In wochenlangen erbitterten Kämpfen gegen waffentechnisch weit unterlegene Kräfte verlor das *Corps Expéditionnaire Francais en Extrême Orient* (CEFEO) rund 7500 Mann an Toten und Verwundeten und riesige Mengen Kriegsmaterial. Der Traum von einem Blitzkriegssieg hatte sich als nicht realisierbar erwiesen.

Frankreich habe mit Operationen wie der im Viet Bac schon selber den Weg nach Dien Bien Phu geebnet, merkte ein französischer Historiker einmal an. Die Führung aber verstand das demütigende Debakel nicht als böses Omen. Sie setzte vielmehr ab Anfang 1948 darauf, im ganzen Land die Kämpfe und blutigen »Säuberungsoperationen« zu intensivieren. Die Truppen – Franzosen, Nordafrikaner und Fremdenlegionäre – wurden unablässig verstärkt. Um die Jahreswende 1947/48 zählte das Expeditionskorps bereits 115 000 Mann, 1950 wurden es 150 000, Ende 1953 sogar 250 000. Die Militärausgaben Frankreichs erreichten Rekordniveau, überforderten bald den eigenen Etat und waren schließlich nur noch mit amerikanischen Finanzspritzen aufzubringen. Die französische demokratische Öffentlichkeit forderte immer lauter ein Ende dieses sinnlosen militärischen Abenteuers.

Anfang 1949 hoffte Frankreich, mit der neuerlichen Installation eines willfährigen Regimes und dem Aufbau einer vietnamesischen Söldnerarmee zum Erfolg zu gelangen. Ex-Kaiser Bao Dai, der es Mitte 1947 vorgezogen hatte, ins Exil in der britischen Kronkolonie Hongkong zu gehen, statt eine von der Regierung Ho Chi Minh angebotene Beratertätigkeit aufzunehmen, war wieder als Aushängeschild auserkoren. Er ließ sich im März in Hue an die Spitze einer Gegenregierung mit dem anmaßenden Anspruch setzen, zunächst im Süden einen *Staat Vietnam* zu repräsentieren. Eine sogenannte Nationalarmee zählte Ende 1949 schon knapp 100 000 Mann. Im kriegsentscheidenden Jahr 1954 standen schließlich 320 000 zumeist zwangsrekrutierte junge Vietnamesen in französischen Diensten unter amerikanischen Waffen.

Ho Chi Minhs Regierung hatte darauf zu reagieren, dass Frankreich parallel zu demagogischem Propagandakrieg und dem von den USA materiell und finanziell getragenen militärischen Feldzug auch mit perfiden politischen Manövern die Existenz der DRV als einheitlicher Staat in Gefahr brachte. Angesichts dessen erklärte sie in ihrer Wortmeldung vom 14. Januar 1950 »gegenüber den Regierungen der Länder der Welt, dass sie die einzig rechtmäßige Regierung des ganzen vietnamesischen Volkes ist«. Sie tat ihre Bereitschaft kund, »diplomatische Beziehungen mit den Regierungen aller Länder aufzunehmen, die die Gleichberechtigung, territoriale Souveränität und nationale Unabhängigkeit Vietnams achten«. Dieser Schritt erfolgte, nachdem sich mit der Befreiung ganz Chinas vom Guomindang-Regime durch die von der KP Chinas geschaffene Volksbefreiungsarmee und der Ausrufung der Volksrepublik am 1. Oktober 1949 die äußeren Bedingungen für die Weiterführung des Kampfes zugunsten Vietnams zu verändern begannen. Das Ende einer Situation war abzusehen, da die DRV völlig von der Außenwelt und vor allem vom natürlichen chinesischen Hinterland völlig abgeschnitten war.

Der Ruf aus dem Widerstandszentrum im Viet Bac blieb in den Machtzentren der Welt weitgehend ungehört. Frankreichs Verbündete mit teils weitverzweigten Einflusssphären stellten sich taub, so auch die Bundesrepublik. Der weltweit ausgetragene Kalte Krieg ließ nichts anderes erwarten. Ein junges »kommunistisches Regime«, das erste aus eigener Kraft auf dem asiatischen Kontinent entstandene[10],Teufelswerk der (wenn auch schon 1943 aufgelösten) Kommunistischen Internationale, hatte trotz seiner Schwäche, allein seiner bloßen Existenz wegen, als Teil der Bedrohung der »freien Welt« zu gelten. Im Februar 1950 erkannten die USA und Großbritannien folgerichtig die Bao-Dai-Verwaltung in Hue als angebliche Repräsentanz Vietnams an. Im April koordinierten die Außenminister der drei westlichen Mächte in London ihre Indochina-Politik.

Unverkennbar war, was für die westlichen Großmächte damals mindestens ebenso schwer wog wie ihre Kommunismus-Phobie. Es war die Ausstrahlung der antikolonialen und antiimperialistischen Revolution in Vietnam. Belegt ist, dass national gesinnte, patriotische Kräfte in jenen Ländern Asiens und Afrikas, die Ende des fünften Jahrzehnts noch unter Fremdherrschaft standen, die verheißungsvollen Signale von der indochinesischen Halbinsel sehr wohl vernahmen. Die Erosion der kolonialen Imperien in diesen Regionen in den 1950er Jahren und später war begleitet von häufigem Verweis führender Persönlichkeiten der Unabhängigkeitsbewegungen auf das Beispiel Vietnam.

Unterstützung und Ermutigung kam für Vietnam aus anderer Richtung. Noch im Januar nahm die nur ein Vierteljahr alte Volksrepublik China diplomatische Beziehungen zur DRV auf, die UdSSR folgte. Die Frage, warum Moskau mit der Anerkennung der DRV mehr als vier Jahre gewartet hatte, wird kaum schlüssig zu beantworten sein. Am 3. Februar unternahm die DDR diesen Schritt. Für sie alle war das letztendlich auch logische Konsequenz einer vor Jahrzehnten begründeten Entwicklung, die sich mit der Person und dem Wirken Ho Chi Minhs verband. 1923 hatte der erstmals Gelegenheit, die Heimat des von ihm verehrten Lenin zu besuchen. Fünf Jahre später weilte er in der von Marx und Engels. In China hatte Ho Chi Minh zu verschiedenen Zeiten bei Gleichgesinnten Zuflucht gefunden, konnte er so der Verfolgung durch die französischen Kolonialbehörden entgehen. Dass sich die chinesisch-vietnamesischen Beziehungen späterhin, so bereits 1954 im Zusammenhang mit der Genfer Konferenz zu Indochina und dann Anfang und ausgangs der 1970er Jahre, wenig harmonisch präsentieren würden, kam nicht überraschend, spielte damals aber keine Rolle.

Damit war die erste Bresche in die von den westlichen Mächten errichtete Mauer der außenpolitischen Isolation Vietnams geschlagen. In der Folge knüpften noch 1950 und danach auch die anderen Staaten des später als sozialistisches Lager apostrophierten Teiles der Welt freundschaftlich-solidarische Bande zu dem etwa gleichaltrigen, aber von allen mit Abstand am meisten gefährdeten vietnamesischen Staat. Der Weg war bereitet für Hilfe der befreundeten europäischen Länder, soweit unter den obwaltenden Umständen an direkten materiellen Beistand bereits zu denken war. Noch hatte das französische Expeditionskorps Vietnams Grenze zu China, seine Küste und die Häfen unter Kontrolle. Politische Unterstützung aber war der DRV nun aber gewiss.

Am 20. März 1950 sprach der Außenminister der DRV in einer Depesche an seinen DDR-Amtskollegen den Dank von Volk und Regierung der DRV für die ihnen gegenüber bekundete freundschaftliche Haltung aus. Er äußerte die Überzeugung, hieß es in einer Information darüber, »dass die freundschaftlichen Beziehungen zwischen der Demokratischen Republik Vietnam und den Ländern des Friedens und der Demokratie die Kräfte Vietnams in seinem Kampf gegen den französischen Imperialismus stärken und zur Stärkung und Verteidigung des Friedens und der Demokratie in der Welt beitragen werden«.[11]

Am 23. Januar 1951 ging der diplomatischen Vertretung der DDR in Peking eine Mitteilung des DRV-Außenministers an den Außenminister der DDR zu, in der es unter anderem hieß: »Zu Beginn des Jahres 1950 erkannten die Regierungen der Sowjetunion, Chinas und der Volksdemokratien die Regierung der Demokratischen Republik Vietnam an, und die deutsche Regierung sandte ihr eine Botschaft, die die herzlichen Gefühle der DDR zum Ausdruck brachte. (…) Ich habe die Ehre, Sie davon in Kenntnis zu setzen, daß unsere Regierung beschlossen hat, den 18. Januar zum ›Gedenktag der diplomatischen Siege‹ zu erklären, zu einem Freudentag für ganz Vietnam.«[12]

DDR appelliert an deutsche Fremdenlegionäre

Juli 1957: Friedrich Böttcher hatte sich in französischer Kriegsgefangenschaft für die Fremdenlegion anwerben lassen und kam nach Vietnam. Er lief zur Volksarmee über, stand bis zur Waffenruhe 1954 in deren Reihen und kehrte dann in die Heimat zurück. Nun tätig als Lademeister auf dem Magdeburger Hauptbahnhof.
BArch Bild 183-48391-0001,
ADN-Zentralbild/Fotograf: Biscan

Auf den Ruf aus den Bergen im äußersten Norden Vietnams reagierte die damals noch Provisorische Regierung der DDR (die ersten Wahlen standen noch aus) nach nur wenigen Tagen nicht allein mit der formellen Anerkennung der DRV, der im Dezember 1954 die Herstellung voller diplomatischer Beziehungen auf Botschafterebene folgte, und der Anbahnung erster offizieller Kontakte. Sie meldete sich auch mit einer folgenreichen Initiative in einer Frage zu Wort, die den französischen Feldzug zur Rückgewinnung ihrer Kolonialbastion in Indochina direkt betraf. In einem per Funk an die vietnamesische Seite übermittelten Appell rief sie am 2. Februar 1950 die deutschen Fremdenlegionäre auf, zu desertieren und nach Deutschland zurückzukehren. »Die Regierung der Deutschen Demokratischen Republik fordert alle Deutschen, die als Fremdenlegionäre in die französische Kolonialarmee gepreßt wurden, auf, mit dem schmutzigen und verbrecherischen Krieg gegen Vietnam Schluß zu machen und zur Volksarmee Vietnams überzugehen.« So retteten »die zu französischen Söldnern gepreßten Deutschen nicht nur ihr eigenes Leben, sondern auch die Ehre Deutschlands«.

Weiter hieß es in dem von großer Sorge getragenen, einen ehrenhaften Ausweg weisenden Aufruf: »Die Regierung der Deutschen Demokratischen Republik garantiert allen deutschen Soldaten, die aus der französischen Kolonialarmee zur Volksarmee Vietnams übergehen, vollkommene Amnestie, Arbeit entsprechend ihren Wünschen und Fähigkeiten sowie berufliche Ausbildungsmöglichkeiten. Die Regierung der Deutschen Demokratischen Republik wird alles unternehmen, um die Heimreise dieser deutschen Soldaten zu erleichtern.«[1]

Im selben Monat wandte sich der Zentralrat der Freien Deutschen Jugend (FDJ) auf demselben Weg an die zum Kriegsdienst nach Südostasien Verschifften. In einer Botschaft an jene, die bereits die Reihen der Fremdenlegion verlassen hatten und zu den vietnamesischen Befreiungsstreitkräften übergelaufen waren, hieß es: »Ihr ehemaligen deutschen Legionäre habt erkannt, daß ihr mit der vietnamesischen Freiheitsarmee auch gegen den Feind eines einheitlichen, demokratischen Deutschlands kämpft.« An jene »deutschen Soldaten in Vietnam«, die als Legionäre noch am Feldzug gegen Vietnams Befreiungsbewegung teilhatten, appellierte der Zentralrat in einer zweiten Botschaft, sich »nicht länger als Söldner gegen das vietnamesische Volk mißbrauchen« zu lassen. »Geht einzeln und geschlossen mit euren Waffen über in das Lager der Freiheitskämpfer von Vietnam, in dem schon viele ehemalige deutsche Legionäre stehen! Nehmt das Angebot der Regierung der Deutschen Demokratischen Republik an! Kehrt zurück in die Heimat! In der Deutschen Demokratischen Republik hat die Jugend die Möglichkeit des Aufstiegs auf allen Gebieten des Lebens!«[2]

Auf einem Kongress junger Friedenskämpfer anlässlich des Deutschlandtreffens der Jugend Pfingsten 1950 in Berlin erklärte der stellvertretende DDR-Ministerpräsident Walter Ulbricht: »Wir klagen die Bonner Protektoratsregierung an, daß mit ihrer Unterstützung junge Deutsche für Kriegsdienste in Indochina geworben werden! Einer der Heimkehrer berichtete, daß gegenwärtig rund 16 000 deutsche Fremdenlegionäre in Indochina kämpfen. Alle 14 Tage sei ein Transport mit etwa 1000 deutschen Jugendlichen in Indochina eingetroffen.«[3] Mit einem eindringlichen Appell, genauso per Funktelegraphie übermittelt, wandten sich am 25. Oktober 1952 der Nationalrat der Nationalen Front des demokratischen Deutschland und sechs ehemalige Fremdenlegionäre an die in den Reihen der Legion in Vietnam stehenden jungen Deutschen: »Laßt Euch nicht länger auf die Schlachtbank für imperialistische Interessen gegen das vietnamesische Volk führen. Verlaßt die Sklaverei der Fremdenlegion! Geht zur Volksarmee Vietnams über und schafft Euch damit die Möglichkeit zur Rückkehr in die Heimat!«[4]

Die DDR knüpfte mit ihrem Vorstoß nur ein Vierteljahr nach ihrer Gründung und mit vielfältigen späteren Aktivitäten an Initiativen der vietnamesischen Seite an, die schon seit etlichen Jahren mit Hilfe einiger Antifaschisten in Legionärskluft den Gedanken der Desertion in die Reihen der Legion zu tragen bemüht war. Eine vietnamesische Quelle besagt, dass erstmals Ende 1943/Anfang 1944 gezielt darauf hingewirkt worden sei. Das ZK der Indochinesischen Kommunistischen Partei (IKP) hatte im Vorfeld und zur Vorbereitung der Augustrevolution Direktiven zur »Agitation unter den Soldaten des Feindes (Vietnamesen, Franzosen, Legionäre und Soldaten anderer französischer Kolonien)« beschlossen. Auf deren Grundlage und mit dem Ziel, eine *Antijapanische Demokratische Front in Indochina* zu etablieren, nahmen Beauftragte der Parteiführung »Anfang 1944 mit deutschen Kommunisten und österreichischen Sozialisten sowie mit Funktionären der Kolonialverwaltung Verbindung auf«, heißt es in der Hanoier Schrift. Im November jenes Jahres organisierte das Generalkommando der Viet Minh in Hanoi eine konspirative Zusammenkunft, an der auch Antifaschisten aus der Legion teilnahmen. Resultat der intensiven Aufklärungsarbeit war 1944 die Bildung einer *Sozialistisch-Kommunistischen Gruppe* in Tonkin. Die angestrebte große antijapanische Front allerdings kam nicht zustande. Angesprochene linke Gaullisten unter den Funktionären der Kolonialverwaltung, für Gegnerschaft zum Okkupationsregime bekannt, schwenkten auf de Gaulles viet-minh-feindlichen Kurs um und ließen das Vorhaben scheitern.[5]

Es wäre sicherlich Aufgabe von Historikern, herauszufinden, ob die KPD-Führungsmannschaft im Moskauer Exil seinerzeit unter Nutzung der einst im Rahmen der Kommunistischen Internationale (KI) installierten Kommunikationskanäle von der IKP-Führung über deren Bemühungen auch um deutsche Fremdenlegionäre ins Bild gesetzt worden ist. So wäre auch zu klären, ob dieser Führungsriege mit dem einstigen KI-Funktionär Wilhelm Pieck damals Namen von Männern zur Kenntnis gelangt sind, die schon in den ersten Jahren des fünften Jahrzehnts in der Fremdenlegion lebensgefährliche politische Arbeit zum Nutzen des vietnamesischen Widerstands geleistet haben. Einer von ihnen, ein junger Deutscher aus dem Unterelsass, gehörte zu ihnen. Er sollte fürderhin ein sehr persönliches Kapitel deutsch-vietnamesischer Solidarität und Freundschaft schreiben, das trotz bedrückenden Endes durchaus auf der damaligen Haben-Seite der DDR verbucht werden kann und sich mit dem Namen Erwin Borchers verbindet.

Borchers hatte Anfang der 40er Jahre zu den noch wenigen gehört, die als erste aus Überzeugung den Weg zum vietnamesischen Widerstand gesucht und in konspirativem Kontakt mit Beauftragten der Viet Minh und der IKP gefunden haben. Dieser 1940 in französischer Internierung zum Dienst in der Fremdenlegion gepresste Mann war nach seiner Entscheidung, die Fronten zu wechseln, zunächst noch bis 1945 in den Reihen der Legion mit gefahrvoller politischer Arbeit tätig. Inzwischen schon etliche Jahre mit einer Vietnamesin verheiratet und Familienvater geworden, hatte er 1948 die vietnamesische Staatsbürgerschaft angenommen. Unter dem Kampfnamen Nguyen Chien Si (Kämpfer Nguyen) war aus dem Fremdenlegionär ein Oberstleutnant der Vietnamesischen Volksarmee geworden. In ihm fanden der Zentralrat der FDJ und ihr Vorsitzender Erich Honecker 1950 einen aktiven und zuverlässigen Weggefährten. Neue Wege auch für brieflichen Kontakt wurden gefunden, so über die DRV-Vertretung in Peking und die inzwischen dort eingerichtete DDR-Botschaft.

Auslöser für den ersten Kontakt von Erwin Borchers in Richtung DDR waren die Botschaften des FDJ-Zentralrats vom Februar 1950. In seiner Verantwortung herausgegebene Informations- und Agitationsschriften, insbesondere die Zeitung *Waffenbrüder – Kampforgan der Deutschen im Dienste Viet-Nams*, boten die Möglichkeit, dem Aufruf der Regierung Grotewohl und den Appellen des Jugendverbands unter den Legionären Gehör zu verschaffen. Sie gelangten auf vielerlei Weise in die Garnisonen, Stützpunkte und Posten der Legion. Im Mai nahm er mit einem Brief an den FDJ-Vorsitzenden und einem Packen in seiner Regie gefertigten Propagandamaterials selbst Verbindung nach Berlin auf. Es sei das erste Mal seit Beginn des nationalen Widerstandskrieges Vietnams im Dezember 1946, »daß sich ein Weg zu den Freunden und Genossen in Deutschland auftut«, schrieb er. »Das

Leitmotiv, dem wir unsere gesamte Propaganda bei den Europäern und Afrikanern auf der Feindseite unterstellen, heißt: Heimkehr! Rüber zu uns und zurück in die Heimat oder in die Länder Eurer Wahl!« Unter den Deutschen in der Legion herrsche »große Kriegsmüdigkeit und Sehnsucht nach Hause«. Er bat die FDJ um Bücher, Zeitungen, Zeitschriften und anderes Informationsmaterial. »Wir leben und arbeiten zwischen Busch und Urwald, in einem Land ohne moderne Verbindungs- und Informationsmittel, mit Druckern, die kein Deutsch können und nur über handgetriebene Maschinen verfügen.«[6]

Mit den Aufrufen vom Februar und dem recht schnell einsetzenden ermutigenden Echo wurde die Frage der Fremdenlegionäre, das Bestreben, das Leben junger Deutscher zu retten, für die nächsten Jahre zu einem Dauerthema des DDR-Jugendverbands und seiner Zeitung *Junge Welt*. Am Pranger stand dabei die von der Regierung Adenauer amtlich geduldete, längst als potentielles Todesurteil geltende Rekrutierung von Jugendlichen in der Bundesrepublik für die Söldnertruppe. Im März veröffentlichte das Blatt einen exemplarischen Erlebnisbericht des Westdeutschen Lothar Link, dem eben von Südfrankreich aus die Flucht in die DDR gelungen war.[7] Er verwies darauf, dass nicht nur tausende in französische Gefangenschaft geratene deutsche Soldaten in die Fremdenlegion gezwungen worden waren. Gleich nach der Kapitulation der Nazi-Wehrmacht am 8. Mai 1945 sei man dazu übergegangen, »in Westdeutschland groß angelegte Rekrutierungslager und Werbebüros einzurichten. Das Hauptlager in der französischen Zone befindet sich in Offenburg in Baden und wird regelmäßig von Lagern Landau in der Pfalz und Koblenz beliefert«, berichtete er.

Link war bei einem Aufenthalt in Heidelberg von zwei Zechbrüdern animiert worden, mit ihnen nach Landau zu fahren und dort weiter zu feiern. In einer Herberge wurde er aufgefordert, seine Personalpapiere abzugeben und einen Übernachtungsschein auszufüllen. Am nächsten Morgen unsanft geweckt, bedeutete man ihm auf seine erstaunte Frage, wo er sich befinde, er sei »im Rekrutierungslager Landau der Fremdenlegion«. Jetzt sei er »wieder beim Kommiß«. Als er in einem Büro verlangte, sofort das Gebäude verlassen zu dürfen, zeigte ihm der Deutsche, der ihm am Abend seine Papiere abverlangt hatte, den vermeintlichen Übernachtungsschein. »Das ist die vorläufige Verpflichtungserklärung zum Beitritt in die Fremdenlegion, und wenn du gehst, machst du dich des Vertragsbruchs schuldig. Du unterstehst jetzt nicht mehr den deutschen Behörden, sondern der französischen Militärmission.« Eine »schallende Ohrfeige« war die Antwort auf seinen Einwand, dass dieser Vertragsabschluss auf Betrug beruhe und ungültig sei. Er wurde bei den Schultern gepackt und mit der hämischen Bemerkung hinausgeworfen, er könne sich ja nochmal beschweren.

Von französischen Militärpolizisten bewacht, ging ein Transport von etwa 30 Mann nach Offenburg in das Centre de Regroupement de la Légion étrangère SP 5360. »Hier war es an der Tagesordnung, dass 17 Jährige zu 21 Jährigen gemacht wurden, da das offizielle Alter für deutsche Legionäre 20 Jahre beträgt.« Auch habe man einen anderen Namen annehmen können. Verhören durch die Sûreté, die »politische Polizei der Legion«, und anderen Prozeduren folgte der Weitertransport nach Marseille. »Aus dem Lager Offenburg gehen alle 10 Tage etwa 200 Candidaten in das Depot der

Légion étrangère Bas Fort St. Nicolas.« Dort erwarteten weitere »politische Verhöre« die miserabel untergebrachten Verschleppten. »Der Leiter und Überwachungsoffizier der gesamten Sûreté war ein amerikanischer Nachrichtenoffizier im Range eines Capitains der Fremdenlegion,

Aufruf der DDR-Regierung vom 02. 02. 1950 an die deutschen Fremdenlegionäre »Deutsche Soldaten in Vietnam, kommt nach Hause!«
Neues Deutschland, 3. Februar 1950

Mister Wilkins.« Sein Sekretär, ein Holländer, sei während des Krieges Offizier in einer wallonischen SS-Einheit gewesen. »Wir merkten bald, daß der Name ›französische Fremdenlegion‹ eine absolute Farce war. Sämtliche Gegenstände des täglichen Gebrauchs, sämtliche Waffen und Bekleidungsstücke waren amerikanischen Ursprungs.«

Weiter schrieb Lothar Link: »Nach 14 Tagen traten wir, die man in der Zwischenzeit zum ›Engagez-Volontaire‹ befördert hatte, den Weg mit der ›Louis Pasteur‹ nach Oran und von dort nach Sidi bel Abbès an.« Die Zustände auf dem Schiff bei der Fahrt nach Algerien ließen sich kaum beschreiben. »Zusammengepreßt, halb liegend, halb sitzend, halb stehend mit den Auswürfen der Seekrankheit beschmutzt, konnten wir im Zwischendeck weder leben noch sterben.« Noch schlimmer aber sei es dann in der Kaserne in Sidi bel Abbès gewesen. »Es mag übertrieben klingen, aber es war so, daß nicht wir das Ungeziefer hatten, sondern das Ungeziefer uns.« Sie waren nun »Légionaires Deuxième Classe« geworden. »Nach einer Ausbildung, deren Art und Weise jeden preußischen Kommiß-Hengst hätte vor Neid erblassen lassen – wir wurden an englischen und amerikanischen Panzern und Waffen ausgebildet –, kamen die meisten nach Indochina.«

Er selbst habe das »Glück« gehabt, nach Marseille zurückversetzt zu werden. Dort kam er in ein Kommando, dessen Aufgabe es war, »die ankommenden Verwundeten- und Totenschiffe zu entladen. (...) Es kamen durchschnittlich alle vier Wochen 500 bis 800 Verwundete mit schrecklichen Verstümmelungen und alle acht Wochen ein Totenschiff. Auf dem Totenschiff befanden sich die in Zinksärgen liegenden Leiber der Chargierten. Alle anderen einfachen Legionäre wurden in Indochina verscharrt. (...) Teilweise kamen die Verwundeten aus Indochina auch mit Flugzeugen. Es gibt wohl keine bemitleidenswerteren Menschen als diese armen Kerle. Mit den entsetzlichsten tropischen Krankheiten behaftet, mit teilweise abgeschossenen Gliedern humpelten sie von Bord – man hatte die Umgebung des Hafens abgesperrt – zu den wartenden Autos. ...«

Nicht nur auf Grund von Gesprächen mit Rückkehrern sei ihm klar geworden, »daß ich mich so schnell wie möglich von dieser Einheit absetzen müsse«. Es sei ihm gelungen, »bei einem menschenfreundlichen Zirkusdirektor unterzutauchen«, der »mich bis kurz vor die deutsche Grenze als Zirkusjunge mitnahm und mir Geldmittel für die Weiterführung meiner Flucht zur Verfügung stellte. Im Frühjahr 1950, vor etwa vier Wochen, überschritt ich die Zonengrenze zur Deutschen Demokratischen Republik und atmete endlich wieder die Luft der Freiheit. Es ist ein schönes Gefühl, nach dieser Zeit unter Freunden zu sein.«

Doch nicht nur über die dramatischen Erlebnisse eines Lothar Link war in jenen Tagen in der Jugendzeitung zu lesen. Sie berichtete über das Schicksal des 17-jährigen Alois Siebzehnrübl aus der Nähe von München, der sich nach Ärger mit den Eltern bei der Legion in Offenburg gemeldet hatte. Als sich für ihn die Versprechungen, die im Werbebüro gemacht worden waren, als Lug und Trug erwiesen, konnte er heimlich seine Mutter um Hilfe bitten. Sie machte sich auf den Weg nach Offenburg und verlangte die Herausgabe ihres minderjährigen Sohnes. Ihre Forderung wurde brüsk abgelehnt. Ein grinsender Capitaine hielt ihr entgegen, ihr Sohn habe einen Vertrag über fünf Jahre Dienst in der Legion unterschrieben. Davon zurückzutreten wäre Vertragsbruch, der 50 000 Franc Lösegeld und Entschädigung koste. Der Einwand der Mutter, dass Alois nicht mündig und der Vertrag deshalb rechtlich ungültig sei, wurde barsch zurückgewiesen. Schließlich stellte der Offizier den Jungen seiner Mutter gegenüber, die unter Tränen vernehmen musste, ihr Sohn sei 21 Jahre alt und mündig und könne tun und lassen, was er »will«. Wie später ruchbar wurde, hatte die Sûreté den Jungen zuvor darauf hingewiesen, dass er in den Listen der Legion als 21-Jähriger geführt werde. Er könne, wenn er wolle, mit seiner Mutter gehen, werde aber nicht weit kommen, falls er nach einer letzten Vernehmung überhaupt noch gehen könne. Eine verzweifelte Mutter musste allein den Heimweg antreten.[8]

Am 28. März vermeldete die *Junge Welt*: »Eine Mutter dankt Wilhelm Pieck.« Was war geschehen? Der Fremdenlegionär Günter Ehrhardt aus Dresden-Pesterwitz, Ende 1948 in Richtung Indochina verschifft, floh Anfang 1949 aus dem hohen Norden Vietnams nach China, wurde zeitweise von den Guomindang-Behörden inhaftiert und erlebte schließlich an seinem Aufenthaltsort den Einmarsch der Volksbefreiungsarmee. Es gelang ihm, brieflich Verbindung mit seiner Mutter aufzunehmen, die ihn auf den Rückkehr-Appell der DDR-Regierung aufmerksam machte und ihm riet, Präsident Pieck um Hilfe zu bitten. Am 27. Februar tat er das. Ende März konnte der Präsident den Dank der Mutter dafür entgegennehmen, der Bitte des jungen Mannes entsprochen und das DDR-Außenministerium angewiesen zu haben, die notwendigen Schritte zu unternehmen, um Ehrhardt zur Rückkehr zu verhelfen.[9]

Als Reaktion auf den Appell der DDR-Regierung an die Fremdenlegionäre ließ die vietnamesische Seite SED- und Staatsführung in Berlin wissen, dass sich schon viele Deutsche in vietnamesischer Gefangenschaft befänden. Ihnen wie jenen deutschen Soldaten, die »zum vietnamesischen Volk übergegangen waren«, werde die Regierung der DRV die Heimreise erlauben. Vietnam machte es einstigen deutschen Legionären auch möglich, über seine Kanäle Angehörigen und Freunden in der Heimat ein Lebenszeichen zu senden und ihnen die baldige Heimkehr zu signalisieren. So erhielt der FDJ-Zentralrat Ende Mai 1950 vom Nachrichtendienst der DRV 14 Telegramme solchen Inhalts. »Grüße an alle. Auf vietnamesischer Seite bei bester Gesundheit. Komme bald. Erbitte Antwort.« oder »Viele Grüße aus Vietnam. An der Seite meiner vietnamesischen Kameraden geht es mir gut. Komme bald. Sendet Nachricht.« waren Texte solcher Freudenbotschaften an Adressaten in Ost und West, von der *Jungen Welt* veröffentlicht. Antworten sollten auf Bitten des Vietnam News Service an eine Adresse in »Rangoon, Burma« gerichtet werden. Die Jugendzeitung schrieb dazu, »daß dem Appell der Regierung der Deutschen Demokratischen Republik und dem des Zentralrats der Freien Deutschen Jugend bereits tausende ehemalige Legionäre gefolgt sind und in der nächsten Zeit in ihre Heimat zurückkehren werden«.[10] Bei dieser Zahl aber war vermutlich mehr der Wunsch der Vater des Gedankens.

In der zweiten Hälfte jenes Jahres wurden über die DDR-Botschaft und die vietnamesische Vertretung in Peking zwischen den zuständigen Stellen der DDR und der DRV alle notwendigen Formalitäten für die Rückkehr desertierter oder gefangen genommener deutscher Fremdenlegionäre erledigt. Anfang 1951 begann die Rückführung auf dem Schienenweg via Peking, Ulan-Bator, Moskau und Warschau. Schon ab Mitte 1950 war eine nicht bekannte Anzahl einstiger Fremdenlegionäre, die nach Ablauf ihres Fünfjahresvertrags regulär die Legion verlassen hatten, wahrscheinlich von Frankreich aus in die DDR gelangt. Vorliegende Unterlagen weisen für die Zeit von März 1951 bis März 1955 die Ankunft von sechs Transporten aus Vietnam mit insgesamt rund 700 Mann auf dem Gebiet der DDR aus. Die Kosten für die Transporte ab vietnamesischer Grenze und für die für viele Rückkehrer notwendige medizinische Begleitung auf der Fahrt trug die DDR.[11] Die Rückführung war damit noch nicht abgeschlossen.

Als die vorerst letzten Transporte auf den Weg gebracht wurden, hatte sich die Situation in Vietnam grundlegend verändert. Vietnams Volksarmee hatte im Raum Dien Bien Phu in den Wochen von Mitte März bis Anfang Mai 1954 dem französischen Expeditionskorps eine dramatische Niederlage bereitet und so auch der Fremdenlegion schwere Verluste zugefügt. In dieser größten Schlacht des ganzen Krieges, die das ruhmlose Ende des französischen Rückeroberungsfeldzugs markierte, wurden neben französischen Einheiten sechs der kampfstärksten Bataillone der Legion, die zu 70 Prozent aus Deutschen bestanden, völlig aufgerieben. Es waren die schwersten Verluste, die der Fremdenlegion jemals auf dem indochinesischen Kriegsschauplatz hatten zugefügt werden können.

Am 16. Mai, nur wenige Tage nach der Kapitulation der Festung Dien Bien Phu, richtete der II. Deutsche Nationalkongress in Berlin an die deutschen Legionäre, die noch immer Söldnerdienst auf vietnamesischem Boden leisteten, auf Vorschlag des Wissenschaftlers und Publizisten Professor Albert Norden den eindringlichen Appell: »Stellt den Kampf ein! Geht zur vietnamesischen Volksarmee über, um nach Deutschland zurückzukehren! Zerstört nicht Vietnam, helft Deutschland aufbauen!«[12] Es war die Zeit der letzten Vorbereitungen für das II. Deutschlandtreffen der Jugend, das dann Pfingsten in Berlin stattfand. Damals wusste die *Junge Welt* nahezu täglich von jungen Männern zu berichten, die den Aufrufen aus der DDR gefolgt waren, inzwischen als aktive Verbandsmitglieder das Blauhemd trugen, an ihrem Arbeitsplatz ihren Mann standen und sich das Vertrauen erworben hatten, von ihren FDJ-Gruppen als Delegierte zum Jugendtreffen nominiert zu werden. Ob der 26-jährige Kurt Meid aus Erfurt, 1950 in Gefangenschaft geraten, der 24-jährige Hellmuth Krause aus dem sächsischen Schmorkau bei Oschatz, aus der Legion geflohen, oder Otto Meschkat aus Hennigsdorf – sie und andere nahmen ihr persönliches Beispiel und ihre Erfahrungen in der DDR zum Anlass, ihre ehemaligen Kameraden aufzurufen, nun wenigstens dem Appell des II. Nationalkongresses zu folgen und es ihrem Beispiel gleichzutun: Legt die Waffen nieder, kehrt in die Heimat und in eine sichere Zukunft zurück![13]

Wie viele junge Deutsche in Legionärskluft auf der Hochebene von Dien Bien Phu im Trommelfeuer der vietnamesischen Volksarmee oder auch in erbitterten Nahkämpfen ihr Leben verloren, kann offenbar kaum beantwortet werden. Jene, die – körperlich unversehrt oder auch in großer Zahl verwundet – das Gemetzel mit der Aussicht überlebt hatten, irgendwann ihre Heimat wieder zu sehen, mussten den Weg in Gefangenenlager antreten.

Einer, der die etwa 10 000 Gefangenen auf dem langen Marsch mit zu eskortieren hatte, war der deutsche Oberstleutnant Nguyen Chien Si. Wer war dieser Mann, der offenbar als einziger ehemaliger Fremdenlegionär auf vietnamesischer Seite über viele Jahre hin eine herausragende Rolle spielte, statt bei erstbester Gelegenheit heimzukehren? Sein Mitstreiter Frey hatte im Herbst 1950 Vietnam verlassen, Schröder im Jahr darauf.

1906 in Straßburg, der Hauptstadt des damaligen deutschen »Reichslandes« Elsass-Lothringen (heute ostfranzösisches Departement Bas-Rhin), geboren, absolvierte Erwin Borchers an mehreren deutschen Universitäten und in Wien ein Neu-Philologie-Studium. Kontakt mit marxistischem Gedankengut, schließlich das Studium marxistisch-leninistischer Werke führten ihn in Heidelberg in die Reihen der Sozialistischen Studentengruppe. Dem Studium folgte die Anstellung als Lehrer an einem Frankfurter Gymnasium. Nach dem Machtantritt der Nazis gehörte er zu den ersten, die auf die Straße flogen. An illegalen Flugblattaktionen beteiligt, brachte ihm Denunziation im Oktober 1933 polizeiliches Verhör ein. Er entschloss sich zur Flucht nach Paris.

Als Frankreich am 3. September 1939 Deutschland wegen des Überfalls auf Polen den Krieg erklärte, teilte Erwin Borchers das Schicksal vieler emigrierter deutscher Antifaschisten, als »feindlicher Ausländer« interniert zu werden. Man stellte den 33-Jährigen vor die Wahl: Lagerhaft bis zum Kriegsende (was im Jahr darauf für viele Auslieferung an die Gestapo bedeutete) oder Fremdenlegion. Borchers entschied sich in der Hoffnung für die Legion, in deren Reihen aktiv gegen die Faschisten kämpfen zu können, statt im Internierungslager einem ungewissen

Schicksal ausgeliefert zu sein. In der Tat standen in den folgenden Jahren einzelne Einheiten der Fremdenlegion an europäischen Fronten im Kampf gegen deutsche Truppen und deren Verbündete, mit dem Gros der Legion aber hatte Paris anderes vor. So erwies sich für Borchers die gehegte Hoffnung als Illusion.

Dem Ausbildungsdrill als Angehöriger des 5. Régiment étranger d'infanterie (5. R.E.I.) in den algerischen Stützpunkten Sidi bel Abbès und Colomb Béchar bis Mitte 1941 folgte der Seetransport nach Indochina mit der Ankunft in Saigon im Oktober. Im Laufe jenes Jahres hatten die japanischen Okkupanten, die im September 1940 von China aus in Vietnam eingefallen waren, ganz Indochina unter ihre Kontrolle gebracht, Frankreichs Kolonialverwaltung und Militärapparat aber unangetastet gelassen. Am Krieg gegen Vietnams Befreiungsbewegung teilzunehmen, dem damit nicht Einhalt geboten war, entsprach nicht Borchers Vorstellungen von seiner Rolle in der Legion. Letzter Anstoß für seinen Entschluss, in ihren Reihen gegen den Kolonialfeldzug zu wirken, war ein erschütterndes Erlebnis. Er musste mit ansehen, wie ein Legionärs-»Kamerad« einen vietnamesischen Rikschafahrer niederstach, statt für dessen Dienste zu zahlen. In der Garnison Viet Tri, einer kleinen Provinzstadt etwa 50 Kilometer nordwestlich von Hanoi, fand er Gleichgesinnte, den Soziologiestudenten Rudolf (Rudy) Schröder aus Köln und den Wiener jüdischen Kommunisten Ernst Frey. Sie begannen mit politischer Agitation und begründeten eine kleine »kommunistische Zelle«.

Vietnamesische Kundschafter, von der IKP-Führung im Umfeld der Legion platziert und selbst in deren Objekte geschleust, wurden sehr schnell, noch Ende 1941, auf das Wirken der kleinen Gruppe antifaschistischer Legionäre aufmerksam. Sie agierte fortan unter permanenter Beobachtung durch die vietnamesische Seite. Als die Parteiführung – wie in der genannten Hanoier Publikation erwähnt – um die Jahreswende 1943/44 beschloss, nunmehr gezielt auf antifaschistische Elemente in der Legion zuzugehen, kam Anfang 1944 der erste konspirative Kontakt zustande. In der Nähe der Hauptstadt traf Borchers als Sprecher der Gruppe mit dem IKP-Generalsekretär Truong Chinh zusammen, der sich unter dem Namen Phong präsentierte. Bei der von der Viet Minh organisierten geheimen Zusammenkunft im November in Hanoi, die dem Anliegen diente, die antijapanische Front zu schmieden, sagte Erwin Borchers seine Mitwirkung zu. Er vermittelte unter Zutun französischer Sozialisten Kontakt zwischen vietnamesischen Unterhändlern und gaullistischen Offizieren.

Anfang März 1945 entmachteten die japanischen Okkupanten in einem Gewaltstreich die bis dahin intakt gebliebene französische Kolonialverwaltung, internierten sie deren Truppen. Borchers und seine Gefährten gerieten in Viet Tri in ihre Fänge. Sie wurden Anfang Mai in die Zitadelle von Hanoi verschleppt und erlangten Mitte September im Gefolge der siegreichen Augustrevolution die Freiheit. Erwin Borchers' Frau Le Thi Binh, die ihn in seiner politischen Arbeit in der Legion unterstützt hatte, und seine Kinder hatten von Viet Tri aus bei Verwandten in der Nähe Hanois untertauchen können. Borchers, mittlerweile Mitglied der IKP geworden, und seine beiden Gefährten Schröder und Frey betrachteten ihr Zugehörigkeit zur Fremdenlegion als beendet und stellten sich nun in den Dienst der Regierung des unabhängigen Vietnam. In deren Auftrag und unter deren Schutz vor Nachstellungen der noch präsenten französischen Organe hoben sie unter neuen persönlichen Namen die erste Zeitung der DRV in französischer Sprache, *La République,* aus der Taufe. Deren Aufgabe war es, die Legitimität der Demokratischen Republik in der Auseinandersetzung mit Frankreich zu propagieren. Sie verfassten zudem an die französischen Truppen gerichtete Flugblätter und andere Druckschriften in deutscher und französischer Sprache. Aus Erwin Borchers war Nguyen Chien Si geworden, der auch als Kommentator und Sprecher in französischer Sprache beim Hanoier Rundfunksender *Stimme Vietnams* zu arbeiten begann.

Das neue zivile Leben endete abrupt Mitte Dezember 1946 mit den Provokationen der französischen Truppen in Hanoi und deren Überfall auf den Amtssitz von Präsident Ho Chi Minh. Es begann der nationale Widerstandskrieg Vietnams. Die DRV-Führung musste wieder in das Widerstandszentrum im Viet Bac ausweichen. So hatte auch Borchers mitsamt Familie die Hauptstadt zu verlassen. Der Oberkommandierende der Befreiungsarmee, die einige Jahre später den Namen Volksarmee erhielt, General Vo Nguyen Giap, verlieh ihm den Rang eines Oberstleutnants und übertrug ihm als Politkommissar in der Generaldirektion für politische Erziehung der Armee die Frontpropaganda. Sie wandte sich vor allem an Deutsche und Franzosen, zuweilen auch an Legionäre anderer Nationalität mit dem Ruf, die Seiten zu wechseln. Wichtigste Mittel der Propagandaarbeit in seiner Regie waren die vordem unter dem Titel *Waffenbrüder* erschienene Zeitung *Heimkehr* für deutsche Legionäre und ihr französisches Pendant *Frères d'armes – Organ de combat des amis du Viet-Nam.*

Unvergessliche Erlebnisse in jenen Kampfjahren waren für ihn Begegnungen mit Ho Chi Minh. Von ihm bekam er Ratschläge, wie in Flugblättern und der deutschsprachigen Zeitung, die in 5000 Exemplaren in die Reihen der Legion gebracht wurde, die Mentalität der Adressaten angesprochen werden sollte. Die Zeitung sei »bestimmt für Legionäre, lustige, sensible Kerle, aber nicht gerade tiefsinnige Politiker«, meinte Ho Chi Minh, wohl wissend um die zahllosen Gräueltaten der Fremdenlegion an der Bevölkerung. »In eine solche Zeitung gehören Zeichnungen, Karikaturen, Witze, kurze Nachrichten über Deutschland und Frankreich, besonders über das Leben des Volkes. Mit einem Wort, man muss ihr Herz bewegen, sie amüsieren, sie zum Lachen und Weinen bringen, um sie auf unsere Seite zu ziehen. Keine langen Artikel, keine große Politik für den Moment ...«

1954, Dien Bien Phu im äußersten Westen von Tay Bac dicht an der laotischen Grenze. Lagebesprechungen beim Armeekommando hatten Borchers Kenntnis von sorgfältig getarnten monatelangen Vorbereitungen für die Schlacht vermittelt. Anfang Februar bekam er den Befehl, sich beim Befehlshaber der Front, General Vo Nguyen Giap, zu melden, der sich mit seinem Stab im dichten Dschungel nahe der Festung eingerichtet hatte. Beim Abschied bat er seine Frau, der jüngsten Tochter den Namen *Viet-Duc* (»Vietnamesisch-Deutsch«) zu geben, der sie an den Vater erinnern sollte. Borchers wurde vom General Frontpropaganda mit dem Ziel übertragen, die mehreren tausend deutschen Fremdenlegionäre am Ort zur Aufgabe zu bewegen. Von ihm verfasste Flugblätter in Deutsch wurden mit Beginn der vietnamesischen Angriffshandlungen auf das ausgedehnte Stützpunktareal geschossen. Im Laufe der wochenlangen Kämpfe trieben Soldaten der Volksarmee Laufgräben immer tiefer in das Stützpunktgelände hinein. Borchers und seine Mitkämpfer konnten sie dazu nutzen, per Megaphon die Legionäre aufzufordern, mit der Aussicht auf baldige Heimkehr die Waffen zu strecken und den sinnlosen Kampf einzustellen. Ihren Appellen folgten nach seinen Angaben 123 deutsche und österreichische Legionäre. Noch während und nach der Schlacht hatte er auch deutsch-sprechende Legionäre zu verhören. Er hatte teil an der Registrierung der Gefangenen und wurde schließlich dazu eingesetzt, die schier endlosen Gefangenenkolonnen auf dem beschwerlichen Marsch über hunderte Kilometer Dschungelwege in Lager im Viet Bac mit zu eskortieren. Es war dies seine letzte militärische Aufgabe im Dienste des vietnamesischen Befreiungskampfes. Bei seinen damaligen Kampfgefährten blieb der deutsche Oberstleutnant ihrer Volksarmee unvergessen.

1955 kehrte Erwin Borchers mit seiner Familie aus dem Widerstandszentrum im Viet Bac nach Hanoi zurück, von der Volksarmee hoch dekoriert und auch von Präsident Ho Chi Minh persönlich ausgezeichnet. Nach seiner »Demobilisierung« arbeitete er als Dolmetscher und Journalist, ab 1956 auch für die DDR-Nachrichtenagentur ADN. Er war er an der Einrichtung ihres dortigen Büros beteiligt, das bis zur »Wende« bestand. Anfang 1966 übersiedelte er, bis dahin vietnamesischer Staatsbürger, mit seiner Familie in die DDR. Er wurde Mitglied der SED und arbeitete beim DDR-Auslandssender Radio Berlin International (RBI). Bekundete Unzufriedenheit mit vielem in der Politik von Partei und Staat wie auch Verbitterung über die Niederschlagung des »Prager

Frühlings« im August 1968 hatten ein Parteiverfahren zur Folge. 1971 in Rente gegangen, wechselte Erwin Borchers 1981 nach Westberlin, wo er 1985 verstarb. Die Ehe war geschieden.[14]

Adenauer:
»Heldenhafte Verteidiger der freien Welt«

Bonn, Dienststelle Blank (Amt Blank) in der Ermekeil-Kaserne 1950. vlnr: Konrad Adenauer, Theodor Blank, Adolf Heusinger.
BArch Bild 146-2005-0062 / Fotograf: o. Ang.

Auch die Regierung der Bundesrepublik bezog Position in der Frage der in Vietnam kämpfenden deutschen Fremdenlegionäre. Sie tat das allerdings weder freiwillig noch in der Absicht, junge Menschen aus dem eigenen Land vor dem Tod auf einem ihnen fremden Schlachtfeld zu bewahren. Ganz im Gegenteil. Als man nicht mehr umhin kam, öffentlich Stellung zu nehmen, kürte man die in einem verbrecherischen Feldzug sinnlos zu Tode Gekommenen im unseligen Geist jüngster deutscher Vergangenheit zu Helden. Mehrere Jahre lang hatte man sich in Bonn aus gutem Grunde an Indochina uninteressiert gezeigt und in Schweigen gehüllt. Das plötzliche Interesse für das, was dort mit dem Zutun junger Deutscher geschah, hatte triftige Gründe. Zum einen hatten Aufsehen erregende Veröffentlichungen im eigenen Machtbereich dieses Thema zu einem Problem von erheblicher Brisanz werden lassen, geriet das Kabinett von Kanzler Konrad Adenauer unter starken Handlungsdruck. Zum anderen sah man sich eingedenk der eigenen direkten Verwicklung Rechtfertigungszwang ausgesetzt, dem nicht zu entrinnen war. Wie kam Bonn in diese heikle Lage, die es bewog, sich in der Frage von Leben und Tod für viele tausend junge Landsleute zu Wort zu melden, nicht ohne die antikommunistische Keule zu schwingen?

Da waren zum einen die jahrelang nach außen hin negierten spektakulären Aktivitäten auf der Seite des anderen deutschen Staates seit Beginn des Jahres 1950, die Aufrufe an die Deutschen aus Ost und West in der Legion, verbunden mit handfesten Belegen für die Zuhälterrolle des westdeutschen Staates für die französische Söldnertruppe. Die propagandistische Wirkung dessen, was der Bundesrepublik wahrlich nicht zur Ehre gereichen konnte, war offenbar für ein Negieren zu groß. Progressive Kräfte, Organisationen namentlich der Jugend, nahmen sich auch unter dem Eindruck der Berliner Initiativen des Themas Fremdenlegion an. Nicht zu überhören war zudem das Echo aus Vietnam, das nun einmal für die DDR sprach. Zu Buche stand zudem von Anfang an die zugesagte Hilfe der DDR für zurückkehrende Legionäre bei der Eingliederung in normale Lebens- und Arbeitsverhältnisse.

Im Juli 1950 wirbelte der *General-Anzeiger* mit einem ausführlichen Bericht zu Frankreichs Praktiken für den massiven Ausbau seiner Legionärstruppe am Ende des zweiten Weltkriegs und über den Einsatz vieler junger Deutscher in Vietnam gehörig Staub auf. Die Debatte darüber in der westdeutschen Öffentlichkeit war eröffnet und sollte fortan bis zum Jahr 1954 mit dem schmerzhaften Debakel auch für die Legion in Dien Bien Phu nicht mehr verstummen. Legion und französische Dienststellen hatten, so das Bonner Blatt, den deutschen Legionärsbestand bereits 1944/45 »in der Regel« unter den Wehrmachtssoldaten der Festungsbesatzungen des »Atlantikwalls« rekrutiert, die jahrelanger Gefangenschaft entgehen wollten und überdies in vielen Fällen bis dahin nur das Kriegshandwerk erlernt hatten.[1]

Neu war natürlich nicht, dass schon seit langem Deutsche in der Légion étrangère dienten, Abenteurer unter ihnen, Desperados, auch manch einer auf der Flucht nach einer Straftat und mit der begründeten Aussicht auf eine »neue Identität«. Durchaus bekannt war auch, dass Einheiten der Legion schon lange in Nordafrika stationiert waren. Aufmerken ließ, dass nur wenige Jahre nach Ende des zweiten Weltkrieges schon wieder Deutsche in großer Zahl, diesmal in fremder Uniform fern der Heimat, Krieg führten. Sie gaben zu einem erheblichen Teil einer Truppe das Gepräge, von der jener von Frankreich aus in die DDR geflohene junge Westdeutsche Lothar Link in der Zeitung *Junge Welt* zu berichten wusste: »Es ist ein weit verbreiteter Irrtum, anzunehmen, wenn man von der Légion étrangère hört, daß es sich, wie vor 50 Jahren, n u r um eine zügellose Truppe zusammengeballter asozialer Elemente handelt. Dem ist seit langem und besonders seit 1945 nicht mehr so. Die Legion ist durch die ›großzügigen‹ Unterstützungen seitens der Amerikaner zur Elitetruppe der französischen Armee geworden. Eine Elitetruppe, die sich zu 80 Prozent aus der irregeleiteten Jugend Deutschlands rekrutiert.«[2]

Widerwillig musste man geschehen lassen, dass das Thema Anfang der 50er Jahre zwangsläufig gelegentlich zum Gegenstand von Debatten im Bundestag wurde, wenn auch ohne Konsequenzen. Wiederholt stand dabei die auf Krieg und postkoloniale Annexion gerichtete Indochina-Politik Frankreichs generell zur Diskussion. Kritik daran aber wurde von Regierungsseite mit Rücksicht auf Besatzungsmacht und gewollten Verbündeten stets vom Tisch gewischt und selbst tunlichst vermieden. Die westdeutschen Jungsozialisten präsentierten schließlich 1954 in einer Informationsschrift die Zahl von 235 000 deutschen Fremdenlegionären. Es dürfte außer Frage stehen, dass nur ein relativ geringer Teil von ihnen in den Jahren seit 1946 nicht zeitweilig nach Indochina abkommandiert gewesen ist. Eine weitere Zahl gab zu der Zeit, da in der französischen demokratischen Öffentlichkeit das militärische Abenteuer in Vietnam massiv als »la sale guerre« – der »schmutzige Krieg« – gebrandmarkt wurde, dem wachsenden Unmut einzelner bundesdeutscher Politiker, dem Protest demokratischer Organisationen und der kritischen Berichterstattung in manchen Medien neue Nahrung: Die Jungsozialisten sprachen von 46 000 toten deutschen Legionären. Diese Ziffer blieb nicht unwidersprochen, aber immerhin gaben 1954 selbst offizielle französische Stellen einige tausend Gefallene unter den deutschen Legionären zu.[3] In DDR-Medien, namentlich der Jugendzeitung, war von 25 000 bis Mitte 1954 gefallenen deutschen Legionären zu lesen.[4]

Im April jenes Jahres fühlte sich Kanzler Adenauer bemüßigt, sich zu den Ereignissen im asiatischen Raum zu äußern. Er tat das auf der 26. Sitzung des 2. Deutschen Bundestages am 29. April zu einem Zeitpunkt, da in Genf soeben eine auf Drängen der UdSSR einberufene »Konferenz der fünf Großmächte zur friedlichen Regelung der Korea-Frage und zur Wiederherstellung des Friedens in Indochina«[5] eröffnet worden war. In Korea herrschte nach dem Krieg, der im Juni 1950 vom Norden gegen die auf Betreiben der USA 1948 proklamierte Republik im Südteil vom Zaun gebrochen worden war, seit Juli 1953 mühsam ausgehandelter Waffenstillstand. Verhandlungen darüber zwischen den Kriegsparteien USA und China sowie Nord- und Südkorea waren im Sommer 1951 durch beharrliche sowjetische und chinesische Vermittlung zustande gekommen. In Vietnam und dem Nachbarn Laos hingegen tobte der Krieg; Dien Bien Phu befand sich im eisernen Griff der Volksarmee. Die Sowjetunion drängte wie die DRV auf Frieden.

In einer Rede unter anderem zur »allgemeinen außenpolitischen Lage«, die erfüllt war von Angriffen auf die »Sowjets« und deren angebliche Expansionsabsichten, tönte Adenauer: »Es wäre völlig verkehrt, wenn wir uns auf den Standpunkt stellen wollten, daß der Streit auf der anderen Seite des Erdballs uns nichts anginge. Die gleichen Kräfte, die heute an der politischen, militärischen und wirtschaftlichen Grenze des Eisernen Vorhangs festhalten und durch die Mittel des Kalten Krieges ihre Macht darüber hinaus auszudehnen versuchen, befinden sich in Ostasien auf dem Wege der unverhüllten Expansion mit kriegerischen Mitteln. Der Waffenstillstand in Korea hat bis heute nur zur Aufrechterhaltung der Teilung dieses unglücklichen Landes geführt.« Und weiter: »**Der Krieg in Indochina ist nicht allein eine französische Angelegenheit. Die Soldaten, die in Indochina Blut und Leben opfern, tun dies nicht für Frankreich allein, sondern im Dienste der Freiheit für die ganze Welt.**« (Hervorhebung H. K.)

Der Kanzler fuhr fort: »Es ist eine nicht zu bestreitende Tatsache, daß die kommunistischen Kräfte Ho-chi-minhs heute ihre Waffen und ihre Ausrüstung genauso wie die kommunistischen Nordkoreaner zu Beginn des Bürgerkriegs aus Rot-China beziehen. Angesichts der furchtbaren Gefahren, die sich aus einer solchen Situation für den Frieden der ganzen Welt ergeben können, gewinnt die Genfer Konferenz auch für uns eine außerordentliche Bedeutung.«[6] Aus Sicht des Kanzlers verhieß es offenbar Gefahr für die »freie Welt«, dass dank intensiven diplomatischen Anstrengungen in Korea zumindest erst einmal einem äußerst verlustreichen Krieg ein Ende gemacht worden war, der weite Gebiete des Landes in Trümmer gelegt hatte. Aus seiner negativen Wertung der Waffenruhe schien die Hoffnung zu sprechen, dass die Genfer Verhandlungen den Status quo überwinden und die fortdauernde Existenz eines kommunistisch dominierten Nordens in den Grenzen von vor 1950 zumindest in Frage stellen würden. Das durchzusetzen aber gelang den USA nicht. Sie konnten lediglich die Konsolidierung der Lage durch verbindlichen Kurs auf einen Friedensvertrag zwischen beiden Teilen Koreas, den es bis heute noch nicht gibt, in Genf verhindern. Auch des Kanzlers Erwartungen in die Indochina-Beratungen, in die Formel von der »außerordentlichen Bedeutung für uns« gekleidet, sollten sich nicht erfüllen. Was man in Bonn von den Genfer Abkommen hielt, die im Prinzip den kommunistischen Triumph von 1945 bekräftigten, wurde in den folgenden Jahren mit bemerkenswerter Konsequenz demonstriert.

Zum Zeitpunkt der Bundestagsrede des Kanzlers hatten in der Schlacht von Dien Bien Phu schon ungezählte deutsche Legionäre einen sinnlosen Kampf mit dem Leben bezahlt, noch vielen drohte unweigerlich dasselbe Schicksal. Adenauer kommentierte das bei anderer Gelegenheit in zynischer Manier, die »in Dien Bien Phu eingeschlossenen deutschen Fremdenlegionäre stehen dort im Kampfe für die gesamte freie Welt«.[7] Nach dem Fall der Gebirgsfestung gab es für ihn niemanden, dem zu gratulieren gewesen wäre, wie es DDR-Ministerpräsident Grotewohl zum Abschluss der Genfer Konferenz gegenüber Vietnams Staats- und Regierungschef Ho Chi Minh tun konnte. Der Kanzler hatte einen anderen Adressaten. In einem Telegramm an den französischen Premierminister Daniel Laniel sprach er nicht nur von tiefstem Mitgefühl, sondern auch von seiner »Bewunderung für die heldenhaften Verteidiger der freien Welt in Dien Bien Phu«.[8] Kein Wort von einem Feldzug zur kolonialen Wiedereroberung, von einem Anschlag auf die Unabhängigkeit und Souveränität der Demokratischen Republik Vietnam, einem flagranten Bruch des Völkerrechts.

Adenauers Schlussfolgerung aus dem tragischen Schicksal einer bis heute nicht exakt bezifferten Zahl junger Deutscher im Sinne seiner »Beileidsbekundung« an die Adresse Frankreichs war nach Dien Bien Phu die Zusage, die enormen Verluste der Fremdenlegion durch neue Kontingente junger Deutscher ausgleichen zu helfen. Er sicherte den weiteren Ausverkauf junger Landsleute in vertraulichem Kontakt mit dem französischen Botschafter André Francois-Poncet zu, der von 1949 bis 1953 als Hochkommissar seines Landes in Westdeutschland fungiert hatte. Adenauers Innenminister, der Saarländer Gerhard Schröder, verkündete in diesem Sinne, im Augenblick sei es wohl »untunlich«, gegen die Werbung für die Fremdenlegion vorzugehen. Durch diese direkte Schützenhilfe ermuntert, verstärkten die französischen Werbebüros in der zweiten Jahreshälfte 1954 ihre Tätigkeit vor allem in Süddeutschland und im Ruhrgebiet. In Hannover wurde eine neue Werbezentrale eingerichtet, auf deren Konto gleich zu Beginn das plötzliche spurlose Verschwinden von 18 jungen Männern aus der niedersächsischen Hauptstadt ging.[9]

Die regierungsamtlichen Äußerungen stießen in der demokratischen Öffentlichkeit auf scharfen Protest. Der Vorsitzende des Bundesjugendringes, Arnold Dannemann, forderte am 2. Mai 1954 auf einer Kundgebung in Nürnberg die Regierung in Bonn auf, schnellstens Maßnahmen gegen die Anwerbung und Verschleppung junger Deutscher zu ergreifen. Er verlangte, den jungen Menschen in Westdeutschland endlich echte Arbeits- und Berufschancen zu geben, um sie von dem Verzweiflungsschritt zur Fremdenlegion abzuhalten. Die Zahl von 350 000 Arbeitslosen unter 21 Jahren sei erschreckend. Diese Not habe bereits 80 000 Jugendliche in die Legion getrieben. Protest erhoben die Sozialistische Jugend Deutschlands – Die Falken, die als Nachwuchsorganisation der SPD bezeichneten Jungsozialisten, die Gewerkschaftsjugend, die FDP-Nachwuchsorganisation Junge Liberale, die Naturfreundejugend und die westdeutsche Organisation der FDJ. Auch einzelne SPD-Bundestagsabgeordnete erhoben ihre Stimme.[10]

Mit großem Argwohn und spürbarer Sorge registrierte man am Rhein zudem, wenn auch spät, dass das Mühen der DDR nicht ohne Resultate blieb. Und der bald sichtbare Erfolg ihrer eindringlichen Rückkehr-Appelle wurde freilich auch von aufmerksam gewordener Öffentlichkeit jenseits ihrer Westgrenze zur Kenntnis genommen. Nach wohl kaum belegbaren Angaben in DDR-Quellen sollen allein 1952 rund 14 000 deutsche Legionäre zur Vietnamesischen Volksarmee übergelaufen sein. Mit den im Frühjahr 1951 einsetzenden Rückkehrertransporten, deren erste Station auf deutschem Boden zwangsläufig Frankfurt/Oder war, kamen natürlich auch viele aus westdeutschen Landen stammende Gefangene oder Überläufer aus Indochina zurück. Sie aber wurden in der Heimat auf dem Boden und von Repräsentanten jenes Staates begrüßt, dessen Existenz man in Bonn mit fortdauernder Apostrophierung als »Sowjetzone« hartnäckig leugnete. Mit ihren Initiativen hatte die noch sehr junge DDR nicht nur in Vietnam erheblich an Ansehen gewonnen, sondern sehr zum Leidwesen der

Adenauer-Regierung auch anderswo vor allem im asiatischen Raum. Mehr als derartige Pluspunkte der DDR in der heftig geführten Systemauseinandersetzung, die als »Kalter Krieg« in der Historiographie registriert ist, fürchtete man allerdings anderes. Der Einfluss möglicherweise gar nach einem Erholungs- oder Genesungsaufenthalt in der DDR endgültig nach Hause kommender westdeutscher Legionäre, besonders solcher, die dem Ruf aus der DDR gefolgt waren und die Fronten gewechselt hatten, konnte den ohnehin schon arg störenden Protesten gegen den regierungsamtlichen pro-französischen Kurs neuen Auftrieb geben.

So sah man sich nach langem Zögern Mitte 1954 genötigt, auch das Problem der Rückkehrer anzugehen und eine der eigenen politischen Orientierung angemessene Lösung zurechtzubasteln. Zunächst sollten »infolge von Dienstunfähigkeit durch Verwundung« aus der Legion Entlassenen und von Frankreich aus in das Bundesgebiet Zurückkehrenden, die in Indochina »für die gemeinsame Verteidigung der freien Welt gegen den Kommunismus« gekämpft hatten, »ähnliche Vergünstigungen« zuteil werden wie »Spätheimkehrern«.[11] Probleme aber gebe es im Hinblick auf die »in Gefangenschaft der Vietminh geratenen deutschen Fremdenlegionäre«, konstatierte man Ende Mai in einem Papier aus dem Auswärtigen Amt an die Minister für Arbeit und Inneres. »Einzelfälle, die hier bekannt geworden sind, lassen vermuten, daß diese Fremdenlegionäre für agitatorische Zwecke geschult wurden.«

Dann sprach die blanke, purem Antikommunismus geschuldete Furcht: »Die Sowjetzonen-Regierung hat sich schon bereit erklärt, ihnen sofort Arbeitsplätze zu vermitteln.[12] Ein Teil dieser ehemaligen Fremdenlegionäre wird jedoch aus der Sowjetzone in das Bundesgebiet abwandern oder mit agitatorischen Aufgaben betraut in die Bundesrepublik entsandt werden. Da es sicher nicht erwünscht wäre, wenn die an sich notwendige Propaganda gegen den Eintritt in die Legion durch eine kommunistische, das Ansehen der französischen Armee untergrabende und damit auch den Ideen einer Europäischen Verteidigungsgemeinschaft zuwiderlaufende Agitation verfälscht würde, sollten die mit der Aufnahme und Betreuung von Zuwanderern aus der Sowjetzone befassten Stellen dieser besonderen Seite des Legionärsproblems beizeiten ihre Aufmerksamkeit zuwenden.«[13]

Welche Stellen damit gemeint waren, dürfte nicht schwer zu erraten sein. Ob die über viele Jahre geübte Praxis der bundesdeutschen Obrigkeit zu diesem Zeitpunkt bereits passé war, nach desertierten Fremdenlegionären bei deren vermutetem Aufenthalt auf westdeutschem Gebiet die Polizei fahnden zu lassen und sie bei Ergreifung an die französischen Militärbehörden auszuliefern, wird wohl kaum zu erfahren sein.

Für die Position Konrad Adenauers samt Entourage in der Frage der Fremdenlegion und ihrer deutschen Angehörigen dürfte es neben seiner zutiefst antikommunistischen Prägung mehrere Gründe gegeben haben. Dem ersten deutschen Nachkriegs-Regierungschef in direkter Nachbarschaft zu Frankreich, einem Mann zumal mit rheinischer Lebenserfahrung, könnte mit einigem guten Willen Bemühen unterstellt werden, ein Verhältnis überwinden zu wollen, das über Generationen als »Erbfeindschaft« charakterisiert worden ist. Rücksicht auf französische Befindlichkeiten im Allgemeinen im Interesse künftig dauerhaft guter Nachbarschaft kann also durchaus angesagt gewesen sein. Auch stand man in komplizierten Verhandlungen mit Frankreich über die Saar-Frage, ein nach der Niederlage Hitler-Deutschlands von Frankreich geschaffenes Problem. Massiver Protest der Saar-Bevölkerung gegen einen von Bonn und Paris angesteuerten und dann im Oktober 1954 besiegelten Kuhhandel war vorprogrammiert.[14] »Adenauers im Bundestag geäußerte Interpretation, daß die deutschen Staatsbürger unter den Fremdenlegionären einen Beitrag der Bundesrepublik unter französischer Ägide (zur ›Verteidigung der freien Welt‹) leisteten«, sei »möglicherweise als Pfand in den Verhandlungen in der schwierigen Saarfrage zu verstehen«, bemerkte der westdeutsche Autor Arenth in seinem Werk unter anderem über die bundesdeutsche Indochina-Politik.[15]

Doch aus noch viel triftigerem Grunde konnte die Regierung Adenauer seinerzeit nichts weniger gebrauchen als eine zwangsläufig kritische öffentliche Debatte über Frankreichs Krieg in Indochina und die Teilnahme zehntausender junger Deutscher daran. Es ging längst nicht mehr vordergründig um eine nachbarschaftliche Schön-Wetter-Politik, sondern um handfeste machtpolitische Interessen und neue militärische Gelüste der BRD im Bunde mit den USA. Anfang Mai 1954 sickerten aus Saigon Informationen durch, wonach sich unter denen, die in Dien Bien Phu in vietnamesische Gefangenschaft geraten sind, auch einige Beauftragte des Bonner Amtes Blank befänden. Wie zum Teil aus deren Aussagen hervorgehe, hätten sie den Auftrag gehabt, als Beobachter am Indochina-Krieg teilzunehmen, um ihre dabei gewonnenen Erfahrungen als Instrukteure bei der Ausbildung westdeutscher Truppen zu verwerten.[16]

Anfang der 50er Jahre war mit großer Intensität die Remilitarisierung Westdeutschlands in die Wege geleitet worden, begleitet von Massenprotesten namentlich unter der Jugend, so den Studenten in Stuttgart, München und Erlangen. Sie wäre ohne Pariser Segen nicht wie geschehen zu vollziehen gewesen. Bonn erhandelte sich ihn eben auch damit, französische Söldnerwerber auf westdeutschem Boden nach Belieben schalten und walten zu lassen und zum Verheizen deutscher Jugendlicher in Indochina jahrelang zu schweigen. Zudem erpresste Washington mit seiner Unterstützung des Indochina-Feldzugs Frankreichs gute Miene zum bösen Spiel im ungeliebten Nachbarland. Als parallel zur Debatte in der Öffentlichkeit um die deutschen Fremdenlegionäre die gegen den Remilitarisierungskurs gerichtete »Ohne-uns«-Bewegung ehemaliger Wehrmachtsangehöriger um sich griff, hatte das Amt Blank, Vorläufer des Bundesverteidigungsministeriums, schon ganze Arbeit geleistet. »Fronterfahrene« Generäle und Generalstäbler Hitlers hatten die Anfänge einer neuen Armee, der manche den Namen »Wehrmacht« geben wollten, bereits bis ins Detail konzipiert.

Washington hatte den Beginn des Korea-Krieges[17] zum Vorwand genommen, Adenauer postwendend »grünes Licht« für die Aufrüstung zu geben. Ende Juni 1950 ließ sich USA-Außenminister Dean Acheson vernehmen, es sei nicht mehr die Frage, »ob Deutschland in eine allgemeine Verteidigungsplanung eingezogen werden sollte, sondern, wie dies durchgeführt werden« könne. Der Bundeskanzler verstand das als Signal, Forderungen zu stellen. Die wichtigste präsentierte er am 30. August 1950: »Wenn der deutsche Mensch Opfer jeder Art bringen soll, so muß ihm wie allen anderen westeuropäischen Völkern der Weg zur Freiheit offen sein.«[18] Was er damit sagen wollte, formulierte *Der Spiegel*: »Für die Wiederbewaffnung verlangte der Kanzler die Souveränität seiner besetzten Republik.«

Schon im Mai 1950 war ein intern »Dienststelle Schwerin« genanntes Amt gebildet worden, benannt nach seinem Chef Gerhard Graf von Schwerin und der Öffentlichkeit unter der Tarnbezeichnung »Zentrale für Heimatdienst« (ZfH) serviert. Über Personal und Finanzausstattung hatte Ministerialdirektor Dr. Hans Globke zu entscheiden. In der Person Globkes hatte Adenauer gleich zu Beginn einen Mann als Sicherheitsberater und seine »rechte Hand« in das Kanzleramt geholt, der von 1933 bis 1945 als tonangebender Verwaltungsjurist im faschistischen Reichsinnenministerium tätig gewesen war. Globke war Mitautor des offiziellen Kommentars zu den berüchtigten Nürnberger Rassegesetzen von 1935[19], jener Gesetze, deren Konsequenz die »Endlösung der Judenfrage« und der Weg nach Auschwitz waren. Im Laufe des Krieges arbeitete er an den juristischen Grundlagen der Judenverfolgung und »Germanisierung« unterworfener Völker im Osten mit. Sein damaliger Chef, der im Nürnberger Hauptkriegsverbrecherprozess (1945/46) zum Tode verurteilte und dann gehängte Reichsinnenminister Wilhelm Frick, hatte ihm 1938 das Zeugnis ausgestellt: »Oberregierungsrat Globke gehört unzweifelhaft zu den befähigtsten und tüchtigsten Beamten meines Ministeriums.« An dem »Zustandekommen« der Rassegesetze sei er »in ganz hervorragendem Maße beteiligt« gewesen. Seit wenigen Jahren sind auch dienstliche Kontakte Globkes zu Adolf Eichmann bekannt, dem Organisator der Deportation von Millionen Juden in Vernichtungslager, namentlich Auschwitz-Birkenau. Eichmann, 1962 in Israel hingerichtet, war bis zu seiner Entführung durch Israels Geheimdienst Mossad im Mai 1960 unbehelligt geblieben, obwohl sein Aufenthalt als »Ricardo Clement« in Argentinien BND und CIA seit Anfang 1958 bekannt war.

Globke wurde 1953 von Adenauer zum Staatssekretär im Bundeskanzleramt ernannt und galt zehn Jahre lang als die »Graue Eminenz« in Bonn. Zu seinen ersten Aufgaben an Adenauers Seite hatte es gehört, regierungsamtliche Verbindung zu Hitlers Abwehr-General Reinhard Gehlen aufzunehmen, der nun im bayrischen Pullach im Solde der CIA stand. Aus der von Globke auf den Weg gebrachten Spionage-»Organisation Gehlen« wurde im April 1956 der Bundesnachrichtendienst (BND). Nicht nur die DDR machte Globke dafür verantwortlich, dass viele Parteigänger Hitlers in der BRD wieder in führende Stellen aller Bereiche gehievt wurden. Die »Renazifizierung der Bundesrepublik mit bewährten NSDAP-Mitgliedern« sei »weit mehr Globkes als Adenauers Verdienst«, resümierte einmal der renommierte Publizist Otto Köhler. Der Nachfolger im Kanzleramt, Karl Gumbel, habe bestätigt: »Adenauer hatte Globke in Personalsachen praktisch freie Hand gelassen.« Dabei, so Köhler, »vergaß Globke nie die alten Kollegen aus dem Reichsinnenministerium«.[20]

Nach der Etablierung der »Dienststelle Schwerin« in Globkes Verantwortung versammelte sich am 1. Oktober 1950 in der Abgeschiedenheit des Eifel-Klosters Himmerod ein vom Kanzleramt berufener »Militärischer Expertenausschuß«, dem neben anderen die Nazigeneräle Foertsch, Heusinger und Speidel angehörten. Die Beratungen endeten am 9. Oktober mit einer vertraulichen

52-Seiten-»Denkschrift über die Aufstellung eines deutschen Kontingentes im Rahmen einer übernationalen Streitmacht zur Verteidigung Westeuropas«. Mit Hilfe der westlichen Verbündeten sollten bis Herbst 1952 Heereskräfte in Stärke von 250000 Mann mit 12 Panzerdivisionen, nicht näher definierte Fliegerkräfte sowie Küstenstreit- und Marinefliegerkräfte geschaffen werden. Die Generäle forderten »deutsche Gleichberechtigung« in der internationalen Kommandostruktur. Probleme sahen sie jedoch in einem »fehlenden Wehrwillen in großen Teilen des Volkes«, nach ihrer Überzeugung zurückzuführen auf die »Diffamierung des deutschen Soldatentums« nach 1945. Ihre Forderung: »Rehabilitierung des deutschen Soldaten« durch »Ehrenerklärungen« für Wehrmacht plus Waffen-SS.

Die Militärs waren zusammengetreten, nachdem Adenauer am 29. August dem USA-Hochkommissar für Westdeutschland, John McCloy, deutsche Soldaten für die »Verteidigung der freien Welt« gegen den Kommunismus angeboten hatte. Der dann in Himmerod beklagte »fehlende Wehrwille in großen Teilen des Volkes« spiegelte sich eindrucksvoll in einem »Offenen Brief« wider, den 37 führende Vertreter der Bruderschaften der Bekennenden Kirche[21] am 4. Oktober an den Kanzler richteten. »Sie haben als Bundeskanzler die Bereitschaft erklärt, im Rahmen einer europäischen Armee deutsche Truppenkontingente zur Verfügung zu stellen. Wer hat Ihnen das Recht zu einer solchen Erklärung gegeben?« fragten die Geistlichen. Die Bevölkerung Westdeutschlands habe nicht den Auftrag gegeben, »uns wieder aufzurüsten. Wir stellen fest: Die Wiederaufrüstung geschieht nicht im Namen des deutschen Volkes, sondern in Ihrem eigenen

Namen und im Auftrag Ihrer Befehlshaber gegen den Willen eines großen Teiles unseres Volkes.« Die Kirchenleute hatten erfahren, dass »Generale der alten deutschen Wehrmacht in einem Organisationsstab die Aufstellung eines deutschen Truppenkontingents begonnen haben und die Rüstungsindustrie entsprechende Aufträge erhielt«. Das geschehe »hinter dem Rücken des deutschen Volkes« und bringe das Volk in die Gefahr, »von seinen Politikern und von Generalen der alten deutschen Wehrmacht auf die Schlachtfelder geführt zu werden (...)«[22]

Ende Oktober 1950 – Indochina und Fremdenlegion waren in der Öffentlichkeit zum Thema geworden – begann mit der Einrichtung der Dienststelle Blank, auch Amt Blank genannt, die Endphase der Wiederaufrüstungs-Vorbereitungen. Dem rechten Gewerkschafter und DGB-Mitbegründer Theodor Blank, unverfänglich »Beauftragter des Bundeskanzlers für die mit der Vermehrung der alliierten Truppen zusammenhängenden Fragen« betitelt, standen die beizeiten ins Boot geholten Generäle Hitlers zur Seite. Die Tätigkeit dieses Amtes Blank, aus dem im Juni 1955 das Bundesverteidigungsministerium mit Blank als Chef hervorgehen sollte, verletzte noch die Nachkriegs-Bestimmungen der Alliierten über die Entmilitarisierung Deutschlands. Sie wurde von den Westmächten aber wohlwollend geduldet und war von Washington ausdrücklich gewollt.

Mit dem Abschluss des schon seit Ende 1950 verhandelten »Vertrages über die Beziehungen zwischen der Bundesrepublik Deutschland und den Drei Mächten vom 26. Mai 1952 (Deutschlandvertrag)«, auch Generalvertrag genannt, sollte offiziell Adenauers Verlangen entsprechend der Weg für die Wiederbewaffnung

Westdeutschlands freigemacht werden. Er regelte das Ende des Besatzungsregimes in der BRD, schaffte die Alliierte Hohe Kommission ab und gab der Bundesrepublik weitgehende Souveränitätsrechte. Sein Inkrafttreten wurde aber mit dem eines Vertrages über die Bildung einer Europäischen Verteidigungsgemeinschaft (EVG) verbunden, über den ebenfalls schon lange verhandelt wurde. Die BRD sollte Mitglied der EVG werden.

Adenauer jubelte. In einem millionenfach verbreiteten CDU-Flugblatt »An alle Deutschen!« verkündete er unter Verweis auf den Deutschlandvertrag, den die DDR als Generalkriegsvertrag charakterisierte: »Nach dem Vertrag über die Europäische Verteidigungsgemeinschaft werden dieser auch deutsche Truppen angehören. Ich möchte erklären, daß wir alle Waffenträger unseres Volkes, die im Rahmen der hohen soldatischen Überlieferungen ehrenhaft zu Lande, auf dem Wasser und in der Luft gekämpft haben, anerkennen. Wir sind überzeugt, daß der gute Ruf und die großen Leistungen des deutschen Soldaten, trotz aller Schmälerungen während der vergangenen Jahre, in unserem Volke noch lebendig sind und es auch bleiben werden.«[23] Mit dieser Auslassung ganz im Sinne der Nazi-Generalität war unmissverständlich klar, von welchem Geist die Wiederbewaffnung Westdeutschlands getragen sein werde.

Einen Tag nach der Unterzeichnung des Bonner Vertrages wurde in Paris dieser EVG-Vertrag unterschrieben. Er sah vor, die Streitkräfte der Mitgliedstaaten Belgien, Frankreich, Italien, Luxemburg, Niederlande und Westdeutschland zu einer »Europa-Armee« zu verschmelzen, der Souveränität der Einzelstaaten entzogen und im Kriegsfall der 1949 gegründeten USA-geführten NATO unterstellt. Dem Vertrag lagen Vorstellungen des französischen Verteidigungsministers René Pleven zugrunde, mit denen Paris auf Drängen Washingtons reagierte, einem westdeutschen »Verteidigungsbeitrag« zuzustimmen. In Frankreich stieß jedoch auch eine westdeutsche Wiederbewaffnung in militärischem Verbund nicht auf Gegenliebe, heftige und langwierige Debatten im Lande waren vorherzusehen.

Es zeigte sich, dass Kanzler Adenauer zu früh gejubelt hatte. Sein als Mitgift gedachtes Loblied auf »guten Ruf und große Leistungen des deutschen Soldaten« nur sieben Jahre nach dem Ende faschistischer Okkupation dürfte an der Seine nicht ungehört geblieben sein. Die Regierungsmehrheit im Bundestag billigte im März 1953 Deutschland- und EVG-Vertrag, die französische Nationalversammlung aber lehnte im August 1954 als einziges der sechs Parlamente den EVG-Vertrag ab. Damit war auch der Deutschlandvertrag zu Makulatur geworden. Eine deutliche Mehrheit im französischen Parlament hatte vorerst »Nein« gesagt zur Aufgabe eigener militärischer Souveränitätsrechte und zur Wiederbewaffnung Westdeutschlands auf der Basis militärischer Gleichberechtigung.

Die lebhaften Auseinandersetzungen im politischen Establishment Frankreichs, begleitet von massiven Protesten demokratischer Kräfte gegen die EVG-Pläne, brachten die Regierung in Paris in eine missliche Lage und drohten, das westdeutsche Trachten nach einer Wiedergeburt als militärischer Kraftprotz unter neuen Fahnen und altem Führungspersonal scheitern zu lassen. Adenauer fühlte sich bemüßigt, zu jener Zeit im Jahre 1954, da die Entscheidung in der französischen Nationalversammlung nahte und sich Verweigerung abzuzeichnen begann, mit seinem demonstrativen Bekenntnis zu den »Helden«, eben auch deutschen, die in Dien Bien Phu die ganze »freie Welt« verteidigten, Misstrauen bei den Nachbarn entgegenzuwirken.

Um den Debatten im eigenen Land über den Kriegseinsatz der deutschen Fremdenlegionäre ein Ende zu machen, die zur selben Zeit viele Gemüter bewegten und seine Kreise störten, griff er zu einem Mittel, das seinem politischen Credo entsprach. »Adenauer setzte auf die bundesdeutsche Kommunismusfurcht, die Anfang und Mitte der 1950er die öffentliche Meinung stärker beeinflußte als das Schicksal der Deutschen in Vietnam, auf das in erster Linie die KPD und die Jungsozialisten aufmerksam machten«, meint Arenth.[24] Die intensiv betriebene antikommunistische Indoktrination großer Teile der bundesdeutschen Öffentlichkeit, als sorgsam konserviertes Erbe der Zeit vor 1945 Markenzeichen der Bundesrepublik von der ersten Stunde ihrer Existenz an, blieb nicht ohne Wirkung. Zu viele Westdeutsche glaubten, dass der »Kommunismus« die »freie Welt« eben nicht nur in der asiatischen Ferne, sondern schon an ihrer Haustür bedrohe. Marshallplan-Wohlstand und »Wirtschaftswunder« taten ein Übriges.

Man kann dem ersten bundesdeutschen Regierungschef wohl kaum mit der Feststellung unrecht tun, dass seine Innen- und Außenpolitik ebenso wie die der Machthaber vor 1945 vom Antikommunismus als Hauptmaxime geprägt war. Als Zentrumspolitiker[25] 1917 Oberbürgermeister von Köln geworden, wollte er im November 1918 von Kiel her per Bahn anrückende aufständische Matrosen zusammenschießen lassen. Er forderte vom Gouverneur und Kommandanten der Festung Köln, »den Zug noch vor Köln auf freier Strecke halten« zu lassen, und ließ ihn wissen, »daß im Schulhof des Apostelgymnasiums eine Batterie Feldartillerie marschfähig und mit ausreichender Munition bereitstände«, heißt es in einer von ihm autorisierten Biographie. »Adenauer hatte kämpfen und die Machtmittel des Staates einsetzen wollen.«[26] Nach dem Machtantritt der Nazis 1933 aus den Ämtern des Kölner Oberbürgermeisters und des Präsidenten des Preußischen Staatsrats entfernt, richtete er am 10. August 1934 von seiner Villa in Neubabelsberg bei Potsdam aus einen bemerkenswerten Brief »An den Herrn Preußischen Minister des Inneren« in Berlin. Darin rühmte er sich jahrelangen Wirkens in Köln zum Nutzen von Hitlers NSDAP.

»Die NSDAP habe ich immer durchaus korrekt behandelt und mich dadurch wiederholt in Gegensatz zu den damaligen ministeriellen Anweisungen und auch zu den von der Zentrumsfraktion der Kölner Stadtverordnetenversammlung vertretenen Anschauungen gesetzt«, schrieb er, nicht ohne das mit Beispielen und der Benennung von Zeugen zu belegen. Städtische Beamte, die »außerhalb ihres Dienstes« für die NSDAP eintraten, hätten von ihm »nichts zu befürchten« gehabt. Als Präsident des Preußischen Staatsrates habe er »ausdrücklich erklärt, daß nach meiner Meinung eine so große Partei wie die NSDAP unbedingt führend in der Regierung vertreten sein müsse«.[27] Die Liebedienerei machte sich für den Mann, der 1944 nach dem Attentat auf Hitler zwei Monate lang – wie sich zeigte – grundlos in Gestapo-Haft war und in der Bundesrepublik gern als »Gegner des Nationalsozialismus« gehandelt wird, durchaus bezahlt.

Vor dem Düsseldorfer Entnazifizierungsausschuss gab sein Nachfolger im Amt des Kölner Oberbürgermeisters, Dr. Riesen, am 15. Mai 1951 an, dass Adenauer während der Nazizeit eine Pension bezogen habe, »die weitaus größer war als sein (Riesens) Einkommen als amtierender Oberbürgermeister«.[28] Von Juni 1939 datiert ein mit dem Vermerk »Geheim!« ausgestattetes Papier des Reichsführers SS und Chefs des Reichssicherheitshauptamtes (RSHA), Heinrich Himmler, über die »Erfassung führender Männer der Systemzeit«, der Weimarer Republik zwischen 1918 und 1933. Protokollmäßig wird darin über deren Situation berichtet. Bei nicht wenigen ist zu lesen »Befindet sich in Schutzhaft«. Zu Dr. Konrad Adenauer heißt es: »*Vor 1933:* Mitglied der Zentrumspartei, Präsident des Preußischen Staatsrats, Oberbürgermeister der Stadt Köln, Vorsitzender des Provinzialausschusses Rheinprovinz, führendes Mitglied der Rheinischen Separatistenbewegung. *Nach 1933:* Lebt heute in Rhöndorf bei Köln und erhält ein jährliches Ruhegehalt von RM 12.000.--. Aufgrund eines Prozesses gegen die Stadt Köln den A. gewonnen hat, erhielt er die Summe von RM 280.000.-- ausbezahlt.«[29] Er konnte in diesem Bad Honnef-Rhöndorf im Siebengebirge am Rhein unter diesen Bedingungen »still mit seiner Familie dahinleben«, wie 1949 eine Zeitung schrieb, und unbeschwert seine Rosen pflegen.

Seine politische Tätigkeit nach 1945 begann im alten Geist. Zu Beginn seiner Regierungszeit erklärte er es zur Aufgabe der Bundesrepublik, »einen Damm gegen das Einsickern kommunistischer Ideen aufzurichten«. Hatte er am 25. März 1949 in Bern verkündet: »Die Oder-Neiße-Grenze werden wir niemals anerkennen«, so wurde er am 5. März 1952 noch deutlicher: »Es geht um die Befreiung ganz Osteuropas.« Und kurz danach: »Die Sowjetunion wird durch den starken Druck des Westens zur Räson gebracht werden.«[30] Von Anfang an war ihm die 1945 legal wieder aktiv gewordene, anfangs auch im Bundestag vertretene KPD ein Dorn im Auge. Mit der Etablierung der Bundesrepublik übernahm das Bundesministerium für gesamtdeutsche Fragen (BMG) die Rolle der antikommunistischen Speerspitze. Es stehe »stellvertretend für die Geschichte des Antikommunismus im Nachkriegsdeutschland«, wird in einer quasi-amtlichen Publikation vermerkt. In seinen Reihen habe Konsens darüber bestanden, »den Kommunismus als Urheber für die Teilung der Nation zu betrachten«. Der »in die westdeutsche Nachkriegsgesellschaft hineingetragene staatliche Antikommunismus, der mitunter das Ausmaß eines ›Kalten Bürgerkrieges‹ annahm, richtete sich gegen politische Gruppierungen wie die KPD und deren Tarnorganisationen«.[31]

So war das BMG zusammen mit dem Innenministerium Initiator des am 19. September 1950 gefassten Kabinettsbeschlusses über die »Politische Betätigung von Angehörigen des öffentlichen Dienstes gegen die demokratische Grundordnung«, der Grundlage für die jahrelang geübte Praxis des Berufsverbots für Mitglieder der KPD und einer ganzen Reihe demokratischer Organisationen. Danach hatte das BMG maßgeblich Anteil an der »Formulierung so genannter Staatsschutzgesetze«; am 30. August nahm »der strafrechtliche Staatsschutz die letzte parlamentarische Hürde«.[32] Im 1. Strafrechtsänderungsgesetz vom 30. August 1951 wurden die vom Alliierten Kontrollrat 1945 aufgehobenen Nazi-Strafvorschriften gegen Hochverrat, Staatsgefährdung und

Landesverrat wieder eingeführt. Einer der Standardvorwürfe des politischen Strafrechts zum Beispiel gegen Mitglieder der FDJ, die wegen ihres Wirkens vor allem gegen die Rekrutierung junger Männer für eine neue »Wehrmacht« wie für die Fremdenlegion bereits 1951 verboten wurde, lautete »Staatsgefährdung, Rädelsführerschaft und Geheimbündelei in einer verfassungsfeindlichen Vereinigung«. Sonderstrafsenate verurteilten Kommunisten oder der Sympathie mit der KPD Verdächtigte wegen der Vorbereitung »hochverräterischer Unternehmen«, der Bildung »verfassungsverräterischer Vereinigungen« oder der Verbreitung »verfassungsverräterischer Publikationen«. Der damalige renommierte Strafverteidiger und spätere Düsseldorfer Landesminister Diether Posser nannte jene viele Jahre währende Periode »die schlimme Zeit der Hexenjagd im Zeichen des Kalten Krieges«.

Anfang der 50er Jahre hatte das BMG auch begonnen, »für seine nach innen gerichtete anti-kommunistische Abwehrarbeit erste administrative Vorkehrungen zu treffen«, was auf eine »Geheimkartei« hinausgelaufen sei, erfährt man. Ab 1. April 1951 wurden »zwei vertrauliche Karteien aufgebaut. Sie erfassten sowohl Organisationen als auch Personen, die im Zusammenhang mit einer kommunistischen Betätigung aufgefallen waren, sich irgendwann öffentlich positiv über die DDR geäußert hatten, mit links stehenden oder neutralistischen Kreisen in Verbindung standen oder mit diesen sympathisierten.« Ab März 1954 wurde im BMG daran gearbeitet, »die Datenkartei durch ein entsprechendes Bildarchiv zu ergänzen«; die Bitte an das Bundesamt für Verfassungsschutz (BfV) »um Amtshilfe« wurde dort »außerordentlich« begrüßt.

Gut zehn Jahre später habe das BMG ein »respektables Ergebnis« vorzuweisen gehabt: »Inzwischen waren rund 20 000 Personen und etwa 3000 Institutionen in speziellen (…) Dossiers erfasst. Die antikommunistisch motivierte Sammelwut hielt an.«[33]

Das innenpolitische Klima für das Verbot der Partei der Kommunisten war längst geschaffen. Am 23. November 1951 rief die Adenauer-Regierung mit ihrem »Antrag auf Feststellung der Verfassungswidrigkeit der Kommunistischen Partei Deutschlands« das Bundesverfassungsgericht an. Mit der Klage gegen die KPD hatte der Kanzler seinen Innenminister Robert Lehr beauftragt, der als Oberbürgermeister von Düsseldorf 1932 an einem Treffen führender Industrieller mit Hitler teilgenommen und nach der Machtübertragung an die Nazis Verbände verboten hatte, »welche kommunistisch, marxistisch sowie jüdisch eingestellt sind«. Am 4. Dezember 1950 hatte er auf einer Pressekonferenz in Bonn die Erwartung ausgesprochen, »daß die Praxis der Gerichte sich allmählich ausrichtet auf das, was wir wirklich wollen«.[34] Am 23. November 1954 begann vor dem Ersten Senat des BVG die mündliche Verhandlung. Die Prozessvertretung der Bundesregierung leitete Hans Ritter von Lex, seit 1950 beamteter Staatssekretär im Bundesinnenministerium. Ritter von Lex hatte wie Globke ab 1933 als Oberregierungsrat dem Reichsinnenministerium angehört, zuständig für Sportfragen, so die Vorbereitung der Olympischen Winter- und Sommerspiele 1936. »Im Namen der Bundesregierung« erklärte er in seinem Plädoyer im, wie er sagte, »Staatsprozess«, die KPD sei »eine ernste Bedrohung für unser freiheitliches demokratisches Leben. Sie ist ein gefährlicher Infektionsherd im Körper unseres Volkes, der Giftstoffe in die Blutbahn des staatlichen und gesellschaftlichen Organismus der Bundesrepublik sendet.«[35]

Am 17. August 1956 wurde der Prozessvertreter der KPD, Fritz Rische, der wegen »Vorbereitung zum Hochverrat« eingekerkert war, zur Urteilsverkündung in Handschellen in den Verhandlungsraum geführt. Rische, einst bereits Gefangener der Gestapo, hatte dem Wirtschaftsrat der Trizone[36] angehört und war von 1949 bis 1953 Mitglied des Bundestages. Der Erste Senat verkündete sein Verdikt: Die KPD ist verfassungswidrig, sie wird aufgelöst, ihr Vermögen wird eingezogen. Damit stellte sich die Bundesrepublik an die Seite einzig der faschistischen Regimes Francos in Spanien und Salazars in Portugal. »Zwar standen die Karlsruher Richter dem Verbot zunächst sehr skeptisch gegenüber, aber dem massiven Druck der Politik konnten und wollten sie sich nicht verweigern«, urteilte die ZEIT. »Dabei konnten der KPD gar keine umstürzlerischen Tätigkeiten nachgewiesen werden. (...) Es war ein politisches Urteil, das der antikommunistischen Staatsdoktrin der jungen Bundesrepublik folgte.« Proteste dagegen habe es kaum gegeben, »die KPD war längst isoliert, die Angst vor der ›kommunistischen Gefahr‹ allgegenwärtig«. Der Antikommunismus sei »ideologischer Grundpfeiler von Wirtschaftswunder und Westbindung« geworden.[37] Am Tag des Urteilsspruchs stürmten Polizeikommandos in einer Blitz-»Aktion Karabiner« zeitgleich alle Einrichtungen der Partei. 25 000 Wohnungen und Geschäfte wurden durchsucht, Zeitungen verboten, Druckereien beschlagnahmt und alle 199 Parteibüros geschlossen.[38] 1933 ließ grüßen.

Das Fazit der Kommunistenhatz in der BRD: Die Zahl der Gerichtsurteile gegen Kommunisten und kommunistischer Einstellung Verdächtigte zwischen 1951 und 1968 war siebenmal so hoch wie gegen sogenannte NS-Täter. Bis 1968 führten Staatsanwälte Ermittlungen gegen 125 000 Personen wegen »politischer Delikte« auf der Grundlage der sogenannten Staatsschutzgesetze. »Das Ziel war weniger der Kampf gegen eine politisch bedeutungslose Partei als gegen kommunistische Gesinnung«, urteilte der Freiburger Historiker Prof. Dr. Josef Foschepoth. Andere Quellen sprechen sogar von ca. 250 000 Ermittlungsverfahren gegen rund eine halbe Million Bundesbürger, von denen etwa 10 000 verurteilt worden seien. »NS-Ermittlungsverfahren« wurden bis zum heutigen Tag nur gegen 106 000 Personen eingeleitet.[39]

Manch einer mag sich wahrscheinlich fragen, was all das mit den deutsch-vietnamesischen Beziehungen, besser aber dem Verhältnis der Bundesrepublik gegenüber Vietnam in den Kriegsjahren und danach, zu tun hat. Die Antwort kann nur lauten: Sehr viel. Unleugbar ist doch, dass sich die Innen- und die Außenpolitik eines Staates wenn vielleicht nicht immer und zwangsläufig, so doch häufig einander bedingen. Für die Bundesrepublik schon gar jener Periode gilt das uneingeschränkt. Die Lobpreisung der deutschen Legionäre in Vietnam als Vorstufe für späteres intensives Engagement auf dem indochinesischen Kriegsschauplatz und die hysterische Kommunistenverfolgung im Inneren waren fraglos zwei Seiten einer Medaille. Für viele Jahre geriet spätestens ab 1954 dank dem innenpolitischen antikommunistischen Trommelfeuer Indochina wunschgemäß allmählich aus dem Blickfeld. Das war auch dem Fakt geschuldet, dass mit

Dien Bien Phu und den Genfer Abkommen sicher auch nach Meinung vieler aus dem demokratischen Spektrum ein Schlussstrich gezogen schien und das Thema Fremdenlegionäre in Vietnam definitiv »abgehakt« war. So war es Bonn möglich, recht ungestört systematisch, Schritt für Schritt auf die politische, materielle, finanzielle und verdeckte personelle Schützenhilfe für den antikommunistischen Vietnam-Kreuzzug der USA hinzuarbeiten.

Thälmann-Bild im französischen Kolonialkerker 91

Tran Huu Duc
15. Januar 1910 –
21. August 1993
Mitglied des ZK der KPV
und stellvertretender
Ministerpräsident der SRV
Bild: vi.wikipedia.org

Die dokumentierte Sorge der DDR-Regierung um das Leben junger Deutscher, die nur wenige Jahre nach dem Ende des von Deutschland entfesselten zweiten Weltkrieges erneut für Kriegsdienst angeheuert worden waren, und das ebenso manifeste Desinteresse der Regierung in Bonn für das Schicksal zehntausender Landsleute in der südostasiatischen Ferne ließen auch die total gegensätzliche Positionierung beider Staaten gegenüber Vietnam von der ersten Stunde ihrer Existenz an deutlich werden. Ihr lag nicht einfach pragmatisch geprägtes politisches Credo unterschiedlicher Couleur zugrunde. Die Haltung beider Staaten im Hinblick auf das, was mit deutschem Zutun in dem jungen »kommunistischen« Staat auf der indochinesischen Halbinsel geschah, hatte zutiefst ideologische Wurzeln. Für die DDR und jene Partei, die sich als die führende Kraft im Staat verstand, waren zudem vor Jahrzehnten geknüpfte, historisch gewachsene Bande ein wesentlicher Beweggrund, sich konsequent an die Seite der DRV zu stellen.

Ho Chi Minh hatte sich 1927/28 unter dem damaligen Namen Nguyen Ai Quoc im Auftrag der Kommunistischen Internationale (KI) einige Zeit in Westeuropa aufgehalten. Im Frühjahr 1928 machte er in dieser Mission Station in Berlin. Er traf im Karl-Liebknecht-Haus am Berliner Bülow-Platz, seit 1926 KPD-Zentrale, mit Ernst Thälmann zusammen, der seit 1925 an der Spitze der Partei der deutschen Kommunisten stand. In jenen Tagen kam es auch zur Begegnung mit Wilhelm Pieck, die nicht die letzte im Leben der beiden Politiker sein sollte. Pieck, Mitbegründer der KPD (1918/19) und Mitglied ihres ZK, hatte 1921 zu den Organisatoren der Roten Hilfe gehört, die verfolgten revolutionären Kämpfern und deren

Familien beistand. Ab 1922 war er Mitglied des Exekutivkomitees der Internationalen Roten Hilfe (IRH), die in den 30er Jahren im Leben Nguyen Ai Quocs eine wichtige Rolle spielte, und seit 1924 Vorsitzender der Roten Hilfe Deutschlands. Drei Jahrzehnte später erinnerten sie sich ihrer ersten Begegnung, als sie sich wieder in Berlin trafen, nun aber beide als Genossen im Amt eines Staatspräsidenten. So waren an jenem 25. Juli 1957 Ho Chi Minhs Begrüßungsworte am Schloss Niederschönhausen »Wilhelm, wie geht es Dir?« weit mehr als eine bloße Floskel asiatischer Höflichkeit.

Im Auftrag der KI und mit ihrer Unterstützung war im Januar/Februar 1930 unter der Leitung von Nguyen Ai Quoc auf einer konspirativen Zusammenkunft der Vertreter dreier embryonaler kommunistischer Organisationen in der britischen Kronkolonie Hongkong die Kommunistische Partei Vietnams aus der Taufe gehoben worden. Sie gab sich noch im selben Jahr als in ganz Französisch-Indochina wirkende Partei des antikolonialen Widerstands den Namen Indochinesische KP (IKP). Von Beginn an gedachten ihre Mitglieder jedes Jahr unter den Bedingungen schärfster Verfolgung durch die Kolonialmacht des »Vaters« des Sowjetstaates, W. I. Lenin, und der im Januar 1919 meuchlings gemordeten Freikorpsopfer Karl Liebknecht und Rosa Luxemburg. Ihre *LLL-Woche* (Lenin-Liebknecht-Luxemburg) wurde in der Regel in den Tagen vom 15. bis zum 22. Januar nicht nur in Freiheit, sondern auch in den Zuchthäusern organisiert. Das Anliegen war vielfältig: das theoretische Niveau der Parteimitglieder heben, sich mit Lehren der Oktoberrevolution vertraut machen, gegen Resignation, Sektierertum und andere schädliche Erscheinungen in den eigenen

Reihen angehen, zu neuen Anstrengungen im antikolonialen Kampf ermuntern, weitere Mitstreiter gewinnen, allen Mitgliedern das Bewusstsein vermitteln, Teil einer weltweiten antikapitalistischen Kampffront, einer stetig wachsenden kommunistischen Weltbewegung zu sein.

So blieb für die vietnamesischen Kommunisten schon in den dreißiger Jahren des vorigen Jahrhunderts auch die KPD keine Unbekannte. Einer, der davon überaus anschaulich zu erzählen wusste, saß mir, dem Journalisten aus der DDR, 1971 in Hanoi gegenüber. Tran Huu Duc hatte von jungen Jahren an revolutionäre Arbeit geleistet und zeitig den Weg in die eben gegründete IKP gefunden, gehörte im Kerker zu den Organisatoren von »LLL-Wochen«, trug in der Augustrevolution von 1945 ein großes Maß an Verantwortung und gehörte somit zur »Gründergeneration« der DRV. Er war Mitglied des ZK der Partei der Werktätigen Vietnams (PWV)[1] und Minister im Amt des Ministerpräsidenten, als er der Bitte um ein »Interview zur Person« entsprach. Mit sichtlichem Stolz, erstaunlichem Erinnerungsvermögen, Spaß an manchen Details entbehrungsreichen Kampfes ließ er an vier langen Oktoberabenden einen gedanklichen Dokumentarfilm vom Leben eines vietnamesischen Revolutionärs ablaufen, der eindrucksvoll von Vorbildern zu sprechen verstand.

Am 15. Januar 1910 in einem Dorf der zu Annam gehörenden Provinz Quang Tri in eine sehr arme Bauernfamilie hineingeboren, war dem schon 10 Jahre alt gewordenen Büffelhütejungen nur der Besuch der Zwei-Klassen-Schule des Kantons vergönnt. Sein umsichtiger Lehrer machte dem wissbegierigen, fleißigen Schüler seine kleine Bibliothek zugänglich. Zu jener Zeit hatte der als

Knirps schon sehr viel über die Zustände in seinem Heimatland² gehört. Oft kamen Freunde zum Großvater. »Sie erzählten über die Lage im Land, über die Franzosen, über die Unterdrückung der Bevölkerung durch die Mandarine³, und sie erzählten auch über die Patrioten. Wenn diese Leute zum Großvater kamen, versuchte ich immer zu lauschen.« So begann nach seiner Schilderung sein Weg zur Revolution. Mit 15/16 Jahren verschlang er »fortschrittliche Zeitungen und Bücher«, die er sich beschaffen konnte, »war mir schon klar, dass ich die herrschende Ordnung nicht akzeptieren kann«. Sein Hass auf das Regime der Kolonial- und Feudalherren ließ ihn zu der Erkenntnis kommen, »dass man, wenn nötig, gegen diese Ordnung kämpfen muss«.

Er hörte von vielerlei örtlichen Protestbewegungen im Lande und gründete 1926/27 einen »Bund der Liebe, Freundschaft und Demokratie« mit ein paar Dutzend Gesinnungsfreunden. Es gelang, im ganzen Kreis Zellen des Bundes zu organisieren. Dann erfuhr er, dass in seinem Heimatgebiet schon die Revolutionäre Jugendvereinigung Vietnams zu wirken begonnen hatte, die Mitte 1925 auf Initiative Nguyen Ai Quocs im südchinesischen Guangzhou (Kanton) als Keimzelle einer Kommunistischen Partei gegründet worden war. Er knüpfte konspirativen Kontakt, nahm an Zusammenkünften teil und bekam politische Schriften. »Wenn ich jetzt zurückblicke, dann vertrat ich damals die Auffassungen eines bürgerlich-nationalistischen Reformisten. Durch die Jugendvereinigung aber kam ich allmählich zum Marxismus. Ich las Bücher über Bewegungen im Ausland und hörte zum ersten Mal von Kommunisten, von der Oktoberrevolution in Russland, von Marx.« 1928 begann er neben anderer revolutionärer Tätigkeit mit politischer Arbeit unter den von Großgrundbesitzern und Mandarinen geknechteten Bauern.

Als Mitte 1929 in Tran Huu Ducs Heimatregion erstmals Flugblätter auftauchten, die mit »Indochinesische Kommunistische Partei« unterzeichnet waren, bildeten einige Mitglieder der Jugendvereinigung eine Gruppe von Kommunisten, der auch er beitrat. Diese IKP war eine der embryonalen kommunistischen Organisationen, die im Jahr darauf zur KP Vietnams verschmolzen. »Mit der Verbreitung der Flugblätter setzte der Terror ein. Einige Tage später wurde ich bei einer Versammlung in der Wohnung des Provinzsekretärs der Jugendvereinigung verhaftet. Auch fast alle Mitglieder der Jugendvereinigung wurden verhaftet. Man folterte uns im Gefängnis der Stadt Quang Tri, mich monatelang.« Es folgten Urteile von 20 Jahren Zuchthaus bis zu lebenslanger Haft. Er selbst kam mit 2 ½ Jahren Gefängnis davon, denn »von meiner Arbeit wusste der Feind nicht viel, ich war nicht Mitglied der Jugendvereinigung, leitete eine Organisation der Liebe und Freundschaft«. Da der übergeordnete Gerichtshof in Hue wegen Mangels an Beweisen die Strafe reduzieren musste, kam er im Januar 1930 wieder frei.

Einige Monate später gelang es ihm trotz vom Gericht angeordneter polizeilicher Überwachung, Verbindung zur Anfang Februar in Hongkong gegründeten und bereits in der Heimat wirkenden KP Vietnams herzustellen. Er wurde 20-jährig Mitglied der provisorischen Parteileitung der Provinz, ein paar Monate später gar Sekretär der Provinzparteileitung. Anfang 1931 führte Verrat aus den eigenen Reihen zur zweiten Verhaftung. Das Urteil lautete auf 7 Jahre Zuchthaus. Von da an teilte Tran Huu Duc das Schicksal vieler vietnamesischer Revolutionäre. 1938 aus der Haft entlassen, setzte er die illegale Arbeit fort. Als im Herbst 1939 die französischen Kolonialbehörden die Mobilmachung zur Rekrutierung vietnamesischer Soldaten für den Krieg in Europa befahlen, tauchte er unter. Man verurteilte ihn in Abwesenheit zu 4 Jahren Gefängnis. »Es war das dritte Urteil gegen mich. Bis 1941 arbeitete ich weiter illegal für die Revolution, anfangs in der Provinz Quang Tri. Dann war ich verantwortlich für die revolutionäre Arbeit in der Stadt Hue, war ich Mitglied der Parteileitung von Annam. Später wurde ich damit beauftragt, die revolutionäre Arbeit in 11 der 19 Provinzen Annams zu leiten. Ende 1941 wurde ich zum dritten Mal verhaftet und zum vierten Mal verurteilt, diesmal zu 20 Jahren Zuchthaus zuzüglich der 4 Jahre Verurteilung in Abwesenheit von 1939.«

Tran Huu Duc resümierte: »Seit meinem 15. oder 16. Lebensjahr habe ich mich nur mit revolutionärer Tätigkeit befasst, bin also ein ›Berufsrevolutionär‹. Beim Sieg der Augustrevolution war ich 35 Jahre alt. Ich wurde zu mehr als 33 Jahren Zuchthaus oder Gefängnis verurteilt, war aber nur 12 Jahre eingekerkert. Eigentlich wäre ich erst 1966 freigekommen. Ich schulde den Imperialisten noch 21 Jahre Kerker.« Der Gedanke amüsierte ihn. Die langen Jahre der Haft nannte er trotz allem »eine gute Schule des Kampfes. Wir kämpften für die Verbesserung des Gefängnisregimes, traten in Hungerstreiks oder gaben die Losung aus: Essen, aber nicht arbeiten! Vielfältige Kampfformen wandten wir an. Die Partei lebte auch im Gefängnis weiter, sie leistete auch unter diesen Bedingungen revolutionäre Arbeit. Wir mussten dafür sorgen,

Nachrichten aus dem Land und aus dem Ausland zu bekommen. Das Leben der Gefangenen musste verbessert werden, damit nicht so viele starben. Wir organisierten politische Schulungen oder einfach Bildungskurse, sogar militärische Schulung. Außerdem musste gegen die brutalsten Wärter gekämpft werden, auch gegen die Spitzel des Feindes. Mit schwach gewordenen Genossen war zu ringen. Eine weitere wichtige Aufgabe war die Arbeit unter den kriminellen Häftlingen. Wir hatten dabei aber auch Auseinandersetzungen bis zu Handgreiflichkeiten unter den Genossen zu führen, weil manche mit diesen Gefangenen nichts zu tun haben wollten.« Schließlich sei gegen den Widerstand mancher Genossen auch nicht ohne Erfolg politische Arbeit unter den Soldaten des Wachpersonals, meist Söhne armer Bauern, geleistet worden.

Nicht immer und überall, wo man ihn gefangen hielt, war möglich, was Tran Huu Duc über das Gefängnisleben überdies zu berichten wusste. »In den 30er Jahren im Gefängnis nutzte ich die Zeit, mich zu bilden, zu studieren. Wir versuchten, vom Gefängnischef Bücher zu bekommen. Er gab uns natürlich keine politischen Bücher, sondern Publikationen über Geschichte, Geografie, Philosophie usw., manchmal auch die ›Humanité‹ oder antikommunistische Schriften, in denen sie ja etwas über den Kommunismus sagen mussten. So erfuhren wir von der Lage in anderen Gebieten der Welt und davon, dass nicht nur in unserem Land für den Kommunismus gekämpft wurde. Wir befassten uns mit dem Weltall und mit vielen anderen Fragen, um sie zu verstehen: Wie ist der Kapitalismus entstanden und wie entwickelt er sich? Wie ist der Entwicklungsstand in jedem einzelnen Land? Wie wird der Kapitalismus zum Imperialismus? Wir studierten sogar verschiedene Sachgebiete in den kapitalistischen Ländern, Ökonomie, Industrie, Militär, Kultur. Wir wussten, wie sich der Kapitalismus in Deutschland und England entwickelte, machten uns mit der Struktur des Imperialismus in diesen Ländern vertraut.«

Schon damals hätten sie gewusst, »dass es in der Welt große Länder gibt, so die Sowjetunion, China, die USA, aber auch ganz kleine. Wir studierten das Rassenproblem, erfuhren von den Arier-Theorien Hitlers, befassten uns mit der Mentalität der Europäer, auch der Deutschen. Wir studierten die Geschichte Österreichs, lasen über Hamburg, das Ruhrgebiet, Schleswig-Holstein, das Rheinland, über Preußen. Wir versuchten sogar, den ersten Weltkrieg zu studieren. Was hatten Bismarck und Moltke gesagt? Wir befassten uns mit der Lage in der Welt nach dem ersten Weltkrieg, mit der damals größten Kolonialmacht England, auch mit Religionskriegen. Unter uns stellten wir Fragen zur Diskussion: Warum entstand und entwickelt sich der Kapitalismus in Westeuropa so stark, nicht aber in anderen Ländern mit alter Kultur, in China, Ägypten, Griechenland, im Gebiet zwischen Euphrat und Tigris. Wir suchten zu erfahren, wie viel Kilometer Eisenbahn es in der Welt gibt, wie viel davon in Frankreich, England, Amerika, und daraus abzuleiten, welchen Entwicklungsstand die Länder hatten. Wir studierten die Kultur der Indianer und der Ureinwohner Mexikos, untersuchten Fragen wie die, welches Land mehr Kaffee hat, reich ist an Gold, Eisen, Kohle. Wie entstanden die USA, und wie entwickeln sie sich auf Kosten anderer Länder? Woher kommen die Schwarzen in den USA, gibt es unter ihnen eine revolutionäre Bewegung?«

Gelesen habe man auch »über berühmte revolutionäre Führer, über Marx, Engels, Lenin, Liebknecht, wie auch über andere Persönlichkeiten, über Napoleon und Königin Victoria. Wir diskutierten, warum Napoleon so berühmt gewesen ist, ob er ein solches Talent hatte, lasen über den Feldzug gegen Russland und die Niederlage durch Kutusow.« Kurzum: »Wir haben alle Mittel genutzt, um uns zu bilden, uns ein Weltbild zu verschaffen. Wie kann man den Marxismus unter den unterschiedlichen Bedingungen anwenden. Wir versuchten, uns ideologisch zu rüsten, damit wir die Dinge in der Welt verstehen und entsprechend handeln konnten. Wir wollten von anderen lernen, von ihren Stärken und Schwächen oder Fehlern, unsere Feinde kennenlernen, um den richtigen Weg für unseren Kampf zu finden. Es gab damals heftige Diskussionen unter uns darüber, ob die proletarische Revolution nur dort siegreich sein kann, wo der Kapitalismus und folglich auch die Arbeiterklasse stark entwickelt sind.« Der Marxismus-Leninismus lehre, »dass die Revolution eine zwangsläufige Sache ist«, meinte er. »Diese Zwangsläufigkeit existiert für die ganze Menschheit. Wir müssen also den Kommunismus in der ganzen Welt aufbauen. Deshalb verfolgen wir stets die Entwicklung der kommunistischen Parteien in der Welt und sogar einzelner Kommunisten.«

Weiter erzählte er: »Eben zu jener Zeit, da ich im Gefängnis saß, hörten wir von der Entwicklung in anderen Ländern. Es war die Zeit, da der Faschismus einen neuen Weltkrieg vorbereitete. Wir verfolgten damals die Entwicklung sehr aufmerksam. Dimitroff und Thälmann waren uns schon gut bekannt. Eines Tages bekamen wir im Gefängnis in Lao Bao[4] per Zufall eine Zeitung in die

Hand, eine französische. Ich entsinne mich nicht mehr ihres Namens. Manchmal bekamen wir auch die ›Humanité‹, aber nicht immer ganze Zeitungen. In jener Zeitung wurde darüber informiert, dass Ernst Thälmann verhaftet worden ist.⁵ Es wurde auch über die Haltung Thälmanns

Der KPD-Vorsitzende Ernst Thälmann im Mai 1934 im Untersuchungsgefängnis Berlin-Moabit; Blick in den Innenhof durch ein Zellenfenster.
BArch Bild 102-03670 /
Fotograf: Georg Pahl

im Gefängnis berichtet. In der Zeitung konnten wir sogar ein Bild Thälmanns sehen. Wir verspürten große Freude über das Bild und gaben die Zeitung von Hand zu Hand, mussten sie natürlich sorgfältig verstecken. Wir waren der Meinung, dass wir von solchen Kommunisten lernen können und nach ihrem Vorbild leben müssen. Solche Vorbilder waren oft eine große moralische Hilfe für die, die lange im Kerker sitzen mussten, so waren auch für mich das Vorbild und das Bild Thälmanns eine große Hilfe. Ich schwor mir, nach dem Vorbild Dimitroffs – von seiner Verhaftung[6] nach dem Reichstagsbrand hatten wir natürlich auch erfahren – und Thälmanns zu handeln. Jeder von denen, die damals in diesem Gefängnis saßen, hatte natürlich seine eigenen Gedanken, als er die Zeitung in die Hand bekam. Ich weiß nicht, was die anderen dachten, aber für mich war das unvergesslich. Während ich Ihnen davon erzähle, erinnere ich mich jener Zeit so, als hielte ich die Zeitung gerade eben in der Hand.«

Im Kerker reiften Wunsch und Zuversicht, irgendwann einmal in die Welt reisen zu können, dorthin zunächst, von wo Lenin, Marx und Engels gekommen waren. »Die Sowjetunion ist doch das Land Lenins, und Lenin hat in seinem Land den Marxismus zuerst verwirklicht. Uns allen ist auch bekannt, dass Marx und Engels für die Weltrevolution eine überragende Rolle spielten, dass Marx den Kommunismus begründet hat. Natürlich, wäre er nicht gewesen, hätte das ein anderer getan. Aber Marx war da. Bevor ich diese Länder besuchte, hatte ich Bücher über sie gelesen, meist französische. Und ich habe festgestellt, dass das, was man da schrieb, nicht immer der Wirklichkeit entsprechen konnte. Deshalb musste ich unbedingt diese Länder kennenlernen. Marx war ein

Mensch, der der ganzen Menschheit gehörte, ein Internationalist, aber er ist doch in Deutschland geboren, war ein Deutscher. Genauso ist es mit Lenin, einem Russen. Wenn man auch Marx nicht mehr sehen kann, so wollte ich doch wenigstens die deutschen Genossen kennenlernen, um Marx noch besser zu kennen. Dasselbe war es mit Lenin und der Sowjetunion. Ich wollte in der Praxis vergleichen, was ich bis dahin verstanden hatte, neu dazulernen, meine Kenntnisse vervollkommnen.«

Sein Wunsch von einst, hinter Gittern geboren, war nach der Augustrevolution von 1945 und selbst nach dem Neubeginn 1954 noch nicht realisierbar. Zu viele Aufgaben waren in der Heimat zu lösen. Erst in den 60er Jahren konnte er sowjetischen Boden betreten. »Bis jetzt habe ich die Sowjetunion dreimal besucht: 1960 als Patient und Urlauber, 1961 zur Vorbereitung eines Abkommens über Wirtschaftshilfe und 1970 als Leiter der Delegation zum Monat der sowjetisch-vietnamesischen Freundschaft. Die DDR besuchte ich einmal, im vorigen Jahr, aber es war nur ein kurzer Aufenthalt, der der Überprüfung des Gesundheitszustands diente und gleichzeitig Gelegenheit bot, einige Orte zu besuchen. Wenn auch diese Reisen von unterschiedlicher Bedeutung waren, so kann ich doch sagen, dass der einstige heiße Wunsch erfüllt worden ist. Ich habe mit eigenen Augen gesehen, woran ich früher gedacht habe, und war sehr froh über die Leistungen beider Bruderländer auf vielen Gebieten. Zugleich konnte ich mich von den herzlichen Gefühlen der Völker der Sowjetunion und der DDR gegenüber dem vietnamesischen Volk überzeugen. Ich war sehr dankbar für die von Herzen kommende Hilfe, die beide Bruderländer mit allen Kräften leisten. Diese Unterstützung sehe ich so: Die Brüder in der Sowjetunion und in der DDR geben uns einen Teil ihrer revolutionären Errungenschaften, nicht nur materiell, sondern auch ideell.«

Er sei 13 Tage in der DDR gewesen, 5 davon in der Hand der Ärzte in einem Krankenhaus, 8 Tage blieben für Besichtigungen und Kontakte mit der Bevölkerung. »Mit einem solch kurzen Aufenthalt kann man eigentlich nicht zufrieden sein, aber ich war es trotzdem. Gefühle und Eindrücke habe ich sehr viele. Ich konnte mich an alles erinnern, was ich früher über Deutschland gelernt hatte. Ich erinnerte mich, wie Deutschland von den herrschenden Kreisen unterdrückt war und die Bevölkerung ausgebeutet wurde, wie sich der Kapitalismus in Deutschland entwickelte, wie Hitler an die Macht kam und seine Armeen andere Länder überfielen. Ich dachte auch daran, dass die Rote Armee den Sieg über Hitler errang, und an die schwere Zeit nach dem Krieg. Ich erinnerte mich der Gründung der DDR im Jahr 1949 und dachte daran, welche Schwierigkeiten zu überwinden waren. Dann gab es die komplizierte Frage Westberlin, das inmitten der DDR liegt. Ich weiß, wie in Westdeutschland, das von drei alliierten Ländern besetzt wurde, die reaktionären Kräfte wieder auftauchten und an die Macht kamen, welche Pläne die westdeutschen Imperialisten haben und welche Maßnahmen die DDR dagegen ergreifen musste. Ich weiß auch, welche Aufgaben das Volk und die Jugend der DDR unter Führung der SED jetzt zu erfüllen haben.«

Tran Huu Duc fuhr fort: »Als ich die DDR besuchte, dachte ich aber nicht nur an Karl Marx und den Kommunismus. Ich dachte auch an Goethe und andere große deutsche Humanisten, und ich habe die Genossen gebeten, mich an Orte zu führen, die wichtig sind für

Wirtschaft, Geschichte, Kultur. In Leipzig war ich in Auerbachs Keller, wo ich eine Delegation der Französischen KP traf. Diese Begegnung war symbolisch für die Gefühle zwischen vietnamesischen, deutschen und französischen Kommunisten. Es waren vom Ideal des Kommunismus erfüllte Minuten. Wir sagten: An diesem Ort könnten wir jahrelang bleiben, um uns zu unterhalten. Es war ein glücklicher Zufall, dass vietnamesische und französische Kommunisten im Land von Karl Marx zusammentrafen. Nach meinem Abschied von den Genossen der DDR habe ich festgestellt: Ich hatte ihnen nicht alles sagen können, was ich im Herzen trage. Die DDR hat kein großes Territorium, auch die Bevölkerungszahl ist nicht groß. Aber sie ist Teil eines Landes, das früher eines der mächtigsten kapitalistischen und imperialistischen Länder war. Der deutsche Imperialismus ist in zwei Weltkriegen besiegt worden, aber man kann nicht sagen, dass er nun schwach sei. Ich möchte damit unterstreichen, welche Rolle jetzt die DDR spielt.«

Unsere Gespräche beendete er mit einem Ausblick: »Ich konnte nur die DDR besuchen, war deshalb auch nicht in der Geburtsstadt von Karl Marx. Aber ich sehe das so, als hätte ich ganz Deutschland besucht. Denn nach den Gesetzmäßigkeiten muss ganz Deutschland so werden wie die DDR.« Tran Huu Duc hat es nicht mehr in all der Dramatik erlebt, dass sich seine Prognose nicht erfüllte. Lebte er noch, würde er sicher sagen: Die Idee des Kommunismus hat eine bittere, aber dennoch nur zeitweilige Niederlage erlitten.

Die Abende in einem wohltuend luftigen Empfangspavillon auf dem ausgedehnten Parkgelände des Präsidentenpalastes im Herzen Hanois, bis August 1945 Sitz des französischen Generalgouverneurs für Indochina, wurden für den weitaus Jüngeren zu Lehrstunden in vietnamesischer Geschichte und fesselndem Anschauungsunterricht in gelebtem Internationalismus. Mit jener Herzlichkeit, die damals in Vietnam unter den Bedingungen des USA-Bombenterrors Gästen aus Freundesländern wie der Cong hoa dan chu Duc – der DDR – entgegengebracht wurde, ließ der schon ergraute Gegenüber deutlich werden, welch prägende Rolle in Denken und Wirken der vietnamesischen Revolutionäre Marx und Engels spielten, aber auch, welches Ansehen Ernst Thälmann genoss. Der Lebensbericht des glühenden Patrioten und Internationalisten im Ministerrang, der 1974 stellvertretender Ministerpräsident wurde, ließ erkennen, dass die DDR für Vietnams Kommunisten Inkarnation ihres Ideals »in der Heimat von Marx und Engels« gewesen ist, egal, ob in langen Jahren des Krieges oder danach. Die ideologisch determinierte, historisch gewachsene gegenseitige solidarische Verbundenheit freilich paarte sich mit unleugbarer Abhängigkeit, der absoluten der SED und aus vielerlei Gründen weniger fesselnder der KP Vietnams, von der KPdSU bei der Sicht auf eine sozialistische Gesellschaftsalternative. Beide Faktoren prägten primär und von Grund auf das Verhältnis zwischen Ostberlin und Hanoi.

Willkommen in Moritzburg und Dresden

Vietnamesische Kinder vor ihrer Abreise zu einem mehrjährigen Aufenthalt in der DDR (Dresden und Moritzburg) im August 1955 zu Besuch bei Onkel Ho im Präsidentenpalast in Hanoi. (In der vorderen Reihe der zweite Junge von rechts, im dunklen Hemd: Tran Duong)
Privatarchiv Tran Duong, Hanoi

Mit dem am 7. Mai 1954 gekrönten Sieg der Volksarmee in der Schlacht von Dien Bien Phu hatte Vietnam das Ende der französischen Kolonialherrschaft auf der indochinesischen Halbinsel auf militärischem Gebiet eingeläutet, die Ergebnisse der anschließenden Genfer Indochina-Konferenz besiegelten es auf politischem Terrain. Einen Tag nach dem Fall der Gebirgsfestung im äußersten vietnamesischen Nordwesten eröffnet, endeten die Beratungen in der Schweizer Konferenzmetropole am 21. Juli mit einem Friedensgebot und völkerrechtlich unanfechtbarer Bestandsgarantie für die DRV. Demonstrativ destruktives Agieren der USA vermochte entsprechende Ergebnisse nicht zu verhindern.

Die Konferenz der fünf Mächte UdSSR, USA, Großbritannien, Frankreich und China, der DRV, der illegitimen Bao-Dai-Verwaltung in Hue sowie der Königreiche Kambodscha und Laos verabschiedete Abkommen über die sofortige Feuereinstellung auf der ganzen Halbinsel und diverse andere Dokumente. Frankreich musste sich zum Abzug seiner Truppen verpflichten. Festgelegt wurde, in Vietnam für die schrittweise Separierung der bewaffneten Kräfte beider Seiten zwei durch eine »zeitweilige militärische Demarkationslinie« – nicht Grenze(!) – nahe dem 17. Breitengrad getrennte Umgruppierungszonen zu schaffen. Die Volksarmee hatte sich binnen 300 Tagen in die nördliche Landeshälfte zurückzuziehen, das französische Expeditionskorps mitsamt der Armee Bao Dais in die südliche. Die Behörden in Nord und Süd, die DRV-Regierung auf der einen und die Bao-Dai-Verwaltung auf der anderen Seite, hatten ab 20. Juli 1955 für Juli 1956 festgelegte, international überwachte allgemeine Wahlen in ganz Vietnam vorzubereiten. Dass es anders kommen sollte, war nicht das Werk der DRV und konnte von ihr auch nicht auf Dauer toleriert werden.

Die ausdrücklich nur zeitweilige Einteilung in zwei Zonen zur militärischen Entspannung, einer der wesentlichsten Kompromisse, den die Regierung Ho Chi Minh im Interesse des Friedens einzugehen hatte, und die festgeschriebenen Maßnahmen für die nahe Zukunft tasteten die Existenz der DRV als einzig legitimer Staat auf vietnamesischem Territorium nicht an. Die Genfer Dokumente bedeuteten die völkerrechtlich verbriefte Anerkennung ihrer Souveränität, Unabhängigkeit und territorialen Integrität. Nach Geist und Buchstaben umgesetzt, wären auf der Grundlage der Dokumente den drei Völkern Indochinas, vor allem aber dem vietnamesischen, in den folgenden zwei Jahrzehnten Millionen Opfer erspart geblieben. Die Marionettenverwaltung im Süden und die Strippenzieher in Washington wollten es anders.

Zunächst aber schwiegen auf indochinesischem Boden wirklich die Waffen. Noch am Tag des Endes der Genfer Konferenz beglückwünschte Ministerpräsident Otto Grotewohl Präsident Ho Chi Minh telegrafisch zur vereinbarten Waffenruhe. »Es ist erneut vor der Welt bewiesen, daß ein Volk, das für sein nationales Selbstbestimmungsrecht kämpft, auf die Dauer nicht zu unterdrücken ist«, schrieb der DDR-Regierungschef. »Der Abschluß des Waffenstillstands zeigt überdies, daß der Wille der Völker nach Frieden nicht mehr überhört werden kann und daß die Lösung strittiger internationaler Fragen durch Verhandlungen möglich ist.«[1] Die Regierung in Bonn hingegen sah für sich niemanden, dem zu gratulieren gewesen wäre, im Gegenteil. Nicht eine Wortmeldung zu dem historisch bedeutsamen Konferenzergebnis, das ein Ende des Blutvergießens verhieß, war Kanzler Adenauers Sache, sondern amtlich bekundetes »tiefstes Mitgefühl« mit den geschlagenen neokolonialen Eroberern.[2]

Auf der Heimreise aus Genf war für die vom stellvertretenden Ministerpräsidenten Pham Van Dong geleitete Regierungsdelegation der DRV Berlin vom 24. bis zum 26. Juli erste Zwischenstation. So konnten auch Vietnams Unterhändler den Glückwunsch der DDR-Regierung entgegennehmen. In ihrem Gespräch waren sich Otto Grotewohl und Pham Van Dong »darüber einig, daß die Ergebnisse der Genfer Konferenz eine weitere Entspannung der internationalen Lage bedeuten und daß die Bemühungen beider Völker um eine weitere Entspannung fortgesetzt werden müssen«, hieß es in einer von der Nachrichtenagentur ADN verbreiteten Mitteilung. »Es herrschte Übereinstimmung darin, daß beide Völker alle Kräfte anspannen werden, um ihre nationale Einheit auf demokratischer Grundlage wiederherzustellen. Aus der Gleichartigkeit der politischen Lebensfragen beider Völker ergibt sich die gegenseitige Unterstützung.« Beide Seiten nutzten die erste Gelegenheit, auch wirtschaftliche Fragen zu erörtern. »Ministerpräsident Otto Grotewohl brachte zum Ausdruck, daß das vietnamesische Volk bei dem Wiederaufbau seiner Heimat auf die Hilfe der Deutschen Demokratischen Republik rechnen kann.«[3] Damit war ein bedeutsamer Schritt in Richtung auf Beziehungen getan, die weit über den bloßen diplomatischen Rahmen hinausreichen und in den folgenden dreieinhalb Jahrzehnten stetig entwickelt werden sollten. Den Beginn des in Aussicht gestellten Beistands auf dem Gebiet der Ökonomie markierte dann im März 1955 ein Beschluss der

DDR-Regierung über wirtschaftliche Hilfe für die DRV in den Jahren 1955/56.[4]

Doch schon Monate vor Genf, eine Woche vor Beginn der Schlacht von Dien Bien Phu, war das bereits 1950 gelegte diplomatische Fundament zwischenstaatlicher Beziehungen gestärkt worden. Am 7. März meldete ADN: »Im Auftrage ihrer Regierungen fanden zwischen dem Botschafter der Deutschen Demokratischen Republik in der Volksrepublik China, Johannes König, und dem Botschafter der Demokratischen Republik Vietnam in der Volksrepublik China, Hoang Van Hoan, Besprechungen statt, in denen vereinbart wurde, die zwischen beiden Ländern bereits bestehenden engen freundschaftlichen Beziehungen zu erweitern und gegenseitig Botschafter auszutauschen.«[5] So endete jener mehrjährige Zeitabschnitt, da die Botschaften beider Staaten in Peking oder Moskau Mittlerdienste zu leisten hatten. Botschafter König übergab als diplomatischer Vertreter der DDR nunmehr auch in der DRV am 12. Januar 1955 in Hanoi sein Beglaubigungsschreiben. Am 30. August jenes Jahres wurde dann Botschafter Rudolf Pfützner mit dem Sitz in Hanoi akkreditiert.[6] Damit nahm die erste deutsche Botschaft in Vietnam in der Metropole am Roten Fluss ihre Arbeit auf. Ihr Standort war die Tran-Phu-Straße, benannt nach dem ersten Generalsekretär der Indochinesischen KP, der 1931 den Folgen grausamer Folter in einem französischen Kerker erlegen war. Nach der Auflösung der DDR und ihres diplomatischen Dienstes wurde das Objekt zur Botschaft der Bundesrepublik.

Die Genfer Abkommen machten es für Vietnams Staats- und Parteiführung möglich, das Widerstandszentrum im Viet Bac zu verlassen und nach mehr als siebeneinhalb Jahren nun endgültig in die Hauptstadt Hanoi zurückzukehren. Am 10. Oktober 1954 trafen die Mitglieder von Regierung, IKP-ZK und Viet-Minh-Zentrale wieder in der Metropole ein. Wie schon am 2. September 1945 bei der Verkündung der Unabhängigkeit Vietnams durch Ho Chi Minh, so erlebte der hauptstädtische Ba-Dinh-Platz am 1. Januar 1955 eine Manifestation der Verbundenheit der Bevölkerung mit ihrer Führung. Hunderttausende Einwohner der Stadt und des Umlands waren zusammengeströmt. Mit der Aufnahme normaler Regierungsgeschäfte unter den im Prinzip günstigen neuen Bedingungen begann eine den Zeitraum 1955 bis 1957 umfassende Periode der »Wiederherstellung der Wirtschaft« für die Heilung der Kriegswunden, die Stabilisierung der Ökonomie und der gesellschaftlichen Strukturen sowie die schrittweise Verbesserung der Lebensbedingungen.

Für die DDR und die DRV waren nunmehr alle Voraussetzungen dafür gegeben, die Gestaltung vielseitiger bilateraler Beziehungen in Angriff zu nehmen. Erste praktische Hilfe der DDR für das vom Krieg schwer gezeichnete und ohnehin noch unter ererbter chronischer Unterentwicklung leidende Freundesland galt seinen zum Teil stark traumatisierten, größten Entbehrungen ausgesetzten Kindern. Auf ihre Einladung hin schickte man in Hanoi 1955 und 1956 zwei Gruppen von Kindern auf die weite Reise in die DDR. Ihr Aufenthalt zur schulischen und teils auch beruflichen Ausbildung war für jeweils vier Jahre vereinbart. Der Präsident persönlich, der geliebte »Onkel Ho« (Bac Ho), sagte ihnen in seinem Amtssitz am Hanoier Ba-Dinh-Platz Lebewohl. Und da in Mitteleuropa der Winter bevorstand, kam er vor Abfahrt des Zuges extra selber noch zum Bahnhof, um jedem der Kinder einen warmen Schal in die Hand zu drücken. Die erste Gruppe, 149 Kinder, erreichte am 25. September 1955 nach rund dreiwöchiger Eisenbahnfahrt von Hanoi aus über China, die Mongolei, die Sowjetunion und Polen ihr Ziel, das Käthe-Kollwitz-Heim in Moritzburg bei Dresden. Im Jahr darauf folgten ihnen etwa 200 Altersgefährten, die im Maxim-Gorki-Heim in Dresden für einige Jahre ihre Heimstatt fanden.

Bei den Mädchen und Jungen, für die bald nach ihrer Ankunft der Unterricht in 1. bis 5. Klassen beginnen konnte, handelte es sich um Kriegswaisen und Kinder besonders verdienstvoller Teilnehmer am Widerstandskrieg. Mit ihnen kam ein halbes Dutzend junger vietnamesischer Lehrer, so jener Chau, der anderthalb Jahrzehnte später als exzellenter Dolmetscher – an der Hanoier DDR-Botschaft angestellt – die abendlichen Gespräche des ADN-Korrespondenten mit Minister Tran Huu Duc im Garten des Präsidentenpalastes zu einem unvergesslichen Erlebnis werden ließ. Dass diese Kinder und ihre Begleiter zu Begründern einer stattlichen »Kolonie« deutschsprechender Vietnamesen werden würden, wie es sie zum Ende der DDR im Norden und mittlerweile auch im Süden Vietnams gab, war damals nicht abzusehen. Auch nicht, dass ein Junge namens Tran Duong aus der Moritzburger Gruppe dereinst als Korrespondent der vietnamesischen Nachrichtenagentur VNA für mehrere Jahre in seine »zweite Heimat« zurückkehren und sich in der Folge bis in die Gegenwart als Journalist, Publizist, Schriftsteller und Herausgeber einen Namen machen würde. Sein stetes Wirken zum Nutzen der Freundschaft zwischen beiden Ländern einst und noch jetzt wie auch dafür, vietnamesische Leser mit deutschem literarischem Erbe und Persönlichkeiten der deutschen Geschichte bekanntzumachen, spiegelt sich in dutzenden eigenen Büchern und Übersetzungen wider.

Zwei frühe Gedicht- und Geschichtsbändchen, von Tran Duong nachgedichtet und übersetzt, erschienen Mitte der 70er Jahre im Berliner Verlag Neues Leben. 1975 waren es Gedichte des kampferfahrenen Revolutionärs und späteren verdienstvollen Kulturpolitikers To Huu. »Ich hoffe«, schrieb Tran Duong in seinem Vorwort zu *Vietnam mein Land*, »daß Ihnen meine bescheidene Arbeit To Huu, den bedeutenden zeitgenössischen vietnamesischen Dichter, näher bringen wird. Und weil unsere beiden Völker in brüderlicher Verbundenheit leben und für unser gemeinsames Ideal kämpfen, sage ich: To Huu gehört auch Ihnen.« Es war dies die erste im Ausland vorgelegte Auswahl von Arbeiten aus der Feder eines Mannes, der – so das damalige Urteil des DDR-Verlages – »seinem Volk in beeindruckenden und schönen Gedichten ein Denkmal gesetzt hat, die von harten Kämpfen und vom endlichen Sieg berichten«. Mit dem Buch *Die Xanu-Wälder – Geschichten aus Vietnam*, 1976 editiert, legte Tran Duong eine Auswahl von Geschichten vietnamesischer Autoren vor, die den Bogen spannen vom Beginn des Widerstandskampfes gegen Japaner und Franzosen bis zur Befreiung Saigons 1975.

Bedauert werden muss, dass nach diesen beiden Bändchen nicht Weiteres aus dem umfangreichen literarischen Schaffen Tran Duongs den Weg in DDR-Verlage gefunden hat, eines Schreibenden, der seit einigen Jahren auch in der Deutschen Staatsbibliothek in Berlin, Unter den Linden, registriert ist. Und es darf durchaus als bemerkenswert betrachtet werden, dass dieser Literaturschaffende ausgewiesenen Freunden Vietnams in den alten Bundesländern noch immer unbekannt ist. Er hat aus seinem umfangreichen Wissen um deutsche Geschichte und Kultur heraus in den vergangenen rund zwei Jahrzehnten

Präsident Ho Chi Minh am 29. 07. 1957 bei den vietnamesischen Kindern in Moritzburg zu Besuch, an seiner Seite der Ehrenbegleiter des Präsidenten, Volksbildungsminister Fritz Lange. (Direkt hinter Fritz Lange: Tran Duong).
Privatarchiv Tran Duong, Hanoi

mit vielen Arbeiten den Nachweis erbracht, seine aufrichtige Verbundenheit mit der DDR auf das neue, ganze Deutschland übertragen zu haben. Dem Goethe-Institut in Hanoi könnte schon die Frage vorgelegt werden, warum seine Kenntnis von diesem Mann und dessen gelegentliche Hilfsdienste für das Institut Freundschaftsgesellschaften und -vereinen jenseits der einstigen DDR-Grenze bis jetzt verborgen geblieben sind.

Noch vor Ende des Jahres 1954 hatten sich die vietnamesischen Behörden im Landesnorden in der Lage gesehen, grünes Licht für Journalistenreisen Richtung Hanoi zu geben. Eine entsprechende Einladung erreichte auch Berlin. Geleitet von Franz Faber, Mitarbeiter der Zeitung *Neues Deutschland,* begab sich eine Presse- und Filmdelegation aus der DDR auf die weite, noch beschwerliche Reise via Minsk, Moskau, Omsk, Irkutsk, Ulan Bator und Peking. Ergebnis ihres Aufenthalts von November bis Januar 1955 waren zwei Dokumentarfilme der DEFA, einer in Schwarz-weiß mit dem Titel *Die Demokratische Republik Vietnam nach der Wiederherstellung des Friedens* und ein Farbfilm über nationale Minderheiten im vietnamesischen Gebirgsnorden *Thai und Meo*. Bereits 1955 konnte im Kongreß-Verlag Berlin in einer Auflage von 20000 Exemplaren Franz Fabers ergreifender Reisebericht *Rot leuchtet der Song Cai* erscheinen. Über ihre Erlebnisse berichteten die Delegationsmitglieder nach ihrer Rückkehr in zahlreichen Veranstaltungen und auf Kundgebungen.[7]

Was ihnen, ab Nanning im Süden Chinas von einem vietnamesischen Arzt begleitet, nach mehrwöchiger Reise mit Flugzeug, Eisenbahn und Geländewagen widerfuhr, als sie am Abend des 22. November 1954 Vietnams

Grenze erreichten, schildert der damalige Delegationschef in seinem Reisebericht:

»Eine kleine Bambushütte am Rande der Straße: das Zollhaus. Es gibt keine Tür, nicht einmal ein Fenster. Der schwache Schein einer Petroleumlampe fällt auf einen Soldaten, der an dem einzigen Tisch des Raumes sitzt. Als ich die Schwelle der Hütte überschreite, kommt er auf mich zu und reicht mir die Hand. Seine Worte verstehe ich nicht. So lächeln wir uns an. Doch da ist auch schon mein Begleiter. Wie einen Freund begrüßt er den Soldaten. Ihre Worte sind mir fremd, nur, daß sie froh sind, spüre ich. ›Die vietnamesischen Grenzsoldaten heißen Sie in ihrer Heimat herzlich willkommen‹, wendet sich der Arzt jetzt an mich. ›Sie freuen sich, zum erstenmal Bürger der Deutschen Demokratischen Republik zu sehen.‹ Bevor er fortfahren kann, drängt sich ein anderer Soldat an mich heran. Erneutes Händeschütteln, ein paar vietnamesische Worte – und erwartungsvolles Schweigen.

›Was sagt er?‹ frage ich den Arzt auf französisch.

›Ob Ihr Präsident Wilhelm Pieck gesund ist, möchte der Soldat gern wissen.‹

Als ich das bejahe, geht ein Leuchten über das Gesicht des Fragers. Ich bin zutiefst berührt. Nicht nach den Pässen erkundigen sich diese jungen Vietnamesen zuerst oder wie viele Gepäckstücke wir im Wagen haben. *Das ist ihre erste Frage: Ist Ihr Präsident gesund?*«[8] Die Frage nach *Chu tich Vin Hem Pich*.[9]

Dem Journalisten von *Neues Deutschland* wurde schließlich versichert, (»als ob sie meine Gedanken erraten haben«), dass es auch ihrem »Vater Ho« gut gehe, »und sicher werden Sie das Glück haben, ihn selbst sprechen zu können«. Faber hatte das Glück, mehrmals. Was er darüber zu berichten wusste, zeichnete das Bild eines Menschen wie »du und ich«. Sein Buch war der erste »Lagebericht« eines deutschen Journalisten aus dem neuen Vietnam, eine Liebeserklärung an dieses Land und seine Menschen, zugleich aber erschütternde Anklage der Verbrechen einer fremden Macht. Weitere Begegnungen mit dem Präsidenten der DRV machte etliche Jahre später seine Arbeit als akkreditierter ADN-Korrespondent in Hanoi möglich.

Franz Faber, der dem Beginn deutsch-vietnamesischer Freundschaft ein literarisches Denkmal setzte, lebt heute, 96jährig, in Berlin-Pankow. Seine vor etlichen Jahrzehnten geknüpfte Bekanntschaft mit Claudia Borchers, der Tochter Viet-Duc des Deutschen Nguyen Chien Si, wurde zu lebenslanger Freundschaft. Frau Borchers studierte an der Hochschule für Bildende Künste in Dresden und lebt heute als Grafikerin und Malerin im Berliner Ortsteil Weißensee.

Treffen in Berlin – »Wilhelm, wie geht es Dir?«

Ho Chi Minh zum Staatsbesuch in der DDR – Begegnung mit Wilhelm Pieck in Berlin vor Schloss Niederschönhausen am 25. 07. 1957 (im Hintergrund Ministerpräsident Otto Grotewohl)
BArch Bild 183-48539-0002
ADN-Zentralbild / Heilig

Anfang Dezember 1955 machte sich der Vorsitzende der vietnamesischen Nationalversammlung, Ton Duc Thang, seit Jahrzehnten engster Weggefährte des Präsidenten, an der Spitze einer Regierungsdelegation von Hanoi aus in besonderer Mission auf den Weg in Richtung Hauptstadt der DDR. Auf der Durchreise in Peking wurde er im Namen einer dort zu offiziellem Besuch weilenden, von Ministerpräsident Otto Grotewohl geleiteten Regierungsdelegation der DDR von Außenminister Dr. Lothar Bolz empfangen. »Der vietnamesische Staatsmann wird dem Präsidenten der DDR, Wilhelm Pieck, einen Besuch abstatten«, meldete ADN von dieser Begegnung. »Es sei ihm eine große Ehre, Präsident Wilhelm Pieck besuchen zu dürfen, denn Wilhelm Pieck werde vom vietnamesischen Volk nicht nur als Vorkämpfer der deutschen Arbeiterbewegung, sondern als Vorkämpfer der Arbeiterklasse aller Länder verehrt.«[1]

Am 3. Januar 1956 gehörte Ton Duc Thang, Mitglied des ZK der Partei der Werktätigen und Vorsitzender des Präsidiums der Vaterländischen Front Vietnams, zu den Persönlichkeiten der internationalen kommunistischen und Arbeiterbewegung und offiziellen Sendboten aus befreundeten Staaten, die auf dem Festakt des ZK der SED, der Regierung der DDR und des Nationalrats der Nationalen Front des demokratischen Deutschland in der Metropole an der Spree zum 80. Geburtstag Wilhelm Piecks das Wort ergriffen. Er entbot »dem großen Führer des deutschen Volkes, dem hervorragenden Kämpfer der internationalen Arbeiterbewegung, dem verehrten und geliebten Freund des vietnamesischen Volkes« seine »respektvollsten Grüße«. Das vietnamesische Volk wünsche dem Jubilar ein langes Leben und beste Gesundheit. »Diese Wünsche kommen aus dem Grunde des Herzens eines Volkes, dessen Liebe und Sympathie für das deutsche Volk auch über Tausende von Kilometern hinweg lebendig sind«, erklärte der Gast. »In der Freude über Ihren 80. Geburtstag liegt es dem vietnamesischen Volk am Herzen, Ihnen, hochverehrter Genosse Präsident, der Regierung der Deutschen Demokratischen Republik und dem deutschen Volk für alle Freundschaftsbeweise und Hilfsaktionen zugunsten des vietnamesischen Volkes seine tiefe Dankbarkeit zum Ausdruck zu bringen.«[2]

Ton Duc Thang hatte sich einst einen Namen als »roter Matrose« gemacht. 1918 hatten, was damals in der Heimat nicht unbemerkt blieb, vietnamesische Matrosen auf Kriegsschiffen der französischen Schwarzmeerflotte aktiv Anteil an deren Aufstand gegen die ausländische militärische Intervention im jungen Sowjetstaat. Der junge Ton gehörte zu ihnen. Sein weiteres Leben war das eines unbeugsamen Revolutionärs an der Seite Nguyen Ai Quocs alias Ho Chi Minh. So betrachtete er es mit Sicherheit als eine unabdingbare Pflicht, auch Ernst Thälmann zu ehren. Bei einem Besuch in Weimar legte er in der nationalen Gedenkstätte auf dem Ettersberg an der Stätte der Ermordung des deutschen Arbeiterführers einen Kranz nieder, dessen Schleife die Widmung trug: »Dem Führer der deutschen Arbeiterbewegung, der sich für seine Klasse und sein Volk geopfert hat.« Besuche in Goethe- und Schiller-Haus sowie Blumensträuße der Delegation an den beiden Sarkophagen kündeten von der Verehrung beider Geistesgrößen auch in Vietnam.[3]

Nachdem er Mitte 1957 als ersten ausländischen Staatschef den Vorsitzenden des Präsidiums des Obersten Sowjets der UdSSR, Kliment Woroschilow, in Hanoi hatte begrüßen und mit ihm über weitere sowjetische Hilfe hatte beraten können, trat Präsident Ho Chi Minh im Juli eine mehrwöchige Reise an, die er einmal ein Herzensbedürfnis nannte. Sein Weg führte ihn nach Nordkorea, in die Tschechoslowakei, nach Polen, in die DDR, nach Ungarn, Jugoslawien, Albanien, Bulgarien und Rumänien. Vorausgegangen waren bereits Mitte 1955 offizielle Visiten in der UdSSR, in der er sich auch schon 1950 und Anfang 1954 als Staatschef aufgehalten hatte, sowie in China und der Mongolei. Nunmehr unterwegs in die anderen Länder des als sozialistisches Lager geltenden Teiles der Welt, auf »Antrittsbesuch« als Staatsoberhaupt eines bisher durch Krieg gefesselten Mitglieds dieser Staatengruppe, nannte er es auch ein Bedürfnis, Dank zu sagen für die bis dahin gewährte solidarische Unterstützung in Wort und nun auch in Tat.

Im Vorfeld seines Staatsbesuchs in der DDR erwiderte der Präsident bei einem Zwischenaufenthalt in Moskau in einem Interview für ADN auf die Frage des Agenturkorrespondenten, wie sich die Beziehungen zwischen beiden Ländern in den letzten Jahren entwickelt haben: »Die Beziehungen zwischen der DDR und der Demokratischen Republik Vietnam haben sich sehr vorteilhaft und erfolgreich entwickelt. Gleich nach der Wiederherstellung des Friedens in unserem Land haben beide Seiten diplomatische Vertretungen ausgetauscht. Die Regierung der DDR hilft uns viel auf wirtschaftlichem und technischem Gebiet. Die Beziehungen zwischen unseren Ländern beruhen auf den Prinzipien des Marxismus-Leninismus, auf den Prinzipien der Gleichberechtigung, der gegenseitigen Hilfe und Brüderlichkeit. Jetzt besuche ich die DDR mit dem Ziel, die freundschaftlichen Verbindungen zwischen unseren beiden Ländern noch mehr zu festigen und zu entwickeln.«[4]

Begrüßt von Otto Grotewohl und dessen Erstem Stellvertreter Walter Ulbricht, Erster Sekretär des SED-ZK, wurde dem vietnamesischen Staatsmann und seiner Begleitung am 25. Juli schon auf dem Flugplatz Berlin-Schönefeld ein überaus herzlicher Empfang zuteil. Auf der Fahrt in die Stadt jubelten tausende Berliner den Gästen zu. Im Ortsteil Oberschöneweide verließ Ho Chi Minh den Wagen, um aus dem dichten Spalier entgegengestreckte Hände zu drücken. Es war ein freudvolles Wiedersehen zweier Kampfgefährten aus lange vergangenen Komintern-Zeiten, als Ho Chi Minh und Wilhelm Pieck, beide nun Präsidenten ihrer Länder, gleich am Ankunftstag vor dem Amtssitz des DDR-Staatsoberhaupts in Berlin-Pankow, dem Schloss Niederschönhausen, einander umarmten und in langem Händedruck verharrten. »Wilhelm, wie geht es Dir?«, war die erste Frage, in deutscher Sprache vorgebracht. Der DDR-Präsident musste zu seinem Bedauern kundtun, aus gesundheitlichen Gründen den Gast auf dessen Reise durch die Republik nicht begleiten zu können. In den Tagen seines Aufenthalts bis zum 1. August hatte Ho Chi Minh viele Begegnungen mit Werktätigen, mit Soldaten, der Jugend, überall als guter Freund und Sendbote seines tapferen Volkes umjubelt.

Seine Besuche galten Dresden, dem Eisenhüttenkombinat in Stalinstadt, der Volkswerft Stralsund, Matrosen der DDR-Seestreitkräfte, dem »Friedrich-Löffler-Institut für Tierseuchen« auf der Insel Riems sowie einer Landwirtschaftlichen Produktionsgenossenschaft (LPG) und einer Maschinen-Traktoren-Station (MTS) bei Berlin.[5]

Natürlich hatte Ho Chi Minh – der große Freund der Kinder Vietnams – das Bedürfnis, beim Aufenthalt in Dresden auch seine kleinen Landsleute in der Elbmetropole und in Moritzburg wieder zu treffen, denen er in Hanoi Lebewohl gesagt hatte. Nicht nur für den Jungen Duong war das eine nicht erwartete, neue freudvolle Begegnung mit *Bac Ho,* dem geliebten »Onkel Ho«. Er widmete später rund ein Dutzend seiner Bücher dem Präsidenten, so eine Arbeit des Titels *Ho Chi Minh und die deutsche Kultur.* Eines seiner Bücher galt dem Präsidentenbesuch im Osten Deutschlands und jenem Erlebnis von Moritzburg: *Sieben Tage von Onkel Ho in der* DDR.

Auf einem Empfang, gegeben von Volkskammerpräsident Dr. h.c. Johannes Dieckmann, erklärte Ho Chi Minh: »Schon seit langem empfinden wir die tiefe Sympathie, die Ihr Volk dem unsrigen entgegenbringt. Wir sind glücklich, Ihnen heute persönlich die brüderlichen Grüße des vietnamesischen Volkes überbringen zu können. Obwohl unsere Länder Tausende von Kilometern auseinander liegen, fühlen wir uns mit Ihnen eng verbunden. Wir haben mit großem Interesse Ihre wirtschaftlichen Erfolge, ihren Kampf für die Wiedervereinigung der deutschen Heimat verfolgt. Ihre Erfolge sind die unsrigen, wie auch Ihr Kampf gleichzeitig unser Kampf ist. Es ist ein Teil des gemeinsamen Kampfes aller Länder des sozialistischen Lagers, das durch die Sowjetunion und Volkschina geführt wird, für den Aufbau des Sozialismus und für den Frieden der Welt.«

Der Präsident würdigte den Beistand der DDR: »Deutsche Spezialisten und deutsches Material waren uns eine große Hilfe beim Aufbau unserer Wirtschaft. Man findet allerorts in der Demokratischen Republik Vietnam deutsche Arbeiter, deutsche Ingenieure, deutsche Ärzte, Maschinen, Gesundheitseinrichtungen und Medikamente. Sie sind lebendige Zeugen der brüderlichen Freundschaft zwischen unseren beiden Völkern. Diese Hilfe sowie die gemeinsamen Gefühle und Gedanken, die unsere beiden Völker mit der großen Familie des Sozialismus verbinden, sind die Konkretisierung des proletarischen Internationalismus, der in der deutschen Arbeiterklasse so hohe Traditionen hat.«

Dr. Dieckmann sagte in seiner Erwiderung: »Der wiedererstandene deutsche Imperialismus bedroht durch seine expansiven Pläne den Frieden und die Sicherheit in Europa. Es ist für uns von großer und ermutigender Bedeutung, in unserem Kampf gegen diesen Hauptfeind der Menschheit solche kampferprobten Freunde wie das vietnamesische Volk an unserer Seite zu wissen. Andererseits können wir Sie versichern, daß der Kampf des vietnamesischen Volkes um die Sicherheit in Südostasien und die Vereinigung seines Heimatlandes auf der Grundlage der Beschlüsse der Genfer Konferenz vom Jahre 1954 bei uns tiefstes Verständnis und vollste Unterstützung findet.«[6]

Bei der Verabschiedung aus der DDR versicherte Ho Chi Minh, überall die »heiße Sympathie« gespürt zu haben, »die das deutsche Volk dem vietnamesischen Volk entgegenbringt. Wir werden bei unserer Rückkehr den Menschen in Vietnam schildern, wie das deutsche Volk für Frieden, Einheit und Sozialismus kämpft, ihnen in lebendigen Farben die schönen Bilder wiedergeben, die wir hier gesehen und erlebt haben, die brüderliche Freundschaft, die wir empfunden haben und die unsere beiden Nationen verbindet.« Es sei leider nur eine sehr kurze Zeit gewesen, »die wir bei Ihnen verleben konnten, aber schon in diesen wenigen Tagen konnten wir sehen, wie großartig sich Ihre Menschen entwickelt haben, wie sie sich mühen um die Einheit des Landes, welche Erfolge sie beim Aufbau des Sozialismus haben. Die Deutsche Demokratische Republik ist eine lebendige Realität und ein großer Friedensfaktor in Europa und in der Welt. (...) Sie ist das Symbol des ganzen Deutschland von morgen, eines einheitlichen und sozialistischen Deutschland.«[7]

Im Kommuniqué über den Staatsbesuch hieß es, in einer »Atmosphäre der Brüderlichkeit« seien »Probleme der internationalen Lage, die Situation in Deutschland und Vietnam sowie die Entwicklung der Beziehungen zwischen beiden Staaten« erörtert worden. »Beide Seiten stellten mit Befriedigung fest, daß sich die seit der Gründung der Deutschen Demokratischen Republik bestehenden freundschaftlichen Beziehungen zwischen beiden Staaten unablässig entwickelt haben. Beide Seiten erklärten ihre Entschlossenheit, diese Beziehungen auf allen Gebieten weiter zu festigen. Sie gaben der Überzeugung Ausdruck, daß damit die Einheit und Geschlossenheit des von der Sowjetunion geführten sozialistischen Lagers gestärkt wird.«

Ein Ergebnis des Besuches war die Unterzeichnung eines Kulturabkommens zwischen DDR und DRV. Im Kommuniqué wurde bilanziert: »Der Besuch des Präsidenten der Demokratischen Republik Vietnam und seiner Delegation in der Deutschen Demokratischen Republik und die in seinem Verlauf geführten Unterredungen sind ein bedeutender Beitrag zur weiteren Entwicklung der freundschaftlichen Beziehungen zwischen der Deutschen Demokratischen Republik und der Demokratischen Republik Vietnam.«[8]

Während des Besuchs hatte es auch eine Aussprache zwischen Vertretern der SED, voran der Erste ZK-Sekretär Walter Ulbricht, und den Gästen als Repräsentanten der vietnamesischen Bruderpartei gegeben.[9] »Die Delegationen beider Parteien informierten sich gegenseitig über die Lage in ihren Ländern und die Politik der Parteien«, hieß es in einem Kommuniqué über diese erste Beratung beider Parteien auf höchster Ebene, die den Grundstein für spätere Beziehungen zwischen beiden Parteien legte. »Sie erörterten Probleme der internationalen Arbeiterbewegung, des Kampfes gegen die imperialistische Kriegsgefahr sowie Probleme des Kampfes um die Wiedervereinigung Vietnams und Deutschlands. Die Beratungen verliefen in einer Atmosphäre der Freundschaft und der brüderlichen Verbundenheit, wie sie dem proletarischen Internationalismus eigen ist. In allen behandelten Fragen bestand völlige Übereinstimmung. Die Delegationen beider Parteien stellten fest, daß die seit vielen Jahren bestehenden brüderlichen Beziehungen und die enge Zusammenarbeit beider Parteien sich zum Wohle und Nutzen beider Völker auswirken. Diese Zusammenarbeit soll im Interesse des Friedens und des Fortschritts weiter ausgebaut werden.«

In dem Dokument wurde betont, »daß es die Sozialistische Einheitspartei Deutschlands und die Werktätigen der Deutschen Demokratischen Republik stets als ihre Pflicht ansahen, auf der Grundlage der brüderlichen Solidarität und des proletarischen Internationalismus dem kampferprobten vietnamesischen Volk bei der Überwindung der von den imperialistischen Feinden zugefügten Schäden zu helfen.« Die SED sei gewiss, »daß das vietnamesische Volk die schweren Folgen der jahrhundertelangen Fremdherrschaft, des imperialistischen Raubkrieges und die Wachstumsschwierigkeiten bei der Schaffung der Grundlagen des Sozialismus mit Unterstützung aller sozialistischen Staaten überwinden wird«. Die Vertreter der Partei der Werktätigen Vietnams[10] ihrerseits »begrüßten den von der Sozialistischen Einheitspartei Deutschlands gewiesenen Weg des Kampfes gegen den aggressiven deutschen Imperialismus und Militarismus und der Vereinigung beider deutscher Staaten zu einem friedliebenden demokratischen Deutschland als ein reales Programm für die deutsche Arbeiterklasse im Kampf um Frieden, Demokratie und Sozialismus.«[11]

Anstelle des nicht mehr reisefähigen Präsidenten machte sich in der zweiten Januarhälfte 1959 eine DDR-Regierungsdelegation unter Ministerpräsident Otto Grotewohl auf zum Gegenbesuch in Hanoi. Grotewohl war der erste deutsche Regierungschef, der seinen Fuß auf vietnamesischen Boden setzte. Es sollte noch mehr als 35 Jahre dauern, bevor sich zum erstenmal ein Bundeskanzler auf den Weg nach Vietnam machte. Helmut Kohl tat das nicht mehr als Regierungschef des Teil-Deutschlands Alt-BRD, und nicht Saigon war sein Ziel. Notgedrungen konnte ebenfalls nur Hanoi angesteuert werden, die Hauptstadt der bei ihrer Proklamierung 1976 zwar bereits pro forma diplomatisch akzeptierten, aber noch höchst unbeliebten, weitgehend ignorierten und selbst noch heute von so manchem mit einigem Argwohn beäugten Sozialistischen Republik Vietnam. Nach Saigon vergangener Zeit hätte sich kein Bundeskanzler gewagt, und ein Flug nach Hanoi wäre vor 1975 keinem westdeutschen Regierungschef in den Sinn gekommen. Washington hätte dem ohnehin einen Riegel vorzuschieben gewusst.

17. 1. 1959. Zehntausende Einwohner der vietnamesischen Hauptstadt hießen die Gäste aus der DDR bei der Fahrt in die Stadt willkommen.
aus: »Durch Boten der Freundschaft«, Kongreß-Verlag Berlin 1957, Foto ZB

Den ersten hochrangigen Gästen aus der DDR wurde am 17. Januar in Vietnams Hauptstadt ein geradezu stürmischer Empfang bereitet. Der Begrüßung durch Ministerpräsident Pham Van Dong auf dem Flugplatz Gia Lam folgte die Fahrt durch ein kilometerlanges Spalier zehntausender jubelnder, winkender und Fähnchen schwenkender Menschen jeden Alters. Die Tage des Aufenthalts bis zum 22. Januar galten Verhandlungen der Regierungsdelegationen beider Länder und zahlreichen freundschaftlichen Begegnungen. Ho Chi Minh ließ es sich nicht nehmen, für die deutschen Gäste einen Empfang zu geben, und ergriff wie Otto Grotewohl auf einer Kundgebung auf dem Ba-Dinh-Platz vor 70 000 Einwohnern der Hauptstadt das Wort. Die Delegation ehrte die im Widerstandskampf gegen die französischen Kolonialisten Gefallenen, besuchte das Revolutionsmuseum, weilte bei den Arbeitern der Zementfabrik in Hanoi und machte sich mit der Arbeit einer Druckerei und eines Krankenhauses in Hanoi vertraut, die beide von der DDR eingerichtet worden waren.

In der Gemeinsamen Erklärung beider Regierungen zum Abschluss des offiziellen Besuchs wurde betont, beide Seiten stellten mit Befriedigung fest, daß sich seit der Wiederherstellung des Friedens in Indochina die bilateralen Beziehungen »ständig entwickelt und vertieft haben. Beide Seiten stimmen in dem festen Willen überein, auch in Zukunft diese Beziehungen weiter auszubauen.« Vereinbart wurde, »künftig in noch stärkerem Maße Konsultationen über beide Staaten interessierende Fragen durchzuführen. Auf wirtschaftlichem und wissenschaftlich-technischem Gebiet werden beide Staaten ihre Zusammenarbeit erweitern. Die Beziehungen auf kulturellem Gebiet, die auf dem Abkommen über die kulturelle Zusammenarbeit zwischen der Regierung der Deutschen Demokratischen Republik und der Regierung der Demokratischen Republik Vietnam vom 31. Juli 1957 basieren, werden auch in Zukunft zum Wohle beider Völker weiterentwickelt werden.« Schließlich hieß es über die Ergebnisse der Visite: »In dem Bestreben, die Beziehungen zwischen beiden Ländern zu erweitern, kamen beide Seiten überein, in der nächsten Zeit eine Vereinbarung über die Ausbildung vietnamesischer Studenten und Fachschüler in der Deutschen Demokratischen Republik, einen Vertrag über Handel und Seeschiffahrt sowie einen Konsularvertrag abzuschließen.«[12] Damit waren endgültig die Weichen für eine Entwicklung gestellt, die im Laufe der nächsten drei Jahrzehnte zu allseitigen Beziehungen auf höchstem Niveau führen sollte.

Vietnam-Politik im Zeichen von Antikommunismus und Aufrüstung

131

Bundeskanzler Adenauer unterzeichnet am
23. Oktober 1954 in Paris die Verträge, die endgültig
grünes Licht für die Wiederbewaffnung Westdeutschlands
gaben und seinen Weg in die NATO bahnten.
BArch Bild 183-27146-001,
ADN-Zentralbild / Fotograf: o.Ang.

Der Grundstein für Vietnam-Beziehungen der Bundesrepublik wurde auf gänzlich andere Weise gelegt als das solide Fundament der engen Bande zwischen der DDR und dem »Balkon Indochinas am Südchinesischen Meer«. Die sind für aufmerksame und vor allem objektive, ohne ideologische Scheuklappen wandelnde Besucher Vietnams sogar zwei Jahrzehnte nach ihrem abrupten Ende da und dort noch sicht- und erlebbar. Bonns Hinwendung zu diesem Land hatte nicht einmal ansatzweise vergleichbare historische Wurzeln. Den Ausschlag dafür gab, wie es der Bundeskanzler in seiner Rede vor dem Bundestag am 29. April 1954 deutlich werden ließ, einzig die auch von Bonn als höchst bedrohlich empfundene Situation in dieser Region. Nach dem unbefriedigenden Ende des Waffengangs in Korea war Indochina von den USA als neuer Schauplatz politischen und militärischen Kräftemessens mit dem ideologischen Gegner auserkoren worden. Man machte sich am Rhein die Furcht am Potomac River vor noch größerem »kommunistischem« Bodengewinn in Asien zu eigen, der als böses Omen für die weltweite Auseinandersetzung der Systeme und selbst für den Gang der Dinge nach den Vorstellungen des Westens in Europa galt. Von »Entspannung« in den ostasiatischen Fragen, wie er sie – nach seiner Rede zu urteilen – verstanden wissen wollte, erhoffte der Kanzler Auswirkungen auch »auf die Behandlung der europäischen Fragen« in seinem Sinne zwischen den Mächten.

Hatte die Regierung Adenauer schon in der Frage der in Südostasien kämpfenden deutschen Fremdenlegionäre nur notgedrungen Stellung bezogen, so sah sie schließlich Mitte der 50er Jahre offenbar auch zwingende Gründe dafür, sich nun direkt Vietnam zu nähern. Dass man sich in Bonn dabei auf Saigon und nicht auf die Hauptstadt am Roten Fluss orientierte, entsprach dem unbestreitbaren Gleichklang seiner Innen- und Außenpolitik. Schließlich hatte das unabhängige Vietnam unter seiner kommunistischen Führung im Norden schon seit langem die Verantwortung dafür geschultert, dem Streben Indochinas nach Befreiung von ausländischer Herrschaft Geltung zu verschaffen. Es hatte dabei Frankreich erfolgreich die Stirn geboten und befand sich nun voll im Fadenkreuz der Strategen in Weißem Haus, Pentagon und State Department.

Das Vietnam-Engagement der Bundesregierung dürfte aber weniger als Schulterschluss, schon gar aus freien Stücken, mit den häufig wechselnden, chronisch maroden, vom Militär dominierten und von Washington ausgehaltenen Führungscliquen in Saigon gedacht gewesen sein. Bestimmend für eine völlig neue außenpolitische Orientierung waren mit Sicherheit andere Faktoren. Zum einen demonstrierte man pragmatisch geprägtes gemeinsames Agieren politisch Gleichgesinnter, die auf strikt antikommunistischer Basis auf dem Schauplatz der zu jener Zeit schärfsten Systemkonfrontation denselben Freiheitsbegriff durchzusetzen bemüht waren. Zum anderen offenbarte sich als Bündnistreue etikettierte unterwürfige Dankbarkeit gegenüber dem großzügigen politischen, ökonomischen und militärischen Förderer USA. Der verfügte zudem – wie vor allem Anfang der 60er Jahre offenkundig werden sollte – jederzeit über ein gut funktionierendes und deshalb bei Bedarf auch weidlich genutztes Druckmittel gegenüber Bonn: Westberlin. Nicht nur zu Washingtons Gefallen, sondern auch auf dessen ausdrücklich artikuliertes Verlangen wurden schließlich mit forcierter Rüstung in der Bundesrepublik eigene Ambitionen nach direktem Mittun ganz besonders im militärischen Lager des westdeutschen Staates manifest, das mit demonstrativem politischem Rückhalt unsägliche, verbrecherische Vergangenheit als zu pflegende Tradition interpretierte.

Bis zum Paukenschlag von 1954, der den in Bonn amtlich gelegten Schleier des Schweigens über die Vorgänge in Indochina und vor allem über den Anteil tausender Deutscher daran zerriss, hatte sich die Regierung Adenauer einer »Nicht-Politik« nicht nur gegenüber dieser einen weit entfernten Region befleißigt. Ihr Augenmerk galt zunächst der Gestaltung einer eigenen Machtposition in Europa als Voraussetzung dafür, im Systemkonflikt, dem »Kalten Krieg« zwischen West und Ost, eine maßgebliche Rolle spielen zu können. So gab es nach amtlicher Auskunft auch keine Beziehungen Westdeutschlands zu dem nahezu zeitgleich mit der BRD-Gründung ausgerufenen sogenannten Staat Vietnam mit der Hauptstadt Hue. Ihn hatte Paris 1949 mit der Installation der Separatregierung unter Bao Dai, dem durch die Augustrevolution 1945 entmachteten und nun wieder auf den Thron gehievten Kaiser, der DRV-Regierung in Hanoi entgegengestellt.[1] Auch das öffentliche Aufsehen, das ab 1950 dem Treiben der Fremdenlegion und ihrer deutschen Angehörigen galt, war über vier Jahre nicht als Grund angesehen worden, sich in südostasiatische Richtung zu positionieren.

Das sollte sich mit dem Scheitern Frankreichs und seiner vietnamesischen Marionetten ändern. Die Regierung Adenauer sprang nun auf den Zug auf, den die USA längst in Gang gesetzt hatten. Sein Ziel hieß zunächst

Spaltung Vietnams unter skrupellosem Bruch der Genfer Vereinbarungen. War es Anfang der 50er Jahre bis hin zu Genf schon nicht gelungen, mit französischer Militärmacht und US-amerikanischer Hilfe die DRV zu erdrosseln, so sollten ihr wenigstens erst einmal Fesseln angelegt werden. Die offene Negierung ihres in Genf international verbürgten Existenzrechts als ganzheitlicher Staat war Teil eines mit allen Mitteln geführten Kampfes dafür, den fortschreitenden »Einfluss des Kommunismus« in dieser Region der Welt einzudämmen.

Anfang 1949 hatte Washington Paris bereits volle Unterstützung in dessen Bemühen um eine »nationale« Regierung unter Bao Dai zugesichert. Im Februar 1950 erkannten die USA dessen Spalterregierung an, im April koordinierten die Außenminister der drei Westmächte in London die Indochina-Politik ihrer Länder. Im selben Jahr flossen die ersten 15 Millionen Dollar amerikanischer Militärhilfe. Zeitgleich mit dem Beginn des Korea-Krieges entsandte Präsident Harry S. Truman eine Militärmission nach Saigon, im Oktober folgte eine *Militärische Unterstützungs- und Beratergruppe der* USA *(US Military Assistance and Advisory Group* – MAAG*).* Im August trafen im Norden die ersten amerikanischen Waffenlieferungen – Flugzeuge, Panzerfahrzeuge und Geschütze – für das französische Expeditionskorps ein. Sie erreichten bis Ende 1951 ein Volumen von 73 000 Tonnen im Wert von 60 Milliarden Francs. Ende 1952 waren für den Transport amerikanischen Kriegsmaterials nach Vietnam 200 Schiffe eingesetzt. Parallel dazu lief 1950 Finanzhilfe Washingtons für Frankreichs gebeutelten Staatshaushalt an. »Aus dem ›schmutzigen Krieg‹ der Franzosen (la sale guerre) wurde jetzt ein ›Kreuzzug gegen den Kommunismus‹, als Bestandteil der weltweiten Auseinandersetzung zwischen Ost und West«, resümiert der österreichische Historiker Prof. Rolf Steininger.[2]

Die finanzielle und materielle Hilfe der USA für Frankreichs Rückeroberungskrieg nahm immer größere Dimensionen an. Gingen 1951 noch 12 % der Ausgaben für den Indochina-Feldzug zu Lasten der amerikanischen Steuerzahler, so trug Washington 1953 schon zu 60 % die Kriegskosten, 1954 gar zu 80 %. Das Volumen der Kriegsmateriallieferungen für das Expeditionskorps, das 1950 inzwischen 150 000 Mann zählte und bis Ende 1953 auf eine Stärke von 250 000 Mann gebracht wurde, und für die sogenannte Nationalarmee der Bao-Dai-Verwaltung wuchs von 6000 Tonnen pro Monat im Jahr 1951 auf monatlich 88 000 Tonnen 1954 im Vorfeld der Schlacht von Dien Bien Phu. Per Schiff und über Luftbrücken aus Europa, den Philippinen und dem japanischen Okinawa gelangten aus amerikanischen Depots 340 Kampfflugzeuge, 1400 Panzer und gepanzerte Fahrzeuge, hunderte Flussschiffe und Landungsboote, einige tausend Lastwagen, die Ausrüstung für mehrere Artillerieregimenter, 150 000 Tonnen Infanteriewaffen sowie Munition aller Art bis hin zu Napalmbomben nach Vietnam.

Anfang Februar 1954 beriet der Befehlshaber der USA-Landstreitkräfte im pazifischen Raum, General O'Daniel, in Saigon mit Frankreichs Verteidigungsminister René Pleven über die Vorbereitungen in dem Stützpunktgiganten Dien Bien Phu für die entscheidende Schlacht im ganzen Krieg. Auch USA-Vizepräsident Richard Nixon und Außenminister John Foster Dulles erschienen zur Inspektion in Nordvietnam. Vor Haiphong gingen zwei Flugzeugträger vor Anker. Als sich in den Mitte März entbrannten schweren Kämpfen die Gefahr des Falls des Stützpunkts abzeichnete, bot Washington den Einsatz von 60 strategischen B-29-Bombern an. Ein Operationsplan *Voutour/Vulture* (Geier) sah konzentrierte Schläge amerikanischer Fliegerkräfte gegen die Belagerer des riesigen Stützpunktareals sowie deren Nachschubwege und rückwärtigen Räume vor. In Hanoi begann ein Sonderstab der US Air Force mit Operationsplanung und Zielauswahl. Mehr als 300 Maschinen – B-29 auf den Philippinen und Trägerflugzeuge – standen bereit. Piloten von Trägerflugzeugen erkundeten bereits Flugrouten und Ziele im Raum Dien Bien Phu und im vietnamesisch-chinesischen Grenzgebiet, über das Nachschub für die Volksarmee in das Land gelangte. Am 23. April bot Dulles seinem Amtskollegen Georges Bidault zwei Atombomben an. Auf dessen entsetzte Reaktion, dass dann ja auch die Garnison in Dien Bien Phu vernichtet würde, erwiderte Dulles: »Wir dürfen nicht den geringsten Vormarsch des Kommunismus in Südostasien dulden. Auf keinen Fall. Wenn wir jetzt nicht mit allen zu Gebote stehenden Mitteln die Notbremse ziehen, werden wir weggefegt.«

Den gewaltigen materiellen und finanziellen Aufwand bis hin zur Atombombenofferte betrieben die USA fraglos weniger aus Sorge um das Wohl und Wehe des in arge Nöte geratenen NATO-Verbündeten. Es stand erklärtermaßen die Furcht davor Pate, nach China nun auch die benachbarte indochinesische Halbinsel mit unvorhersehbaren Folgen an die Kommunisten zu verlieren. »Der Sieg der Kommunisten in China ist eine schwere politische Niederlage für uns. Falls auch Südostasien vom Kommunismus überrollt wird, dann wird das für uns ein größeres politisches Desaster mit Auswirkungen in der ganzen Welt«, prognostizierte man im Politischen Planungsstab des State Department.³ Die Geier flogen jedoch nicht, und Vietnam blieb das Schicksal Japans erspart. Die maßgeblichen politischen Kreise in Paris schreckten zurück und orientierten auf Verhandlungen mit der DRV. Dien Bien Phu fiel, Frankreichs Feldzug endete wenig später ruhmlos.

Die Bemühungen Washingtons galten nun einer Korrektur der Ergebnisse der Genfer Konferenz, nachdem man sich ohnehin lediglich zum »Beobachter« der Beratungen erklärt hatte. Die USA waren nach Genf gekommen, »um ein Abkommen zur Unabhängigkeit Vietnams zu verhindern, weil sie eine Ausbreitung des Kommunismus im asiatischen Raum fürchteten«, konstatierte Claude Cheysson, der als Berater des Premierministers der französischen Delegation angehörte.⁴ Ein solches Abkommen zu verhindern gelang aber nicht. Am 21. Juli 1954, dem Tag des Endes der Genfer Beratungen, tat Präsident Dwight D. Eisenhower kund: »Die Vereinigten Staaten hatten nicht teil an den von der Konferenz gefassten Beschlüssen und sind nicht an sie gebunden.« Der Nationale Sicherheitsrat der USA in Washington nannte am 3. August die Abkommen eine »Katastrophe« und verpflichtete die Administration, »einen kommunistischen Sieg durch gesamtvietnamesische Wahlen zu verhindern«. In seinen Memoiren hielt Eisenhower 1965 fest: »Allgemein herrschte die Überzeugung, im Falle freier Wahlen wäre Ho Chi Minh zum Ministerpräsidenten gewählt worden. (…) Niemals habe ich mit jemandem, der mit den indochinesischen Angelegenheiten vertraut war, gesprochen oder korrespondiert, der nicht mit mir übereinstimmte, daß, hätten die Wahlen stattgefunden, möglicherweise 80 Prozent der Bevölkerung für den Kommunisten Ho Chi Minh gestimmt hätten.«[5]

Pläne für die Etablierung eines Separatstaates im Süden Vietnams lagen offensichtlich längst in Washingtoner Schubladen. Bei deren Verwirklichung ging den USA ein Mann zur Hand, der noch nie Skrupel hatte, fremden Herren zu dienen: Ngo Dinh Diem. Der katholische Intellektuelle war Anfang der 30er Jahre als Vertrauensmann von Feudalkaste und Kolonialmacht am Hofe von Bao Dai als Berater und Minister zu Diensten gewesen, hatte dann in Japan gelebt, im zweiten Weltkrieg – nach Vietnam zurückgekehrt – für die japanischen Okkupanten gearbeitet und sich schließlich 1951 bis 1953 in den USA aufgehalten. Noch während der Genfer Konferenz, im Juni 1954, machten die USA ihren Günstling anstelle Bao Dais zum Ministerpräsidenten von dessen Regierung in Hue. Im Oktober 1955 hatte er dann in dem als Hauptstadt eines Separatstaates im Süden auserkorenen Saigon eine Republik Vietnam zu proklamieren. Ein Scheinreferendum beendete schließlich auch das Herrscherdasein Bao Dais, machte Ngo Dinh Diem zum Staatspräsidenten dieses Regimes.

Diem[6] ignorierte dem Willen seiner Geld- und Befehlsgeber entsprechend alle Initiativen der DRV-Regierung zur Aufnahme wahlvorbereitender Gespräche, die laut Genf ab 20. Juli 1955 zwischen Hanoi und Hue hätten geführt werden sollen, und lehnte die für Juli 1956 festgelegten, international zu kontrollierenden allgemeinen Wahlen im ganzen Land rigoros ab. Demonstrationen im Süden für diese Wahlen und gegen einen stattdessen vom Regime angeordneten Urnengang zur Wahl einer Nationalversammlung in Saigon wurden auseinandergeknüppelt. Die von Washington mit aller Macht betriebene Spaltung Vietnams war vollzogen, die Welt hatte einen flagranten Bruch des Völkerrechts durch den tonangebenden »Verteidiger der freien Welt« zu registrieren.

Schon Mitte 1954, kurz nach Beginn der Genfer Verhandlungen, hatte das Pentagon eine 200 Mann starke *Militärmission in Saigon (SMM)* installiert. Im November 1955 erlebte die schon 1950 in Saigon etablierte MAAG personell erheblich verstärkt ihre Neugeburt. Parallel dazu nahmen die USA in großem Stil Waffenlieferungen auf, begann die Ausbildung tausender Offiziere für die einstige Bao-Dai- und nun Diem-Armee, setzte mit 20 Millionen Dollar für 1955 die finanzielle Hilfe für Diem ein. Noch im selben Jahr legte ein General Collins, der einst als Inspizient beim französischen Stab in Hanoi die Situation in Indochina studiert hat, ein vermeintlich Erfolg versprechendes Strategiepapier vor. Sein Plan basierte auf der als gesichert angesehenen Annahme, die infolge der Umgruppierung ihrer bewaffneten Kräfte beraubten Patrioten im Süden mit einer hochgerüsteten, personell von den USA unterstützten Saigoner Armee und dem Repressionsapparat eliminieren und Südvietnam auf Dauer in den Griff bekommen zu können.

Diese Situation betrachtete die Regierung der Bundesrepublik offenkundig als günstige Gelegenheit, Bündnisfähigkeit über den engen europäischen Rahmen hinaus zu demonstrieren und zugleich erstmals an einem internationalen Brandherd, weit jenseits der eigenen Grenzen, die erwartete Bündnistreue zu beweisen. Die Voraussetzungen dafür, im »Kreuzzug gegen den Kommunismus« in Asien als Bündnispartner dem Hauptverbündeten dienlich sein zu können, waren trotz des Scheiterns des EVG-Vertrages und damit auch des Deutschlandvertrages von 1952 gegen viele Widerstände im eigenen Land zügig geschaffen worden.

Nach dem von Frankreichs Nationalversammlung im August 1954 fabrizierten Vertragsdebakel hatten die Westmächte gemeinsam mit der Bundesregierung fieberhaft nach einer Alternative gesucht. Hatte sich doch inzwischen »die Bundesrepublik unter Führung von Konrad Adenauer vor dem Hintergrund des Kalten Krieges zu einem vertrauensvollen Partner der Westalliierten entwickelt«.[7] Die Lösung wurde im September/Oktober auf einer Neun-Mächte-Konferenz in London ausgehandelt und hieß »Pariser Verträge«. Das am 23. Oktober 1954 unterzeichnete Vertragswerk begründete die Westeuropäische Union (WEU), deren Mitglieder im Gegensatz zur einst geplanten EVG selbst über ihre Armeen verfügen sollten und sich zu gegenseitiger militärischer Hilfe verpflichteten. Es sanktionierte einen modifizierten Deutschlandvertrag, der noch 1952 festgeschriebene Souveränitätsbeschränkungen für die BRD aufhob, besiegelte ihren Beitritt zur WEU und ebnete den Weg für ihre Aufnahme in die NATO bei Inkrafttreten der Verträge.

Mit den Pariser Verträgen wurde die »Westbindung« der Bundesrepublik festgezurrt und nicht einfach endgültig grünes Licht für die Wiederbewaffnung gegeben, sondern der Auftrag zur Aufrüstung im Rahmen ihrer NATO-Mitgliedschaft erteilt. Das hatte erhebliche Proteste in der westdeutschen Öffentlichkeit zur Folge. Deren markantestes Ergebnis war die sogenannte Paulskirchen-Bewegung, in der sich Sozialdemokraten, Gewerkschafter und evangelische Theologen zusammenfanden. Sie machten vor allem gegen die Zementierung der deutschen Teilung Front, waren aber bereits der amtlich geschürten antikommunistischen Hysterie verfallen. Ihr Ende Januar 1955 in der Frankfurter Paulskirche beschlossenes »Deutsches Manifest« stand unter der Parole »Rettet Einheit, Freiheit, Frieden – Gegen Kommunismus und Nationalismus!«

Die Verträge wurden am 27. Februar 1955 vom Bundestag mit Mehrheit ratifiziert und traten am 5. Mai in Kraft. Damit war Bonns Traum Wirklichkeit geworden, nicht mehr nur im politischen, sondern in absehbarer Zeit auch im militärischen Konzert der Großen des westlichen Blocks gleichberechtigt mitwirken zu können. Die ihr im erneuerten Deutschlandvertrag überantwortete »volle Macht eines souveränen Staates über ihre inneren und äußeren Angelegenheiten« (Artikel 1, Ziffer 2) stellte dafür die vertraglich fixierte Grundlage dar. Die Bundesrepublik honorierte das mit der Bekräftigung ihrer »Absicht, sich durch ihre Mitgliedschaft in internationalen Organisationen, die zur Erreichung der gemeinsamen Ziele der freien Welt beitragen, mit der Gemeinschaft der freien Nationen völlig zu verbinden«. (Artikel 3, Ziffer 2) Damit war zweifellos in erster Linie die NATO gemeint, die ihre Mitglieder zur »kollektiven Selbstverteidigung« verpflichtete.

Der mit der Ratifizierung der Pariser Verträge ermöglichte Beitritt zur NATO bedeutete für die Bundesrepublik offenkundig den Verzicht nicht etwa auf den Besitz von ABC-Waffen, wie man gelegentlich zu lesen bekommt, sondern einzig auf die »Herstellung atomarer, biologischer und chemischer Waffen«.[8] Es sollte nicht viel Zeit verstreichen, bis der Drang nach direkter Teilhabe an der atomaren Rüstung offen artikuliert wurde. Nachdem der Kanzler den Verbündeten zugesagt hatte, binnen drei Jahren eine Armee von 500 000 Mann auf die Beine zu stellen, was sich als unrealistisch erwies, forderte 1956 sein neuer Verteidigungsminister, der einstige Wehrmachtsoffizier Franz Josef Strauß, der zuletzt als Bundesminister für besondere Aufgaben für Atomfragen zuständig gewesen war, als Kompensation für fehlende Soldaten Atomwaffen für die Bundeswehr.[9] Sein Verlangen ging konform mit der 1952 verkündeten NATO-Strategie der »Massiven Vergeltung« (Massive Retaliation) und der von Präsident Eisenhower dafür im März 1955 vorgegebenen Marschrichtung, im Kriegsfall taktische Nuklearwaffen einzusetzen.

Der Kanzler unterstützte seinen Minister, der sein Drängen begründete, die Deutschen könnten »den Russen doch nicht mit Pfeil und Bogen« gegenüberstehen. »Adenauer wollte einmal mehr mit Hilfe der Bundeswehr den Einfluss der Westdeutschen mehren. Es sei ›unerträglich‹, schimpfte er, ›dass zwei große Staaten in der Welt allein im Besitz von nuklearen Waffen sind und damit das Schicksal aller Völker dieser Erde in der Hand haben.‹«[10] Die Deutschen, so der Regierungschef am 6. April 1957 auf einer Pressekonferenz, könnten nicht auf die modernste Bewaffnung verzichten, und im Übrigen seien taktische Atomwaffen ja »nichts weiter als die Weiterentwicklung der Artillerie«. Vor allem diese Verharmlosung der atomaren Gefahr rief eine Gruppe von 18 führenden deutschen Kernphysikern auf den Plan. »Eine solche Darstellung schien uns das Maß des Erträglichen weit zu überschreiten«, erinnerte sich später Werner Heisenberg, neben weiteren drei Nobelpreisträgern einer der

Unterzeichner der von Carl Friedrich von Weizsäcker verfassten »Göttinger Erklärung«. Das am 12. April veröffentlichte Manifest stellte klar: »Taktische Atomwaffen haben die zerstörende Wirkung normaler Atombomben.« Die Initiative der »Göttinger 18«, über die es am 10. Mai zu einer hitzigen Debatte im Bundestag kam, wurde zur Initialzündung für die Anti-Atomwaffen-Bewegung, die erste große Friedensbewegung in der Bundesrepublik.

Kanzler Adenauer aber hielt dessen ungeachtet mit dem hartnäckig verfolgten Ziel, der Bundesrepublik eine starke Stellung im westlichen Bündnis zu verschaffen, am Atomwaffenstreben fest. Er vereinbarte 1958 mit Frankreich und Italien ein »geheimes Atombombenprojekt«; im März jenes Jahres beschloss die Regierungsmehrheit im Bundestag als ersten Schritt zur Atommacht »die Aufrüstung der Bundeswehr mit atomaren Trägerwaffen«. Frankreich aber wurde »seine atomare Vereinbarung mit den Deutschen zu unheimlich«. Präsident Charles de Gaulle zog seine Zustimmung zurück.[11] Zum Besitz von Atomwaffen kam es schließlich nicht, ohne dass ein solcher Anspruch aufgegeben worden wäre. Noch in den 60er Jahren, als die BRD in vielerlei Hinsicht in den Vietnam-Krieg der USA verstrickt war, gerierte sie sich als hartnäckiger Anwärter auf den Besitz von Kernwaffen. Trägermittel aber konnten problemlos aus den USA bezogen werden und gehören noch immer zum Arsenal der Bundeswehr.

Als man sich in Bonn sicherlich in der Überzeugung, auf der Seite der Sieger zu stehen, dazu entschloss, als direkter Partner der USA in Vietnam Flagge zu zeigen, war an einen militärischen Beitrag noch nicht zu denken, der ideelle und organisatorische Boden dafür jedoch schon lange bereitet. Der von den Verbündeten abgesegnete und vor allem von den USA verlangte Aufbau einer Armee war von militärischen Größen der jüngsten Vergangenheit inzwischen akribisch geplant, lief aber erst in vollem Umfang an. »Die Einberufungen der ersten Soldaten gehen jetzt ununterbrochen zur Post«, wusste das Springer-Blatt *Die Welt* am 29. November 1955 zu berichten. Wenige Tage zuvor, am 12. November, war Blank als erster Chef des Bundesministeriums für Verteidigung vereidigt worden. Am Tage seiner Amtseinführung ernannte Blank zwei seiner bis dahin engsten Mitarbeiter zu Generalleutnanten und damit zu den Ranghöchsten unter den ersten Angehörigen der Bundeswehr: Adolf Heusinger und Hans Speidel.

Der einstige Reichswehr-Generalstäbler Heusinger, ab 1948 leitend in der »Organisation Gehlen« tätig und ab Gründung der BRD militärischer Berater des Kanzlers, hatte ab 1937 als Major dem Generalstab des faschistischen Heeres angehört und war ab 1940 als Oberst Chef der Operationsabteilung und stellvertretender Generalstabschef des Heeres. In diesem Amt war er führend an der Ausarbeitung der Pläne für den Überfall auf andere Länder beteiligt, so des »Planes Barbarossa« für den Angriff auf die UdSSR. Maßgeblichen Anteil hatte er auch an Planung und Vorbereitung der »Operation Blau«, des Vorstoßes auf Stalingrad. Im August 1942 erging von seiner Operationsabteilung an alle Heeresgruppen im Osten als eine von vielen Massenmord-Weisungen der Befehl über die »Zusammenstellung von Jagdkommandos zur Bandenbekämpfung«, die zehntausende erschossene, erhängte oder lebendigen Leibes verbrannte Männer, Frauen, Kinder und Greise wie auch viele hundert niedergebrannte Dörfer und Siedlungen bedeutete. Heusinger genoss, was aktenkundig ist, Hitlers volles Vertrauen, wurde Ende 1941 Generalmajor und Anfang 1943 Generalleutnant. Beim Attentat in der »Wolfsschanze« am 20. Juli 1944 stand er als »Vortragender« neben Hitler. Dabei verwundet, wurde er – wie sich zeigte, grundlos – drei Monate von der Gestapo inhaftiert. Berichte, dass er an der Verschwörung gegen Hitler beteiligte Kameraden verraten habe, wurden nie dementiert.

Speidel, ebenfalls einstiger Generalstäbler der Reichswehr und seit 1950 militärischer Berater des Kanzlers, war ab Oktober 1933 als Hauptmann Gehilfe des deutschen Militärattachés in Paris und wurde 1936 Leiter der Abteilung Fremde Heere West im Oberkommando des Heeres. Im August 1940 avancierte er zum Chef des Stabes beim faschistischen Militärbefehlshaber im besetzten Frankreich. Er hatte massive Versuche zu verantworten, die Widerstandsbewegung zu eliminieren. Seit 1942 an der Ostfront, wurde Generalmajor Speidel 1943 Chef des Stabes der Heeresgruppe Süd. Die Taktik der »verbrannten Erde« beim Rückzug vor der anstürmenden Roten Armee ging auch auf sein Konto. 1944 wurde er Generalleutnant und Chef des Stabes der von Generalfeldmarschall Rommel befehligten Heeresgruppe B an der Westfront. Seit September 1944 ohne Urteil in Küstrin in Gestapo-Haft, durfte er im April 1945 vor der anrückenden Roten Armee entkommen und im Bodenseekreis untertauchen. Unwidersprochen blieb, dass er in Haft Rommel wegen Mitwisserschaft beim Attentat auf Hitler denunziert habe. Rommel wurde im Oktober 1944 auf Befehl Hitlers zum Suizid gezwungen.

Beide machten in der BRD schnell weiter Karriere. Am 1. Juli 1957 wurde Heusinger General und erster Generalinspekteur der Bundeswehr. Als er 1961 als erster westdeutscher Militär den Vorsitz im NATO-Militärausschuss in Washington übernahm, forderte die UdSSR von den USA seine Verhaftung und Auslieferung wegen der Kriegsverbrechen auf sowjetischem Boden. General Speidel avancierte im April 1957 zum Oberkommandierenden der alliierten Landstreitkräfte in Mitteleuropa mit Sitz in Fontainebleau nahe Paris. Einen Monat später ging ein Aufschrei durch Frankreich, forderte die demokratische Öffentlichkeit, ihn des Landes zu verweisen. Gestützt auf sensationelle Dokumente von September/Oktober 1934, entlarvten Zeitungen den einstigen Gehilfen des deutschen Militärattachés in Paris als Organisator eines Mordanschlags in Marseille. Am 9. Oktober jenes Jahres waren in der französischen Hafenstadt der jugoslawische König Alexander I. und Frankreichs Außenminister Louis Barthou von einem gedungenen jugoslawischen Agenten, einem Mitglied der faschistischen Terrororganisation I.M.R.O. (Innere Mazedonische Revolutionäre Organisation) erschossen worden.[12] Drahtzieher waren der italienische faschistische Geheimdienst und ein als »Forschungsamt« im Reichsministerium für Luftfahrt in Berlin getarnter, Göring unterstehender militärischer Spionagedienst. Die Dokumente bewiesen, dass der Auftrag für das Unternehmen »Teutonenschwert« von Hitler erteilt und von Göring zusammen mit »Durchführungsbestimmungen« des »Forschungsamtes« an Speidel weitergegeben worden war.[13]

In ihrem Drang, erstmals auf einem außereuropäischen Schauplatz ihre ideologische Position demonstrieren zu können und sich auf diese Weise auch bei den USA für deren massive Förderung bundesdeutscher Machtambitionen zu bedanken, ließ die Regierung Adenauer nach der Installierung des Diem-Regimes in Saigon keine Zeit verstreichen. Wann Bonn dessen offizielle Anerkennung aussprach und die Aufnahme diplomatischer Beziehungen kundgetan wurde, ist nicht verifizierbar. Doch spätestens unmittelbar nach der Ausrufung der Spalter-Republik Vietnam im Oktober 1955 müssen mit amerikanischer Vermittlung die ersten Fäden geknüpft worden sein. Bereits am 12. Dezember eröffnete man ein Generalkonsulat der Bundesrepublik in Saigon, das am 12. Juni 1957 in eine Gesandtschaft umgewandelt wurde. Am 25. April 1960 wurde diese diplomatische Vertretung in den Rang einer Botschaft erhoben.[14] In den folgenden Jahren wurden die Botschaft und der Apparat des Militärattachés in Saigon Schritt für Schritt zu personell bestens ausgestatteten Kommandozentralen für intensive politische, ökonomische und militärische Aktivitäten der Bundesrepublik.

Unverkennbar war, dass der stete Ausbau der Beziehungen zwischen Bonn und Saigon einherging mit der systematischen Verstärkung der politischen und militärischen Intervention der USA in Südvietnam. Als Rechtfertigung seines Kurses vor dem Völkerrecht, sofern man darauf überhaupt Wert legte und nicht einzig der Antikommunismus das Maß aller Dinge war, diente Bonn eine absurde Auslegung der Genfer Abkommen. Bundesdeutsche Politologen fassten sie einmal in die Worte, durch die Festlegung einer Demarkationslinie nahe dem 17. Breitengrad sei Vietnam »in zwei voneinander völlig unterschiedliche Staaten mit verschiedenen Regierungssystemen geteilt« worden. Diese aberwitzige Deutung, der nicht nur vietnamesische Rechtsexperten vehement widersprechen, ignoriert ganz und gar, dass in Genf ausdrücklich eine »zeitweilige« Demarkationslinie vereinbart worden war. Die eindeutig politischen Zwecken dienende krasse Verfälschung der Tatsachen in dieser oder jener Version ist nahezu der gesamten westlichen Medienwelt eigen und wurde längst auch von der bundesdeutschen Historiographie übernommen. Fast durchgängig findet man sie nun auch in »neudeutschen« Publikationen in Ost wie West wieder.

Konzentrierte sich die DDR zu diesem Zeitpunkt auf praktische Hilfe für Wiederaufbau und Entwicklung des ohnehin noch sehr unterentwickelten und durch ein Jahrzehnt des Krieges weiter zurückgeworfenen Landes, zwangsläufig auf den Norden beschränkt, galt ihre Sorge auch traumatisierten Kindern, so stand für die Bundesrepublik zunächst die »Flüchtlingsproblematik in Vietnam« im Vordergrund. Ihre entsprechenden Aktivitäten in Südvietnam wurden von propagandistischem Trommelfeuer gegen das »kommunistische Terrorregime« im Norden in den einheimischen Medien und der amtlichen Öffentlichkeitsarbeit begleitet. Die Umgruppierung der militärischen Kräfte gemäß den Genfer Abmachungen hatte auch zivile Bewegung in beiden Richtungen zur Folge. Zusammen mit den im Süden operierenden Truppen der Volksarmee, die sich in die nördliche Landeshälfte zurückzuziehen hatten, mussten auch viele politische Kader den Süden verlassen. Gegen sie richtete sich eine von der Diem-Administration gestartete Verfolgungskampagne, die sie mit dem Tode bedrohte. Jene Südvietnamesen blieben zurück, die vor Genf in weiten befreiten Gebieten des

Südens gelebt hatten und sich nun einem Terrorapparat ausgeliefert sahen.

Die Aufmerksamkeit und mit der Bereitstellung erheblicher finanzieller Mittel dokumentierte Fürsorge Bonns galt vietnamesischen Mitarbeitern der Kolonialbehörden, anderen Kollaborateuren und schlicht Irregeleiteten, die im Sog der französischen Einheiten und der Kräfte der Bao-Dai-Hilfstruppen zu Zehn-, vielleicht sogar zu Hunderttausenden aus dem Norden gen Süden flohen. Auch Anhänger des einst von französischen Missionaren in das Land getragenen katholischen Glaubens verließen, von antikommunistischer Hysterie getrieben, in großer Zahl den Norden. Doch nicht alle Katholiken im Landesnorden hatten sich unter französischem Schirm geborgen gefühlt und machten für sich einen Grund zur Flucht aus.

Die Hilfe der Bundesregierung, der katholischen Kirche und karitativer Organisationen für die große Not leidenden Massen in überfüllten Lagern des Südens entsprach durchaus dringenden Erfordernissen, ging jedoch einher mit stetig zunehmender materieller und finanzieller Unterstützung eines Regimes, das jeden Gedanken an eine Regelung der innervietnamesischen Angelegenheiten im Geiste der Genfer Festlegungen und damit an die Bewahrung der Einheit des Landes ahndete. Ob schon damals Flüchtlinge auf den Weg nach Deutschland gelangten, wie es zwei Jahrzehnte später mit vielen der »boat people« geschah, ist einschlägigen Quellen nicht zu entnehmen und könnte wahrscheinlich nur in aufwändigen Recherchen eruiert werden. Wenig Konkretes ist darüber in Erfahrung zu bringen, in welchem Maße und auf welche Weise Kanzler Adenauers Kabinett damals und bis zum Beginn der offenen militärischen Intervention der

USA Anfang der 60er Jahre dazu beigetragen hat, der Administration Ngo Dinh Diems politisch, materiell und vielleicht auch rüstungstechnisch den Rücken zu stärken. Außer Frage steht, dass die Saigoner Administration ab Ende 1955 bis 1960 aus Bonn erhebliche ökonomische Stabilisierungshilfe erhalten hat, die dann zunehmend durch Kredite ergänzt wurde. Ab 1961 lag die »Entwicklungshilfe« der Regierung Adenauer für Südvietnam in der Hand des neugeschaffenen Ministeriums für wirtschaftliche Zusammenarbeit unter Minister Walter Scheel.

Die Bundesrepublik begann sich zu einer Zeit in Südvietnam zu engagieren, da eine Welle blutigen Terrors das Land überzog. Massenverhaftungen, Folter, Deportationen und erste Massenhinrichtungen sollten der Republik Vietnam zunächst zu Stabilität verhelfen. Armee, paramilitärische Einheiten, Geheimpolizei, von der französischen Kolonialmacht und nun von den USA dirigiert, zogen gegen jegliche Opposition zu Felde. Bauern in bislang befreiten Gebieten, die von der Volksmacht Land erhalten hatten und sich nun gegen die Rückkehr der geflohenen Grundbesitzer zur Wehr setzten, Arbeiter, Intellektuelle wie auch Angehörige des Kleinbürgertums, ethnischer Minderheiten und nichtkatholischer Glaubensrichtungen wurden zu Opfern blutiger Gewalt. Allein offen geäußertes Verlangen nach normalen Beziehungen zum Norden reichte für die Inhaftierung. Aktive Teilnehmer am antifranzösischen Widerstand, beschuldigt, Kommunisten oder »mit den Kommunisten im Bunde« zu sein, erwartete häufig unbegrenzte Zuchthaushaft oder Verbannung, aber auch Folter bis zum Tod. Jagd gemacht wurde auf die Eltern politischer Aktivisten oder von Angehörigen der bewaffneten Kräfte, die im Zuge der Umgruppierung in den Norden gelangt waren. Weite einst befreite Gebiete erlebten blutige »Säuberungsoperationen« der Armee.

Es setzte die Zwangsumsiedlung von Bauern ländlicher Unruhegebiete in lagerähnliche sogenannte Agrostädte oder Agrarkolonien in Flachland- und Gebirgsregionen ein. Diese künstlichen Ansiedlungen waren die Vorläufer der später unter amerikanischer Regie in großer Zahl angelegten sogenannten Strategischen Dörfer, mit denen die Befreiungskräfte ihres Rückhalts auf dem Land beraubt werden sollten. Die Diem-Administration genoss bei der Durchsetzung dieser Zwangsmaßnahmen, die teils verharmlosend als Umstrukturierung für die Weiterentwicklung der ländlichen Gebiete deklariert wurden, großzügige finanzielle Hilfe der Bundesrepublik.

Bundeswehrstrategen wittern Morgenluft 153

*USA-Präsident John F. Kennedy am 26. Juni 1963 am
»Checkpoint Charlie« in Westberlin. (rechts außen
Bundeskanzler Konrad Adenauer, links neben ihm
Willy Brandt, links neben Kennedy der BRD-Minister
für »Gesamtdeutsche Fragen«, Rainer Barzel)*
BArch B 145 Bild-P085282, Fotograf: o.Ang.

In der Endphase der Regierung Adenauer und mit der Kanzlerschaft Ludwig Erhards (1963 bis 1966) wurde die Bundesrepublik nicht nur zum spendabelsten, sondern auch zum verbal treuesten Verbündeten des kriegführenden Hauptpartners. Grund dafür war nicht nur die fundamentale antikommunistische Ausrichtung von Denken und Handeln in Bonn, die dazu veranlasste, parallel zu forcierten amerikanischen Anstrengungen das eigene Engagement zu verstärken. Als John F. Kennedy am 26. Juni 1963 – wenige Monate vor seiner Ermordung – auf einer Kundgebung vor dem Schöneberger Rathaus anlässlich des 15. Jahrestages der »Luftbrücke Berlin« jubelnde Westberliner dank handschriftlicher Aussprachehilfe wissen ließ »Ish bin ein Bearleener« (Ich bin ein Berliner), war das alles andere als eine Liebeserklärung des 1961 gewählten USA-Präsidenten an eine schöne Stadt. Es war ein von vielen damals wahrscheinlich nicht verstandener und mit Sicherheit noch heute geleugneter Fingerzeig. Kaum jemandem abseits der »großen Politik« und selbst innerhalb des politischen Establishments von Bundesrepublik und Westberlin wird wohl gewärtig gewesen sein oder, wenn doch, Skrupel beschert haben, dass es dabei auch um Vietnam ging.

Kennedys Amtsnachfolger, sein Vize Lyndon B. Johnson (1963-1969), formulierte das im November in seiner Antrittsrede vor beiden Häusern des USA-Kongresses schon deutlicher: »This nation will keep its commitments from South Vietnam to West Berlin.« (Diese Nation wird ihre Verpflichtungen von Südvietnam bis Westberlin einhalten.) Damit war der Bundesrepublik eines unmissverständlich zu verstehen gegeben worden: Amerikanische Bestandsgarantie für das nicht etwa von der

DDR-Propaganda als »Frontstadt« und »Pfahl im Fleische der DDR« apostrophierte Westberlin war ohne Gegenleistung im Hinblick auf den antikommunistischen Feldzug in Vietnam auf Dauer nicht zu haben. Hatten sich die Regierungen Adenauer und Erhard selbst eine Falle gestellt, die »Nexus West-Berlin und Südvietnam«[1] hieß, unlösbare Verknüpfung beider Schauplätze erbitterter internationaler Auseinandersetzung? Hatten sie nicht bedacht, welche Konsequenzen es haben könnte, als im Deutschlandvertrag 1954 zur Stationierung von Streitkräften der Drei Mächte in der Bundesrepublik festgeschrieben wurde: »Die Aufgabe dieser Streitkräfte wird die Verteidigung der freien Welt sein, zu der die Bundesrepublik und Berlin gehören.«? (Artikel 4, Ziffer 1) Oder bot sich endlich eine Chance, Träume Wirklichkeit werden zu lassen?

Die folgenden Jahre lieferten vielfältige Beweise, dass die Johnson-Administration das in unverfängliche, für Bonn folgenlos scheinende und deshalb westlich der DDR-Grenze millionenfach bejubelte Worte gekleidete politische Druckmittel häufig und zuweilen auch hemdsärmelig nutzte. Kanzler Erhard hatte die Lektion verstanden und ließ es nicht an entsprechenden verbalen Bekenntnissen fehlen. Vor der letzten Konsequenz aber schreckte er zurück. Kanzler Kurt Georg Kiesinger (1966-1969) tat es seinem Vorgänger gleich. So nutzte Erhard im März 1966 eine Rede im Bundestagswahlkampf zu dem Kassandraruf: »Wehe, wenn die Vereinigten Staaten dort versagen würden, dann frage ich Sie: Wie steht es um die Sicherheit Berlins und um die Sicherheit Europas?« In seinem Buch »Johnson, Vietnam und der Westen« resümiert Autor Joachim Arenth, Erhard

»befürwortete vollends die amerikanische Argumentation und übernahm die zu einem Glaubensgrundsatz erhobene Metapher, die Freiheit werde in Südvietnam wie in Westberlin verteidigt«.[2] Dass seinerzeit die SPD-Führung und die Spitze der Jusos in dasselbe Horn bliesen wie die CDU, sei als Randnotiz erwähnt.

Zu erwartende Konsequenz war, dass sich Bonn schließlich auch mit mehr oder weniger unverhohlen vorgebrachtem Verlangen nach Entsendung westdeutscher Truppen in das Kriegsgebiet konfrontiert sah. Der erpresserische Zusammenhang zwischen Südvietnam und Westberlin wurde von Washington zu eben jener Zeit thematisiert, da sich die USA gezielt darauf vorbereiteten, in Südvietnam direkt militärisch einzugreifen. Trotz einer Politik rigoroser Unterdrückung jeglicher Opposition war das Regime in Saigon Anfang der 60er Jahre in arge Bedrängnis geraten. Bis zur Jahreswende 1959/60 hatten die patriotischen Kräfte im Süden sich auf den politischen Kampf für die Realisierung der Abmachungen von 1954 konzentriert und an die Feuereinstellung gehalten. Dann aber sahen sie sich gezwungen, zunächst gestützt auf noch intakte oder wieder erstarkte Partisaneneinheiten dem immer zügelloseren Terror erstmals mit bewaffneten Aktionen zu begegnen. Es war dies auch die Reaktion auf das Wüten von Diems Scheinparlament Mitte 1959 per Gesetz beschlossener militärischer Standgerichte. In abgelegenen ländlichen Gebieten, einigen Gebirgsregionen und Teilen des Mekongdeltas kam es zu ersten Scharmützeln mit Armee und Polizei. Mancherorts wurden bald der gegnerische Machtapparat gestürzt und Organe einer »Volks-Selbstverwaltung« gebildet. Das löste eine Kettenreaktion aus, die binnen kurzem viele Provinzen erfasste.

Die Saigoner Administration geriet zunehmend auch in Städten unter Druck.

Konsequenz der sich verändernden Lage war im Dezember 1960 die Zusammenführung regimefeindlicher Kräfte unterschiedlicher politischer und religiöser Orientierung in der *Nationalen Befreiungsfront (FNL)* Südvietnams. Als deren bewaffneter Arm entstanden Anfang 1961 die *Volksbefreiungsstreitkräfte (FAPL)*, in der Terminologie des Westens die »Vietcong« (»vietnamesische Kommunisten«). Sie bekamen anfangs personelle und dann zunehmend auch materielle Unterstützung aus dem Norden, nachdem die Führung der DRV Mitte 1959 beschlossen hatte, den Bruch der Genfer Vereinbarungen durch die USA und die Diem-Regierung nicht länger unbeantwortet zu lassen. Die von diesem Zeitpunkt an schrittweise eingerichtete Nachschubtrasse aus dem Norden ist als »Ho-Chi-Minh-Piste« in die Geschichte des Vietnam-Krieges eingegangen.

Der 1955 erarbeitete Collins-Plan zur dauerhaften Unterbindung jeglichen Widerstands in Südvietnam mit den eigenen Kräften des Regimes war auf ganzer Linie gescheitert und wurde durch das neue strategische Konzept eines »Spezialkrieges« der Saigoner Armee mit massivem amerikanischem Beraterbeistand ersetzt. Anfang 1962 etablierten die USA in Saigon dafür neben der MAAG ein *Militärisches Unterstützungskommando Vietnam (Military Assistance Command Vietnam – MACV)*, dem bereits 7000 Truppenkommandeure und Stabsoffiziere als Berater zur Verfügung standen. Nach einer Visite im Süden verkündete Verteidigungsminister Robert McNamara im Mai, alles deute darauf hin, »dass wir den Krieg gewinnen«. Die erhofften Erfolge blieben aber weiter aus.

Noch im selben Jahr fügten die FAPL gegnerischen Einheiten empfindliche Verluste zu. Im Januar 1963 erlitten starke Kräfte der Diem-Armee nahe Saigon eine schwere Schlappe. Ende 1963 waren vier Fünftel der rund 17 000 bis dahin angelegten »strategischen Dörfern« mit aktiver Hilfe der zwangsweise umgesiedelten bäuerlichen Bevölkerung befreit.

Damals hatten die USA schon weit über 900 Millionen Dollar reiner Finanzhilfe nach Südvietnam gepumpt. Die Zahl der noch immer als Berater deklarierten amerikanischen Militärangehörigen übertraf im November 1963 mit 16 300 Mann schon Divisionsstärke. Ihnen standen seit Anfang des siebenten Jahrzehnts Einheiten der Special Forces (Green Berets) der US Army zur Seite, eingesetzt für verdeckte Destabilisierungsunternehmen in mittlerweile wieder befreiten Gebieten und für Geheimoperationen im vietnamesisch-laotischen Grenzraum. Längst auch hatte die CIA-Residentur in Saigon, seit 1959 vom späteren CIA-Chef Colby geleitet, damit begonnen, Spionage- und Sabotageaktionen in und gegen Nordvietnam zu organisieren, wie amerikanische Quellen belegen. Saigons Armee hatte durch Zwang und dank antikommunistischer Indoktrination eine Stärke von schon fast einer halben Million Mann erreicht, ausgerüstet mit modernster amerikanischer Militärtechnik.

Auch dem »Spezialkrieg«-Konzept blieb trotz allem der erhoffte Erfolg versagt. Befreiungskräfte und aufbegehrende Bevölkerung erzielten spektakuläre Erfolge, die Fläche befreiter Gebiete wuchs stetig. McNamara, wie schon unter Kennedy bis 1968 auch Verteidigungsminister unter Präsident Johnson, begab sich deshalb Ende 1963 erneut nach Südvietnam. Wenige Tage vor dem Mord an Kennedy in Dallas im November war in Saigon Ngo Dinh Diem bei einem Staatsstreich umgebracht und durch eine Militärjunta ersetzt worden. Nach seiner Rückkehr nannte McNamara in einem Memorandum an Johnson die Lage in Südvietnam »sehr alarmierend«. Es drohe die Gefahr eines »Staates unter kommunistischer Kontrolle«. Der »Fortschritt der Vietcong« sei bedeutend. »Die Vietcong kontrollieren gegenwärtig einen großen Teil der Bevölkerung in einigen Schlüsselprovinzen, besonders in jenen, die sich unmittelbar im Süden und Osten Saigons befinden.«[3]

Der Nationale Sicherheitsrat der USA, der 1954 der Eisenhower-Administration aufgetragen hatte, nach Genf »ein befreundetes nichtkommunistisches Südvietnam zu bewahren«, mahnte Anfang 1964 nun Johnson: »Ein Sieg der Kommunisten würde dem Ansehen der USA in der ganzen Welt Schaden zufügen. Der Konflikt ist ein Testfall dafür, wie die USA mit einem kommunistischen ›Befreiungskrieg‹ umgehen werden. Die gesamte US-Außenpolitik ist betroffen.« So tat denn McNamara Anfang März nach neuerlicher Saigon-Visite kund: »Wir werden solange bleiben, bis wir die Kommunisten besiegt haben.«[4] Resultat der Inspektionstouren des Ministers waren gelegentlich »McNamara-Plan« genannte neue militärstrategische Überlegungen. Sie verbanden sich mit dem Versuch, dem Debakel aller bisherigen Bemühungen sowohl mit massiver militärischer Gewalt als auch mit der Ankündigung zu begegnen, überall in Südvietnam »Prosperity Zones« (Wohlstandszonen, Zonen ökonomischen Aufschwungs) schaffen zu wollen. Begleitmusik war ein Trommelfeuer antikommunistischer Propaganda im Inneren. Weißes Haus und Pentagon hatten für all das einen in ihren Dokumenten strapazierten Terminus parat, der auch in den westdeutschen Medien fleißig kolportiert wurde: »Pacification Programme« (Befriedungsprogramm). Diesem Programm, ab 1964/65 mit großem militärischem, finanziellem und propagandistischem Aufwand betrieben und 1968 in fast schon auswegloser Lage von einem »Programm beschleunigter Befriedung« abgelöst, fielen einige hunderttausend Vietnamesen zum Opfer.

McNamara empfahl, die Truppen in den ländlichen Gebieten zu verstärken, eine inzwischen ebenfalls eingerichtete *USA-Operationsmission (US Operation Mission – USOM)* für die Kontrolle der Militäreinsätze personell aufzustocken und mit Maßnahmen zur Unterbindung der »Infiltration« aus dem Norden verbundene »realistische Befriedungspläne« zu erarbeiten. In seinem Memorandum an Johnson sprach er zugleich von neuen »Plänen für eine geheime Aktion gegen Nordvietnam«, die »eine breite Skala von Sabotageoperationen« und psychologischer Unterwanderung enthielten. Für die Herausbildung der »Prosperity Zones« wurden große Mengen Konsum- und Luxusgüter, Konserven und anderes, zivile Technik und Industrieausrüstungen auf den Weg nach Südvietnam gebracht. Ein erheblicher westdeutscher Beitrag dazu ist unbestritten, wie das gesamte umfangreiche Engagement der Bundesrepublik ab 1963/64 als ausschließlich moralische, ideologische, humanitäre oder materielle Hilfe deklariert.

Größte Erfolgsgarantie sollte sein, den Süden Vietnams nach Norden hin total abzuschotten. So wurde in den folgenden Jahren bis 1972 ein Sperrriegel südlich des 17. Breitengrades und der längst zur Grenze gemachten

Demarkationslinie entlang dem Fluss Ben Hai, die *McNamara Line* (McNamara-Linie), zum Symbol der »Befriedungs«-Strategie. Von der Küste am Südchinesischen Meer[5] bis zur etwa 50 Kilometer entfernten Gebirgsgrenze zu Laos schuf man ein für unüberwindlich gehaltenes System von Stacheldraht, Minenfeldern, Bunkern und Beobachtungsposten, ergänzt durch Militärbasen in der Region wie auch durch Posten, Stützpunkte und Dauerpatrouillen auf der parallel verlaufenden, nach Laos führenden Nationalstraße 9. Ziel war, Nachschub für die FAPL und Truppenverlegungen aus dem Norden allgemein zu verhindern und speziell den Ho-Chi-Minh-Pfad zu kappen, die im Truong-Son-Gebirge[6] die Straße 9 querte. Vor der Küste patrouillierende Marineeinheiten suchten Nachschubtransporte auf dem Wasserweg zu unterbinden.

Angesichts der Erwartungen in Washington, dass die »Frontstadt«-Garantie mit einem angemessenen Beitrag der Bundesrepublik zur dauerhaften »Befriedung« Südvietnams honoriert werde, wurde spätestens ab 1963 über Jahre hin in Politikerkreisen und Medien der Bundesrepublik fleißig über einen Einsatz kompletter Einheiten der Bundeswehr auf dem Kriegsschauplatz debattiert und spekuliert. Hinter den Kulissen aber gab es, was damals der westdeutschen Öffentlichkeit verborgen blieb, durchaus entsprechende Überlegungen und offenbar sogar schon konkrete Angebote an die Adresse der USA. Kanzler Erhard wird zugeschrieben, Ende 1963 McNamara in einem vertraulichen Gespräch in Washington zugesichert zu haben, »dass die Bundeswehr einige Bataillone für Vietnam zur Überwachung des Friedens stellen werde«. Adenauers Verteidigungsminister

Franz Josef Strauß, der bis 1962 dieses Amt innehatte, gab 1989 in seinen *Erinnerungen* preis, im Mai 1964 in Washington von McNamara über diese Geheimofferte Erhards informiert worden zu sein. Erhard, so Strauß, habe seine Auslassung später dahingehend relativiert, dass er an Sanitätsbataillone gedacht habe.[7]

In maßgeblichen Kreisen der Bundeswehr selbst witterte man augenscheinlich Morgenluft. An der 1957 gegründeten Kommandeursschmiede, der Führungsakademie der Bundeswehr in Hamburg-Blankenese, entstand im Sommer 1964 eine streng vertrauliche militärpolitisch-psychologische Studie der Studiengruppe Heer, betitelt: »Die Bestätigung des deutschen Soldaten in der Gegenwart«. Es blieb der DDR-Presse vorbehalten, diesem hoch brisanten Papier 1966 zur notwendigen Öffentlichkeit zu verhelfen.[8] Unterteilt in die Abschnitte »Historischer Rückblick«, »Die Problematik heute« und »Das Erfolgserlebnis der Bundeswehr«, atmete dieses Dokument aus der Ausbildungsstätte für Stabsoffiziere, der höchsten Bildungseinrichtung der Bundeswehr, den alten militaristischen Geist an der Spitze der vorgeblich völlig neuen westdeutschen Armee. Um ihn erneut in der Praxis fortleben lassen zu können, hielt man Vietnam in der gegebenen, nach Ansicht der politischen und militärischen Führung in Washington durchaus Erfolg verheißenden Situation für eine exzellente Gelegenheit.

»Der deutsche Offizier war nach dem ersten Weltkrieg sehr stark in der deprimierenden Vorstellung befangen, in einer Armee gedient zu haben, die den Siegeslorbeer nicht errungen hat«, hieß es im »Historischen Rückblick« einleitend. »Das Preußisch-Kaiserliche Heer und sein Offizierskorps trugen nicht nur ein volles halbes Jahrhundert lang – (von 1864 bis 1914) – das erhebende Gefühl in sich, Sieger in drei Kriegen gewesen zu sein und zur Weltgeltung Deutschlands durch den Ruhm seiner Waffentat entscheidend beigetragen zu haben. Von der Jahrhundertwende an bis zum Kriegsausbruch im August 1914 wurde dieses jeden Soldaten erhebende Gefühl auch aufgebaut und gestärkt durch erfolgreichen Einsatz auf verschiedenen kleineren Kriegsschauplätzen in Asien und Afrika, was bei Freund und Feind Achtung und wohl auch Furcht erzeugte. Es ist kein Zufall, daß dadurch der deutsche Soldat in den Ruf kam, der beste Soldat zu sein. Der Große Generalstab beließ das Heer nicht nur im Glanze des Ruhms von 1870/71, sondern nutzte von dem Augenblick an, als für weitschauende Politiker und Militärs der Krieg unausbleiblich heranrückte, jede sich bietende Gelegenheit, diesen Ruhm aufs neue zu bestätigen. Deshalb war es in der Reichswehrzeit für die Wehrmachtsführung von Bedeutung, für die junge Wehrmacht die Ursache der Niederlage von 1918 nicht aus soldatischem Versagen oder mangelhaften Führungsqualitäten abzuleiten.«

Weiter: »Für den Geist der Truppe und in Vorbereitung der unvermeidlich auf sie zukommenden großen Aufgaben mussten psychologische Tatsachen geschaffen werden, die es dem Offizier möglich machten, in der Erziehung seiner Soldaten nicht nur auf die Tradition preußisch-deutschen Soldatentums: Tapferkeit, Mut, Treue, Gehorsam und Pflichterfüllung verweisen zu können, sondern auch und noch vielmehr auf den Lohn dieser Tugenden, den krönenden Sieg! (...) Daß die Wiedereinführung der Wehrpflicht 1935 zugleich verbunden wurde mit dem Einmarsch der jungen Wehrmacht in die sogenannte entmilitarisierte Rheinlandzone[9], war zwar nicht die Feuertaufe, aber alle nachfolgenden Aktionen – Österreich, Sudetenland, Tschechoslowakei – stellten psychologische Steigerungen dar, die sich auf den Geist der Soldaten wohltuend auswirkten und dem Offizier die Ausbildung mit all ihren physischen und psychischen Anforderungen außerordentlich erleichterten. Mit der Teilnahme am spanischen Bürgerkrieg konnte die erstarkte Wehrmacht Ruhm an ihre Fahnen heften, sich mit dem Siegeslorbeer schmücken und die Überlegenheit deutschen Menschen- und Kriegsmaterials beweisen. Die propagandistische Auswertung tat ihr übriges, aus dem Bewusstsein der deutschen Soldaten die Erinnerung an die Niederlage von 1918 auszulöschen.«

Zu Beginn des Abschnitts »Die Problematik heute« war zu lesen: »Mit dem Aufbau der Bundeswehr stellten sich der Truppenführung ähnliche Probleme wie nach dem ersten Weltkrieg. Die mit der Erinnerung an die bedingungslose Kapitulation der Wehrmacht verknüpften Depressionserscheinungen, von denen auch bewährte Soldaten nicht frei bleiben, setzten den Zwang zu vollständig neuem Beginn. Die Gefahr des Verlustes des Traditionsbildes war mit der Stunde Null sehr groß. Als Ersatz für fehlendes Siegesbewußtsein konnte der Trost gelten, nunmehr wenigstens mit der Gruppe der Sieger verbündet zu sein, die, gleich uns, einen potentiellen Gegner nur noch ostwärts zu suchen hatten. Unter den einflussreichsten Militärs der Verbündeten sieht jedoch nur eine sehr kleine Elite im deutschen Soldatentum ein erstrebenswertes Vorbild.«

Die Bundeswehr sei nun in die NATO integriert. »Die Form der Aufgabe nationalstaatlicher Rechte wurde für die Übervorsichtigen im In- und Ausland als Sicherung gegen Rückfälle in die Vergangenheit hingestellt. Damit wurde zugleich jede Bindung an die Traditionen deutschen Soldatentums zerschnitten und die Heranbildung einer verantwortungsbereiten Elite unterbunden, zumindest erschwert. Um diese Behauptung an einem negativen Beispiel zu erläutern: So bedeutungslose NATO-Länder wie Dänemark und Norwegen können durch ihren Einspruch die Betätigung deutscher Offiziere und Soldaten, die in ihrer Eigenschaft als gleichberechtigte NATO-Partner handeln, unmöglich machen. Dänemark und Norwegen berufen sich dabei nicht auf NATO-Grundsätze, sondern auf nationale Überlegungen. Eine solche Sachlage ist nicht dazu angetan, das Selbstbewusstsein deutscher Soldaten und Offiziere in der eigenen Armee, geschweige denn in ihrer Integration zur NATO zu heben und neu zu entwickeln.«

Im Abschnitt »Das Erfolgserlebnis der Bundeswehr« wurden dann unmissverständlich die neuen Ambitionen nach der als teils so unbefriedigend charakterisierten Vergangenheit formuliert. »Was von den Bündnispartnern der NATO bei der Aufstellung der Bundeswehr als Sicherung gegen Potential und Wirksamkeit einer neuen deutschen Armee gedacht war – die restlose Integrierung der Bundeswehr in die NATO und deren Stäbe – kann leicht überspielt werden, indem wir Bündnistreue par excellence betreiben. Gelegenheiten, diese Bündnistreue zu beweisen, haben sich in letzter Zeit viele angeboten. (...) Aufgabe der Politik und Diplomatie muss es sein, die Konstellation zu schaffen, die den militärischen Notwendigkeiten den entsprechenden Raum geben. Es darf da kein Zögern und Zaudern geben. Die Politiker können davon überzeugt sein, daß auch die militärischen

Überlegungen politisch durchdacht sind.« Als Beispiel dafür dient die Zypernfrage. Ursprünglich habe – offenkundig bei der militärischen Führung – die Absicht bestanden, »ein Bundeswehrkontingent einzusetzen, Makarios in die Schranken zu verweisen und in dem Streit zwischen Türkei und Griechenland um Zypern eine Schiedsrichterrolle zu übernehmen«.[10] Das aber hätte »unweigerlich« zum Konflikt mit dem einen oder dem anderen dieser beiden NATO-Partner geführt »und unnötig die NATO-Partner England, USA und Frankreich verärgert, die im Zypernkonflikt ihre differenzierten Interessen vertreten«. Deshalb sei es richtig gewesen, »von einer Aktion der Bundeswehr abzusehen«.

Wenn sich also eine »Bundeswehraktion im Zypernstreit« nicht empfehle, »so bietet sich in Südostasien, vornehmlich in Südvietnam, eine Gelegenheit, die unverzüglich genutzt werden sollte. Eine Bundeswehraktion hätte in verschiedener Hinsicht günstige Folgen. Wenn die USA in Südostasien nicht das Gesicht verlieren wollen, müssen sie schon in allernächster Zeit zu Aktionen schreiten, die klare Verhältnisse schaffen und dem sich auch in diesem Teil der Welt immer mehr ausbreitenden kommunistischen Einfluß zumindest einen Damm entgegenstellen.«

Und weiter: »Die Teilnahme eines Bundeswehrkontingents würde die Bündnistreue der Bundesrepublik unter Beweis stellen. Da das Pentagon sich nicht mehr mit halben Maßnahmen begnügen darf, ist der Sieg gewiß und – was das entscheidendste ist – die Bundeswehr wäre an diesem Sieg beteiligt! Eine weitere Konsequenz sollte nicht übersehen werden: Eine Bundeswehraktion unter diesen Aspekten gerade zum gegenwärtigen Zeitpunkt würde Ansehen, Achtung und Autorität der Bundeswehr bei allen NATO-Partnern, vor allem aber in den USA, gewaltig steigern; denn optisch würde sich ein Sieg der USA und Südvietnams vor der Weltöffentlichkeit so darstellen, als ob er ohne Hilfe und Eingreifen der Bundeswehr gar nicht hätte errungen werden können. Von besonderer psychologischer Bedeutung wäre gleichzeitig, daß erstmals deutsche und amerikanische Einheiten im bewaffneten Kampf Seite an Seite stünden.«

Der Schluss: »Die junge Bundeswehr braucht einen sichtbaren Erfolg. Er würde nicht nur die These erhärten, daß Deutschland diesmal den richtigen Bundesgenossen auf seiner Seite hat, sondern würde außerdem klarstellen, daß jeder Bündnispartner mit diesem Deutschland und dieser Bundeswehr rechnen muß. Die Priorität nächst oder vielleicht auch neben den USA im NATO-Bündnis wäre dann unbestreitbar.«

Man kann mit Sicherheit davon ausgehen, dass hier nicht etwa kranke Hirne am Werk gewesen sind oder dass diese Studie 1964 vom Himmel gefallen wäre. MENS AGIT MOLEM – *Der Geist bewegt die Materie* ist Leitspruch der Akademie, wie wahr! Die Studie war Produkt des Lehrkörpers jener Einrichtung der Bundeswehr, deren Geschichte nach den Worten ihres derzeitigen Kommandeurs »eng mit der globalen sicherheitspolitischen Entwicklung verknüpft« ist und an der »die Lehre stets den sich wandelnden sicherheits- und gesellschaftspolitischen Rahmenbedingungen angepasst« war.[11] Sie hat die Aufgabe, künftige Stabsoffiziere zu befähigen, »die Aufgaben der Bundeswehr im Rahmen von Gesellschaft und Staat richtig zu erkennen und überzeugend zu vertreten, unterstellte Soldaten optimal auszubilden und zu erziehen sowie im Rahmen der Gesamtstreitkräfte zu denken und zu handeln«.¹² Zweiter Kommandeur der Akademie war von Oktober 1959 bis März 1962 der Heeres-Generalmajor Hellmuth Laegeler. Wohl kaum etwas könnte besser den seinerzeit in Hamburg-Blankenese obwaltenden, in den Auslassungen der Akademie-Studiengruppe Heer offenbarten Geist verdeutlichen als die Rolle dieses Mannes 1944/45.

Laegeler war vom 21. Juli 1944 bis zum Ende des »Großdeutschen Reiches« am 8. Mai 1945 als Generalmajor Chef des Stabes beim Befehlshaber des Ersatzheeres der Wehrmacht.¹³ Unmittelbarer Vorgänger als Stabschef war bis zu seiner standrechtlichen Erschießung am 20. Juli Oberst Claus Graf Schenk von Stauffenberg, der Kopf des fehlgeschlagenen Attentats auf Hitler in dessen ostpreußischer »Wolfsschanze«. Das Ersatzheer, das seit 1939 von Generaloberst Friedrich Fromm kommandiert worden war, unterstand auf Weisung Hitlers nach dem 20. Juli nicht mehr der Wehrmachtsführung, sondern Heinrich Himmler persönlich, dem Reichsführer SS, Chef der Deutschen Polizei und Reichsinnenminister. Er ernannte SS-Obergruppenführer Hans Jüttner zum Befehlshaber des Ersatzheeres. Laegeler genoss als Chef des Stabes bei Jüttner offensichtlich das volle Vertrauen Hitlers und Himmlers. Im Anschluss an die erzwungene Nachkriegspause ging es auch für Laegeler Anfang der 50er Jahre im Amt Blank weiter. Als einer der allerersten Generale der Bundeswehr inspizierte er an der Seite Adenauers zusammen mit Heusinger, Speidel und Minister Blank im Januar 1955 das erste Lehrbataillon in Andernach.

So wie die Studie war auch die Berufung eines Mannes wie Laegeler an die Spitze jener Bundeswehreinrichtung, die seit 1967 den jeweils besten Kursanten des General-

stablehrgangs mit einem »General-Heusinger-Preis« aus- 169
zeichnet, alles andere als Zufall oder Missgriff. Es war
das wahre Gesicht der Bundeswehr. Und dabei hatte doch
angeblich in den 50er Jahren, »um die Schlimmsten aus-
zusortieren«, ein »Gutachterausschuss jeden Offizier, der

1. Juni 1942 an der Ostfront in Poltawa: Hitler bei einer
Lagebesprechung im Hauptquartier der Heeresgruppe Süd.
Im Vordergrund: Generalleutnant Heusinger. (Links von
Hitler: General der Panzertruppe Paulus)
BArch Bild 183-B24543, ADN-Zentralbild / Fotograf: o.Ang.

sich bewarb«, geprüft. »Wie gründlich das geschah, ist bis heute ungeklärt«, erfuhr man im SPIEGEL. Als Konrad Adenauer in der Gründungszeit seiner Armee gefragt wurde, ob denn »die Generale Adolf Hitlers auch die Generale Konrad Adenauers sein« werden, entgegnete er: »Ich glaube, dass mir die Nato 18jährige Generale nicht abnehmen wird.«[14] So hatte denn noch in den frühen 60er Jahren keiner der Bundeswehrgenerale und -admirale in der Nazi-Wehrmacht einen niedrigeren Rang als Oberst inne; fast 50 waren schon unter Hitler General. Sieben Generale der Bundeswehr waren als Kriegsverbrecher verurteilt worden. Ab Major aufwärts gab es zu jener Zeit keinen westdeutschen Offizier, der nicht schon in der Wehrmacht Offizier gewesen wäre.

Von Angehörigen der Hitler-Generalität konzipiert und bis ins Detail geplant, wurde die Bundeswehr auch vom ersten Tag an von Männern dieser Geisteshaltung kommandiert und geprägt. Ihrem ersten Generalinspekteur Heusinger folgte auf diesem höchsten Posten 1961 General Friedrich Albert Foertsch, der Verfasser des persönlichen Eides, den die Soldaten der Reichswehr am 2. August 1934, dem Todestag von Reichspräsident Paul von Hindenburg, erstmals auf Hitler abzulegen hatten: »Ich schwöre bei Gott diesen heiligen Eid, daß ich dem Führer des Deutschen Reiches und Volkes, Adolf Hitler, dem Oberbefehlshaber der Wehrmacht, unbedingten Gehorsam leisten und als tapferer Soldat bereit sein will, jederzeit für diesen Eid mein Leben einzusetzen.« Diese Eidesformel nahm den Namen vorweg, den die Hitler-Armee offiziell mit der Einführung der Wehrpflicht am 16. März 1935 bekam.[15] Foertsch geriet im Mai 1945 als Generalleutnant im Kurland-Kessel in sowjetische

Gefangenschaft und wurde 1950 als Kriegsverbrecher zu 25 Jahren Zwangsarbeit verurteilt. Die ihm als Generalstabschef der 18. Armee unterstellten Truppen hatten, so die sowjetische Anklage, »die Städte Pskow, Nowgorod und Leningrad zerstört und historische Kunstdenkmäler in den Städten Gatschina, Peterhof, Pawlowsk und Puschkin vernichtet«.[16] Er kam 1955 als nicht amnestiert nach Deutschland zurück und konnte im Jahr darauf als Generalmajor den Dienst in der Bundeswehr antreten. Über seine Verurteilung und deren Gründe verliert das Bundesverteidigungsministerium in seiner Internet-Präsentation der Personalie Foertsch kein Wort,[17] so wie auch das sowjetische Verlangen an die USA nach Auslieferung Heusingers für das Ministerium nicht erwähnenswert ist.

Seit dem 1. Januar 1964, zu der Zeit also, da die zitierte Studie über »Die Bestätigung des deutschen Soldaten in der Gegenwart« zu Papier gebracht wurde, stand General Heinz Trettner, Nachfolger Foertschs, als Generalinspekteur an der Spitze der Bundeswehr. Seit 1929 Offizier, hatte er 1938 eine Generalstabsausbildung erhalten. »Während des Zweiten Weltkrieges plante er im Mai 1940 als Major und Stabschef von General Kurt Student die Eroberung Hollands und erhielt dafür das Ritterkreuz des Eisernen Kreuzes.«[18] Er nahm 1941 am Kreta-»Unternehmen Merkur« teil, war dann als Generalstabschef eines Korps in der Sowjetunion im Einsatz und kommandierte zuletzt als Generalmajor und Eichenlaubträger in Italien eine Division der Fallschirmjäger, die sich dort zahlreicher Gräuel schuldig gemacht haben. Was Wunder, dass in seiner Internet-Präsentation des Bundesverteidigungsministeriums[19] gänzlich unterschlagen wird, was an anderer Stelle zu lesen ist: »Während der Zeit des Nationalsozialismus war er von November 1936 bis Januar 1938 zunächst Adjutant von Generalmajor Hugo Sperrle und anschließend Staffelkapitän der Legion Condor während des Bürgerkrieges in Spanien.«[20] Trettner, Träger auch der höchsten franco-spanischen Kriegsauszeichnungen, trat 1956 als Generalmajor den Dienst in der Bundeswehr an.

Die Heusinger-Foertsch-Trettner-Tradition an der Spitze der Bundeswehr setzte sich ungebrochen fort. Von 1966 bis 1972 hatte General Ulrich de Maizière den höchsten militärischen Posten inne. Er hatte ab Februar 1951 für die Dienststelle Blank als »Militärberater der deutschen Delegation bei den Gesprächen zur europäischen Verteidigungsgemeinschaft in Paris«[21] fungiert, dann an der Seite Heusingers in diesem Amt gewirkt, war 1955 als Oberst in der Bundeswehr angetreten, 1962 nach Laegeler Kommandeur der Führungsakademie und 1964 als Generalmajor Inspekteur des Heeres geworden. Die Befähigung für den Aufstieg in der Bundeswehr hatte er sich ab 1941 als Generalstäbler vorwiegend an der Ostfront erworben. Ab Februar 1945 gehörte er als Oberstleutnant und Erster Generalstabsoffizier der von Heusinger befehligten Operationsabteilung des Oberkommandos des Heeres an. »In dieser Funktion nahm er im Frühjahr 1945 auch an den Lagevorträgen bei Adolf Hitler in der Berliner Reichskanzlei teil.«[22] Auch das ist für das Bundesverteidigungsministerium in der Internet-Präsentation der Personalie kein Thema.[23]

Auf den Posten der Inspekteure der Teilstreitkräfte bot sich über Jahre hin kein anderes Bild als im Amt des Generalinspekteurs der Bundeswehr. Erster Inspekteur der

Marine wurde Vizeadmiral Friedrich Ruge, der 1950 »Berater der deutschen Regierung für die Erarbeitung eines Planes zur Verteidigung Westeuropas«[24] geworden war und im selben Jahr zu den Autoren der geheimen »Himmeroder Denkschrift« gehörte. Ruge hatte als Kapitän zur See am »Polenfeldzug« teilgenommen. »Der von ihm geführte Verband war unter anderem an der Einnahme von Gdingen (Gotenhafen) beteiligt«; 1940 befehligte er als Kommodore eine Kriegsschiffgruppe »während des Norwegenfeldzuges«.[25] In der Urkunde zur Verleihung des Ritterkreuzes hieß es, er »zeichnete sich während des Polenfeldzuges durch hervorragenden persönlichen Schneid aus«.[26] Ende 1943 als Admiral z.b.V. dem Stab Rommels bei der Heeresgruppe B an der Westfront zugeteilt, erlebte er das Kriegsende als Chef des Amtes für Kriegsschiffbau im Oberkommando der Marine (OKM). Eine längere Pause gab es für Ruge nicht. »1949 bis 1952 war er Mitarbeiter im ›Naval Historical Team‹, das unter US-amerikanischer Aufsicht die Kriegserfahrungen der Kriegsmarine vor allem gegen die Sowjetunion aufarbeitete.«[27] Für welchen Zweck wohl?

Nachfolger Ruges wurde von 1961 bis 1967 Vizeadmiral Karl-Adolf Zenker, den die USA-Truppen in Deutschland 1949 ebenfalls in dieses *Naval Historical Team* beriefen. Der Sohn des einstigen Chefs der Reichsmarine, Admiral Hans Zenker, war im zweiten Weltkrieg Kommandant auf Zerstörern, diente als Admiralstabsoffizier in verschiedenen Stäben und war zum Schluss als Fregattenkapitän im OKM tätig. Ab 1951 gehörte er dem Amt Blank an. Als dessen Gruppenleiter Marine ließ er im Januar 1956 in einer Rede zur Begrüßung der ersten Angehörigen der Bundesmarine in Wilhelmshaven deutlich werden, wes politischen Geistes Kind er weiterhin war.»Zenker versuchte, eine ungebrochene Marinetradition von der Reichsflotte 1848 bis zur Bundesmarine 1956 herzustellen und verteidigte ausdrücklich die als Kriegsverbrecher verurteilten Großadmirale Raeder und Dönitz, die in den Nürnberger Prozessen nur wegen ihrer politischen Handlungen, nicht aber als Oberbefehlshaber der Marine verurteilt worden seien.«[28]

Als erster Inspekteur des Heeres fungierte bis 1960 ebenfalls ein Teilnehmer an der geheimen Tagung im Kloster Himmerod zur Wiederaufrüstung Westdeutschlands, Generalleutnant Hans Röttiger. Er hatte sich die Qualifikation dafür nicht nur als Offizier in erstem Weltkrieg und Reichswehr erworben. Seit 1934 Generalstabsoffizier und ab 1938 als Oberstleutnant dem Generalstab des Heeres zugehörig, nahm er an den Überfällen auf Polen, Frankreich und die UdSSR teil. In den letzten Kriegsjahren war er als General der Panzertruppe Chef des Generalstabs von Heeresgruppen an der Ostfront und in Italien. Ihm folgte auf dem Posten des Heeres-Inspekteurs bis September 1964 Generalleutnant Alfred Zerbel, seit Mitte der 30er Jahre Generalstäbler, später Oberst und Chef der Abteilung Ausbildung im Oberkommando des Heeres (OKH) wie auch unter anderem Chef des Generalstabs eines Armeekorps an der Ostfront. In Zerbels Amtszeit als Inspekteur des Heeres wurde von Heeres-»Strategen« an der Führungsakademie die zitierte Studie verfasst. Seine Kriegserfahrungen waren wie die vieler anderer Nazi-Militärs nach 1945 zunächst in der *Operational History (German) Section* der *Historical Division* der US-Army gefragt, bevor 1956 wieder die Uniform eines Obersten winkte.

Das Führungspersonal der neuen Luftwaffe wies alles überragende Meriten im gewünschten Sinne auf. Der erste Inspekteur von 1957 bis 1962, Generalleutnant Josef Kammhuber, Offizier schon im ersten Weltkrieg, hat 1925 einen Generalstabslehrgang der Reichswehr absolviert und wurde im Truppenamt des Reichswehrministeriums – dem getarnten Generalstab – eingesetzt. Nach einer Pilotenausbildung in der UdSSR (1930/31) im Rahmen der fatalen Zusammenarbeit von Roter Armee und Reichswehr wirkte er ab Herbst 1933 in verantwortlicher Funktion in der Organisationsabteilung des Reichsluftfahrtamtes am forcierten Aufbau der Luftwaffe mit. Ab 1937 Leiter der Operationsabteilung im Ministerium, wurde Oberst Kammhuber Anfang 1940 Kommodore des Kampfgeschwaders 51 »Edelweiß«. Flugzeuge seines Geschwaders bombardierten am 10. Mai 1940 Freiburg im Breisgau. Sofern das überhaupt Erwähnung findet,[29] wird von einem »irrtümlichen« Angriff gesprochen, der 57 Einwohner das Leben kostete. Widerspruch gegen die in der DDR verbreitete Version, dass Hitler ähnlich dem angeblich polnischen Überfall am 31. August 1939 auf den deutschen Sender Gleiwitz die vorgeblich feindlichen Bomben auf Freiburg befohlen habe, um einen Vorwand für die Bombardierung Rotterdams zu schaffen, ist nicht bekannt. An jenem 10. Mai jedenfalls hatte die Wehrmacht die Niederlande überfallen, waren bei Rotterdam erstmals Fallschirmjägereinheiten unter Trettner abgesetzt worden. Vier Tage danach – am Tag der Kapitulation der Niederlande – legte die Luftwaffe deren zweitgrößte Stadt in Trümmer. Nur Monate später wurde Kammhuber zum Generalmajor befördert und mit dem Ritterkreuz dekoriert. Im weiteren Kriegsverlauf konnte er ein Fliegerkorps und später eine Luftflotte in Norwegen kommandieren.

Chef des Stabes im Führungsstab der Luftwaffe und zugleich Stellvertreter des Inspekteurs Kammhuber war 1961/62 Generalmajor Hans Trautloft. »Am Spanischen Bürgerkrieg nahm Trautloft als Oberleutnant, seit 1. 3. 1936, und Staffelführer teil und errang bei der Legion Condor fünf Luftsiege, für die er mit dem deutschen Spanienkreuz in Gold ausgezeichnet wurde.« Mit 28 Jahren 1940 Kommodore eines Jagdgeschwaders geworden, führte er das »mit großem Erfolg ... gegen England, auf dem Balkan und in Rußland«. Das Ritterkreuz für den Major wurde 1941 urkundlich unter anderem begründet: »Bei Tiefangriffen und Bombenflügen im Westen und Osten hat sein Geschwader, durch seine persönliche Tapferkeit mitgerissen, hervorragende Erfolge erzielt.«[30] Aus dem Oberst von 1943 wurde 1957 ein Brigadegeneral.

Die Besetzung von Führungsposten mit überzeugten militärischen Dienern des Nazi-Regimes war alles andere als eine »Jugendsünde« der Bundeswehr und ihrer politischen Auftraggeber. Männer dieses Schlages waren noch zu jener Zeit aktiv am Werk, als sich die Bundesrepublik in der zweiten Hälfte der 60er Jahre massiv auch personell in Vietnam an die Seite der USA stellte. Generalleutnant Johannes Steinhoff amtierte von 1966 bis 1970 als Inspekteur der Luftwaffe. Während des »Frankreichfeldzuges« hatte er »die heiße Phase der Luftschlacht um England« erlebt, doch so richtig wurde man »erst während seiner Dienstzeit an der Ostfront auf den Jagdflieger aufmerksam, die im Juni 1941 begann. An der Spitze seiner Staffel flog Steinhoff unzählige Jagd- und Geleit-

schutzeinsätze, wobei er große Erfolge gegen sowjetische
Jäger melden konnte.« Sein Kriegsdienst mit »176 Luft-
siegen«, davon »26 im Westen«, endete als Oberst. »Als
begeisterter Flieger und überzeugter Soldat war Steinhoff
einer der ersten, die 1955 wieder in den Militärdienst eintraten.«[31] Wie Heusinger von 1961 bis 1964, so war der
Vier-Sterne-General Steinhoff von 1971 bis 1974 Vorsitzender des NATO-Militärausschusses.

Die Bundesrepublik wusste die nach ihrem Gusto
überragenden Verdienste der Militärs der letzten und
ersten Stunde zu honorieren. Zu Heusingers Kriegs-
verdienstkreuz I. Klasse mit Schwertern durfte sich das
Große Verdienstkreuz mit Stern und Schulterband des
Verdienstordens der Bundesrepublik Deutschland gesel-
len. Ritterkreuzträger Foertsch wurde gleiche bundesdeutsche Ehre zuteil. Auf Trettners Ordenskissen fand
diese höchste Auszeichnung der Bundesrepublik neben
höchsten franco-spanischen Orden und dem Ritterkreuz
des Eisernen Kreuzes mit Eichenlaub ihren Platz. Auch
Ruge und Kammhuber hinterließen neben dem Ritterkreuz das Große Verdienstkreuz mit allem Zubehör. Für
Steinhoff reichte es trotz des Ritterkreuzes mit Eichenlaub und Schwertern nur zum Großen Bundesverdienstkreuz mit Stern. Ritterkreuzträger Trautloft schließlich
bedachte man mit dem Bundesverdienstkreuz mit Stern.

Als die USA nach dem Beginn ihres direkten Feldzu-
ges gegen die Befreiungsbewegung in Südvietnam und
des massiven Luftkrieges gegen den Norden im Laufe
des Jahres 1965 mit Macht darauf drängten, Einheiten
der Bundeswehr nach Südostasien in Marsch zu setzen,
dürfte man in Washington auch auf die »Merits« gerechnet haben, die Orden der »Legion des Verdienstes«, die

so erfahrenen, verdienstvollen und für neue antikommunistische Feldzüge äußerst nützlichen deutschen Militärführern zugedacht worden waren. Ihre höchste Auszeichnung für ausländische Militärs, den Orden *Legion of Merit Commander,* durfte Heusinger tragen. Diese Commander-Klasse der *Legion of Merit* wurde auch Ruge und Kammhuber angeheftet. Den *Legion of Merit* gedachten sie auch Foertsch, Trettner, Steinhoff und einigen anderen zu. Es kann nicht verwundern, dass das nach Gegenleistung verlangte. Die aber musste zum Leidwesen diesseits und jenseits des Atlantiks Wunschtraum bleiben. Man hatte sich zwangsläufig anders zu orientieren. Krimschild (Steinhoff), Spanienkreuz (Trettner), Ärmelband Kreta (Trettner), Ärmelband Kurland (Foertsch) und die vielen anderen Schilde, Kreuze und Ärmelbänder zur Erinnerung an deutsche Waffentaten vielerorts in Europa konnten nicht durch einen Vietnam-Schild oder ein Ärmelband Indochina ergänzt werden. Mit welchen Auszeichnungen dann jene bedacht worden sein mögen, die man pro forma aus der Bundeswehr entließ, um sie als Techniker in Zivil oder in anderer Eigenschaft nach Südvietnam zu schicken, wird wahrscheinlich ein Geheimnis bleiben.

Bonn rechtfertigt Bombardierung des Nordens

Im Laufe des Jahres 1964 erwies sich sehr schnell, dass auch McNamaras Planung nicht den gewünschten Effekt bringen werde. Die FAPL lieferten den Saigoner Truppen weiter schwere Gefechte und schlugen verbissene Attacken auf befreites Gebiet zurück. Zeitgleich griffen Unruhen erstmals in den für sicher gehaltenen großen Städten um sich, demonstrierten und streikten in Saigon, Hue, Da Nang und andernorts Zehntausende. Washington aber war weit von der Einsicht entfernt, dass das antikommunistische Abenteuer in Indochina mit einem Fehlschlag enden könnte. Zu dem Zeitpunkt, da in maßgeblichen Kreisen der Bundeswehr die in der Studie dokumentierte Sorge um Südvietnam umging und eigene Vietnam-Blütenträume konkreten Ausdruck fanden, waren nicht nur die materiell, personell und finanziell extrem aufwändigen Arbeiten zum Bau der »Festung Südvietnam« nach McNamaras Vorstellungen in vollem Gange. Insgeheim hatte man im Pentagon mit dem Segen der politischen Führung in Washington längst die Arbeit an Plänen für direktes militärisches Eingreifen der USA mit Kampftruppen im Süden und der Bombardierung des Nordens aufgenommen. Offenkundig war, dass man nicht allein auf die Wirksamkeit eines Sperrriegels am 17. Breitengrad zu setzen beabsichtigte.

Die *Süddeutsche Zeitung* bemerkte am 21. Februar in einer Lageanalyse: »Die anhaltenden Rückschläge in Südvietnam haben in Washington zu ernsten Überlegungen geführt. Es gibt Befürworter einer erheblichen Verstärkung der amerikanischen Rolle in der Bekämpfung der kommunistischen Viet Congs. Sie drängen auf einen Übergang zum offensiven Guerillakrieg gegen Nordvietnam.« Militärische und politische Hardliner in Washington hatten schon lange für eine offene militärische Intervention plädiert. Im November 1961 hatten McNamara und Außenminister Dean Rusk in einem Memorandum an Präsident Kennedy auf Vorbereitungen orientiert, »US-Kampftruppen hineinzubringen, wenn das für den Erfolg notwendig ist«, und zugleich »gegen die Quelle der Aggression in Nordvietnam loszuschlagen«. Es müsse »nun beschlossen werden, uns zu engagieren, um zu verhindern, dass Südvietnam in die Hände der Kommunisten fällt«. Bereits im Mai jenes Jahres hatte eine interministerielle Arbeitsgruppe in einem »Aktionsprogramm für Südvietnam« dem Präsidenten empfohlen, »in Nordvietnam Widerstandsnetze und geheime Ausrüstungsbasen für Sabotage und Störaktionen installieren« zu lassen. Die MAAG müsse »Kräfte der südvietnamesischen Armee für Rangerüberfälle und ähnliche militärische Aktionen in Nordvietnam« vorbereiten.[1]

Dieser verdeckte, von den USA ferngesteuerte Krieg gegen Vietnams Norden nahm 1964 eine neue Dimension an. Im Januar billigte der Nationale Sicherheitsrat in Washington »die Unterstützung geheimer Aktionen Südvietnams gegen Nordvietnam durch die CIA«. Ein »Sonderbericht über Vietnam«, von der CIA im Mai präsentiert, nannte die Lage im Süden »äußerst prekär«. Der

Geheimdienst warnte: »Wenn bis Ende dieses Jahres die Welle der Verschlechterung nicht zum Stillstand gebracht wird, ist die antikommunistische Position in Südvietnam wahrscheinlich nicht mehr länger zu halten.«[2] Wie ernst die Lage aus Sicht des Westens war, machte am 13. Juli auch der bundesdeutsche *Stern* deutlich: »Es ist eine bittere, traurige Wahrheit: Fänden heute in ganz Vietnam Wahlen statt, frei, geheim, UNO-kontrolliert – der rote Staatschef von Nordvietnam Ho Chi Minh könnte sich auch in Südvietnam seines Sieges sicher sein, und Vietnam würde kommunistisch wiedervereinigt.« Die düstere CIA-Prognose mündete zunächst in Präsident Johnsons Auftrag an State Department und Pentagon, »einen detaillierten politisch-militärischen Plan für abgestufte Aktionen gegen Nordvietnam auszuarbeiten«. Das Verteidigungsministerium legte zugleich den Entwurf einer Resolution vor, »mit dem der Kongress um Zustimmung ersucht wurde, die US-Militäraktionen in Indochina auszuweiten«.[3]

»Wenn die USA in Südostasien nicht das Gesicht verlieren wollen, müssen sie schon in allernächster Zeit zu Aktionen schreiten, die klare Verhältnisse schaffen und dem sich auch in diesem Teil der Welt immer mehr ausbreitenden kommunistischen Einfluß zumindest einen Damm entgegenstellen«, lautete der kategorische Imperativ in der Studie der Führungsakademie der Bundeswehr von Mitte des Jahres. Es ist nicht auszuschließen, dass dem bereits vertrauliche Fingerzeige aus Washingtoner Militärkreisen zu Grunde lagen, dass die Bundeswehrspitze insgeheim ins Bild gesetzt war, was zu diesem Zeitpunkt schon gezielt vorbereitet wurde und als »Zwischenfall im Golf von Tonkin«[4] in die Geschichte dieses

Krieges eingehen sollte. Frankreich hingegen wurde offenkundig im Vorfeld dessen mit Vorbedacht falsch informiert. Vize-Außenminister George Ball jedenfalls versicherte in Paris Präsident Charles de Gaulle bei der Erläuterung der »neuen amerikanischen Pläne in Indochina«, es werde »keine Ausweitung des Krieges auf Nordvietnam« geben.[5]

Was sich am 2. und 4. August nach damaliger amerikanischer, von den Verbündeten emsig kolportierter Propaganda-Lesart angeblich ereignet hat, war der Vorwand für den Beginn der Bombardierung Nordvietnams. Die tatsächlichen Geschehnisse vor der Küste Nordvietnams, die hier nicht im Detail beschrieben werden können, hat Ex-Minister McNamara in seinen seit 1996 in deutscher Sprache vorliegenden Memoiren detailliert und relativ schonungslos geschildert.[6] Nach einem Überfall südvietnamesischer Patrouillenboote auf zwei nordvietnamesische Inseln am 30. Juli war am folgenden Tag der USA-Zerstörer *Maddox* provokatorisch in den Golf eingelaufen. Am 2. August traf er auf Schnellboote der vietnamesischen Marine, die offenbar ein paar ungezielte Warnschüsse abgaben. Johnson beorderte einen weiteren Zerstörer in den Golf. Am Morgen des 4. August attackierten südvietnamesische Boote wiederum die Küste Nordvietnams. In der Folge meldete die *Maddox* einen gegen sie gerichteten Angriff von »nichtidentifizierten Schiffen«, was sich dann zwar als Falschmeldung erwies, in Washington aber zum Anlass genommen wurde, den Nationalen Sicherheitsrat zusammenzurufen. Die bemerkenswert offene Schilderung der Ereignisse durch McNamara lässt keinen Zweifel am Wahrheitsgehalt einer Erklärung des DRV-Außenministeriums, wonach sich am Tag und in der Nacht des 4. August kein Kriegsschiff der DRV dort befand, wo es einen Angriff gegeben haben soll.

Ungeachtet des wahren Sachverhalts befahl Johnson als Reaktion auf den erfundenen Angriff vom 4. August sofort die ersten Luftangriffe auf einige Wirtschafts- und Militäreinrichtungen im Süden Nordvietnams. Am 7. August beschloss der arglistig getäuschte USA-Kongress bei zwei Gegenstimmen die vom Pentagon vorbereitete sogenannte *Gulf of Tonkin Resolution,* welche die DRV einer »gezielten und systematischen Aggression« zieh. Der Präsident wurde ermächtigt, »alle notwendigen Maßnahmen zu ergreifen, um jeden bewaffneten Angriff gegen die Streitkräfte der Vereinigten Staaten zurückzuschlagen und weitere Aggression zu verhindern«. Diese Resolution kam, wie McNamara schreibt, »einer Kriegserklärung der Vereinigten Staaten an Vietnam gleich«. Auf sie habe sich die Administration berufen, »um ihre militärischen Operationen in Vietnam von 1965 an als verfassungsmäßig zu rechtfertigen«. Ball gestand 1977: »Viele von denen, die mit dem Krieg befasst waren, ... haben nach einem Vorwand für die Bombardierungen gesucht.«

Die Entwicklung in Vietnam wurde schlagartig zu einem weltweit äußerst kontrovers diskutierten Thema. Während USA-Senator Wayne Morse im Kongress gewarnt hatte, dass das »Ausland die amerikanischen Aggressionsbeschuldigungen gegen Nordvietnam mit Hohnlachen aufnimmt«, so wie es auch das Gerede von der »Verteidigung der Freiheit in Südvietnam« beurteile, machten sich die westlichen Regierungen mit Ausnahme Frankreichs die Propagandalügen Washingtons voll zu eigen. Sie spendeten dem von ihm eingeschlagenen Kriegskurs in NATO-Bündnistreue demonstrativ Beifall. In Bonn ließ sich der Verteidigungsausschuss des Bundestages in einer Geheimsitzung von Fachminister Kai Uwe von Hassel über die Lage informieren. Parteiensprecher »trugen allgemein gehaltene Positionen vor, wonach die Bundesregierung die Entwicklung mit Sorge verfolge, die FDP eine amerikanische Notlage sehe und die SPD den notwendigen Gegenschlag begrüße«. Kanzler Erhard ließ vom Urlaub aus den Sprecher der Bundesregierung Washington sein »Verständnis« übermitteln.[7] Die »Maßnahmen der USA« erfolgten »in Übereinstimmung mit dem Völkerrecht«, verkündete der Sprecher allen Ernstes. Wenig später ließ sich der Kanzler vernehmen: »Es ist selbstverständlich, ... dass wir in dem harten Kampf, in dem Amerika steht, um in Vietnam die Freiheit zu verteidigen, uns angesprochen fühlen müssen.«

Waren die Politikeräußerungen in Bonn zwar eindeutig in der Rechtfertigung der USA-Politik, in gewisser Weise aber noch maßvoll, so überbot sich ein großer Teil des westdeutschen Blätterwaldes auch jenseits des Hauses Springer in Scharfmacherei. Nahezu einhellig begrüßte die rechtsbürgerliche Journaille den »härteren Kurs der USA in Vietnam«. Schlagzeilen am 6. August waren: »Harter Vergeltungsschlag« (*Telegraf*, Westberlin), »USA schlagen gegen Nordvietnam zurück – 64 Luftangriffe auf Militärbasen und Schiffe« (*Die Welt*, Hamburg), »Das war der Vergeltungsschlag« (*BZ*, Westberlin) oder »Amerikanischer Vergeltungsschlag / Nachschubbasen in Flammen / Rote Schnellboote versenkt / USA-Verluste: Zwei Flugzeuge / Höchste Alarmstufe für US-Einheiten / Greift Rotchina ein?« (*Bild*) Die Westberliner *BZ* kommentierte: »Die Waffen haben gesprochen! USA-Präsident Johnson befindet sich mitten in seiner ersten großen außenpolitischen Bewährungsprobe.« In der *Welt* war zu lesen: »Die weltpolitischen Bedenken, die bisher gegen derartige Aktionen ins Feld geführt worden sind, sind seit Dienstagmorgen hinfällig geworden.« Ein Ja zum amerikanischen Vorgehen sei »ein selbstverständliches Gegenstück zu dem den Amerikanern abgeforderten ›Ja‹ zur gleichen Haltung auf unserem Kontinent.« Die *Bonner Rundschau* jubelte, die Amerikaner »fliegen Luftangriffe und arbeiten mit den härtesten Mitteln des Guerillakrieges: der verbrannten Erde und des mordenden Stoßtrupps. (…) In dieser Politik liegt die einzige Chance.«

Die neutrale Welt war schockiert, die sozialistischen Länder erhoben scharfen Protest, so am 5. August in einer von ihnen initiierten Dringlichkeitssitzung des UN-Sicherheitsrates in New York. »In offiziellen Kreisen der DDR wird diese von den reaktionären Kräften des Pentagons ausgelöste Provokation gegen die Demokratische Republik Vietnam auf das entschiedenste verurteilt und die unverzügliche Einstellung jeglicher aggressiver Handlungen der USA gefordert«, hieß es in einer Erklärung, zu der die Nachrichtenagentur ADN ermächtigt worden war. Während die Weltöffentlichkeit alarmiert sei, »beweisen die Bonner Ultras ein weiteres Mal, daß sie an der Seite derjenigen stehen, die an einer Verschärfung der internationalen Lage interessiert sind, ganz gleich, ob in Europa oder in einem anderen Teil der Welt.« Die Haltung der Bundesrepublik zeige, »daß sie das Selbstbestimmungsrecht der Völker, von dem in Bonn so viel gesprochen wird, auch in Bezug auf das vietnamesische Volk mit Füßen tritt«. Die DDR hingegen stehe »nach wie vor fest an der Seite des vietnamesischen Volkes und bekräftigt im Zusammenhang mit den jüngsten Ereignissen erneut ihre solidarische Verbundenheit mit ihm«.[8]

Auf die mit Lügen erschlichene Kongressresolution gestützt, begann nach den August-Nadelstichen am 5. Februar 1965 der systematische Zerstörungskrieg der USA aus der Luft und von See her gegen den Norden. Am 6. März gingen im Hafen von Da Nang zwei Bataillone der amerikanischen Marineinfanterie an Land. Damit betraten die ersten USA-Kampfeinheiten vietnamesischen Boden, war der Startschuss für die offene Aggression auch im Süden gefallen. Mitte Juli standen bereits mehr als 80 000 amerikanische Soldaten in Südvietnam. Im selben Jahr trafen die ersten Truppen aus Südkorea sowie den SEATO-Mitgliedern Thailand, Australien, Philippinen und Neuseeland ein.[9] Vor Vietnams Küste bezog die VII. USA-Flotte Position, Fliegerverbände wurden in Thailand stationiert, das Strategische Luftkommando (SAC) verlegte achtstrahlige B-52 in den pazifischen Raum. Ende 1965 verfügte General Westmoreland, Chef des MACV und damit Oberkommandierender in Südvietnam, schon über rund 190 000 Mann und gewaltige Mengen modernsten Kriegsmaterials. Damit war auch dem Verlangen strategischer Hirne der Bundeswehr Genüge getan, dass »das Pentagon sich nicht mehr mit halben Maßnahmen begnügen darf«.

Ergebenheitsadressen Bonns gegenüber dem Verbündeten unmittelbar nach dem 4. August und später waren logische Folge dessen, dass im Vorfeld des ersten offiziellen Erhard-Besuchs im Weißen Haus in Washington im Juni 1964 – seiner dritten USA-Visite seit Amtsantritt als Kanzler – »amerikanisches Drängen auf deutsche Truppen« sehr deutlich geworden war, wie in Presseberichten registriert wurde. Erhard aber zögerte noch. Der *Mannheimer Morgen* grollte am 6. Juni, in der Bundesrepublik stoße McNamaras »Wunsch nach deutscher Hilfe in Südvietnam« vielfach auf Unverständnis oder gar Widerspruch. »Man übersieht dabei, daß für die Vereinigten Staaten die Eindämmung der kommunistischen Expansion in Hinterindien genau so wichtig erscheint wie die Verteidigung West-Berlins.« Die USA aber meinten, bei der »Abwehr des Kommunismus« müsse innerhalb der NATO »eine Hand die andere waschen«. Das bedeute, dass die Bundesrepublik als Gegenleistung für die »Verteidigung der Berliner« etwas zur Festigung der Position »in und um Saigon« tun müsse.[10] Während seiner Visite stimmte Erhard, wie im Kommuniqué vom 12. Juni zu Südostasien erklärt wurde, mit Johnson darin überein, dass die »Republik Vietnam in ihrem Widerstand gegen den Viet Cong volle Unterstützung erfahren« müsse.[11]

Washington ließ in der Frage eines Bundeswehreinsatzes in Südvietnam jedoch nicht locker. Immer wieder kam der Anstoß zu Debatte und Spekulation darüber aus den USA. Mitte 1965 attestierte die *Hannoversche Allgemeine* den Amerikanern »ein unstillbares Verlangen, die Deutschen vor ihren Karren zu spannen. Nichts wäre ihnen lieber als ein sichtbares Engagement in Vietnam, möglichst nicht nur auf wirtschaftlichem Gebiet.«[12] Bei einem Besuch McNamaras in Bonn in jenem Jahr war Zeitungen die »wenig kaschierte Bitte« an den deutschen NATO-Partner zu entnehmen, »sich aktiv an der Unterstützung der Verteidigungsbemühungen

Südvietnams gegen die kommunistische Bedrohung zu beteiligen«. Ministerkollege Kai Uwe von Hassel habe aber nur die »Prüfung von Materialwünschen im Bereich des Sanitätswesens« zugesagt.[13]

Das Zaudern der Bundesregierung entgegen dem Drängen aus den Reihen der Bundeswehr in der Frage militärischen Mittuns, nun schon mindestens seit der vertraulichen Offerte Erhards von Ende 1963 zu registrieren, hatte einen Vorfall zur Folge, über den DER SPIEGEL 2001 berichtete. »Auf die Idee, dass die Deutschen nicht nur Zelte aufbauen und Gulasch austeilen konnten, kam zuerst US-Präsident Lyndon B. Johnson. Der Texaner brauchte 1965 Soldaten für den Vietnam-Krieg und fand, dass die Westdeutschen sich am Mekong für die amerikanische Schutzgarantie in Berlin revanchieren könnten. Die Bundesregierung war nicht begeistert. Der Vietnam-Krieg war in Deutschland schon 1965 unpopulär.« Das Blatt weiter: »Fünf Tage vor Weihnachten verpasste Johnson dem widerstrebenden Bundeskanzler Ludwig Erhard eines der berüchtigten ›Johnson-Treatments‹. Der Präsident schmeichelte und jammerte, brüllte, schrie und tat schließlich so, als wollte er dem Kanzler an den Kragen: Jetzt zeige sich, wer Amerikas wahre Freunde seien. Der Präsident forderte für Vietnam eine Sanitätseinheit von 200 Mann und ein Pionierbataillon von 1000 Mann. US-Verteidigungsminister Robert McNamara ließ wenige Wochen später durchblicken, dass auch deutsche Kampftruppen willkommen seien. Erhard versprach lieber viel Geld für das südvietnamesische Regime und schickte das Hospitalschiff ›Helgoland‹ vor die vietnamesische Küste, das bald in den Verdacht geriet, eine Mischung aus Kneipe und Bordell zu sein.«[14]

Henry Kissinger, seit Anfang der 60er Jahre Sicherheitsberater der Präsidenten Kennedy und Johnson, berichtete einmal über ein Gespräch mit Erhard im Januar 1966: »Erhard fragte nach Vietnam, und ich beschrieb ihm kurz die Lage. Er sagte, er denke, die Bombardierung des Nordens solle weitergehen, damit Amerika nicht schwach und unentschlossen erscheint. (...) Er fragte, ob wir wirklich deutsche Kampftruppen in Vietnam wünschen.« McNamara habe BRD-Botschafter Knappstein »gedrängt, mindestens Pionierbataillone nach Vietnam zu entsenden. Er denke, dass die Entsendung uniformierten Personals außer Frage stehe. Er sei jedoch bereit, mit der Ausweitung der ökonomischen Hilfe und der Ermunterung deutscher ziviler Baufirmen, sich in Vietnam zu beteiligen, ein echtes Opfer zu bringen.«[15] Die Debatte ging im Laufe jenes Jahres unvermindert weiter. Schon im Januar sahen sich CDU, SPD und FDP veranlasst, unisono Presseberichte als »Gerüchte« abzuqualifizieren, »Techniker- oder Sanitätergruppen der Bundeswehr sollten als halb-, pseudo- oder quasi-militärische Einheiten nach Südvietnam entsandt werden«.[16] Ihr Dementi konnte nicht überzeugen. Die DDR griff dies wie vieles anderes aus westdeutschen Medien über Aktivitäten der Bundesrepublik in oder im Zusammenhang mit Südvietnam später unwidersprochen auf. Erhards Äußerung, kein »uniformiertes« Personal entsenden zu wollen, verlor durch diverse Enthüllungen ihre vermeintliche Harmlosigkeit.

Bisweilen trieben Spekulationswut und Sensationsgier bundesdeutscher Blätter auch die wildesten Blüten, so zum Beispiel, als gleich mehrere von ihnen im Februar 1966 »einen möglichen ›deutsch-deutschen Bruderkrieg‹ im Dschungel Vietnams« nahen sahen, »wenn Einheiten der Nationalen Volksarmee und der Bundeswehr aufeinanderstießen«.[17] Dass die *Frankfurter Allgemeine* dabei mit von der Partie war, verwundert nicht. Auf Soldaten der NVA konnten Bundeswehrangehörige in Südvietnam nicht stoßen, damals nicht und nirgendwann während des Krieges. Die Bundeswehr hingegen hätte nicht nur in Zivil, wie im Laufe der Zeit ruchbar wurde, in ganzer Größe präsent sein können, wären deren Gelüste, aber auch die Wunschvorstellung Wirklichkeit geworden, die einer von Johnsons und McNamaras ranghöchsten Kommandeuren in Südvietnam im November 1966 aussprach. Nach einem Inspektionsflug zusammen mit BRD-Botschafter Dr. Wilhelm Kopf, einst Diplomat im Dienste des Nazi-Regimes, sagte General de Puy gegenüber dem Chefredakteur der *Neuen Ruhr-Zeitung,* Jens Feddersen: »Das beste wäre, ich hätte an meiner rechten und an meiner linken Flanke je eine deutsche Division.«[18]

Anstelle der verhinderten Bundeswehrführung bot ganz im Sinne des Generals Mitte Juni 1966 ein Mann seine Dienste in Vietnam an, der als 19-Jähriger 1939 Soldat der Wehrmacht geworden war, in Polen, Frankreich und der UdSSR gekämpft hat und das EK I bekam, in amerikanischer Kriegsgefangenschaft saß, dann auf USA-Luftstützpunkten in Westdeutschland gearbeitet hat und 1956 in die Bundeswehr eintreten wollte. Aus unerfindlichen Gründen abgelehnt, wanderte er nach Südafrika aus, um von dort aus gegen den »Kommunismus« zu kämpfen. Siegfried Müller verdingte sich 1964 »mit gut drei Dutzend weiteren Wehrmachts- und Bundeswehrsoldaten als ›military technical assistance volunteer‹«[19] und trat als Angehöriger, binnen kurzem als Major und Chef einer internationalen Söldnertruppe in die Dienste des kongolesischen Separatistenführers und Putschisten Moise Tshombe. Von der einstigen Kolonialmacht Belgien und den USA unterstützt[20], bedienten sich Tshombe und Armeechef General Mobutu Sese-Seko, der 1961 den Mord am ersten Ministerpräsidenten des 1960 unabhängig gewordenen Landes, Patrice Lumumba, befohlen hatte, ab August 1964 der äußerst brutal agierenden Söldnertruppe im Kampf gegen aufständische Anhänger Lumumbas in Ostkongo. »Kongo-Müller« und die rund 700 weißen Söldner, unter ihnen zahlreiche Deutsche, erwarben sich angesichts ihrer Gräueltaten bei der Bevölkerung den Namen »Les Affreux« (Die Furchtbaren).

Im März 1966 ließ Müller in einem in Frankfurt (Main) aufgegebenen Brief den Saigoner Regierungschef General Nguyen Cao Ky wissen, er habe in Südafrika 600 Mann, »die bereit wären, unverzüglich nach Vietnam zu gehen«. Darüber hinaus könne er innerhalb kürzester Frist auch »eine ganze Division« aufstellen. Er empfahl sich als »Experte von Revolutions- und Befreiungskriegen und gutbekannter Feind des Kommunismus« und bot an, sofort nach Saigon zu kommen, um Einzelheiten des »Kampfes gegen den Vietcong« zu besprechen. Aus Kreisen der Bundesregierung wurde am 18. März bekannt, dass Erhards Kabinett nicht nur über den Inhalt des Briefes informiert war, sondern auch den Termin seiner Absendung bestimmt hat. Bestürzung habe in Bonn hervorgerufen, dass das »streng vertrauliche« Papier durch eine Indiskretion des Verteidigungsministeriums in Saigon bekannt werde.[21]

Offenkundig sah man in Bonn in der Offerte Müllers eine willkommene Gelegenheit, dem Drängen Washingtons nach militärischem Beistand in Vietnam entsprechen zu können, ohne Bundeswehreinheiten entsenden zu müssen. Dafür bot sich nun eine gewisse Reserve an. Einer von vielen deutschen Söldnern aus dem persönlichen Umfeld Müllers in Kongo, ein gewisser Fritz Kötteritzsch, war einst Zeitsoldat bei den Fallschirmjägern der Bundeswehr[22] und nicht der einzige Bundeswehrreservist. Müllers Ehefrau, in Langen (Hessen) wohnhaft, erklärte dem Frankfurter Korrespondenten des Berliner Pressebüros (BPB) am 19. März, ihr Mann habe schon im Dezember 1965 bei seinem vorausgegangenen Aufenthalt in der Bundesrepublik einen Brief mit gleichem Angebot nach Saigon gesandt.[23] Darauf gab es offenbar keine Reaktion. Das Bekanntwerden seines zweiten Briefes, nunmehr mit regierungsamtlicher Regie expediert, verursachte international einigen Wirbel und wurde für die Bundesregierung zu einer Peinlichkeit ersten Ranges. Als noch im selben Jahr »Der lachende Mann« auf Kinoleinwänden im In- und Ausland erschien, lief man Amok. »Der Film sorgte in der Bundesrepublik Deutschland für einen Skandal, der dazu führte, dass *Der lachende Mann* für einen längeren Zeitraum nicht ausgestrahlt bzw. im Kino gezeigt werden durfte.«[24] Die DDR-Dokumentarfilmer Walter Heynowski und Gerhard Scheumann hatten diesen Siegfried Müller sein eigenes entlarvendes Porträt zeichnen lassen.

Die Gründe dafür, warum aus dem »geplanten Einsatz in Vietnam«, wo Müller »gern den Kommunismus bekämpft hätte«,[25] nichts wurde, liegen im Dunkeln. In Saigon jedenfalls teilte man das Interesse Bonns an der Offerte. Am 21. März ließ sich dort der nominelle Staatschef General Nguyen Van Thieu vom Leiter einer Sondermission der Bundesrepublik, dem ehemaligen SS-Untersturmführer und Nazi-Diplomaten Dr. Hans Schmidt-Horix, über Müllers Plan im Detail informieren. Wie in Saigon verlautete, habe Thieu die »große Bereitschaft der Bundesregierung gewürdigt, jede Möglichkeit zu nutzen, um den Kampf für die Sicherung der freiheitlichen Ordnung in Südvietnam zu unterstützen«.[26]

Der Söldnerboss ging nach Südafrika zurück und baute dort eine »Firma für Werkschutz und paramilitärische Einsätze« auf.[27] Möglich könnte sein, dass Washington trotz aller Barbarei seiner Kriegführung im Süden damals noch Skrupel hatte, in dem Feldzug für die doch so hehren Ideale der freien Welt an der Seite der US-Boys einen marodierenden Haufen zwielichtiger Elemente analog den Kongo-»Furchtbaren« zu wissen, deren Anwesenheit auch in der westlichen Öffentlichkeit wohl kaum Beifall gefunden hätte. Dass sich die Regierung Erhard nicht scheute, nicht nur für einen solchen Einsatz in Südvietnam zu werben, sondern quasi auch noch als Mittler zwischen Müller und dem damaligen Saigoner Regierungschef zu fungieren, spricht dagegen für sich.

Genau zu jener Zeit, da Anfang Februar 1965 mit der »Operation Flaming Dart« (Operation Flammender Speer) der Luftkrieg gegen den Norden in aller Schärfe begann und die ersten amerikanischen Kampfeinheiten den Boden Vietnams betraten, hatte es in Saigon nicht den letzten Putsch gegeben. Als Mitglied eines Militärtriumvirats war der Fliegergeneral Nguyen Cao Ky an die Spitze der Administration gelangt. Dieser Mann hatte 1954 den Besuch einer französischen Fliegerschule im marokkanischen Marrakesch und 1958 die Ausbildung am Air Command and Staff College in den USA abgeschlossen. Nach dem Sturz Diems 1963 war er Chef der

Saigoner Luftwaffe geworden, die mit massiver USA-Hilfe bald eine Mannschaftsstärke von 10 000 Mann erreichte. Im Juli 1965 machte dieser treue Verbündete der USA in einem Interview mit der britischen Zeitung *Daily Mirror* deutlich, wes Geistes Kind er war. Ky erklärte: »Leute fragen mich, wer meine Helden sind. Ich bewundere Hitler, weil er sein Land zusammengebracht hat, als es Anfang der 30er Jahre in einem schrecklichen Zustand war. Die Lage hier ist aber jetzt so hoffnungslos, dass ein Mann nicht ausreichen würde. Wir brauchen vier oder fünf Hitlers in Vietnam.«[28]

Es ist nicht bekannt, dass sich in Bonn irgendjemand daran gestört oder von dem Bewunderer Hitlers öffentlich distanziert hätte. Die moralische, politische, wirtschaftliche und vor allem finanzielle Unterstützung Saigons, stets mit dem Etikett der »humanitären Hilfe« versehen, setzte man unverdrossen und in immer größerem Umfang fort.

Die USA hatten zwischen August 1964 und Februar 1965 für den Bombenkrieg gegen den Norden eine gewaltige Luftstreitmacht in Thailand, auf den Philippinen, der Marianen-Insel Guam, auf Okinawa, den japanischen Hauptinseln und mehreren Flugzeugträgern zusammengezogen, ergänzt durch starke Fliegerkräfte in Südvietnam. Im Bombenhagel der im März als neue Phase eingeleiteten »Operation Rolling Thunder« (Operation Rollender Donner) und im konzentrierten Feuer amerikanischer Schiffsartillerie lag in den folgenden Monaten der ganze südliche und mittlere Teil Nordvietnams bis etwa 60 Kilometer südlich der Hauptstadt Hanoi. Mit Beginn der neuen Bombardierungsphase gab das Pentagon grünes Licht für den Einsatz von Napalmbomben nicht nur im Süden, sondern auch gegen den Norden. Schon in diesem ersten Jahr des Zerstörungskrieges gegen den Norden war offensichtlich, dass die bis zum Ende ausgangs des Jahres 1972 strapazierte amerikanische Propagandaversion, es würden »only military targets« (nur militärische Ziele) angegriffen, die wie schon die Mär vom Tonkin-Zwischenfall von den Verbündeten eifrig kolportiert wurde, nichts als eine blanke Lüge war.

Die sozialistische Welt und in ihrem vertraglichen Verbund die DDR beließen es im Laufe des Jahres 1965 nicht bei verbalem Protest und politisch-moralischem Beistand für den überfallenen vietnamesischen Norden. Sie ergriffen auch postwendend Maßnahmen zur Unterstützung der DRV bei der Stärkung ihrer Verteidigungsfähigkeit.

DDR-Außenminister Otto Winzer informierte am 8. Februar den Botschafter der DRV in Berlin, dass die barbarischen Luftangriffe Anfang Februar »bei der Bevölkerung der Deutschen Demokratischen Republik einen Sturm der Entrüstung ausgelöst haben«. Die Regierung der DDR verurteile die Luftüberfälle »als eine äußerst ernste Provokation und eine grobe Verletzung des Völkerrechts durch die Vereinigten Staaten von Amerika«. Er verwies darauf, dass der Politische Beratende Ausschuss der Warschauer Vertragsstaaten bereits im Januar die Aggressionspolitik der USA angeprangert habe. »In Übereinstimmung mit dieser Willensäußerung der europäischen sozialistischen Staaten stehen Regierung und Bevölkerung der Deutschen Demokratischen Republik fest an der Seite des vietnamesischen Volkes und seiner Regierung im Kampf zur Abwehr der gefährlichen Provokationen des amerikanischen Imperialismus und für die korrekte Einhaltung der Genfer Indochina-Abkommen von 1954.«²⁹ Das ZK der SED nahm den 35. Jahrestag der Gründung der Indochinesischen KP zum Anlass, in einer Glückwunschbotschaft an das ZK der PWV am 2. Februar 1965 zu bekräftigen, dass »die DDR gemeinsam mit der Sowjetunion und den anderen sozialistischen Ländern, entsprechend den Prinzipien des proletarischen Internationalismus, stets an der Seite der DRV und der Bevölkerung Südvietnams stehen« werde.³⁰

Die Regierung der Bundesrepublik spendete auch nach dem 5. Februar 1965 dem Krieg gegen Nordvietnam kritiklos Applaus. Es war der sichtbare Ausdruck dessen, was Autor Arenth in die Worte kleidete, Kanzler Erhard »bestätigte in mehreren Interviews und während seiner insgesamt fünf Besuche in Washington seine von ›amerikanischen‹ Gesichtspunkten geprägte Sicht der Vietnam-Politik. Es sei für die Bundesrepublik ›ein Ding der Unmöglichkeit‹, den USA ›irgendwo in der Welt‹ eine moralische Stütze zu versagen.« So habe er schließlich auch »die zu einem Glaubensbekenntnis erhobene Metapher, die Freiheit werde in Südvietnam wie in West-Berlin verteidigt«, übernommen.³¹ Ganz in diesem Sinne ließ er im Mai 1965 Johnson in einem Brief wissen, in einer Zeit, in der die USA »vor so schweren Aufgaben und Entscheidungen stehen«, bekenne er sich mit seiner »ganzen moralischen Kraft« zum USA-Präsidenten, dessen »von sittlicher Verantwortung« getragene Haltung er besonders zu würdigen wisse.³²

Zwei Wochen später hieß es im gemeinsamen Kommuniqué über den vierten Besuch Erhards in Washington, der Präsident und der Kanzler hätten die Lage in Südostasien erörtert. »In diesem Zusammenhang hob der Kanzler die Wichtigkeit der gegenseitigen Solidarität im

Umgang mit der kommunistischen Aggression hervor. Er sagte dem Präsidenten seine Unterstützung für die amerikanische Entschlossenheit zu, die Aggression in Vietnam zurückzuschlagen.«[33] Freilich war in totaler Verdrehung der Tatsachen Nordvietnam als Aggressor gemeint. Im Dezember erneut in der USA-Hauptstadt, ließ sich der Kanzler mit der Versicherung vernehmen, die Bundesregierung unterstütze »die opfervolle Kriegsführung der Amerikaner in Vietnam moralisch«.[34] Ende Dezember wurde er in der französischen Zeitung *Le Nouvel Observateur* mit den Worten offenbar gegenüber einem amerikanischen Gesprächspartner zitiert: »Ich schäme mich des geringen westdeutschen Beitrages zum Vietnamkrieg im Vergleich zu der Anstrengung, die Sie selbst leisten.«[35]

Ein großer Teil der westdeutschen Presse blies in dasselbe Horn wie im August des Vorjahres. Die besonders eifrige *Hannoversche Allgemeine* forderte Anfang Februar von den USA, sie sollten in Vietnam »die ganze Gewalt der amerikanischen Militärmacht zu spüren geben« und den Beweis liefern, »daß sie noch Trümpfe in der Hand haben«. Am 11. August scheute sich Springers *Welt* nicht, den Amerikanern den Ratschlag aus der faschistischen Mottenkiste zu geben, sie sollten sich »an die grobe Faustregel des Panzergenerals Guderian halten: ›Nicht kleckern, klotzen‹!« Völliges Unverständnis und auch Schelte mancher Kommentatoren von bundesdeutschen Zeitungen erntete Johnson zu jener Zeit wegen nach ihrer Meinung gefahrträchtiger Schritte. Der schlug am 7. April in einer Rede der DRV »Verhandlungen ohne Vorbedingungen« vor, also ohne vorherige Einstellung des Bombenkrieges und ebenso ohne Verzicht auf den massiven Ausbau der militärischen Präsenz der USA im

Süden. Ablehnung war gewiss. Am 13. Mai verband er eine einwöchige Bombardierungspause mit einem Ultimatum an die DRV, die Unterstützung des Südens zu beenden, ohne einen Abzug der amerikanischen Truppen auch nur anzudeuten. Gleiches versuchte er noch einmal Weihnachten 1965 mit einem Bombenstopp bis Ende Januar. Für das offizielle Bonn waren das Belege für aufrichtiges Bemühen Washingtons um eine Beilegung des Konflikts und für verurteilenswürdige Halsstarrigkeit Nordvietnams.

Bombenterror und demagogische Manöver im Hinblick auf den Norden verbanden sich gegen Ende 1965 mit enormen militärischen Anstrengungen im Süden. Mit Beginn der Trockenzeit im November trat das Gros der amerikanischen Einheiten zusammen mit ihren SEATO-Verbündeten und mehreren hunderttausend Mann der Saigoner Armee zu einer Großoffensive in vielen Regionen Südvietnams an. Trotz massiver Artillerieschläge gegen befreite Gebiete, einsetzender B-52-Flächenbombardements, des Einsatzes von Entlaubungsmitteln und chemischen Kampfstoffen, von Napalm und großen Mengen anti-personnel bombs (heute »Streumunition« oder »Streubomben« genannte Kugel- und Splitterbömbchen in Containern) blieben die vom USA-Kommando erhofften Erfolge aus. Weder wurden befreite Gebiete zurückgewonnen, noch konnten die FAPL und die ersten im Süden operierenden Kräfte der Volksarmee zerschlagen werden. Die eigenen Verluste waren groß, die Offensive wurde im April 1966 abgebrochen.

Mit großem Aufwand den USA zu Diensten

Mit dem ersten Raketen- und Bombenangriff von Jagdbomberschwärmen auf den für den Norden lebenswichtigen Hafen Haiphong dehnten die USA im November 1965 den Luftkrieg auf ganz Nordvietnam aus. Zeitgleich meldete sich in Washington ein Mann zu Wort, der über weit mehr als nur einschlägige Erfahrungen im Führen eines Vernichtungskrieges aus der Luft verfügte: General Curtis LeMay. Er hatte von 1961 bis Februar 1965 den Posten des Generalstabschefs (Chief of Staff) der amerikanischen Luftwaffe inne und war nach 17 Jahren Dienst als General mittlerweile in die Politik gegangen. Dieser LeMay, der »verbissenste Kalte Krieger«,[1] verlangte »eine anhaltende strategische Bombardierungskampagne gegen nordvietnamesische Städte, Binnen- und Seehäfen, die Schiffahrt und andere strategische Ziele«.[2] Er plädierte dafür, »Nordvietnam in die Steinzeit zurückzubomben«. Es müsse »jede Fabrik, jede industrielle Basis zerstört« und dürfe »nicht innegehalten werden, solange hier noch ein Stein auf dem anderen steht«.[3]

LeMays auch eng mit dem Kalten Krieg in Deutschland verbundenes Wirken in verantwortlichen Positionen der US Air Force (USAF) hatte im zweiten Weltkrieg als Oberstleutnant und Kommandeur von Gruppierungen der B-17 »Flying Fortress« (Fliegende Festungen) im

Einsatz gegen deutsche Städte begonnen, so im August 1943 gegen Regensburg. Er wurde im August 1944 auf den asiatischen Kriegsschauplatz abkommandiert, übernahm dort das Kommando über die auf der Marianen-Inselgruppe stationierten strategischen B-29-Bomber »Superfortress« (Superfestung) und befehligte den Luftkrieg gegen Japan. »Er äscherte alle wichtigen japanischen Städte ein und überwachte den Abwurf der Atombomben.«[4]

Wolken über Japan und wirksame Luftverteidigung am Tage ließen den Verantwortlichen »für alle strategischen Luftoperationen gegen das japanische Festland« die Taktik wählen, gegen die japanischen Städte, die in der Regel »weitgehend aus brennbarem Material wie Holz und Papier erbaut« waren, die viermotorigen B-29 »in geringer Höhe Nachtangriffe mit Brandbomben« fliegen zu lassen. Zu den »massiven Brandbombenangriffen auf 64 japanische Städte« gehörte »das firebombing (Feuerbombardement) auf Tokio am 9./10. März 1945«. Für diesen ersten Angriff befahl LeMay, »aus den 325 B-29 die Bordwaffen zu entfernen und jedes Flugzeug mit Brandbombenbehältern, Magnesiumbomben, Bomben mit weißem Phosphor und Napalmbomben zu beladen«. Während des dreistündigen Angriffs wurden »1665 Tonnen Brandbomben abgeworfen, mehr als 100 000 Zivilpersonen getötet, 250 000 Gebäude zerstört und 16 Quadratmeilen (41 km²) der Stadt eingeäschert. Flugzeugbesatzungen am Ende des Bomberstroms berichteten, dass der Gestank verbrannten Menschenfleisches über dem Ziel in das Flugzeug eindrang.«[5]

In der *New York Times* tat Generalmajor LeMay Tage später kund, »dass, wenn der Krieg um einen einzigen

Tag verkürzt worden ist, der Angriff seinen Zweck erfüllt haben wird«. Exakte Ziffern über die japanischen Opfer der von ihm befehligten »Brandbomben- und Atombombenkampagne« zwischen März 1945 und Japans Kapitulation im August gibt es nicht; vermutlich etwas überhöhte Schätzungen sprechen von mehr als einer Million getöteten Zivilpersonen. Mit Vorsicht zu betrachtende Schätzungen der US Air Force lauten auf »330 000 getötete Menschen, 476 000 Verletzte, 8,5 Millionen obdachlos Gewordene und 2,5 Millionen zerstörte Gebäude. Nahezu die Hälfte der bebauten Fläche von 64 Städten wurde zerstört.«[6] Der Verantwortliche war für Japans Propaganda fortan der »Dämon LeMay«, häufig wurden abgeschossene B-29-Besatzungen gelyncht. »LeMay war sich der japanischen Meinung über ihn voll bewusst. Er bemerkte einmal, dass er, hätten die USA den Krieg verloren, auf jeden Fall damit gerechnet hätte, wegen Kriegsverbrechen verurteilt zu werden.«[7]

1949 nach Washington beordert und Chef des im Aufbau befindlichen Strategischen Luftkommandos (SAC) der USAF geworden, das später sowohl im Süden Vietnams als auch im Zerstörungskrieg gegen den Norden eine wesentliche Rolle zugewiesen bekam, präsentierte er ohne Verzug einen »Kriegsplan«. Darin formulierte er den ungeheuerlichen Vorschlag, »das gesamte Atombombenarsenal bei einem einzigen massiven Angriff« einzusetzen. Das hätte bedeutet, binnen 30 Tagen 133 A-Bomben auf 70 Städte abzuwerfen.[8] Es dürfte kaum schwer zu erraten sein, dass er ein Land im Blick hatte, dessen Verbündeter man noch vier Jahre zuvor war. In die Jahre seiner Dienstzeit als USAF-Generalstabschef fiel die sogenannte Kuba-Krise, als sowjetische Raketen 1962 auf der

Karibikinsel stationiert wurden. LeMay verlangte die Erlaubnis, »Nuklearraketen-Stellungen auf Kuba zu bombardieren«, und »schlug nach dem Ende der Krise vor, trotz allem in Kuba einzumarschieren, selbst wenn die Russen zugestimmt haben, abzuziehen«. Die unblutige Beilegung der Krise durch die US-amerikanische und die sowjetische Führung nannte er »die größte Niederlage in unserer Geschichte«.[9] Er konnte freilich nicht ahnen, dass ein Jahrzehnt später in Indochina eine noch unvergleichlich größere und schmerzvollere Niederlage zu verbuchen sein würde. Seine Erwartungen an einen Bombenkrieg gegen Nordvietnam nach »japanischem Muster« erfüllten sich nicht.

Zwischen den mit höchsten Orden bedachten Kriegstaten und seinem Plan eines die Welt in den Abgrund reißenden Kernwaffeneinsatzes wartete auf den General, der 1947 nach Europa zurückkommandiert worden war und den Befehl über die in Europa stationierten USAF-Einheiten übernommen hatte, in dieser Funktion eine neue Aufgabe. Der »verbissenste Kalte Krieger«, auf dessen Befehl hin hunderttausende japanische Zivilpersonen, unter ihnen zehntausende Kinder, einen entsetzlichen Flammentod erleiden mussten, der sich kaltschnäuzig selbst der Kriegsverbrechen schuldig sah, »organisierte die berühmte Berliner Luftbrücke, die Konfrontation, die den Kalten Krieg begann«.[10] Unter seinem Kommando flogen 1948/49 nicht mehr mit Brandbomben-Tonnen beladene strategische Bomber über Japan, sondern die als »Rosinenbomber« hochgejubelten C-54-Militärtransporter über deutschen Landen, um inmitten der DDR einen Flecken »freie Welt« – das später untrennbar mit Südvietnam verbundene Westberlin – die Umzingelung durch die

Kommunisten überleben zu lassen. Nicht Phosphor und Napalm regneten vom Himmel, sondern Schokolade segelte aus geringer Höhe in Kinderhände herab.

Was mag wohl der Grund dafür sein, dass, wenn von dieser Air Bridge die Rede ist, nie von dem Mann gesprochen wird, der eine Aktion zu organisieren hatte und befehligte, die doch angeblich zutiefst und ausschließlich humanitärer Art war? Was mag die Verantwortlichen bewogen haben, im Mai 2009 den 60. Jahrestag des Endes der »Luftbrücke Berlin« mit großem Brimborium zu begehen, der Öffentlichkeit aber den Namen jenes Mannes vorzuenthalten, statt ihm die doch wohl nach obwaltendem Verständnis gebührende Ehre zu erweisen? Warum wurde im Oktober 2008 beim »Abschied« vom Flugplatz Tempelhof zwar überschwänglich auch an die Luftbrücke, nicht aber an diesen General erinnert? Sind es die unleugbaren, mit nichts zu entschuldigenden Kriegsgräuel von 1945 im fernen Japan, der 49er Horror-Plan eines totalen Atomkrieges, seine wahnwitzigen Kuba- und Vietnam-Pläne, die ihn in der Propaganda der Gegenwart zur Nicht-Person werden lassen? Keiner Frage hingegen bedarf, warum bei dem Luftbrücken-Jubiläum wohl die Rede Präsident Kennedys in Westberlin zu deren 15. Jahrestag am 26. Juni 1963 aus dem Archiv geholt, der längst erwiesene Kontext mit Südvietnam aber weiter verschwiegen wurde.

Zu einer »anhaltenden strategischen Bombardierungskampagne« gegen Nordvietnam im Sinne LeMays, die offenkundig bedeutet hätte, die SAC-Flotte der »Stratofortress«-Bomber B-52 mit jeweils 30 Tonnen Sprengbombenlast pro Maschine über einen längeren Zeitraum ohne Pause das ganze Territorium zwischen dem Fluss Ben Hai in der Landesmitte und dem Hochgebirge im äußersten Norden mit Bombenteppichen belegen zu lassen, konnte sich die politische Führung in Washington denn doch nicht entscheiden. Die strategischen Bomber aber kamen zum Einsatz. Am 12. April 1966 wurde Quang Binh, die südlichste Provinz Nordvietnams, zum Ziel des ersten Flächenbombardements von B-52 im Landesnorden. Mitte April fielen Jagdbomber nach der ersten Attacke auf den Haiphonger Hafen im November des Vorjahres zum erstenmal auch über die Peripherie der Hauptstadt Hanoi her. Im weiteren Verlauf des Jahres wurden dann Ziele im Grunde genommen auf dem ganzen Territorium Nordvietnams bombardiert, waren seine südlichsten Provinzen so wie schon länger viele Gebiete Südvietnams verheerenden Flächenbombardements der B-52 ausgesetzt.

Die Staaten des Warschauer Vertrages, in ihrem Verbund die DDR, sicherten im Sommer 1966 auf einer Tagung in Bukarest der DRV »in zunehmendem Maße politisch-moralische Unterstützung und vielfältige Hilfe« zu, »so auf wirtschaftlichem Gebiet, mit Mitteln der Verteidigung, mit Material, Technik und Fachleuten, die für die siegreiche Zerschlagung der amerikanischen Aggression notwendig sind«. Der Löwenanteil entfiel natürlich auf die UdSSR, die mit der DRV »die Lieferung von Nahrungsmitteln, Erdölerzeugnissen, Düngemitteln, Ausrüstungen, Waffen, Munition und anderem Material zur Festigung ihrer Verteidigungsfähigkeit und zur Entwicklung der Wirtschaft« vereinbarte. Die Sowjetunion unterstützte »die Ausbildung von Militär- und Zivilfachleuten. Sowjetische Berater halfen bei der Beherrschung der Kampftechnik und bei der Sicherung der Verteidigung«.[11]

Für die scharfmacherischsten Kreise in der Bundesrepublik hatte mit den flächendeckenden Attacken auf Vietnams Norden der Luftkrieg erst richtig begonnen. Die Leser des Westberliner Springer-Blattes *BZ* erfuhren am 18. Juli 1966: »Endlich ein kompromißloser Krieg, der auch vor Fabriken, Häfen, Bewässerungsanlagen und Staudämmen nicht haltmacht.« Das Düsseldorfer *Handelsblatt* zog am 16. August blank: »Man muß den Krieg weiter eskalieren, Nordvietnam angreifen, 750 000 Amerikaner einsetzen.«

Kanzler Erhard demonstrierte weiterhin, was der Westberliner *Tagesspiegel* am 18. Dezember 1965 unmissverständlich in die Worte gefasst hatte: »Wir zeigen uns mit den Amerikanern so ungeniert in Vietnam, wie die Amerikaner sich ungeniert am Brandenburger Tor zeigen, heißt es in der Umgebung Erhards«. Deutlich wurde das bei den Verlautbarungen zu und nach seinem sechsten und letzten Besuch als Regierungschef in den USA Ende September 1966. Im Kommuniqué über seine Gespräche mit Johnson am 26. und 27. September war zu lesen: »Bundeskanzler Erhard bekräftigte seine Auffassung, daß die von den Vereinigten Staaten dem vietnamesischen Volk bei seinem Widerstand gegen die Aggression gewährte Hilfe von Bedeutung für die gesamte freie Welt sei. Bundeskanzler Erhard führte aus, daß seiner Auffassung nach die Anstrengungen und Opfer der Vereinigten Staaten in Vietnam einen Beweis für den Ernst darstellen, den die Vereinigten Staaten ihren internationalen Verpflichtungen beimessen.« Er habe »lebhaftes Bedauern« darüber geäußert, »daß die wiederholten Friedensangebote des Präsidenten bisher keine Zustimmung gefunden haben«.[12]

Am 5. Oktober ließ er den Bundestag wissen: »Bei der Erörterung der weltpolitischen Lage beschäftigte meine amerikanischen Gesprächspartner naturgemäß vordringlich die Sorge um die Entwicklung in Vietnam. Ich habe dargelegt, daß die Bundesregierung für die amerikanische Politik in Südostasien Verständnis hat und daß wir Südvietnam im Rahmen der für uns bestehenden Möglichkeiten vor allem auf humanitärem Gebiet unterstützen.«[13] Hilfe auf »humanitärem Gebiet« hieß im amtlichen Sprachgebrauch Bonns fürderhin alles, was zu Nutz und Frommen der USA für die politische, ökonomische und letztendlich auch militärische Stärkung der Saigoner Administration finanziell und materiell auf den Weg gebracht wurde. 1966 erfand man in Bonn dafür den eigenständigen, alles umfassenden Haushaltstitel »Humanitäre Hilfsmaßnahmen für Süd-Vietnam«.

Schon in den Jahren 1955 bis 1960, also bereits in der bis Oktober 1963 währenden Ära von Kanzler Adenauer und seines Vizes Erhard, hatte das eben installierte Separatregime nicht mehr nur Unterstützung in der Flüchtlingsfrage, sondern in erheblichem Maße bereits ökonomische Stabilisierungshilfe der Bundesrepublik erhalten. Detaillierte Angaben darüber sind einschlägigen Quellen nicht zu entnehmen. Anfängliche nicht rückzahlbare finanzielle Zuwendungen wurden später durch großzügige Kredite ersetzt. Im August 1964 kam die Saigoner Administration in den Genuss eines weiteren zinsgünstigen Kredits in Höhe von 25 Millionen DM. Ab 1961 lag die damals beschönigend als »Entwicklungshilfe« deklarierte Unterstützung Südvietnams durch die Bundesregierung nach außen hin in der Hand des neu geschaffenen Ministeriums für wirtschaftliche Zusammenarbeit, geleitet von

Minister Walter Scheel (FDP). Unter den unverfänglichen Begriff der Entwicklungshilfe fiel offenbar auch schon, was DER SPIEGEL am 24. Juli 1963 zu berichten wusste. Die Bundesrepublik, so das Nachrichtenmagazin, hatte Südvietnam für den Bau »Strategischer Dörfer« – der KZ-ähnlichen Zwangsansiedlungen von ihrem Grund und Boden vertriebener Bauern – 15 Millionen DM »Militärhilfe« zur Verfügung gestellt. Und: »Südvietnamesische Regierungstruppen sollen an bundesrepublikanischen Flammenwerfern ausgebildet werden.«[14] Das sollte nicht der einzige Hinweis bleiben, der die Behauptung ad absurdum führte, die Bundesrepublik sei in Südvietnam auf rüstungstechnischem Gebiet nicht involviert gewesen.

Mit dem Amtsantritt des Kabinetts Erhard Ende 1963 nahm das Engagement Bonns an der Seite der USA zu Lasten des unter Kanzler Adenauer vorrangig gehegten Verhältnisses zu Frankreich eine neue Dimension an. Hintergrund waren nicht nur das Bemühen, dem beginnenden Drängen Washingtons auf westdeutsche Truppen für Südvietnam entgegenzuwirken, das von der Johnson-Administration allerdings nie öffentlich vorgetragen wurde, sondern auch eigene Machtambitionen der Bundesrepublik auf anderem Gebiet. Das »Team Erhard-Schröder-von Hassel«[15] stufte, wie Arenth resümiert, »die deutsch-amerikanischen Beziehungen höher ein als die deutsche Außenpolitik gegenüber den kommunistischen Großmächten«. Ein »Stahlgeschäft« mit der UdSSR wie auch ein Handelsabkommen und diverse Industrieprojekte, so ein geplantes Walzwerk, mit der Volksrepublik China »gab die Bundesrepublik, die noch auf mehr atomare Mitsprache als Gegengabe rechnete, auf amerikanischen Druck hin auf«. Man habe sich für »einen bedingungslos proamerikanischen, atlantischen Kurs in der Außenpolitik« entschieden, »möglichst ohne die Beziehungen zu Frankreich vollends abkühlen zu lassen«. Die Mehrheit in Bundesregierung und Bundestag betrachtete »während der Kanzlerschaft Erhards gute Beziehungen zu Washington als conditio sine qua non (unerlässliche Bedingung – HK).«[16]

In der Konsequenz sahen »Regierung wie Bonner SPD ... 1964/65 in einer rückhaltlosen Unterstützung der amerikanischen Vietnam-Politik die beste Lösung« in der Auseinandersetzung mit den »Gaullisten« im politischen Establishment der Bundesrepublik, insbesondere in der von Franz Josef Strauß geführten CSU. Führende Männer der SPD um deren Vorsitzenden Willy Brandt taten sich dabei besonders hervor. »Brandt, Erler und Eppler beteuerten zur selben Zeit in Washington so nachdrücklich ihre moralische Unterstützung des Vietnamkrieges, daß die Bundesrepublik ... als einziges Land Gefahr lief, daß die Opposition an Bereitwilligkeit die Regierung übertrumpfe.«[17]

So bekräftigte denn Kanzler Erhard bei seinem ersten offiziellen USA-Besuch im Juni 1964, wie es im Kommuniqué hieß, »daß seine Regierung die Hilfe für Südvietnam auf politischem und ökonomischem Gebiet verstärken werde«. Dies mag auch Tribut dafür gewesen sein, dass bei seinen ersten Aufenthalten in den Staaten im November 1963 zur Beisetzung John F. Kennedys und im Dezember als Gast auf Johnsons Ranch laut Dezember-Kommuniqué auch »die Möglichkeit einer multilateralen atomaren Streitmacht« erörtert worden war.[18] Entsprechend der Zusage Erhards »forcierte Bonn die ideologische, humanitäre und ökonomische Hilfe an Südvietnam erheblich. Die Bundesrepublik nahm aufgrund ihrer gesteigerten Zahlungen bis 1975 hinter den USA den zweiten Platz aller Geberländer ein und leistete ... ohne Frage unter allen nicht militärisch engagierten Staaten mit Abstand die größte politische und moralische Unterstützung«.[19] Ende 1965 hatte die Bundesregierung bereits »Wirtschaftshilfe« in einer Gesamthöhe von mehr als 100 Millionen DM erbracht. Was sich dahinter im Detail verbarg, blieb offiziell ein Geheimnis. Zusätzlich waren 15 Millionen DM als ominöse »technische Hilfsgelder« nach Saigon geflossen und 85 Millionen DM als Niedrigkredite hinübergereicht worden.

Anfang 1966 beschloss das Kabinett Erhard ein umfassendes »Hilfsprogramm für Vietnam« in Ministerverantwortung; der Bundestag richtete im Gefolge einen von dem CDU-Abgeordneten Erik Blumenfeld geleiteten Unterausschuss »Hilfe für Vietnam« ein. Nach einer Informationsreise in die USA redete der SPD-Fraktionsvorsitzende im Bundestag, Fritz Erler, im Mai vor der Deutschen Gesellschaft für Auswärtige Politik in Bad Godesberg quasi unbegrenzter materieller Unterstützung Saigons das Wort, um Unangenehmes abzuwenden. »Je mehr wir humanitäre und soziale Hilfe leisten für die Menschen in Süd-Vietnam, umso eher können wir klarmachen, daß ein deutsches militärisches Engagement nicht in Frage kommt.«[20] Scharfmachern genügte das aber nicht. Am 9. Januar 1966 lästerte die *Welt am Sonntag* unter der Überschrift »Bonn drückt sich um Vietnam – Statt Hilfe nur Worte« über »1. politische und moralische Rückenstärkung, 2. wirtschaftliche Unterstützung, 3. humanitäre Hilfe«, gewürzt mit der Frage: »Wo sind unsere wortgewaltigen Politiker?«

Was das Springer-Blatt wollte, war klar. Exakt zu jener Zeit »verstärkte sich der Druck der USA auf die Verbündeten. Senator Stennis, der Vorsitzende des Militärausschusses im Senat, forderte nicht nur den Einsatz aller Waffenarten und 600 000 US-Soldaten in Vietnam, was dem amerikanischen Kontingent in Europa entspräche. Er ersuchte Johnson auch, die Alliierten ›unmißverständlich‹ darauf hinzuweisen, daß die USA künftig nicht mehr das Rückgrat der westeuropäischen Verteidigung bilden würden, falls die Verbündeten in Vietnam nicht zu Hilfe kämen. Er hob hervor, daß die Bundesrepublik, auf deren Territorium eine viertel Million G.I.'s stünden, keine Truppen im Vietnamkrieg stelle.«[21]

Die Bundesregierung gab sich alle Mühe, der Unzufriedenheit in maßgeblichen Kreisen Washingtons Taten entgegenzusetzen. Von »humanitärer« und »sozialer« Hilfe konnte dabei allerdings in vielen Fällen keine Rede sein. Im März 1966 verhandelte eine Sondermission unter Leitung des nicht zum erstenmal in Saigon weilenden Dr. Schmidt-Horix mit Ministern der Ky-Administration über weitere wirksame Unterstützung. Als wichtigstes Vorhaben galt der Aufbau einer als »Chemiekomplex« bezeichneten Produktionsstätte, die offenbar der Herstellung neben anderem von chemischen Giftstoffen, wahrscheinlich auch Herbiziden, und Kampfgasen dienen sollte, deren Einsatz gegen die Befreiungskräfte später zweifelsfrei bewiesen werden konnte. Die Bonner Emissäre sagten auch zusätzliche Ausrüstungen für kriegswichtige Industriebetriebe und Reparaturwerkstätten, die Lieferung von drei Schiffen für Saigons Marine und die Entsendung von Experten nicht genannter Fachgebiete zu. Das Saigoner Informationsministerium rügte die südvietnamesische Nachrichtenagentur, die darüber berichtete, und wies sie an, »im Hinblick auf die öffentliche Meinung in der Bundesrepublik und anderen Staaten« von weiteren »voreiligen Informationen künftig Abstand zu nehmen«.[22]

Seinerzeit wurde auch bekannt, dass es mehrere westdeutsche Wohlfahrtsverbände abgelehnt haben, sich an einer von Bundesinnenminister Paul Lücke (CDU) initiierten Hilfsaktion für das Ky-Regime zu beteiligen. Sie protestierten damit dagegen, dass der Minister ihre Mitarbeit in seinem Hilfskomitee öffentlich angekündigt hatte, ohne die Verbände selbst zu befragen. Lücke hatte bis dahin schon oftmals als Koordinator von Hilfsmaßnahmen fungiert, so Jahre zuvor bei der Bereitstellung von »Care-Paketen« für 750 000 Flüchtlinge in Südvietnam.

Das Unternehmer-Organ *Capital* sprach im Mai 1967 davon, dass der Krieg in Vietnam der bundesdeutschen Wirtschaft eine »Lücke auf dem Weltmarkt freigeschossen« habe. Hinter diesem freimütigen Eingeständnis unmittelbarer Verstrickung in den Südostasien-Feldzug gegen den Kommunismus verbarg sich eine Vielzahl unwiderlegbarer, häufig der Öffentlichkeit vorenthaltener Fakten. Die Lieferung kriegswichtiger und ziviler Güter aus der Bundesrepublik nach Südvietnam war im Laufe der Jahre kontinuierlich gesteigert worden. Wie Statistiken der Deutsch-Amerikanischen Handelskammer in Köln und des Statistischen Bundesamtes in Wiesbaden Anfang April 1966 ausweisen, hatten sich die westdeutschen Exporte nach Südvietnam seit 1954 versiebenfacht. Sie waren damit fast dreimal so schnell gestiegen wie der Gesamtexport der Bundesrepublik. Erheblichen Anteil an den Warenlieferungen in Richtung Indochina hatten Maschinen und andere Ausrüstungen für Industriebetriebe des zivilen Sektors und der Rüstungswirtschaft, zivile und militärische Nutzfahrzeuge, darunter Sanitätskraftwagen, geländegängige Führungsfahrzeuge und Truppentransporter, Pflanzenvernichtungs- und Düngemittel, anderer Landwirtschaftsbedarf und Konsumgüter. Vieles an Art und Umfang der Exportlieferungen blieb im Dunkeln, insbesondere die nicht zu bezweifelnde Ausfuhr zumindest leichter Waffen und anderer Ausrüstungsgegenstände für Saigons Armee, Polizei, Sondereinheiten und Geheimdienst.

Bundesdeutsche Konzerne profitierten mit dem Segen und der Hilfe der Regierung in zunehmendem Maße von lukrativen Aufträgen auch anderer Art im Geschäft mit dem Vietnam-Krieg. Die Exporte der bundesdeutschen Industrie in die USA stiegen 1965 gegenüber dem Vorjahr um 20 % und erreichten das bis dahin größte Volumen aller Zeiten. 1966 nahmen sie noch einmal um 25 % zu. Trotz aller noch heute vorzufindenden Beteuerungen, die schon seit den frühen 50er Jahren mit hohem Tempo entwickelte westdeutsche Rüstungsindustrie sei Mitte der 60er Jahre und später noch gar nicht in der Lage gewesen, dem Krieg in Vietnam nützlich zu sein, gehörten seinerzeit zu den Lieferungen in die USA nach durchaus glaubwürdigen Quellen Maschinen- und Schnellfeuergewehre, Munition für Infanteriewaffen, kleinkalibrige Granaten, Sprengstoffe und neben anderen chemischen Giftstoffen Kampfgase.[23] So verwundert es nicht, wenn *Die Welt* am 31. Mai 1965 wissen ließ: »Gas gehört zu den humansten Waffen des Krieges.«

Die vom Bundeswirtschaftsministerium ausgewiesene stete Erhöhung der Ausfuhren in die USA war unter anderem darauf zurückzuführen, dass eine Reihe westdeutscher Industriezweige mit zunehmender Dauer und Intensität des Feldzugs der USA in Vietnam ihre Zulieferungen für die amerikanische Rüstungsindustrie beträchtlich verstärkten. So stieg systematisch der Anteil der Stahlindustrie am Export in die USA. Das Volumen der Stahllieferungen war 1967 um 40 % größer als im Vorjahr. Den größten Anteil am Vietnam-Geschäft via USA hatten Krupp, Thyssen, Siemens, AEG und die drei Nachfolgeunternehmen der IG Farben, Bayer AG, BASF und Farbwerke Hoechst. Auch westdeutsche Schiffswerften und Reedereien profitierten. 1966 wurde in Bremerhaven eine Werftengemeinschaft gegründet, die *German-Liberty*-Frachtschiffe speziell für den Transport von Ausrüstungen für die amerikanischen Truppen in Südvietnam zu bauen hatten. Der erste von insgesamt zwölf dieser Frachter lief im Februar 1968 auf der Werft der »Flensburger Schiffbau-Gesellschaft« vom Stapel. Die Hamburger Reederei Transerz ließ ihren unter liberianischer Flagge fahrenden Frachter *Magellan* amerikanische Panzer nach Südvietnam bringen. Genauso unter Fremdflagge laufende Tankschiffe westdeutscher Eigner brachten Treibstoff, vor allem Kerosin für die Fliegerkräfte aller Teilstreitkräfte, zum Kriegsschauplatz.[24]

Überaus schwer wog nicht nur nach Angaben von Wissenschaftlern der DDR, sondern auch laut westdeutschen Quellen die Rolle der Chemiekonzerne der Bundesrepublik im Zusammenhang mit dem Vietnam-Krieg. Seit 1965 waren die drei IG-Farben-Nachfolger, so die BASF, die bis 1945 die als Zyklon-B bekannt gewordene Blausäure für die Gaskammern im KZ Auschwitz-Birkenau und in anderen faschistischen Vernichtungslagern produziert hatte, an der Lieferung chemischer Kampfstoffe für die USA-Truppen beteiligt. In enger Zusammenarbeit mit der Chemago Cooperation in Kansas City entwickelte die Bayer AG Kampfgase. Unter anderem erhebliche Mengen von Totalherbiziden, hochwirksamen Pflanzenvernichtungsmitteln, direkt aus der Bayer-Produktion gelangten seit Mai 1966 nach Vietnam.[25] Sie dienten dazu, im Umfeld amerikanischer Stützpunkte freies Schussfeld zu schaffen, in den Operationsgebieten der Partisanen und anderen Befreiungskräfte die Deckung bietende Dschungelvegetation zu eliminieren und die Bewohner der weiten befreiten Gebiete ihrer Nahrungsgrundlage zu berauben.

So zeichnete Bayer mit dafür verantwortlich, dass laut vorwiegend vietnamesischen Quellen in jenem Jahr in 32 Provinzen Südvietnams ca. 2 Millionen Hektar landwirtschaftlicher Nutzfläche und Dschungel zerstört wurden, was sich die USA 31 Millionen Dollar kosten ließen. Mit dem Einsatz von Herbiziden zur gezielten Vernichtung der Vegetation hatten die Aggressoren versuchsweise schon 1961 begonnen; betroffen waren damals in sechs Provinzen 560 Hektar, vorwiegend dünn besiedelte Waldgebiete. Diese Art Kriegführung wurde dann von Jahr zu Jahr ausgeweitet. 1967 wandten die USA 41 Millionen Dollar auf, um etwa 2,8 Millionen Hektar mit Totalherbiziden zu »behandeln«, 1968 wurde das Gift mit einem Kostenaufwand von mehr als 44 Millionen Dollar über rund 3 Millionen Hektar versprüht. In den letzten Jahren bestand die besprühte Fläche etwa zu 80 % aus Dschungel und zu 20 % aus Ackerland, überwiegend Reisfeldern.[26]

Es existierte ein ganzes System von kapital- und produktionstechnischen Verflechtungen von westdeutschen Chemiekonzernen und USA-Gesellschaften mit zahlreichen gemeinsamen Tochtergesellschaften. Eine der im »Vietnam-Geschäft« stark engagierten Gesellschaften war die Dow Badische Chemical Company in Virginia, eine Gründung der Dow Chemical, des größten amerikanischen Napalmproduzenten, und der Ludwigshafener BASF. Zu den westdeutschen Tochtergesellschaften in den USA gehörten zwei der Badischen Anilin- und Soda-Fabrik, drei der Farbwerke Hoechst und zwei der Bayer AG.[27] Bayer Leverkusen unterhielt mit der Monsanto Chemical Corporation, dem maßgeblichen Produzenten von Agent Orange, die gemeinsame Tochter Mobay Chemical Company in den USA. Die erwähnten Totalherbizide aus der Produktion des Bayer-Konzerns, die über die Verschiffungshäfen Amsterdam und Antwerpen direkt nach Südvietnam transportiert wurden, stammten aus einem Zweigwerk in Dormagen bei Köln.[28]

Das Engagement der Bundesrepublik in Sachen Vietnam-Krieg hatte noch andere Gesichter. Kräftige Finanzspritzen zugunsten des von Jahr zu Jahr mehr gebeutelten Staatshaushalts der USA betrachtete man offenkundig ebenfalls als Ersatz für nicht zu realisierendes militärisches Mittun in Südvietnam. Als Vorauszahlungen in Form von Krediten für spätere Einkäufe von Rüstungsgütern und im Rahmen eines vor allem auf Verlangen Washingtons vereinbarten Devisenausgleichs für den Anteil der USA an den Kosten der Stationierung amerikanischer Truppen in der Bundesrepublik flossen Milliarden DM direkt oder indirekt in Washingtons Kriegskasse. Mit derlei Etikett versehen, erhielten die USA bis Ende 1967

Zahlungen in Höhe von insgesamt 10,6 Milliarden DM aus dem Etat der Bundesrepublik.[29] Bis Mitte 1969 wurden daraus fast 14 Milliarden DM.

Die finanziellen Forderungen der USA wurden von der Administration in Washington mit zunehmender Kriegsdauer, angesichts rapide steigernder Kosten eines unablässig verstärkten Militärkontingents in Südvietnam und stetig wachsender Aufwendungen für den Luftkrieg gegen den Norden, ungeniert als Druckmittel gebraucht. Neben dem immer wiederkehrenden, hinter vorgehaltener Hand oder in Medien artikulierten Verlangen nach militärischer Unterstützung durch die Bundesrepublik in Vietnam verschreckte man Bonn mit der Drohung, aus Kostengründen amerikanische Truppen aus Westdeutschland abzuziehen. Als Kanzler Erhard im September 1966 bei der letzten seiner sechs USA-Reisen wegen eigener wirtschaftlicher Probleme »einen Aufschub oder eine Reduktion der Devisenausgleichszahlungen zu bewirken« suchte, stand er »einem unnachgiebigen Präsidenten und einem auf Einhaltung der eingegangenen Verpflichtungen beharrenden McNamara gegenüber«.

Erhard war entgegen den Erwartungen Washingtons »ohne konkrete Alternativvorschläge zum Devisenausgleich« gekommen. Er habe übersehen, hieß es, dass Johnson »unter enormen innen-, außen- und finanzpolitischen Zwängen« stand. »Offensichtlich setzte Erhard ... auf seine vergleichsweise große Unterstützung der amerikanischen Vietnam-Politik als Tauschpfand gegenüber dem Devisenausgleich.« Im Kommuniqué erklärte man dann doch, »dass die Bundesrepublik ›ihr Bestes‹ tun werde, um den laufenden Devisenausgleichsabkommen nachzukommen«, und weiter wörtlich: »Der Bundeskanzler erläuterte dem Präsidenten, daß die Bundesrepublik in Zukunft nicht in der Lage sein werde, die sich aus der Stationierung amerikanischer Truppen in Deutschland ergebenden Devisenkosten in vollem Umfange durch Einkäufe von Rüstungsmaterial auszugleichen.« Johnson aber beharrte »auf den zugesagten Waffenkäufen in Höhe von zwei Milliarden Mark bis 1967«.[30]

Diese Auseinandersetzungen dauerten auch an, nachdem die CDU Ende Oktober 1966 wegen Koalitionsstreits mit der FDP ihren Kanzler Erhard hatte fallen lassen und Kurt Georg Kiesinger (ebenfalls CDU) am 1. Dezember das Amt des Regierungschefs angetreten hat. Der Botschafter der USA in Bonn, George McGhee, begleitete den Kanzlerwechsel am Rhein mit der Drohung, amerikanische Truppen würden in dem Falle aus Westdeutschland abgezogen, »daß die Bundesrepublik nicht auch nach dem 30. Juni 1967 Rüstungskäufe zum Devisenausgleich vornehmen werde«.[31]

Die bedingungslose Gefolgschaft der Bundesrepublik gegenüber dem Hauptverbündeten hatte im März 1966 die scharfe Verurteilung ihrer Politik durch die Demokratische Republik Vietnam zur Folge. Ein Sprecher des Außenministeriums in Hanoi erklärte unter anderem: »Es ist allgemein bekannt, daß die westdeutsche Regierung hunderte Millionen Mark für den Bau von Nachschubbasen und die Ausrüstung der Saigoner Marionettenarmee zur Verfügung gestellt hat. Sie ließ Bomben für die USA herstellen und unterstützt die USA mit Technikern, Dokumenten und Erfahrungen bei der Produktion von Giftgasen und giftigen Chemikalien. Westdeutsche Zeitungen haben bei vielen Gelegenheiten enthüllt, daß die westdeutsche Regierung eine Legion aufgestellt hat, um sie nach Südvietnam zu entsenden, und daß ein ehemaliger Kommandeur westdeutscher Söldnereinheiten in Kongo, Müller, sich vorbereitet, zu diesem Zweck nach Saigon zu fahren. Die Regierung der DRV verlangt nachdrücklich, daß die westdeutsche Regierung sofort das abgekartete Spiel mit den USA im Aggressionskrieg in Südvietnam einstellt.«[32]

Vietnams Regierung lenkte mit der Erwähnung einer »Legion«, die in der Bundesrepublik aufgestellt worden sei, die Aufmerksamkeit der Weltöffentlichkeit auf einen Fakt, der erst ein Jahr später in der DDR in einer Dokumentation des Vietnam-Ausschusses beim Afro-Asiatischen Solidaritätskomitee »Die westdeutsche Beteiligung an der USA-Aggression in Vietnam« aufgegriffen und 1969 auf einem internationalen Vietnam-Kolloquium in Berlin abermals thematisiert wurde. Als Produkt kommunistischer Propaganda ließ sich das im Kern nicht abtun.

Reservisten der Bundeswehr »to the front« 219

Information über die Studie der Bundeswehr-Führungsakademie »Die Bestätigung des deutschen Soldaten in der Gegenwart« vom Sommer 1964
Neues Deutschland, 19. März 1966

Die mit dem Jahreswechsel 1966/67 in das Amt gehievte erste Große Koalition von CDU und SPD unter Kanzler Kurt Georg Kiesinger sowie dessen Vize und Außenminister Willy Brandt[1] »führte zunächst den eingeschlagenen Kurs der bisherigen Vietnam-Politik fort, moralische, politische und humanitäre Hilfe zu leisten und auf ein militärisches Engagement ebenso wie auf Kritik an den Vereinigten Staaten bedingungslos zu verzichten«.[2] Unverkennbar war, dass der Kanzler zwar »die unmißverständliche moralische Unterstützung der Vereinigten Staaten in Vietnam im Stile Erhards« vermied, aber »wegen der NS-Vergangenheit generell davon abgehalten wurde, die Vereinigten Staaten wegen ihrer Kriegsführung in Vietnam offen und direkt zu kritisieren«. Der international hoch angesehene Publizist Walter Lippmann kommentierte am 8. Februar 1967 in der *New York Herald Tribune* den Amtsantritt der Koalition mit den deutlichen Worten: »Von den zwei Männern, die diese Regierung führen, ist der eine ein Ex-Nazi, der Hitlers Regierung gedient hat ...«[3]

Lippmanns Feststellung war nicht aus der Luft gegriffen. Mit der Entscheidung, den auch am finanziellen amerikanischen Druck gescheiterten Erhard zunächst als Kanzler und 1967 auch als Parteivorsitzenden durch den Mann zu ersetzen, der seit 1958 Ministerpräsident von Baden-Württemberg war, wandelte die CDU-Spitze auf den noch frischen Spuren Konrad Adenauers. Der Jung-Jurist Kiesinger war im Februar 1933, wenige Tage nach der Machtübergabe an Hitler, Mitglied von dessen NSDAP geworden. Er wirkte ab 1935 als Rechtsanwalt am Kammergericht Berlin. 1940 begann eine wissenschaftliche Tätigkeit im Reichsaußenministerium unter

Ribbentrop, in heutigen amtlichen Quellen als »Dienstverpflichtung« deklariert.[4] »Dort stieg er (1943) bis zum stellvertretenden Leiter der Rundfunkpolitischen Abteilung auf, die für die Überwachung und Beeinflussung des ausländischen Rundfunks zuständig war. Unter anderem war er für die Verbindung zum Reichspropagandaministerium von Joseph Goebbels zuständig, mit dem seine Abteilung Kompetenzstreitigkeiten hatte.«[5] 1945/46 wegen angeblicher »Verwechselung« im Lager Ludwigsburg interniert, wurde er 1948 in vielfach bewährter Manier per Richterspruch »vollständig entlastet«. Seit 1947 in württembergischer CDU-Funktion, gelangte Kiesinger 1949 in den Bundestag.

Zu jener Zeit, da in Bonn die neue Führungsmannschaft antrat und sich weiter vollauf an die Seite der USA stellte, kommandierte General Westmoreland bereits 470 000 amerikanische Soldaten in Südvietnam. An ihrer Seite kämpften 50 000 Südkoreaner, 11 000 Thailänder sowie 10 000 Mann aus Australien, Neuseeland und den Philippinen. Die Aufwendungen Washington für den Krieg hatten inzwischen nahezu astronomische Dimensionen erreicht. Ende 1967 waren rund 35 Milliarden Dollar auf der Ausgabenseite verbucht, hatte man die mehr und mehr paralysierte Administration in Saigon mit rund 2,7 Milliarden Dollar reiner Finanzhilfe gestützt. Nach wie vor ausbleibende, die Lage grundsätzlich verändernde Erfolge ließen Westmoreland im März weitere 200 000 Mann fordern, verbunden mit dem Verlangen, »die Bodenoperationen auf Laos und Kambodscha auszudehnen«. Auch plädierte er für »ein Landungsunternehmen nördlich der entmilitarisierten Zone«.

Die Eskalationswünsche des Oberkommandierenden in Südvietnam wurden nicht erfüllt. In den Reihen der politischen Hierarchie in Washington griff offenbar allmählich die Einsicht um sich, dass die Beibehaltung des bis dahin verfolgten Kurses permanenter Intensivierung des Krieges mit zu großen eigenen Opfern und nicht mehr zu verkraftenden Belastungen verbunden wäre. Überdies zeigte sich, dass das Bemühen, mit heftigen Luftschlägen gegen den Norden und auf das Spinnennetz der Nachschubwege im Gebirge die Unterstützung des kämpfenden Südens durch den Norden zu unterbinden, nicht von Erfolg gekrönt sein werde. Als Präsident Johnson am 10. Februar 1967 in einer persönlichen Botschaft an DRV-Präsident Ho Chi Minh direkte Gespräche zwischen beiden Ländern anregte, hatten die Befreiungskräfte im Süden trotz des gewaltigen Aufwands des Gegners an Menschen und Material weite Gebiete voll unter ihre Kontrolle gebracht. DRV-Statistiken wiesen bereits mehr als 1500 Flugzeugabschüsse über dem Norden aus. Johnson beklagte »schon erhebliche Opfer an Menschenleben« und »vielfaches menschliches Leid«, was beiden Präsidenten »die Verpflichtung auferlegt, ernsthaft einen Weg zum Frieden zu suchen«.

Die Verhandlungsofferte war verbunden mit der Forderung nach sofortigem Ende der »Infiltration nach Süden« als Vorleistung für die Einstellung der Bombenangriffe. Johnson sagte für diesen Fall lediglich zu, die USA-Truppen im Süden »nicht weiter zu verstärken«, die dortige massive militärische Präsenz der USA also nicht anzutasten. Von einer Einstellung der Kampfhandlungen im Süden war schon gar keine Rede. Ho Chi Minh konnte diesen Vorstoß nur zurückweisen. Mehr als 500 000 Soldaten griffen in Südvietnam »zu den un- menschlichsten Waffen wie Napalm, toxischen Chemikalien und Giftgasen und den barbarischsten Methoden der Kriegführung, um unsere Landsleute zu massakrieren, ihre Ernten zu vernichten und die Dörfer dem Erdboden gleichzumachen«, antwortete er. Im Norden habe man mit hunderttausenden Tonnen Bomben »Städte, Dörfer, Fabriken, Straßen, Brücken, Deiche, Dämme und sogar Kirchen, Pagoden, Krankenhäuser und Schulen zerstört«. Die USA-Regierung habe den Aggressionskrieg begonnen und müsse ihn deshalb auch beenden. Die Aufnahme bilateraler Gespräche erfordere zunächst die bedingungslose Einstellung aller Kriegshandlungen gegen die DRV.

So tobte im Verlauf jenes Jahres der Krieg im Süden unvermindert weiter, dauerte auch die Bombardierung des Nordens in aller Härte an. Für die Verantwortlichen der Bundesrepublik aus den Reihen von CDU und SPD war all das kein Grund zur Abkehr vom kriegerischen Bruch des Völkerrechts durch den Hauptverbündeten. Am 19. August 1967 bestätigte auch der Düsseldorfer *Industriekurier,* dass die Bundesrepublik »nach den USA das größte Geberland Südvietnams« war. Die immer wieder beteuerte Nichtteilnahme auf militärischem Gebiet an dem Feldzug hatte sich längst zumindest als Halbwahrheit erwiesen. Schon am 24. Januar 1966 hatte der Chef des Presse- und Informationsamtes der Bundesregierung, Staatssekretär Karl-Günther von Hase, laut amerikanischer Nachrichtenagentur AP offen kundgetan: »Jede personelle Hilfeleistung hat gegenüber einer rein materiellen Hilfe in Südvietnam tausendfachen Wert.«[6] Auf einem Treffen des »American Council of Germany« in Washington im Mai 1967 versicherte Verkehrsminister

Georg Leber (SPD), Mitglied der vom SPD-Fraktionschef im Bundestag, Helmut Schmidt, geleiteten Delegation aus Bonn, »für die Bundesregierung Sympathie und die vorbehaltlose Unterstützung der amerikanischen Position im Vietnam-Krieg«. Die deutschen »Kritiker der US-Vietnam-Politik« redeten »denjenigen das Wort, die ein Engagement der Vereinigten Staaten in der Bundesrepublik und in Berlin bekämpften«. Leber wurde schließlich in der Presse mit den Worten zitiert: »Unter der Großen Koalition nehme der freie Teil Deutschlands ›nicht kontemplativ (untätig, betrachtend – HK), sondern existentiell‹ am Krieg in Vietnam teil«.[7]

Wohl war es nicht dazu gekommen, »dass die Bundeswehr einige Bataillone für Vietnam zur Überwachung des Friedens stellen werde«, wie Kanzler Erhard Ende 1963 McNamara in Washington versprochen haben soll, womit er einen »Frieden« nach militärischem Triumph der USA gemeint haben dürfte. Zum einen konnte es solchen Sieg nicht geben. Zum anderen war es sicherlich nicht pure Illusion, was Franz Josef Strauß nach eigenen Worten erwidert hat, als er im Mai 1964 vom USA-Verteidigungsminister über Erhards Zusage informiert wurde. Er zitierte sich in seinen *Erinnerungen:* »Ein Bundeskanzler, der deutsche Soldaten nach Vietnam schicken wolle, würde vom Volkszorn in einem Sturm der Entrüstung hinweggefegt werden.«[8] Statt der Bataillone in Uniform, womit Erhard, so Strauß, später »Sanitätsbataillone« gemeint haben wollte, setzte man anderes Personal in Marsch, in der Tat aber auch Sanitätspersonal.

Bei Erhards USA-Aufenthalt im Juni 1964 fanden sich dann »nur wenige explizite Hinweise auf deutsche Truppen für Vietnam in der Presse«.[9] Am 10. Juni informierte die *Neue Zürcher Zeitung*, »militärische Hilfe« komme nicht in Frage, jedoch wolle die Bundesrepublik ein »Lazarettschiff« schicken. »Während Washington gern Uniformen sähe, besteht Bonn auf zivilen Kitteln.« Tage später konstatierte das Blatt, über den »deutschen Beitrag« in Vietnam höre man keine Details. Die *Süddeutsche Zeitung* schrieb am 10. Juni lediglich von einer »substantiellen Unterstützung der amerikanischen Intervention in Vietnam«.[10] Im März 1965 ersuchte Washington schließlich nochmals dringend um deutsches Personal »mit militärischer Erfahrung« für eine Klinik in Südvietnam. Am 28. März 1966 schlossen die Regierungen in Bonn und Saigon ein Abkommen über die Entsendung eines Lazarettschiffes, der *Helgoland*. Sie machte unter der ziviler klingenden Benennung »Hospitalschiff« Mitte September 1966 für ein Jahr im Hafen von Saigon fest und lag dann bis 1972 im Hafen Da Nang, dem größten USA-Marinestützpunkt in Südvietnam. Das unter DRK-Signum fahrende Schiff unterstand dem Militärattaché in Saigon, dem ehemaligen Wehrmachtsoffizier Oberstleutnant Tschaschel, dessen Wirken die Saigoner Administration im September 1966 mit ihrem »Ehrenkreuz I. Klasse« honorierte.[11]

Der vorwiegend militärische Charakter der *Helgoland*-Mission wurde hartnäckig geleugnet. »Bonn gestattete nicht einmal, daß das Personal an Bord des Hospitalschiffes Helgoland Uniform trug.«[12] Neben der als humanitäre Hilfe propagandistisch in den Vordergrund gestellten Behandlung einiger tausend verwundeter Militärangehöriger und auch verletzter oder kranker Zivilpersonen wurden an Bord des Schiffes als Hauptaufgabe spezielle Untersuchungen und Forschungen für den

Sanitätsdienst der Bundeswehr angestellt. Es ging darum, wie diverse Quellen seinerzeit enthüllten, die Wirkung verschiedenster Gruppenvernichtungsmittel wie Napalm, Kugelbomben, chemische und biologische Kampfstoffe zu erforschen und entsprechende Schlüsse sowohl für die Behandlung durch solche Waffen Geschädigter als auch für die Wirksamkeit bei der Anwendung durch die Truppe zu ziehen.[13] Außer Frage dürfte stehen, dass auch der Militär-Medizinische Dienst der NVA der DDR »Vietnam-Erfahrungen« aus der Sicht der Opfer solcher Vernichtungsmittel studierte, sicherlich vor Ort genauso wie an seiner Sektion der Ernst-Moritz-Arndt-Universität in Greifswald und möglicherweise im Zentralen NVA-Lazarett in Bad Saarow nahe Berlin.

Nicht nur Fachpersonal an Bord der *Helgoland* war auf diesem Gebiet in Vietnam zu Gange. Studienaufenthalte von Bundeswehr-Experten unterschiedlicher Sachgebiete bereits seit Mitte 1964 in Südvietnam waren keine Seltenheit. Enthüllungen in die DDR übergetretener westdeutscher Wissenschaftler belegten, dass Institute und Firmen im Auftrag des Bundesverteidigungsministeriums an Entwicklung und Produktion biologischer und chemischer Waffensysteme arbeiteten, die unter anderem in Vietnam auch erprobt wurden.[14] Einer dieser Wissenschaftler, der im November 1968 in die DDR übergesiedelte Dr. Petras, informierte im Dezember auf einer Pressekonferenz in Berlin darüber, dass bereits seit 1959 in der Bundesrepublik auf diesem Gebiet gearbeitet worden sei. Als Zentrum der Arbeiten nannte er ein unverfänglich tituliertes »Institut für Aerobiologie« im sauerländischen Grafschaft. In dessen Mikrobiologie-Abteilung wurde nach seinen Angaben mit hochgradig krankheitserregenden Bakterien und Virusstämmen sowie mit wirksamsten Toxinen experimentiert. In der chemischen Abteilung befasste man sich mit phosphor-organischen Verbindungen ähnlich den von den USA-Truppen in Vietnam eingesetzten Kampfmitteln.[15]

Ab November 1968 weilte längere Zeit eine Gruppe von zwölf Chemikern und Bakteriologen der Konzerne Bayer AG und Farbwerke Hoechst im Auftrag des Bundesverteidigungsministeriums in Südvietnam, deren Aufgabe war, bei amerikanischen Militärdienststellen Erfahrungen zu sammeln. Ihr Studienaufenthalt fiel exakt in eine Zeit, da die USA-Truppen den Einsatz chemischer Gifte und Kampfstoffe gegen die Bevölkerung und die Befreiungsstreitkräfte verstärkten.[16] Auch war Erfahrungsaustausch mit Blick auf Lehren aus Vietnam für die Situation in Europa angesagt. An einer »Wehrkonferenz« im Oktober 1967 in Bad Godesberg zum Thema »Neue Strategie für Europa« nahmen nicht nur Politiker der Großen Koalition, Bundeswehroffiziere und Rüstungsexperten teil. Eigens dafür hatte man auch Botschafter Dr. Kopf und Militärattaché Oberstleutnant Sagner nach Bonn zitiert. In amerikanischer Begleitung hatten Kopf, leitende Mitarbeiter der Botschaft und der Apparat des Militärattachés bis dahin in Südvietnam bereits viele Gelegenheiten genutzt, militärische Handlungen zu verfolgen.[17]

Längst war auch klar geworden, was Kanzler Erhard gemeint haben dürfte, als er im Januar 1966 Kissinger im Gespräch zu verstehen gab, dass für die Bundesregierung lediglich »die Entsendung uniformierten Personals außer Frage stehe«. Personelles Engagement in Südvietnam suchte man zwar sorgsam vor der Öffentlichkeit zu verbergen, wurde aber trotz allem publik. Wie der Bonner

Informationsdienst *RF-World-News* am 8. Februar 1966 berichtete, befanden sich damals bereits rund 2500 westdeutsche Techniker in Südvietnam, darunter zahlreiche Reservisten der Bundeswehr, »Offiziere, Unteroffiziere und Soldaten«. Ein großer Teil von ihnen sei »inmitten des vietnamesischen Notstandsgebiets« eingesetzt, vor allem in der Nähe von USA-Militärbasen, so »im Raum der Hafenstadt Da Nang«, ergänzte am 28. Februar die *Frankfurter Allgemeine*. Die Aufgaben dieses technischen Personals lagen auf dem Gebiet der militärischen Infrastruktur, vor allem der Verkehrswege sowie des Nachrichten- und des Sanitätswesens.[18]

Damit hatten sich offenbar die erwähnten, von allen Parteien in Bonn im Januar jenes Jahres vehement bestrittenen »Gerüchte« bestätigt, »Techniker- oder Sanitätergruppen der Bundeswehr sollten als halb-, pseudo- oder quasi-militärische Einheiten nach Südvietnam entsandt werden«. Der Kanzler hatte sich so letztendlich im Prinzip auch dem Verlangen des tobenden Präsidenten Johnson vom Dezember 1965 gefügt, 1200 Sanitäter und Pioniere nach Südvietnam abzukommandieren. Die bereitgestellte doppelte Anzahl hatte augenscheinlich das Zivil zu kompensieren. Als der Sprecher des DRV-Außenministeriums im März unter Berufung auf westdeutsche Zeitungen davon sprach, »daß die westdeutsche Regierung eine Legion aufgestellt hat, um sie nach Südvietnam zu entsenden«, bezog sich das unter anderem auf dieses Technikerkontingent. Es wurde bei späterer Gelegenheit in der DDR als »nach dem Vorbild der faschistischen ›Organisation Todt‹« agierende, »zeitweilig« Zivil tragende »erste Formation« einer »Legion Vietnam« charakterisiert,[19] eine Wertung, die in damals üblicher

Manier beider Seiten der dem propagandistischen Effekt geopferten Seriosität entbehrt haben dürfte.

Als »zweite Formation« dieser Legion galt offenkundig auch für die vietnamesische Seite, was die Düsseldorfer Wochenzeitung *Bauernruf* am 3. September 1965 der Öffentlichkeit zur Kenntnis gegeben hatte. Nach ihren Ermittlungen waren 121 Angehörige der Bundesluftwaffe im Herbst 1964 zur Spezialausbildung in die USA entsandt worden, um dann in Vietnam eingesetzt zu werden. Sie trugen, so das Blatt, amerikanische Uniformen und hatten amerikanische Militärpapiere, die sie als »Alien« (Ausländer) mit deutscher Staatsbürgerschaft (Citizenship: German) auswiesen. Sechs Angehörige dieses Fliegerkontingents seien im Einsatz ums Leben gekommen, zwei würden vermisst, zwölf seien verwundet worden, war zu lesen.[20] Auch hier regierte die Propaganda, als auf Seiten der DDR diese alarmierende Enthüllung kommentiert wurde, es handle sich bei diesem Fliegerkontingent, getarnt »nach dem Beispiel der faschistischen ›Legion Condor‹« in Spanien, um »die erste Gruppe der rein militärischen Formation der ›Legion Vietnam‹«.

Trotz aller amerikanischen Forderungen, Saigoner Bitten und schon lange offenbarter Gelüste in den Reihen der Bundeswehr wagte es die Bundesregierung nicht, geschlossene Truppeneinheiten nach Vietnam in Marsch zu setzen. Es gab dafür eine Reihe von Gründen. Das Düsseldorfer *Handelsblatt* schrieb am 26. Januar 1966: »Zwar könnte angebracht sein, die Amerikaner durch den Einsatz deutscher Einheiten stärker noch als bisher … zu verpflichten, aber dieser Vorteil würde wieder wettgemacht durch die Nachteile politischer und psychologischer Natur.« Hinzu kam die Stimmung in der Bevölkerung. Bei einem Meinungstest der Tübinger Wickert-Institute im Frühjahr 1966 lehnten 93 % der Befragten ein militärisches Eingreifen der Bundesrepublik in Vietnam ab. Die Warnung von Franz Josef Strauß vor dem »Volkszorn«, der den Kanzler in einem »Sturm der Entrüstung« hinweggefegt hätte, kam nicht ganz von ungefähr. Überdies sorgte man sich in Bonn um das internationale Ansehen der Bundesrepublik. Die *Stuttgarter Zeitung* fasste das am 21. Januar 1966 in die Worte, »auch nur ein deutsches Pionier-Bataillon in Vietnam« wäre »Zündstoff für eine weltweite anti-deutsche Kampagne«. Das Hamburger Blatt *Die Andere Zeitung* schrieb am 13. Januar 1966: »Man muß wissen, daß eine bundesdeutsche Teilnahme am Vietnam-Krieg in allen Ländern Afrikas und Asiens Empörung gegen die Bundesrepublik zur Folge hätte.«[21]

Es blieb jedoch nicht bei den Kräften, die den Stempel einer »Legion« bekamen. Im letzten Jahr der Kanzlerschaft Erhards befanden sich bereits weit mehr Bundesbürger in amerikanischen Diensten in Vietnam. Als die Moskauer *Prawda* am 26. Juli 1966 in einem Bericht ihres Indochina-Korrespondenten von tausenden Westdeutschen sprach, die am Krieg der USA teilnähmen, beeilte man sich in Bonn mit einem der üblichen Dementis. Staatssekretär von Hase tat noch am selben Tag auf einer Pressekonferenz kund: »Kein Deutscher kämpft in Vietnam.« Es handle sich um »Mißverständnisse«. Nur wenig später musste sich die Bundesregierung gar von amerikanischer Seite korrigieren lassen. Am 2. August meldete die Nachrichtenagentur *dpa:* »Das Hauptquartier der amerikanischen Streitkräfte in Saigon bestätigte auf Anfrage, daß eine – wenn auch geringe – Anzahl deutscher

Staatsbürger in den amerikanischen Einheiten in Südvietnam eingesetzt sei.«[22]

Im folgenden Monat wurde auch der Versuch, den Anteil Westdeutscher als gering und damit bedeutungslos abzutun, ad absurdum geführt. Die Bielefelder *Freie Presse* informierte am 8. September 1966: »Einer kürzlichen Mitteilung des amerikanischen Verteidigungsministeriums zufolge befinden sich gegenwärtig rund 24 000 Ausländer bei den amerikanischen Streitkräften. Wenn man davon ausgeht, daß davon schätzungsweise ein Viertel in Vietnam dient und davon wiederum ein Drittel Deutsche sind, so ergibt sich die Zahl von rund 2000 deutschen Staatsangehörigen in Vietnam. Das sind immerhin Truppen in Regimentsstärke.«[23] Da in der Folgezeit die amerikanischen Truppen in Südvietnam weiter massiv verstärkt wurden, darf davon ausgegangen werden, dass sich im weiteren auch der Anteil von Ausländern und damit von Deutschen weiter erhöhte. Es ist wohl kaum anzunehmen, dass die Bundesregierung davon keine Kenntnis gehabt haben soll. Die indische Presseagentur *India Press Agency* hatte im April 1966 von einem Geheimabkommen zwischen den Regierungen in Bonn und Washington gesprochen, das den getarnten Einsatz westdeutschen Militärpersonals in Südvietnam regle.[24]

Ungemach bereitete in Bonn, dass gelegentliche Todesanzeigen in westdeutschen Zeitungen auf die Teilnahme von Bundesbürgern in amerikanischer Uniform am Krieg aufmerksam machten, zumal die DDR-Presse das postwendend aufgriff und entsprechend kommentierte. So erregte der Fall des 27-jährigen Franz Gerhard Prediger großes Aufsehen, dessen Todesanzeigen am 13. Juli 1966 im *Mannheimer Morgen* und in der *Süddeutschen Zeitung* ihn als in Vietnam gefallenen Bundesbürger auswiesen. »Deutscher starb im Dschungel Vietnams«, kommentierte das Mannheimer Blatt einige Tage später.[25] Das Argument, es handle sich bei all den Gefallenen um Bundesbürger, die freiwillig diesen Militärdienst leisten, um in den USA schneller eingebürgert zu werden, zog wenig. Auch noch 1968 sorgten derartige Todesnachrichten in der Bundesrepublik für reichlich Diskussionsstoff und Protest gegen den Krieg. Am 18. November wurde im württembergischen Kornwestheim bei Stuttgart der 21-jährige Dieter Vater beigesetzt, der Anfang November in der Nähe des Marinestützpunkts Da Nang zu Tode gekommen war. Ebenfalls Anfang November wurde bei einem amerikanischen Angriff auf kambodschanisches Gebiet der deutsche Pilot Klaus Supp aus Oberhausen abgeschossen und gefangengenommen.[26]

Washington war trotz allem noch nicht zufriedengestellt. Obwohl die Bundesrepublik auch nach der Bildung der Großen Koalition »weiterhin bereitwillig politisch-propagandistisch-ideologische und ein aus ihrer Sicht adäquates Pensum an ökonomischer und humanitärer Hilfe an Südvietnam leistete, verstummte der amerikanische Vorwurf nicht, gerade die Deutschen ließen die USA in Indochina im Stich«.[27] Deshalb fühlte man sich in Bonn bemüßigt, keinen Zweifel an fortwährendem Beistand zu leisten. Während seines ersten USA-Besuchs im August 1967 versicherte Kanzler Kiesinger laut *dpa*, die Bundesregierung habe »große Achtung vor dem amerikanischen Beitrag zur Verteidigung der Freiheit«. Ende jenes Jahres erzwangen deutlich zunehmende Aktivitäten der Befreiungskräfte in vielen Gebieten einen teilweisen Rückzug westdeutschen Personals. »Die meisten technischen Hilfsprojekte außerhalb Saigons mußten aus Sicherheitsgründen nach und nach eingestellt werden.«[28] Anfang Januar 1968 begab sich der Vorsitzende des Bundestags-Unterausschusses »Hilfe für Vietnam«, Blumenfeld, zum erstenmal im Auftrag des neuen Kabinetts zu Verhandlungen über weitere Hilfeleistungen unter veränderten Bedingungen nach Saigon. Wie die *Frankfurter Rundschau* am 12. Januar berichtete, verlangte er im Ergebnis seiner Visite von der Weltöffentlichkeit, sie müsse »den harten Tatsachen des Vietnamkrieges ins Gesicht sehen«.[29]

Dieses Jahr 1968 meldete sich in Südvietnam wahrlich mit »harten Tatsachen« an, obwohl dort inzwischen fast eine halbe Million amerikanische Soldaten im Einsatz waren. Ein weltweit vernommener Donnerschlag alarmierte und schockierte Ende Januar Washington, traf das Regime in Saigon ins Mark und ließ selbst hartnäckige Befürworter der bisherigen Politik endlich ahnen, dass die USA diesen Krieg nicht gewinnen können. Mit Aufstandsaktionen der Bevölkerung in vielen Landesteilen verbunden, traten alle Gliederungen der FAPL und Einheiten der Volksarmee zwischen 17. Breitengrad und Kap Ca Mau an Vietnams Südspitze zu ihrer in die Militärgeschichte eingegangenen *Têt-Offensive* an. Angegriffen wurden zeitgleich 42 Städte und hunderte weitere Orte. Die alte Kaiserstadt Hue, über deren Zitadelle ab 31. Januar die rot-blaue FNL-Fahne mit dem goldenen Stern wehte, befand sich 26 Tage lang in der Hand der Befreiungstruppen. Einheiten vor allem der USA-Marineinfanterie verloren bei der Rückeroberung der Stadt bis zu 70 % ihres Mannschaftsbestands. In Saigon wurde die USA-Botschaft gestürmt und tagelang besetzt.

Diese »allgemeine Offensive« wurde trotz enormer Verluste der Angreifer und ihres begrenzten, weil zunächst nur zeitweiligen Erfolgs von Kommentatoren als »psychologische Wende« im Krieg zuungunsten der USA und ihrer südvietnamesischen Vasallen gewertet. Amerikanische Quellen sprachen gar von einem »politischen und psychologischen Sieg« der Kommunisten. In der Bundesrepublik wie in der ganzen westlichen Öffentlichkeit, auch in den USA selbst führten die Ereignisse zu einer Zäsur in der Wahrnehmung des Krieges. In den amerikanischen Medien war der Vietnam-Feldzug fortan präsenter denn je. Obwohl auch unter Politikern und im Kongress in Washington die Erkenntnis um sich griff, dass in Südvietnam eine militärische Patt-Situation eingetreten war, was sich mit teils heftiger Kritik an der bisherigen Politik verband, reagierte Präsident Johnson noch einmal mit der Aufstockung des amerikanischen Truppenkontingents auf fast 550 000 Mann. Die Bombardierung des Nordens ging unverändert weiter.

Es hatte ein Jahr begonnen, das einschneidende Veränderungen parat hielt. Die am Jahresende anstehenden USA-Präsidentschaftswahlen, bei denen Johnsons Demokratische Partei wohl zu Recht ein Debakel befürchtete, warfen schon ihre Schatten voraus. Die trostlose militärische Lage im Süden, ungebrochene Widerstandskraft des Nordens, große Verluste der eigenen Truppen, eine kraftvoll anschwellende Anti-Kriegs-Bewegung im eigenen Land und starker internationaler Protest gegen die Fortführung des Krieges dürften die Hauptgründe dafür gewesen sein, dass Johnson am 31. März die Einstellung der Bombenangriffe auf die nördliche Hälfte Nordvietnams bis etwa 100 Kilometer südlich Hanois verkündete.

Er erklärte die Bereitschaft zu Gesprächen zwischen beiden Regierungen und seinen Verzicht auf eine zweite Präsidentschaftskandidatur. Da Hanoi positiv reagierte, konnten am 12. Mai in Paris vorbereitende Friedensgespräche aufgenommen werden. Schon dabei vermochte die DRV der amerikanischen Seite das substanzielle Zugeständnis abzuringen, Verhandlungen ohne Vorbedingungen führen zu wollen und eine Teilnahme der FNL zu akzeptieren.

Der südliche Teil Nordvietnams aber lag weiter unter Bomben. Die bis dahin schon schwer getroffene Stadt Vinh, die größte Stadt in diesem Landesteil, wurde von B-52 vollends dem Erdboden gleichgemacht. Noch einmal versuchte man, mit massiven Flächenbombardements die Nachschubwege im Gebirge aus dem Norden zu kappen. In Südvietnam verbanden sich die unverminderten militärischen Anstrengungen der USA mit einem neuen, »Phoenix-Programm« genannten beispiellosen Terrorfeldzug, erklärtermaßen Antwort der CIA auf die Têt-Offensive. Ziel war, mit großen flächendeckenden Razzien in den noch kontrollierten Gebieten die »Infrastruktur des Vietcong« zu vernichten. Dieses CIA-Programm kostete einige zehntausend Menschen das Leben, tausende landeten in den Kerkern. Auch befreite Gebiete blieben nicht verschont. Die Befreiungsbewegung erlitt schmerzhafte Verluste.

In der Bundesrepublik zeichnete sich inzwischen eine auf ein Kriegsende zielende gewisse Kurskorrektur der SPD unter dem Druck der Parteibasis und der außerparlamentarischen Protestbewegung ab. Doch bei weitem nicht alle waren mit einer Entwicklung zufrieden, die bei ehrlichem Bemühen beider Kriegsparteien

Frieden verheißen konnte. Die Münchner Zeitschrift *Wehr und Wirtschaft*, für große Nähe zum Verteidigungsministerium bekannt, an dessen Spitze damals das einstige NSDAP-Mitglied Gerhard Schröder[30] stand, machte im Juli »Mangel an Tatkraft« aus, der dazu geführt habe, »daß der Luftkrieg in Nordvietnam trotz der imposanten Zahl der Angriffe keine entscheidenden Ergebnisse erwirken konnte«. Das Blatt beklagte »die Lähmung der militärischen Führung durch die politische, die sich scheute, Risiken einzugehen«, ebenso wie »Gehirnverrenkungen amerikanischer Professoren-Strategen«. Beides habe sich »bumerangähnlich« ausgewirkt. »Fatalerweise hat die Zeit gegen die Amerikaner gearbeitet.«[31]

Für die von der CDU dominierte Bundesregierung, von der »Schlagkraft des Viet Cong« fast ebenso geschockt wie die USA, war nach der »von keinem deutschen Politiker für möglich gehaltenen Tet-Offensive« zwar ein Umdenken angesagt, jedoch ohne grundsätzlich vom bisherigen Kurs abzuweichen und den Verbündeten zur Beendigung der Kriegshandlungen zu drängen. Sie änderte »ihre Meinung über die militärischen Machtverhältnisse von einem Tag auf den anderen« und »ging zu einer vorsichtigeren Attitude über«.[32] Das allerdings hinderte Kanzler Kiesinger nicht, am 6. Januar in einem Rundfunkinterview den von Vizekanzler Brandt geführten Koalitionspartner anzugehen, dessen Präsidium im August 1966 auf der Grundlage einer Entschließung der Sozialistischen Internationale vom Mai für einen sofortigen Bombardierungsstopp plädiert und damit »wochenlangen Parteienstreit um Vietnam« ausgelöst hatte. »Kiesinger rügte die SPD wegen ihres Vorschlags zum

Bombenstop und verbat sich jede moralische Kritik an der Kriegführung, hob aber gleichzeitig die Hoffnung der Regierung auf eine friedliche Beilegung des Konflikts hervor. Jedoch bestimmte Kiesingers Vietnam-Credo weiterhin den offiziellen deutschen Regierungskurs: ›Wir sind nicht die Schulmeister Amerikas. ... Ich würde es für völlig verfehlt halten, wenn die Bundesregierung in dieser Frage sich anmaßen würde, eine Mahnung an die Regierung der Vereinigten Staaten zu richten‹.«[33]

In einer Regierungserklärung vor dem Bundestag suchte er am 11. März diese Haltung damit zu rechtfertigen, dass »evidente deutsche Ohnmacht, den Krieg in Vietnam durch Ratschläge von außen beeinflußen oder gar beenden zu können«, zur »Enthaltsamkeit jeder Kritik« zwinge. Aus seiner Erklärung »kann eine gewisse Verärgerung über das Unvermögen der Amerikaner abgelesen werden, den Krieg rasch siegreich zu beenden, keinesfalls aber die moralische Verurteilung des Bündnispartners«. Der Vorsitzende der CDU/CSU-Fraktion, Rainer Barzel, suchte in der Debatte »die in der Öffentlichkeit verwischten alten Konturen vom kommunistischen Aggressor und den friedliebenden, verhandlungsbereiten USA wieder klarzustellen. Man solle nicht den Verteidiger schelten.« SPD-Fraktionschef Helmut Schmidt pries den Vietnam-Krieg als »amerikanisches Engagement gegen den Kommunismus«, wenngleich er ihn »mit Unbehagen« sehe. »Er schloß sich in der Aussprache der offiziellen Regierungshaltung an, keine deutsche Kritik an der größten westlichen Schutzmacht zu üben und auf schulmeisterliche Ratschläge zu verzichten.«[34]

Es blieb auch in der Folge bei verbalen Beistandsbekundungen bundesdeutscher Politiker für die USA und der materiellen Unterstützung der Saigoner Administration, an deren Spitze als Präsident seit September 1967 bis April 1975 General Nguyen Van Thieu stand. Bundestagspräsident Eugen Gerstenmaier (CDU) meinte, die USA verdienten »nicht Tadel, sondern Bewunderung«. Zwischen Bonn und Saigon setzte rege Reisetätigkeit ein. Ende Juni 1968 wurde in Bonn eine Saigoner Parlamentsdelegation von Vizekanzler und Außenminister Brandt sowie Innenminister Ernst Benda (CDU) zu Gesprächen empfangen; im September folgte eine Gruppe südvietnamesischer Senatoren. Im selben Jahr reiste abermals der Sonderbeauftragte Schmidt-Horix zu Verhandlungen nach Saigon, begleitet vom stellvertretenden Vorsitzenden des Bundestags-Verteidigungsausschusses, Karl Berkhan, sowie von den CDU-Abgeordneten Walter Leisler-Kiep und Blumenfeld.[35]

Als neuer diplomatischer Vertreter der Bundesrepublik residierte ab Ende November in Saigon Dr. Horst von Rom, ein Mann mit brauner Vergangenheit. Er hatte von 1937 bis 1945 im Dienst des Reichsluftfahrtministeriums gestanden. Von 1943 bis 1945 war er von Görings Ministerium in das Außenministerium Ribbentrops beordert worden. Nach Tätigkeit als Rechtsanwalt und Dozent an der Hochschule für Politische Wissenschaften in München kam er 1953 in den diplomatischen Dienst.[36] Er trat an die Stelle von Wilhelm Kopf, der seit Ende April 1966 den Posten des Botschafters innegehabt hatte. Dieser Dr. phil. hatte von 1936 bis 1940 im türkischen Unterrichtsministerium in Ankara als »Lektor« gewirkt, war dann im Außenministerium in Berlin tätig und wurde nach »zweijähriger Soldatenzeit« 1944 Presseattaché an der Botschaft in Ankara. Seit 1952 stand er wieder im diplomatischen Dienst.[37] Auch von Roms und Kopfs Vorgänger hatten eine braun befleckte Weste getragen. Als erster diplomatischer Vertreter der Bundesrepublik, der einen interimistischen Geschäftsträger der Gesandtschaft ablöste, war Anfang Oktober 1958 York Alexander Freiherr von Wendland als Gesandter in Saigon eingetroffen. Mit der Umwandlung der Vertretung in eine Botschaft Ende April 1960 wurde dieser Mann, der 1933 in die NSDAP und 1936 in den auswärtigen Dienst unter Ribbentrop eingetreten war, erster Botschafter der Bundesrepublik in Südvietnam. Von Wendland hatte nach Dienst in der Berliner Zentrale und in Konsulaten ab 1940 an der Nazi-Gesandtschaft in Bangkok gewirkt.[38] Ab September 1964 amtierte dann als Botschafter Dr. Günther Schlegelberger. Der Sohn des 1947 von einem USA-Militärgericht im Nürnberger Juristenprozess zu lebenslanger Haft verurteilten Staatssekretärs im Reichsjustizministerium und zeitweiligen Justizministers Dr. Franz Schlegelberger war vor 1945 Mitarbeiter im Auswärtigen Amt Ribbentrops.[39]

Die finanziellen Zuwendungen der Bundesregierung an Saigon erreichten bis Mitte 1968 offiziell die Höhe von 800 Millionen DM. Details ihrer Verwendung blieben Verschlusssache. Im Rahmen mittelfristiger Finanzplanung wurden, wie einem Bulletin des Presse- und Informationsamtes der Bundesregierung vom 29. Februar 1968 zu entnehmen war, für den Zeitraum von 1968 bis 1971 jährlich weitere 30 Millionen DM für die Stützung der Saigoner Administration vorgesehen. Zusätzlich eingeräumte Kredite dienten unter anderem der Stärkung ihrer rüstungswirtschaftlichen Basis und anderen kriegsdienlichen Maßnahmen. Am 19. Juli 1968 informierte die Düsseldorfer *Deutsche Volkszeitung* über den Beschluss der Bundesregierung, im Rahmen ihrer »humanitären Hilfe« den Bau eines »Umerziehungslagers« für Kinder und Jugendliche im Alter von 7 bis 18 Jahren, die nach amtlicher Lesart kriminell geworden waren, in Thu Duc nahe Saigon mit 40 Millionen DM zu finanzieren. Da für die südvietnamesischen Behörden auch Proteste und Widerstandsaktionen als kriminelle Handlungen galten, waren Zweifel an der Zweckbestimmung dieser Mittel und am vorgeblich humanitären Charakter dieser Hilfe am Platze. Unter der Jugend Saigons und anderer Städte, besonders den Studenten, wie auch auf dem Lande war die Ablehnung des Regimes evident.[40]

Auch die finanzielle Schützenhilfe für die USA dauerte fort. Im Juli 1968 leiteten Bundesfinanzminister Strauß und Verteidigungsminister Schröder bei Verhandlungen in Washington mit Präsident Johnson, Finanzminister Fowler, Außenminister Rusk und Verteidigungsminister Clifford eine neue Phase der Unterstützung ein. Wie das Duisburger Blatt *Tatsachen* am 22. Juni berichtet hatte, war die Bundesregierung bereit, in der Zeit vom 1. Juli 1968 bis zum 30. Juni 1969 weitere drei Milliarden DM als Devisenausgleich zu zahlen. Angestrebt wurde zugleich die weitere Vertiefung der rüstungswirtschaftlichen Zusammenarbeit. Vereinbart wurden dem Verlangen Washingtons entsprechend umfangreiche neue Rüstungskäufe der Bundesrepublik und weitere Aufträge an die amerikanische Rüstungsindustrie. Offenkundig aber war, dass die USA-Regierung statt Devisenhilfe in Form zeitlich begrenzter Kredite direkte Hilfszahlungen aus Bonn erwartete, um ihre defizitäre Zahlungsbilanz entlasten zu können.[41]

Heftige Proteste in den USA gegen die Fortdauer des Krieges trotz der in Paris aufgenommenen Gespräche mit der DRV setzten Johnson massiv unter Druck und ließen die Chancen seines Vizes Hubert Humphrey als Präsidentschaftskandidat der Demokratischen Partei bei den Novemberwahlen nahezu auf den Nullpunkt sinken. In einem letzten Versuch, den republikanischen Konkurrenten Richard Nixon auszustechen, verkündete er am 31. Oktober die bedingungslose Einstellung der Bombenangriffe auf das ganze Territorium Nordvietnams wie auch des Beschusses durch die Schiffsartillerie. Er verband das mit dem De-facto-Eingeständnis des Fehlschlags der Kriegseskalation und sprach sich für eine Vier-Parteien-Konferenz in Paris zur »Regelung der Vietnam-Frage« aus. Der von Johnsons Amtsvorgängern Dwight D. Eisenhower und John F. Kennedy vorbereitete, von ihm 1965 entfesselte Vietnam-Feldzug war auf ganzer Linie gescheitert.

Im Unterschied zu den meisten Regierungen, darunter auch jener von NATO-Staaten, die in der einen oder anderen Weise die Aufnahme von Verhandlungen gutheißen, hüllte sich die Bundesregierung zunächst in Schweigen. Das Wort ergriff das Flaggschiff des Hauses Springer, *Die Welt,* das am 2. November lamentierte, die Zustimmung der USA zu offiziellen Verhandlungen in Paris unter Teilnahme der FNL müsse »ein Gefühl des Unbehagens« hinterlassen. Vier Tage später ließ das Blatt wissen: »Was in den letzten Tagen an Ausflüchten vorgebracht wurde, um die Kapitulation Johnsons zu beschönigen, schafft die Tatsache nicht aus der Welt, daß er sich den Forderungen Hanois beugte, den Bombenkrieg bedingungslos eingestellt und den Vietcong als Verhandlungspartner akzeptiert hat. Das ist leider nicht alles. Nach diesem unzulänglich vorbereiteten, nicht ausreichend durchdachten und überstürzten Friedensmanöver stehen die Vereinigten Staaten schlechter da als zuvor. Die Folgen für ihre Position in Asien sind noch nicht abzusehen.«[42]

Für das Blatt und einige andere Zeitungen der bundesdeutschen Presselandschaft war es unerheblich, dass die USA seit dem 5. August 1964 nach vietnamesischen Angaben über Nordvietnam mehr als 3200 Flugzeuge verloren hatten, dass rund 140 ihrer Kriegsschiffe und Boote vor der Küste versenkt oder in Brand geschossen worden waren. Washington gestand immerhin den Verlust von 922 Flugzeugen ein und sprach von 457 in Gefangenschaft geratenen Piloten. Johnson hinterließ seinem Nachfolger die Last einer gescheiterten gewaltigen Militärmaschinerie im fernen Südostasien. Auf sein Konto als Präsident seit 1963 kamen mehr als 50 000 tote GI's, hunderttausende Kriegskrüppel, ein ruinierter Staatshaushalt und ein in den Keller gerutschtes internationales Ansehen der USA. Die Bundesrepublik konnte und kann sich von moralischer Mitverantwortung dafür wie natürlich auch für ein in weiten Teilen zerstörtes Land und mehr noch für viele hunderttausend tote Vietnamesen nicht freisprechen.

Die USA-Präsidentschaftswahlen im November endeten erwartungsgemäß mit dem Erfolg des Republikaners Nixon, der am 20. Januar 1969 in das Weiße Haus einzog. Obwohl etwa zur selben Zeit die offiziellen Vierer-Verhandlungen in Paris begannen, nachdem DRV und FNL Anfang November ihre Bereitschaft dazu erklärt hatten, ließ Nixon von Anfang an keinen Zweifel daran, dass er den Krieg fortsetzen werde. In einer Botschaft an

Präsident Ho Chi Minh drohte er für den Fall, dass es in Paris bis zum 1. November keine Fortschritte gebe, mit »Maßnahmen von großer Tragweite«. Dazu gehörte, wie ein in die Presse lancierter Plan besagte, auch ein »eventueller Atombombeneinsatz« gegen Nordvietnam.[43] Am 14. Mai verkündete Nixon den Kurs auf die »Vietnamisierung« des Krieges, was Herauslösung zunächst nur der amerikanischen Bodentruppen und der ausländischen Verbündeten aus den Kampfhandlungen im Süden hieß. Air Force, VII. Flotte und Artillerie sollten nun amerikanische Stütze der Saigoner Armee sein, die zu einem Monstrum ausgebaut wurde, 1972 über die drittstärkste Luftwaffe der Welt verfügte und eine Mannschaftsstärke von rund einer Million Mann erreichte. Vor Ort blieben einige tausend amerikanische Offiziere in Zivil als »Berater« oder »Techniker«. Die befreiten Gebiete wie auch die Operationsräume der Befreiungstruppen lagen fortan unter dichterem Bombenhagel denn je. Mit noch größeren Anstrengungen von Armee, Polizei und einigen zehntausend Agenten wurde versucht, den Partisanenaktivitäten in den besetzten Gebieten den Garaus zu machen.

Auch nach der Wahl Nixons hielt die Regierung Kiesinger zum Verbündeten. »Die offizielle deutsche Haltung zu Vietnam änderte sich unter Nixon bis zum Ende der Großen Koalition nicht um ein Jota.«[44] Allerdings war es ihr vor allem aus innen-, aber auch aus außenpolitischen Gründen nicht mehr möglich, sich verbal hinter Nixons Kriegskurs mit der Drohkulisse gegen die DRV zu stellen. Nach Gesprächen mit dem neuen USA-Präsidenten im Februar bei dessen Besuch in der Bundesrepublik, im Frühjahr anlässlich der Beisetzung von Ex-Präsident Eisenhower und schließlich im August in Washington bei seiner Abschiedsvisite als Bundeskanzler habe er »auf ein rasches Kriegsende und einen Verhandlungsfrieden unter der neuen amerikanischen Regierung« gehofft, wird ihm zugeschrieben. Vor dem National Press Club in der amerikanischen Bundeshauptstadt suchte er die bislang demonstrierte bedingungslose Gefolgschaft der Bundesregierungen seit Konrad Adenauer in Sachen Vietnam mit der Floskel zu verharmlosen, man könne sich »in einem modernen Zeitalter globalen Aspekten nicht mehr entziehen«. Deshalb habe man »den Konflikt in Vietnam mit großer Sorge und tiefer Anteilnahme verfolgt.«[45]

Im Gefolge der Bundestagswahl am 18. September 1969 übernahm Willy Brandt in einer SPD/FDP-Koalition das Amt des Bundeskanzlers. Dieser Wechsel führte bis 1974 zu einer merklichen Änderung in Klima und Ton. In seiner Regierungserklärung im Bundestag am 28. Oktober gab Brandt der Hoffnung Ausdruck, »daß der Krieg in Vietnam endlich beendet wird durch eine politische Lösung, die von allen Beteiligten gebilligt werden kann. Wir bekräftigen unsre Bereitschaft, am Wiederaufbau beider zerstörter Landesteile mitzuwirken.«[46]

Welch enormen Beitrag die Bundesrepublik direkt und indirekt, offen und im Geheimen, finanziell, materiell und personell von der Zeit nach Dien Bien Phu 1954 bis zum Ende zur Unterstützung des amerikanischen Krieges geleistet hat, müsste Thema einer Forschungsarbeit sein, die offensichtlich noch niemand in Angriff genommen hat und wegen des nur noch theoretischen Wertes auch nicht geleistet werden wird. Der bürgerlichen alt- und auch neu-bundesdeutschen Historiographie kann Interesse daran getrost abgesprochen werden. Schließlich handelt es sich um ein nicht eben marginales Kapitel in der Geschichte dieses Staates, das ihm nicht zum Ruhme gereicht. So wird auch im Dunkeln bleiben, wie viele Verträge, Abkommen und Geheimabsprachen mit Saigon dem letztendlich vergeblichen Bemühen galten, im Bunde mit den USA ein illegitimes und fremdbestimmtes, auf Dauer nicht überlebensfähiges Regime am Leben zu halten.

Mit dem Stopp der Bombardierung Nordvietnams, dem Beginn der Verhandlungen in Paris und der von Nixon in die Wege geleiteten »Vietnamisierung« des Krieges war die Bundesrepublik von einem Alptraum befreit. Das quälende Drängen Washingtons auf Entsendung von Truppen nach Südvietnam, die jahrelange Debatte über einen Einsatz regulärer Einheiten der Bundeswehr hatte ein Ende gefunden. Für scharfmacherische Töne namentlich der großbürgerlichen Presse gab es vorerst nur noch wenig Anlass. Sie erlebten aber eine Renaissance in den Monaten nach dem Pariser Friedensabkommen von Januar 1973 und erst recht im Frühjahr 1975 bei der Abschlussoffensive der Befreiungstruppen, nun wieder voll konzentriert auf den angeblichen Aggressor Nordvietnam.

Die Unterstützung der Bundesregierung für die sieche Saigoner Administration dauerte auch unter Kanzler Brandt an. Der Finanzierung ökonomischer Projekte im Raum Saigon, der als einziger Flecken noch als einigermaßen sicher galt, diente der Ende 1974 gewährte letzte langfristige Kredit. Er belief sich auf 40 Millionen DM, die Monate später als Verlust zu verbuchen waren. Wie schon erwähnt, nahm die Bundesrepublik bis zum unrühmlichen Ende im April 1975 hinter den USA den zweiten Platz unter allen Geberländern für Südvietnam ein. Von staatlicher oder anderer Hilfe für den zerbombten Norden hingegen, wie sie Kanzler Brandt in Aussicht gestellt hatte, war für den Augenzeugen vor Ort ab 1973 nichts zu bemerken. Auch nach 1975, dann unter Bundeskanzler Helmut Schmidt, konnte für dieses Thema nur »Fehlanzeige« registriert werden.

Aus unbestritten humanitären Erwägungen, freilich auch dem antikommunistischen Weltbild gemäß, mühte man sich fortan wie schon vor 20 Jahren ausschließlich um jene, die aus eingeimpfter Furcht vor den Kommunisten oder aus Angst vor gerechter Strafe nach dem 30. April 1975 – dem Fall Saigons – auf meist abenteuerliche Art den Süden Vietnams in Massen verließen und anderswo Zuflucht suchten. Diese »boat people« fanden bekanntermaßen zu Tausenden auch in der Bundesrepublik Aufnahme und wurden zu willkommenem Objekt einer neuen Welle massiver antikommunistischer Propaganda. Zwar entschloss man sich in Bonn notgedrungen sehr schnell, die der DRV bis dahin verweigerte Anerkennung zuteil werden zu lassen, doch ließ man sich Zeit mit der Entsendung des ersten Botschafters nach Hanoi. Er nahm zunächst Quartier in Räumen des zwangsläufig wenig attraktiven Hotels »Thong Nhat«, fernab vom weitläufigen, malerischen Komplex der Botschaft der DDR.

Zehntausendfacher Ruf: »Hände weg von Vietnam!«

Mehrere tausend Westberliner protestierten am 10. Dezember 1966 gegen die Aggression der USA in Vietnam. Kundgebung am U-Bahnhof Spichernstraße.
BArch Bild 183-E1210-0048-001,
ADN-Zentralbild / Schneider

Die über Jahre hin total USA-hörige Politik mehrerer Bundesregierungen in Sachen Vietnam blieb in der westdeutschen Öffentlichkeit nicht ohne Widerspruch und geharnischten Protest. Doch es dauerte geraume Zeit, ehe davon die Rede sein konnte, dass Zehntausende bei Demonstrationen und auf Kundgebungen skandierten: »Hände weg von Vietnam!« Wenngleich im Frühjahr 1966 bei dem Wickert-Meinungstest 93 % der Befragten und bei einer Fernseh-Umfrage im Februar 1968 sogar 98 % ein militärisches Engagement der Bundesrepublik im Vietnam-Krieg ablehnten, war von einer Massenbewegung gegen diesen Krieg nichts zu bemerken. Verbreitete Antikriegs-Grundstimmung, bei der älteren Generation vor allem dem eigenen Erleben bis 1945 geschuldet, stieß auf die im Lande permanent geschürte Angst vor einer »kommunistischen Gefahr« ebenso wie auf die allgegenwärtige Desinformation durch die Masse der Medien über die Ursachen des Konflikts und die wahren Schuldigen an dem Blutvergießen in Indochina. So hielt sich denn auch solidarisches Bekenntnis zu den Opfern der amerikanischen Aggression in engen Grenzen. Ohnehin ließen die gesellschaftlichen Bedingungen und Strukturen in der Bundesrepublik die Herausbildung einer landesweiten, alle Schichten der Gesellschaft erfassenden und in hohem Maße koordinierten Bewegung der Solidarität mit Vietnam nicht zu.

Nach dem Scheitern des französischen Rückeroberungsfeldzugs im Mai 1954 und erst recht im Gefolge des in Genf ausgehandelten, völkerrechtlich verbindlichen Friedensschlusses war Vietnam in der Bundesrepublik aus dem Blickfeld verschwunden. Der fast gänzlich von progressiven Jugendorganisationen getragene Protest gegen den vieltausendfachen, von der Regierung unter Kanzler Adenauer nach Kräften geförderten Kriegseinsatz deutscher Fremdenlegionäre hatte sich mit dem Ende der Auseinandersetzung erledigt. Der offene Bruch der Genfer Abkommen durch die USA, die dauerhafte Installation eines separaten Regimes im Süden Vietnams, dessen Terror gegen die patriotischen Kräfte und die zeitgleich permanent intensivierte schleichende amerikanische Intervention waren für die absolute bürgerliche Medien-Mehrheit kein Thema und wurden so von der Öffentlichkeit im Grunde genommen nicht registriert. Das traf gleichermaßen auf die Ende 1955 einsetzende ökonomische und finanzielle Hilfe der Bundesregierung für die Administration in Saigon zu. Die vom ersten Augenblick an auch von Politik- und Rechtsexperten, die es besser wissen mussten, lancierte Lesart, Vietnam sei durch die Genfer Vereinbarungen geteilt worden, was die Bildung einer eigenständigen Regierung in Südvietnam als legitim erscheinen ließ, tat ein Übriges.

Der von der USA-Marine im August 1964 inszenierte »Zwischenfall im Golf von Tonkin« ließ die Aktivisten der bundesdeutschen Friedensbewegung aufhorchen. Nun rückte auch Vietnam in das Blickfeld derer, die MLF-Projekt und Notstandsplanung den Kampf angesagt hatten. Mit dem amerikanischen Vorstoß von 1962, aus U-Booten und Überwasser-Kriegsschiffen von NATO-Mitgliedern eine *Multilaterale Nuklearflotte (Multilateral Force/MLF)* zu bilden, war Verfügungsgewalt der Bundesrepublik über Kernwaffen wieder aktuell geworden. Pate des Projekts war ein Vorschlag des NATO-Oberbefehlshabers USA-General Lauris Norstad von 1959, die NATO zur »Vierten Atommacht« aufzurüsten.[1] Bei den im Oktober 1963 darüber aufgenommenen Verhandlungen von sieben NATO-Mitgliedern sagte die Bundesregierung die Mitfinanzierung des Vorhabens zu, das den kernwaffenlosen Pakt-Mitgliedern die Möglichkeit verschaffen sollte, »Zugriff auf Massenvernichtungswaffen zu bekommen«.[2] Das Projekt scheiterte nach scharfen Protesten demokratischer Kräfte in Westeuropa letztendlich an der Kostenfrage und am Ausscheiden Frankreichs unter Präsident Charles de Gaulle 1966 aus den militärischen Strukturen des Paktes. Quasi als MLF-Ersatz rief man 1967 eine noch immer bestehende *Nukleare Planungsgruppe (NPG)* der NATO-Mitglieder unter USA-Ägide ins Leben.

Pläne für Notstandsgesetze und zur Einfügung einer Notstandsverfassung in das Grundgesetz reichten bis 1958 zurück und wurden 1960 und 1963 erneuert. Sie sollen eine »Bedingung der West-Alliierten« für den Schutz ihrer in einer souveränen Bundesrepublik stationierten Truppen in »Krisensituationen« wie »innere Unruhen« gewesen sein.[3] Stimmung dafür, die Staatsorgane zu ermächtigen, demokratische Rechte und Freiheiten drastisch einzuschränken, wurde fraglos auch mit dem antikommunistischen Schreckgespenst gemacht. Verbreitete Sorge in der Bevölkerung, dass die Notstandsgesetze ein neues Ermächtigungsgesetz nach dem Muster jenes Gesetzes bedeuten könnten, das im März 1933 zur Stabilisierung des Nazi-Regimes vom entmündigten Rumpf-Reichstag in Berlin beschlossen worden war, führte zu massiven Protesten und zur Formierung der Außerparlamentarischen Opposition (APO). Studentengruppen, Gewerkschaften und ein Kuratorium »Notstand der Demokratie« riefen zu Protesten und Massenkundgebungen auf. Dennoch segnete eine Bundestagsmehrheit der Großen Koalition Ende Mai 1968 das Gesetzesvorhaben ab.⁴

Den Anstoß zu Aktionen gegen den Vietnam-Krieg gab im Dezember 1964 die *Kampagne für Abrüstung – Ostermarsch der Atomwaffengegner (KfA-OdA)* mit einem offenen Protestbrief an die Adresse der USA gegen die ersten Bombardements in Nordvietnam. Der Bundesvorstand der *Internationale der Kriegsdienstgegner (IdK)* richtete im selben Monat einen entsprechenden Brief an den USA-Botschafter in Bonn. Die Aufnahme systematischer Bombenangriffe Anfang Februar 1965 veranlasste den *Sozialistischen Deutschen Studentenbund (SDS)*, die IdK und die *Westdeutsche Frauenfriedensbewegung (WFFB)*, in einer gemeinsamen Erklärung ihre Stimme des Protestes zu erheben. IdK-Vorsitzender Hans Michael Vogel appellierte in einem Offenen Brief an Präsident Johnson, die Luftangriffe sofort einzustellen und »endlich den seit 1956 fälligen freien Wahlen in Vietnam« unter Einbeziehung der FNL zuzustimmen. Zugleich verurteilte er die moralische Unterstützung des amerikanischen Krieges durch das Kabinett Erhard.⁵

Mitte 1965 initiierte der Präsident des Weltkirchenrates und Präsident der *Deutschen Friedensgesellschaft (DFG)*, D. Martin Niemöller, als Mitglied der Leitung der Bekennenden Kirche von 1937 bis 1945 Häftling in den KZ Sachsenhausen und Dachau, zusammen mit Oberkirchenrat Dr. Heinz Kloppenburg vom *Internationalen Versöhnungsbund (IFOR)*, dem Journalisten Prof. Dr. Walter Fabian (DFG) und weiteren Persönlichkeiten die *Hilfsaktion Vietnam*, »um unverschuldetes Leid lindern zu helfen, das die Menschen in Vietnam getroffen hat«. Ihrem nach der formellen Gründung im September publizierten Aufruf, die Bombardierungen sofort einzustellen, den Krieg zu beenden und das Selbstbestimmungsrecht des vietnamesischen Volkes anzuerkennen, schlossen sich binnen kurzem zahlreiche Persönlichkeiten an. Zu ihnen gehörten der Physiker und Nobelpreisträger Max Born, Eugen Kogon und weitere Professoren sowie der Schriftsteller Martin Walser. Unterstützung fand der Aufruf durch die Idk, die *Quäker,* die WFFB, weitere Organisationen und die westdeutschen Landesfriedenskomitees. Schon Ende 1965 konnte die Hilfsaktion dem Roten Kreuz der DRV und der FNL jeweils 25 000 DM zur Verfügung stellen. 1966 wurden weitere Spenden in Höhe von rund 300 000 DM gesammelt, bis Mai 1968 gingen bei der Hilfsaktion Spenden von mehr als einer Million DM ein. Knapp eine halbe Million davon gelangte als Teil einer auch von Caritas und Diakonischem Werk getragenen internationalen Aktion in Gestalt von Krankenhauseinrichtungen nach Nordvietnam.[6]

Anfang Mai 1965 beschloss ein Bundeskongress des *Verbandes der Kriegsdienstverweigerer (VK)* in Iserlohn die Bildung eines *Hilfsfonds Vietnam.* In einer Resolution forderten die Delegierten der mehr als 5000 Mitglieder eine politische Lösung des Konflikts und die Respektierung des Selbstbestimmungsrechts des vietnamesischen Volkes. Ähnlich positionierte sich im Oktober eine Bundeskonferenz der IdK, die im Namen ihrer gleichfalls mehr als 5000 Mitglieder eine politische Verhandlungslösung und die Anerkennung der FNL als gleichberechtigter Verhandlungspartner verlangte. Im Sommer 1965, im Vorfeld des in die Chroniken eingegangenen Wintersemesters 1965/66, trat der SDS in Westberlin mit einem

Arbeitskreis zur Vietnam-Problematik auf den Plan, der Ausstellungen, Filmabende und andere Veranstaltungen organisierte. Am 26. November 1965 melden sich zahlreiche Persönlichkeiten mit einer Aufsehen erregenden »Erklärung über den Krieg in Vietnam« zu Wort. Schriftsteller, Künstler, Wissenschaftler und Kabarettisten distanzierten sich darin klar von der »moralischen und finanziellen Unterstützung des Vietnamkrieges durch die Bundesregierung«. Sie verwiesen unter anderem darauf, dass die auch mit deutschem Geld finanzierten »Strategischen Dörfer«, auch »Wehrdörfer« genannt, nichts anderes seien als Konzentrationslager. Zu den Unterzeichnern zählten Günther Anders, Ernst Bloch, Heinrich Böll, Hans Magnus Enzensberger, Erich Fried, Helmut Gollwitzer, Jürgen Habermas, Walter Jens, Uwe Johnson, Robert Jungk, Erich Kästner, Martin Walser, Wolfgang Neuss und Peter Weiss.[7]

Die zunehmenden unmissverständlichen Unmutsäußerungen über amerikanischen Krieg und bundesdeutschen Beistand, zunächst vor allem von der studentischen Jugend und von Intellektuellen artikuliert, lösten geifernde Reaktionen der eingeschworenen antikommunistischen Kräfte aus. Der *Münchner Merkur* nannte am 30. November die westdeutschen Kriegsgegner »ein paar ehrliche, jedoch einfältige Leute, viel schlampige Frauenzimmer und Jünglinge, die so aussehen, als röchen sie etwas streng«. Als dumme antiamerikanische Kriegsgegner seien »Gammler, bekannte Schriftsteller und einige Hochschullehrer in einer Front« Wegbereiter eines »Kommunismus härtester Pekinger Prägung« in ganz Südostasien. Nachdem DER SPIEGEL am 15. Dezember die »Erklärung über den Krieg in Vietnam« publiziert hatte, nannte der *Bayernkurier* diese Wortmeldung am Tag darauf eine »getarnte Aufforderung zum Selbstmord des Westens«. Der SPD-nahe *Lübecker Morgen* gab am 16. Dezember zum Besten: »In der Bundesrepublik findet dieser grausige Krieg bis zum letzten Vietnamesen ein Echo in Stellungnahmen von ›Links‹- und ›Rechts‹-Intellektuellen. ... Diese Stellungnahmen sind den menschlichen und politischen Problemen dieses Gemetzels ebenso unangemessen, wie sie der geistig-politischen Verfassung unserer Halbnation angemessen sind.«[8]

Mit dem Wintersemester 1965/66 nahm in Westberlin und westdeutschen Universitätsstädten, so in Bad Godesberg und in Heidelberg, der studentische Protest gegen den Vietnam-Krieg eine neue Qualität an. Der 1961 aus dem Brandenburgischen nach Westberlin übergesiedelte Rudi Dutschke, Soziologiestudent an der Freien Universität und Frontmann des SDS in der Stadt, hatte dieses Semester an der im wesentlichen von den USA finanzierten FU zum »Vietnam-Semester« erklärt. Seine Initiative fand ein enormes Echo an Universitäten und Hochschulen auch des Bundesgebiets. Gegen Semesterschluss, Anfang Februar, gingen Studenten in Westberlin erstmals gegen den Vietnam-Krieg auf die Straße. Das Signal dazu hatten tausende amerikanische Kommilitonen in Berkeley und anderen Universitätsstädten der USA mit ihren ersten Antikriegsdemonstrationen gegeben. Unmittelbarer Auslöser waren Vorfälle in Westberlin. Bei einer Vietnam-Veranstaltung des SDS, auf der der Kabarettist Wolfgang Neuss sprach, war ein kleiner Sprengsatz detoniert, eine andere war Objekt einer anonymen Bombendrohung. Als Studenten Plakate einer »Internationalen Befreiungsfront« gegen die USA-Politik und deren Unterstützung durch die Bundesregierung klebten, nahm die Westberliner Polizei fünf von ihnen fest.

Am 5. Februar zogen rund 2500 Studenten mit lautstarkem Protest gegen den Krieg zwei Stunden lang durch das Zentrum der »Frontstadt«. Sie bewarfen das Amerika-Haus mit Eiern und setzten dessen Flagge auf Halbmast. Das »unwürdige Schauspiel«, so Kommentare, wurde mit wütenden verbalen Angriffen auf die Jugendlichen beantwortet. Passanten pöbelten: »Warum protestiert ihr nicht gegen die Mauer? Macht, dass ihr nach Ostberlin kommt.« Der Blätterwald vor allem Westberlins zog am Tag darauf gegen »Traumtänzer, SED-Agitatoren und Studenten, die mit ihren Stipendien nichts anzufangen wüßten, sowie gewisse Kabarettisten, die im politischen Keller beheimatet seien«, zu Felde. Der Liberale Studentenbund (LSB), der Sozialistische Hochschulbund (SHB), der SDS, die Humanistische Studenten-Union (HSU) und der Argument-Klub wurden angegiftet, das »freie Berlin entweiht« zu haben. »Peinlich, schmählich« sei das in Berlin gegenüber den USA. Für die *Berliner Morgenpost* waren die Demonstranten in ihrer Berichterstattung am 6. Februar »Die Narren von Berlin«. Von »Radaumachern« sprach am folgenden Tag *Bild,* das von Empörung der Bundesregierung, des Senats, der SPD und der CDU zu berichten wusste.

Der Sprecher der Bundesregierung in Bonn, von Hase, machte »Störaktionen« der Kommunisten aus und äußerte »schärfste Missbilligung« durch das Kabinett Erhard. Intensive persönliche Erfahrungen im Umgang mit Kommunisten hatte Karl-Günther von Hase schon gut zwei Jahrzehnte zuvor sammeln dürfen. Der Generalstabsoffizier war nach seiner Teilnahme am Polen-

und am Frankreich-Feldzug 1945 als Major und Ritterkreuzträger in sowjetische Gefangenschaft geraten. Etwa zur selben Zeit, am 9. April 1945, wurde sein Vetter Dietrich Bonhoeffer, als einer der führenden Männer der Bekennenden Kirche ein entschiedener Nazi-Gegner, im KZ Flossenbürg Opfer der faschistischen Henker. Von Hases Bruder Paul hatte nach dem 20. Juli 1944 das Schicksal aller Verschwörer gegen Hitler ereilt. 1949 heimgekehrt, konnte von Hase ab 1950 die Diplomatenschule in Speyer besuchen und im folgenden Jahr den Dienst in dem von Kanzler Adenauer geleiteten Auswärtigen Amt antreten. Vom Leiter des AA-Pressereferats ab 1958 stieg er Mitte 1962 zum Leiter des Presse- und Informationsamtes der Bundesregierung auf. Da nach eigenem Bekunden seine »wahre Neigung, auch zu späteren Zeiten, dem alten Beruf des Berufssoldaten« galt, wurde er 1967 Staatssekretär im Verteidigungsministerium.[9]

Ernst Lemmer (CDU), unter Kanzler Adenauer Bundesminister für Gesamtdeutsche Fragen, im Erhard-Kabinett bis Oktober 1965 Bundesminister für Vertriebene, Flüchtlinge und Kriegsgeschädigte und mittlerweile Sonderbeauftragter von Kanzler Kiesinger für Berlin, nannte laut *Bild* vom 8. Februar die Jugendlichen »politische Spinner« und »Totengräber der Freiheit«; Wolfgang Neuss, der wenig später aus der SPD ausgeschlossen wurde, war für ihn eine »rote Laus«. Jürgen Wohlrabe, der Vorsitzende der Jungen Union in Westberlin und »einer der profiliertesten Gegenspieler der Studentenbewegung um Rudi Dutschke«, nannte die Demonstranten »geistige Tiefflieger«. Der Ring Christlich-Demokratischer Studenten (RCDS) klagte die Studenten an, »eine Macht anzugreifen, deren Präsenz in Südvietnam es bisher verhindert hat, daß das Land ein Opfer der kommunistischen Expansionsbestrebungen aus dem Norden wurde«.

In einer Sitzung des Senats am 8. Februar erklärte der Regierende Bürgermeister Willy Brandt, die Studenten dürften sich nicht wundern, wenn sie »von den Berlinern wie Kommunisten behandelt« würden. In einem am selben Tag vom *Tagesspiegel* veröffentlichten Brief an den amerikanischen Stadtkommandanten General John Franklin versicherte er, die »überwiegende Mehrheit der Berliner« sei »nicht gewillt, das Ansehen dieser Stadt durch unverantwortliche Minderheiten in Gefahr bringen zu lassen«. Und weiter: »Schande über Berlin bringen solche Gruppen, die das Vertrauen zu den Schutzmächten zerstören wollen und die deutsch-amerikanische Freundschaft besudeln.« Er wolle »keinen Zweifel daran aufkommen lassen«, dass er »die Vietnam-Frage anders sehe« als die »kritische Studentenschaft«. Erstens sei der »Friedenswille der amerikanischen Demokratie« nicht anzuzweifeln. »Zweitens halte ich es für sicher, daß die umfassenden Verpflichtungen und die begrenzten Ziele der amerikanischen Politik in Südostasien dem gedeihlichen Zusammenleben der Völker dienen.« Schließlich dürften sich die Deutschen in der Weltpolitik nicht als Amerikas »Lehrmeister« aufspielen.

Auch die großen westdeutschen Tageszeitungen fielen über die Westberliner Studenten her. Schlagzeilen waren »Antiamerikanische Studentenkrawalle in Westberlin« (*Stuttgarter Zeitung*), »Empörung über Berliner Tumulte« (*Rheinische Post*), »Krawalle vor Amerika-Haus in Berlin verurteilt« (*Rhein Ruhr Zeitung*), »Ausschreitungen in West-Berlin« (*Münchner Merkur*), »Lemmer verurteilt scharf ›Pöbeleien‹ gegen USA« (*Die Welt*),

»Ausschreitungen vor dem Berliner Amerika-Haus« (*Frankfurter Neue Presse*). Die *Frankfurter Allgemeine Zeitung* sprach von fatalen »antiamerikanischen Exzessen«. Auch die *Frankfurter Rundschau* distanzierte sich von dem Protest. Die *Kölnische Rundschau* kommentierte bissig: »Die häßlichen Amerikaner verteidigen uns in Berlin«. Viele Blätter im Bundesgebiet veröffentlichten Pressefotos, auf denen »SED- und FDJ-Funktionäre« mit Pfeilen markiert waren, als Beweis dafür, dass die Protestaktion »von Kommunisten inszeniert und hochgeputscht« worden sei.[10] Wenige nachdenkliche Stimmen verhallten.

Die scharfen Reaktionen auf die Demonstration von lediglich ein paar tausend Studenten wie auch die schon vorausgegangene Verteufelung selbst prominentester Persönlichkeiten ließen deutlich werden, wie schwierig es sein würde, den Protest in der Bundesrepublik und erst recht in Westberlin gegen die USA-Aggression in Indochina zu einer Massenbewegung werden zu lassen. Dennoch bildete sich im Verlauf des Jahres »binnen weniger Monate in der Bundesrepublik eine heterogene Opposition gegen den Krieg in Vietnam, die von Studenten und Dozenten über Arbeiter, Künstler und Pfarrer reichte und schließlich Sozialdemokraten, Liberale und Christdemokraten in zunehmendem Maße beeinflußte«.[11] Im Sommer legte ein großer Teil der Presse »der amerikanischen Kriegsführung gegenüber die Rolle des Zuschauers mit wohlwollender Neutralität immer mehr ab. Sie besann sich, häufig unter Berufung auf kritische amerikanische Quellen, die in den Leitartikeln als Schild gegen mögliche amerikanische Kritik benutzt wurden, auf das Selbstbestimmungsrecht des vietnamesischen Volkes und die deutschen Interessen, die es in Deutschland und an der Berliner Mauer, nicht im Dschungel Südostasiens zu verteidigen gelte.« Die »Art der Kriegsführung«, Napalmbomben, Flächenbombardements und anderes »riefen in Deutschland Erinnerungen wach, die eher zur Solidarität mit den ›Opfern‹ als mit den USA rieten«.¹²

Auch in den Parteien, zuvörderst bei den Sozialdemokraten, »begann ein Prozeß des Umdenkens«. Innerhalb der SPD kristallisierte sich »eine zweite, amerikakritische (jedoch nicht anti-amerikanische) Haltung zur Vietnam-Politik der USA neben der devoten Vorstandstaktik des unreflektierten Gutheißens alles Amerikanischen heraus. Auf dem Dortmunder Parteitag (im Juni) 1966 versuchte die primär um Harmonie mit den USA und die Machterlangung bemühte Parteiführung das unbequeme Thema Vietnam auszuklammern, stieß aber auf den Widerstand einzelner Delegierter und lief allmählich Gefahr, wie Johnson bei Amerikas Demokraten den Bezug zur Basis zu verlieren.«¹³ Im August distanzierte sich die SPD unter diesem Druck von unten schließlich »erstmals offiziell und als Partei von der Linie der Bundesregierung. Ihr Präsidium schloss sich ›vorbehaltlos‹ und ›einstimmig‹ der Entschließung des Kongresses der Sozialistischen Internationale vom 5. Mai 1966 an, die neben einem großen Programm wirtschaftlicher und sozialer Hilfe unter anderem einen sofortigen Bombardierungsstop beinhaltete.« Angesichts einer »Bedrohung des Weltfriedens wegen Vietnam« plädierte die SI für die sofortige Einstellung aller Kampfhandlungen, eine Friedenskonferenz und eine politische Lösung des Vietnam-Problems.¹⁴

Die dem proamerikanischen Regierungskurs verhafteten politischen Kräfte konnten nicht verhindern, dass somit ab 1966, wie Lorenz Knorr, Mitbegründer der *Deutschen Friedensunion (DFU)*,[15] in einem Abriss der Geschichte der bundesdeutschen Friedensbewegung bilanzierte, »der Vietnamkrieg und die Bonner Bestrebungen nach Notstandsgesetzen in den Mittelpunkt der politischen Diskussion« rückten. Zum organisatorischen Träger der Proteste gegen den Krieg wurde von jenem Jahr an die Ostermarschbewegung. 1966 beteiligten sich an den 14 Märschen im Bundesgebiet 145 000 Menschen. Höhepunkt der Abschlusskundgebung war der Auftritt der amerikanischen Sängerin Joan Baez, einer leidenschaftlichen Gegnerin des Vietnam-Krieges.[16] Mehr und mehr rückte das amerikanische Drängen auf die Entsendung von Einheiten der Bundeswehr in den Fokus der Friedensbewegung. Im Frühjahr 1966 erklärte der DFG-Bundesvorstand: »Kein deutscher Soldat darf dorthin geschickt werden! Es ist vielmehr die nationale Pflicht eines jeden deutschen Politikers und Offiziers, mit allen Mitteln die Entsendung einer neuen ›Legion Condor‹ zu verhindern.« Auf Kritik der Friedensbewegung stieß auch die Entsendung des Bundeswehr-Lazarettschiffs *Helgoland*. Sie war 1963 als Seebäderschiff mit 3000 BRT für bis zu 1500 Passagiere gebaut worden.[17]

Am 12. Mai 1966 meldeten sich erstmals auch die Gewerkschaften vernehmlich zu Wort, die sich bis dahin im Kielwasser der systemtragenden politischen Parteien der Stimme wider den Krieg enthalten hatten. Auf dem 7. Bundeskongress des *Deutschen Gewerkschaftsbundes* forderten die Delegierten in Vertretung der 6,5 Millionen DGB-Mitglieder die Beendigung des Krieges in Vietnam und eine politische Lösung der Probleme in Indochina auf der Grundlage der Genfer Abkommen von 1954.[18]

Große Resonanz fand am 22. Mai ein SDS-Kongress »Vietnam – Analyse eines Exempels« an der Frankfurter Universität, auf dem der Bundesvorsitzende Hartmut Dambrowski vor den 2200 Teilnehmern die Unterstützung der USA-Aggression durch die Bundesregierung geißelte. Redner auf einer abschließenden Kundgebung auf dem Römerberg waren neben anderen der deutschstämmige amerikanische Sozialphilosoph Herbert Marcuse, einer der geistigen Wortführer der studentischen Linken, und der prominente britische Labour-Politiker Konni Zilliacus. Ende Oktober wählte ein vordergründig der geplanten Notstandsgesetzgebung gewidmeter Kongress »Notstand der Demokratie« ein Kuratorium, dem unter anderem Ernst Bloch, Heinrich Böll, Max Born, Erich Kästner, Martin Niemöller und Martin Walser angehörten. Das Gremium unterstützte dann einen im November veröffentlichten »Appell für Frieden in Vietnam«. Bis Dezember unterzeichneten mehr als 2700 Gewerkschaftsfunktionäre, Wissenschaftler, Geistliche, Schriftsteller und andere Persönlichkeiten diesen Aufruf, in dem es hieß: »Wir dürfen nicht länger hinnehmen, daß die Bundesregierung den Krieg der USA gegen das vietnamesische Volk moralisch unterstützt.«[19]

Unverkennbar war, dass das von den Befürwortern des USA-Kriegskurses strapazierte Argument, die Freiheit Westberlins werde in Südvietnam verteidigt, allmählich an Zugkraft verlor. Die Erkenntnis, dass Sicherheit in Europa Frieden auch in Indochina verlangte, lag dem Ostermarsch-Aufruf 1967 der KfA/OdA zugrunde. Ihr Zentraler Ausschuss verwies in einer »Erklärung zum Vietnamkrieg« auf den Zusammenhang zwischen dem Ringen um Entspannung in Europa und Frieden in

Vietnam. Er sah in der Beendigung des Krieges und der Rückkehr zu den Genfer Vereinbarungen die Bedingungen für eine weltweite Friedenspolitik, was auch die sofortige Einstellung der politischen und finanziellen Unterstützung des Krieges durch die Bundesregierung verlangte.[20]

Als im Juli 1967 in Schwedens Hauptstadt Stockholm ein internationaler Vietnam-Kongress zusammenkam, waren intensive Vorbereitungen auch in der Bundesrepublik vorausgegangen. Die auch international kooperierenden nationalen oder regionalen Gruppen der DFG, des Versöhnungsbundes, des SDS, der IdK und der WFFB sowie die am *Weltfriedensrat (WFR)* orientierten Landesfriedenskomitees hatten in Vorbereitungstreffen und Diskussionsrunden das Anliegen des Kongresses popularisiert, der von einem breiten, auf schwedische Initiative hin ab Sommer 1966 etablierten Bündnis internationaler Friedens- und Antikriegsorganisationen einberufen worden war. Dem gehörten neben WFR, IdK und IFOR die *Christliche Friedenskonferenz (CFK),* die *Internationale Frauenliga für Frieden und Freiheit (WILPF)* und ein *International Committee of Conscience on Vietnam* an. Im Aufruf des bundesdeutschen Organisationskomitees zum Kongress hieß es: »Menschen verschiedener Meinungsrichtungen sind sich einig in der Ablehnung der Bombenangriffe. Wir rufen jeden auf, bei den gemeinsamen Bemühungen mitzuwirken, welche die sofortige Einstellung der Bombenangriffe als ersten und entscheidenden Schritt auf dem Wege zu einem gerechten Frieden zum Ziel haben.«[21]

Inspiriert von den Bemühungen eines 1966 aus der Taufe gehobenen *Westeuropäischen Studentenkomitees für den Frieden in Vietnam,* die Antikriegsaktionen der studentischen Jugend in den Ländern Westeuropas zu koordinieren, und von massiven landesweiten Protesten an den amerikanischen Universitäten gegen das Vietnam-Abenteuer nahmen die Aktionen an westdeutschen und Westberliner Universitäten und Hochschulen zu, verbunden mit einer Radikalisierung des Protestes. Wortführer Rudi Dutschke gab am 11. Februar 1967 auf einer Kundgebung in Frankfurt am Main die Orientierung: »Wir müssen provozieren, damit wir uns mehr als bisher Gehör verschaffen.« Auf seiner Delegiertenkonferenz im September am selben Ort beschloss der SDS unter der rot-blauen Fahne der FNL in Anwesenheit auch von Vertretern der FDJ und der sowjetischen Studentenorganisation, die Protestbewegung gegen den Vietnam-Krieg auszuweiten. Die Konferenz nannte »bürgerlich-liberale Positionen wie das Plädoyer für einen ›menschlicheren‹ Krieg, für eine Scheindemokratisierung durch Reformen und für einen Verhandlungskompromiß« eine »indirekte Unterstützung der kolonialen Konterrevolution«. Die Delegierten verlangten die Beendigung des Krieges und unterstützten einen von zahlreichen Organisationen und Initiativen getragenen Aufruf zu einem internationalen Tag des Protestes gegen den Krieg in Vietnam am 21. Oktober. Auf einer Kundgebung in Westberlin an diesem Protesttag prangerte der evangelische Theologe Professor Helmut Gollwitzer, ein entschiedener Gegner der atomaren Aufrüstung, die USA-Außenpolitik an. Sie drohe völkerrechtswidrig, »jede sozialistische Revolution an jedem Punkt der Erde zu verhindern«.[22]

Mehr und mehr wurde bei Demonstrationen gegen den Vietnam-Krieg die Losung »Ami go home« skandiert. Der *Kölner Stadt-Anzeiger* echauffierte sich am 10. Mai darüber, dass am Vortag »über eintausend, vorwiegend jüngere Leute, ... darunter auch einige Gammler, ... mit Vietkong-Fahnen, Mao- und Marx-Bildern und Rufen wie ›Ho-Ho-Ho-Tschi-Minh und ›Ami raus‹« gegen den Vietnam-Krieg demonstriert hätten. Nur zwei Tage später stellte das Blatt unter Berufung auf das Allensbacher Meinungsforschungsinstituts fest, dass jeder zweite Bundesbürger der Vietnam-Politik der USA ablehnend gegenüberstehe, darunter 91 % der Arbeiter. Das Eingeständnis: »Die Niemöllers und Ostermarschierer sind also gar nicht so eindeutig isolierte Ultras in linksabtrünniger Quarantäne.«[23]

Ab Ende 1967 verstärkten bundesdeutsche Organisationen, so der SDS und der Verband der Kriegsdienstverweigerer, ihre Unterstützung der rapide anschwellenden Antikriegsbewegung in den Reihen der in der Bundesrepublik stationierten amerikanischen Truppen. Diese Bewegung hatte die Gesamtheit der USA-Streitkräfte erfasst, so auch die Flugzeugträger vor Vietnams Küste und die immer größeren Verlusten ausgesetzten, zu einem erheblichen Teil aus Afro-Amerikanern bestehenden Bodentruppen in Südvietnam. An etlichen Standorten von USA-Truppen, beispielsweise in Frankfurt, Erlangen und Nürnberg, verteilten SDS-Mitglieder in Kneipen an amerikanische Soldaten Antikriegs-Flugblätter. Der Studentenbund half auch Deserteuren zur Flucht vor Verfolgung und Militärgericht. Da die Bundesregierungen solchen USA-Militärangehörigen Asyl verweigerten, mussten sie konspirativ außer Landes gebracht werden. Als Aufnahmeländer hatten sich Frankreich und Schweden angeboten. Die Aktivitäten riefen in der Bundesrepublik und einigen anderen Ländern Polizei und Militärpolizei auf den Plan.

Die Ereignisse in Südvietnam zum Auftakt des Jahres 1968 gaben der Antikriegsbewegung in der Bundesrepublik wie in den USA erneut merklichen Auftrieb. »Die schon im Vorjahr zahlreichen gegen die amerikanische Vietnam-Politik gerichteten Demonstrationen und

Plakat von 1964
BArch Plak 006-030-056 /
Kampagne für
Abrüstung – Ostermarsch
der Atomwaffengegner,
Zentraler Ausschuß
Offenbach, Klaus Vack

Aktionen in beiden Ländern nahmen nach Ausbruch der Têt-Offensive noch zu. Seit Oktober 1967 wurden die Amerika-Häuser immer häufiger das Ziel linker bis linksradikaler Studenten, wenngleich die amerikanische Berichterstattung bisweilen das marxistische Element dieser Form des Anti-Amerikanismus überschätzte.« Die bundesdeutsche Friedensbewegung aber »sympathisierte offen mit der amerikanischen. Inhaltlich hatte sie nicht nur europäische Regierungen, sondern ab 1967/68 auch die Weltöffentlichkeit vom Papst bis zum UNO-Generalsekretär auf ihrer Seite.«[24] UNO-Generalsekretär U Thant hatte eine Wiedereinberufung der Genfer Indochina-Konferenz von 1954 ins Gespräch gebracht und im September 1966 einen Drei-Punkte-Plan zur Beendigung des Krieges vorgelegt: Einstellung der Bombenangriffe auf Nordvietnam, Deeskalation des Bodenkrieges in Südvietnam und Einbeziehung der FNL in Friedensgespräche. Papst Paul VI. forderte in der Enzyklika Christi Marti ein Ende des Krieges.[25]

Auf Initiative Rudi Dutschkes, der mittlerweile als Hilfskraft am Osteuropa-Institut der FU arbeitete, wurde für Februar 1968 ein internationaler Vietnam-Kongress in Westberlin vorbereitet. Der DDR-Führung, die bis dahin viele Aktionen namentlich in Westberlin durchaus mit Sympathie verfolgt hatte, bereitete unter anderem Sorge, dass der Kongress von der radikalen Botschaft Che Guevaras »Schafft zwei, drei, viele Vietnams!« geprägt sein werde, die Dutschke gemeinsam mit einem Chilenen ins Deutsche übersetzt hatte. Auch der zu erwartende Kreis ausländischer Teilnehmer erregte ihren Argwohn. Sie veranlasste den FDJ-Zentralrat, dieser Veranstaltung fernzubleiben. Am 17. Februar versammelten sich etwa 5000 Teilnehmer, vorwiegend Studenten, im Auditorium maximum der FU unter der Fahne der FNL und der Che-Guevara-Losung »Die Pflicht eines Revolutionärs ist es, die Revolution zu machen.« Dutschke rief in seiner Rede dazu auf, »Aktionen zu wagen, kühn und allseitig die Initiative der Massen zu entfalten«, um schließlich »die Weltrevolution und die daraus entstehende freie Gesellschaft der ganzen Welt« zu beschwören. Ähnlich argumentierten die anderen Redner gegen das existierende System, darunter amerikanische Wehrdienstverweigerer und radikale Schwarze.[26]

Eine zum Ausklang des Kongresses für den 18. Februar geplante Demonstration gegen den Vietnam-Krieg und andere öffentliche Proteste wurden vom Senat verboten. Die FU sperrte alle Räume für die Studenten. Der USA-Militärpolizei in der Stadt wurde befohlen, von der Schusswaffe Gebrauch zu machen, wenn Protestierer trotz allem versuchen sollten, wie geplant zum amerikanischen Kasernenareal in Dahlem zu gelangen. In der Nacht zu jenem Sonntag wurden 47 Plakate klebende Studenten, darunter Brandts ältester Sohn Peter, von der Polizei festgenommen. Als dann mehr als 20 000 meist junge Leute durch die Straßen in Richtung Deutsche Oper zogen, wo die Abschlusskundgebung geplant war, trat die Polizei mit Schlagstöcken und Wasserwerfern in Aktion. Als Bauarbeiter verkleidete Mitglieder der Jungen Union rissen Luxemburg- und Liebknecht-Plakate und eine FNL-Fahne, die Studenten an einem Baukran befestigt hatten, ab und verbrannten sie.[27]

Der Regierende Bürgermeister Klaus Schütz (SPD), zu jener Zeit entsprechend der Bonner Lesart vom Status Westberlins auch Präsident des Bundesrates, antwortete auf den Protest der Studenten: »Wir lassen nicht zu, daß den Amerikanern hier unwidersprochen auf die Stiefel gespuckt wird.« In einem Auftritt vor dem Bundestag in Bonn drohte er am 11. März, es werde »mit Entschiedenheit« gegen all jene vorgegangen werden, »die den Amerikanern ... die Schuld an dem Krieg, seiner Entstehung wie seiner Entwicklung, vorwerfen«.[28] Am 21. Februar organisierten Senat, Abgeordnetenhaus, die etablierten Parteien, auch der DGB im Konzert mit der bürgerlichen Presse eine Pro-USA-Gegendemonstration, zu der sich 80 000 Menschen zusammenfanden. Die Aktion war schon im Vorfeld begleitet von massiver Hetze gegen die protestierende studentische Jugend bis hin zu unverhohlener Pogromstimmung. Der war dann letztendlich auch der Anschlag zuzuschreiben, den der rechtsextreme Hilfsarbeiter Josef Bachmann am 11. April auf Rudi Dutschke verübte.[29]

Der an diesem Gründonnerstag niedergeschossene und lebensgefährlich verletzte Dutschke hatte sich immer mehr zum führenden Kopf des »anti-autoritären Lagers« innerhalb des SDS entwickelt, nachdem am 2. Juni 1967 bei einer Demonstration in Westberlin gegen den Schah von Iran der Student Benno Ohnesorg ermordet worden war. Den 27-jährigen, der als Pazifist einer evangelischen Studentengemeinde angehörte, hatte Kriminalobermeister Karl-Heinz Kurras, Angehöriger der Politischen Polizei und an jenem Tag Mitglied eines »Greiftrupps« in Zivil, aus etwa anderthalb Meter Entfernung mit einem gezielten Pistolenschuss in den Hinterkopf getötet.[30] Auch als einer der Organisatoren der »Springer-Kampagne« für die Enteignung Axel Springers hatte sich Rudi Dutschke den Hass der Herrschenden zugezogen.[31]

Das Attentat auf ihn hatte wie schon der feige Mord an Benno Ohnesorg heftige Proteste im In- und Ausland zur Folge. Noch am Abend nach dem Attentat wollten einige tausend Studenten das Springer-Hochhaus in Westberlin stürmen. An den folgenden Tagen waren die Druckereien des Springer-Konzerns Objekte der Blockadebemühungen von mehr als 50 000 Studenten. Nahezu bürgerkriegsähnliche Auseinandersetzungen über die Ostertage, bei denen 21 000 Polizisten die Anwendung der schon seit langem geplanten, aber noch nicht beschlossenen Notstandsgesetze probten, mündeten in zwei Tote, mehr als 400 Verletzte und rund 1000 Festnahmen. Die Justiz leitete über 800 Ermittlungsverfahren ein. Am 30. April hieß Bundesinnenminister Ernst Benda (CDU) den SDS in aller Form eine »verfassungsfeindliche Organisation«.[32]

Benda, seit dem 2. April in diesem Ministeramt, drängte in der Folge auf die Verabschiedung der Notstandsgesetze, die Ende Mai per Bundestagsmehrheit erfolgte. Kanzler Kiesinger ermächtigte ihn auch, Überwachungsmaßnahmen nach dem von der APO heftig bekämpften »Gesetz zur Beschränkung des Brief-, Post- und Fernmeldegeheimnisses« anzuordnen. Der dann Ende 1971 zum Präsidenten des Bundesverfassungsgerichts in Karlsruhe gewählte Jurist hatte sich seine politischen Sporen in jungen Jahren im Kampf gegen die DDR verdient. Als Vorsitzender der Jungen Union war er 1948 an der Seite von Rainer Hildebrandt Mitbegründer der *Kampfgruppe gegen Unmenschlichkeit (KgU)*. Die »militante antikommunistische Organisation, die aus West-Berlin in die DDR hineinwirkte«, bekam im April 1949 von der »Alliierten Kommandantur« in Westberlin die Lizenz als politische Organisation. Einer ihrer drei

Lizenzträger bis zu ihrem Ende 1959 war Ernst Benda. »Erste finanzielle Unterstützung für die Kampfgruppe gegen Unmenschlichkeit kam von der amerikanischen Ford Foundation, vom Roten Kreuz und der Caritas.« Die KgU arbeitete mit dem USA-Sender RIAS in Westberlin zusammen. »Finanziert und gesteuert wurde die Gruppe überwiegend aus den USA, konkret von deren Geheimdiensten.«[33]

Nach anfänglicher ideologischer Diversion und Agentenarbeit gegen die DDR ging die KgU »zu Sabotageanschlägen über. Hierbei handelte es sich vornehmlich um Wirtschaftssabotage, die Zerstörung von Gleisanlagen und Produktionsmitteln durch Thermitsprengsätze, die Aufkündigung von Wirtschaftsverträgen und die Preisreduzierung bestimmter Waren durch gefälschte Dokumente vornehmlich staatlicher Stellen.« Ein geplanter »Terroranschlag, der die Einbringung größerer Mengen Rattengiftes in das Trinkwasser vorsah, wurde nicht ausgeführt«. Die Sprengung einer Fernbahnbrücke bei Erkner nahe Berlin und der Bleiloch-Talsperre nahe dem thüringischen Schleiz sowie andere Sabotageakte wurden von den Sicherheitsorganen der DDR vereitelt, die der KgU vor allem 1951 und 1952 schwere Schläge zufügen konnten.[34]

Als in jener Zeit heftiger innenpolitischer Auseinandersetzungen, am 17. März 1968, die SPD wieder einen Parteitag abhielt, »wurde deutlich, daß der anhaltende gesellschaftliche Druck eine konkrete Stellungnahme der Partei zum Vietnam-Krieg erforderte. Es kam durch APO-Anhänger zu tumultartigen Szenen.« Parteivorsitzender Brandt, »der bis dahin als Oppositionsführer wie als Außenminister die unreflektierte deutsche Vietnam-

Politik mittrug und mitverantwortete, geriet in das Feuer der Kritik von links«. Angegriffen wurde die Parteispitze wegen »ihrer Passivität und artikulierten Unterstützung der nicht nur von Kommunisten als imperialistisch empfundenen USA-Politik«. Im Vorfeld hatte das Parteiblatt *Vorwärts* auf 40 Zeitungsseiten Anträge vor allem aus Bezirksverbänden der SPD zu Vietnam veröffentlicht. Vorausgegangen war im Januar eine Stellungnahme des Parteivorstands, der die Hoffnung auf erfolgreiche Friedensverhandlungen nach einem Bombenstopp und auf eine »gerechte« Beilegung des Konflikts äußerte. Das führte »zum ersten Parteienstreit wegen des Vietnam-Krieges zwischen den Koalitionspartnern« und zu einem »Tadel« von Seiten der CDU. »Der stellvertretende Bundespressechef Ahlers mußte in gewundenen Sätzen vor der aufgebrachten Presse darlegen, die Erklärung tangiere nicht die Vietnam-Politik der Bundesregierung.«

Von Konrad Ahlers verursachter Irritation in den Reihen der Partei begegnete Parteivorstandsmitglied Horst Ehmke, Staatssekretär im Bundesjustizministerium, auf dem Parteitag mit der Beteuerung: »Die schnelle Beendigung des Vietnam-Krieges, auch wenn sie mit einem Rückzug von bisherigen Positionen erkauft werden muß, liegt auch in unserem Interesse.« Der Parteitag forderte schließlich in einer Resolution die Einstellung der Bombenangriffe auf Nordvietnam, den Verzicht auf eine militärische Lösung und das Primat politischer Maßnahmen wie Friedensverhandlungen jedweder Art zur Beilegung des Konflikts.[35]

Angesichts der in Paris eingeleiteten vorbereitenden Gespräche zwischen den USA und der DRV für offizielle

Friedensverhandlungen ebbte im Laufe des Jahres 1968 der Protest gegen den Vietnam-Krieg merklich ab. Zudem wandten sich nach dem 21. August viele Organisationen und Vereine der Friedens- und Antikriegsbewegung der Bundesrepublik entschieden gegen den Einmarsch von Truppen des Warschauer Vertrages in die Tschechoslowakei. 1970 löste sich der Bundesvorstand des SDS auf, der Zentrale Ausschuss des *Komitees für Demokratie und Abrüstung (KfDA)*, des Nachfolgers der *Kampagne für Abrüstung – Ostermarsch der Atomwaffengegner (KfA-OdA)*, fiel auseinander, die Bewegung zersplitterte. Die Zeit der Massendemonstrationen gegen den Krieg in Vietnam klang aus. Als der neue USA-Präsident Richard Nixon am 27. Februar 1969 Westberlin besuchte, protestierten nur noch etwa 2000 Menschen gegen den Krieg. Etwa 100 000 Westberliner hingegen jubelten dem Manne zu, der drei Monate später die mit abermaliger Verstärkung der Kampfhandlungen im Süden verbundene »Vietnamisierung« des Krieges verkünden sollte. Nur örtlich kam es im Lande noch zu größeren Protestaktionen, so im Mai 1970 bei der von Nixon befohlenen Ausweitung des Boden- und Luftkrieges auf Kambodscha, die in Westberlin Straßenschlachten mit der Polizei zur Folge hatte.[36]

Dennoch konstituierte sich im April 1969, vom KfDA in die Wege geleitet, eine *Initiative Internationale Vietnam-Solidarität (IIVS)*, der sich etwa 40 Organisationen, Gruppen und Publikationen anschlossen. An der Spitze ihres Exekutivausschusses standen Vertreter der Jungsozialisten, der Jungdemokraten und der im Prozess des Zerfalls der APO am 5. Mai 1968, dem 150. Geburtstag von Karl Marx, gegründeten *Sozialistischen*

Deutschen Arbeiterjugend (SDAJ). Sie begann ihre bundesweiten Aktivitäten mit dem Appell zur Teilnahme an einem internationalen Vietnam-Tag am 11. November 1969, zu dem eine weitere Vietnam-Konferenz in Stockholm aufgerufen hatte. In ihrem Appell erklärte die IIVS: »Um die grundlegenden nationalen Rechte des vietnamesischen Volkes – Unabhängigkeit, Souveränität, Einheit und territoriale Integrität – und das Selbstbestimmungsrecht des südvietnamesischen Volkes zu wahren, verlangen wir: den totalen, sofortigen und bedingungslosen Abzug der Streitkräfte der Vereinigten Staaten und ihrer Verbündeten aus Vietnam.« An Aktionen zu diesem Tag beteiligten sich rund 40 000 Menschen. Die IIVS wurde in der Folge anstelle der rebellierenden Studenten in den Reihen des SDS zum Träger der Antikriegsbewegung.[37]

Mit dem Amtsantritt der SPD/FDP-Koalition unter Bundeskanzler Brandt im Oktober 1969 nahm der Einfluss der Vietnam-Frage auf die Regierungspolitik zeitweilig wieder zu. Die Jungsozialisten und der SPD-Bezirk Hessen-Süd brachten in einem mit beispielloser Schärfe formulierten Initiativantrag auf einem SPD-Parteitag Kanzler und Parteispitze in arge Bedrängnis. Sie forderten die Bundesregierung auf, »die USA wegen ihres ›brutalen imperialistischen‹ Krieges, der zum Genozid in Vietnam führe, eindeutig zu verurteilen. Sehe man dem Kampf, der unter dem ›Vorwand‹ der Verteidigung der Demokratie in Südostasien geführt werde, weiterhin tatenlos zu, so mache man sich zum Erfüllungsgehilfen des USA-Imperialismus.« Die Jusos verlangten zugleich, »jede Unterstützung der südvietnamesischen Regierung einzustellen, die Nationale Befreiungsfront als Verhandlungspartner zu akzeptieren und diplomatische Beziehungen zu Hanoi aufzunehmen«.[38] Trotz allem verweigerte die SPD-geführte Bundesregierung ab Ende 1969 wiederholt von der Antikriegsbewegung eingeladenen Vertretern der Pariser Verhandlungsdelegationen der DRV und der inzwischen gegründeten Republik Südvietnam (RSV) die Einreise.

An der 5. Stockholmer Vietnam-Konferenz im März 1970 nahmen noch einmal Vertreter zahlreicher Vietnam-Komitees, von Landesfriedenskomitees, Organisationen, Vereinen und Initiativen aus der Bundesrepublik teil, so neben Pastor Niemöller für die DFG und die Hilfsaktion Vietnam Abgesandte unter anderem von WFFB, KfDA und VFK. In den landesweit, aber überwiegend lokal bis regional organisierten Vietnam-Komitees wirkten weiterhin zahlreiche Organisationen, Verbände und Parteien in der Absicht zusammen, einen Beitrag zur Beendigung des Krieges zu leisten. Im September 1970 trat in Frankfurt eine von der IIVS organisierte Aktionskonferenz zusammen. Neben der Initiative arbeitete die überwiegend auf materielle Solidarität ausgerichtete *Hilfsaktion Vietnam* weiter, deren Hilfe 1971 den Umfang von 425 000 DM in Form von Medikamenten und medizinischem Gerät erreichte. Für 1972 orientierte die Hilfsaktion auf die Einrichtung eines Kinderkrankenhauses in Haiphong. Besonders KfDA und IIVS widmeten sich ab 1969 noch stärker als bis dahin der von der amerikanischen Friedensbewegung erbetenen materiellen, ideellen und logistischen Unterstützung der Antikriegsbewegung in den Reihen der amerikanischen Streitkräfte, die bis 1972 zu einem Flächenbrand in den USA selbst und in Übersee wurde.[39]

Neu entstandene Parteien und Organisationen, neben der SDAJ der 1971 gegründete *Marxistische Studentenbund Spartakus (MSB Spartakus)*, der seine Wurzeln in der Studentenbewegung der 60er Jahre und dem SDS hatte, die 1968 gegründete *Deutsche Kommunistische Partei (DKP)* und eine auf die KP Chinas orientierte *KPD (Marxisten-Leninisten)*, schlossen sich dem Verlangen nach Beendigung des Krieges und der solidarischen Unterstützung Vietnams an. Die *Sozialistische Einheitspartei Westberlin (SEW)*, von 1962 bis 1969 als SED Westberlin registriert, engagierte sich stark in einem *Ständigen Arbeitsausschuß für Frieden, nationale und internationale Verständigung*, der bis Oktober 1972 in Westberlin fast 500 000 DM Spenden zur Unterstützung Vietnams zu sammeln vermochte.[40]

Als Präsident Nixon im April 1972 von B-52 die nordvietnamesische Hafenstadt Haiphong bombardieren und Anfang Mai Nordvietnams Häfen und Küstengewässer aus der Luft verminen ließ, rollte wieder eine Welle des Protestes durch Bundesrepublik. Das ultimative Verlangen an die SPD/FDP-Koalition, die politische Unterstützung der USA-Administration einzustellen und die Kriegsverbrechen der USA in Indochina entschieden zu verurteilen, ging einher mit der Forderung nach Anerkennung der Provisorischen Revolutionären Regierung (PRR) der RSV. Auch solle sich die Bundesregierung für die Freilassung der politischen Gefangenen in Südvietnam einsetzen. Zum letzten Mal kam es zu größeren Protestaktionen im Zusammenhang mit den schweren, beispiellosen Bombardements auf ganz Nordvietnam vom 18. bis zum 29. Dezember 1972, die Nixon befohlen hatte, obwohl schon seit Oktober in Paris ein

Friedensabkommen unterschriftsreif vorlag. Im Gegensatz zu den Regierungen anderer NATO-Staaten schwieg die Bundesregierung zu diesem verbrecherischen letzten Kriegsakt Washingtons.

Die Initiative Internationale Vietnam-Solidarität (IIVS) machte sich noch 1973 als Organisator von Aktionen verdient, mit denen die Einhaltung des am 27. Februar 1973 in Paris unterzeichneten *Abkommens über die Beendigung des Krieges und die Wiederherstellung des Friedens in Vietnam* durch die USA und die Saigoner Administration verlangt und deren Sabotage an den Vereinbarungen verurteilt wurde.[41] Nach dem Ende des Krieges mit der Befreiung Saigons am 30. April 1975 bildete sich namentlich aus den Reihen der IIVS heraus 1976 die in Düsseldorf ansässige und noch heute überaus aktive *Gesellschaft für die Freundschaft zwischen den Völkern in der Bundesrepublik Deutschland und der Sozialistischen Republik Vietnam*. Mit ihrer Gründung gelang es, »unterschiedliche Traditionen der Vietnambewegung zusammenzufassen und die ›Nachkriegs-Solidarität‹ auf breiter Basis zu organisieren«.[42] Ihre Mitgliederzeitschrift *Vietnam Kurier* verzeichnet inzwischen ihren 37. Jahrgang. Die 1964 gegründete Hilfsaktion Vietnam setzte ihre Tätigkeit in enger Zusammenarbeit mit dieser Freundschaftsgesellschaft bis in die 90er Jahre hinein fort.

Dem Chronisten wäre es sicherlich nicht möglich, einen noch detaillierteren Überblick über den Antikriegsprotest und die Bewegung der Solidarität mit Vietnam in der Bundesrepublik und in Westberlin zu vermitteln, als ihn der ostdeutsche Wissenschaftler Dr. Günter Wernicke dankenswerterweise zusammengetragen hat. Nirgendwo und von niemandem dürften vielfältige und von Ideenreichtum zeugende, örtlich oder regional initiierte Aktionen für die Nachwelt registriert worden sein. Deshalb wird wohl auch kaum zu erfahren sein, wieviel Geld wirklich allerorten von unermüdlichen Helfern zur Unterstützung des vietnamesischen Volkes gesammelt und was an materiellen Hilfsgütern zusammengetragen werden konnte. An ein bundesweites, allumfassendes Koordinierungsorgan wie in der DDR war nicht zu denken. Und der Bundesverfassungsschutz wird seine garantiert lückenlose Sammlung von Namen, Fotos und Dokumenten aus jenen Jahren fraglos für immer sorgsam hüten. Er hatte sich schon bis ins Detail für die Vietnam-Reise interessiert, die Martin Niemöller im Januar 1967 auf Einladung des Roten Kreuzes antrat und bei der er auch mit Präsident Ho Chi Minh zusammentraf.[43]

Lüftete der Verfassungsschutz, namentlich der in Westberlin, das Geheimnis seiner Tätigkeit in der zweiten Hälfte der 60er Jahre, dann könnte es auch Aufschluss darüber geben, ob er nicht nur observierte und registrierte, sondern in den Reihen der vorwiegend jungen Protestierenden eigene Leute als »agents provocateurs« im Einsatz hatte. Vielleicht gäbe es dann auch eine Antwort auf die von juristischen Kennern der Szene aufgeworfene Frage, ob Ohnesorg-Mörder Kurras nicht nur Angehöriger der Politischen Polizei und im »Nebenjob« ein mäßig dotierter Mann des MfS der DDR gewesen ist, sondern zudem im Dienst des Verfassungsschutzes gestanden hat. Das könnte zusätzliche Erklärung dafür sein, dass er in Moabit trotz erdrückender Beweise sogar von der lediglich auf »fahrlässige Tötung« lautenden Anklage freigesprochen wurde. Wie das Urteil ausgefallen wäre, hätte man damals bereits an zuständiger Stelle von seinen Spesen aus dem anderen Teil der Stadt gewusst, bleibt für alle Zeiten Spekulation.

DDR auf der anderen Seite der Barrikade

Am 16. 04. 1972 von einer USA-Luft-Boden-
Rakete im Hafen Haiphong getroffen: der DDR-
Frachter Halberstadt. (Davor: zerstörter LKW)
Belegarchiv Kapfenberger, ADN-Zentralbild / Kapfenberger

Von der Stunde ihrer Geburt an ließ die DDR keinen Zweifel daran, auf welcher Seite der Barrikade sie im Hinblick auf den damaligen kolonialen Rückeroberungsfeldzug Frankreichs gegen das junge unabhängige Vietnam und später zu stehen gedachte. Schon ihre nicht nur verbalen, sondern auch mit Taten verbundenen Initiativen Anfang 1950 in der Frage der deutschen Fremdenlegionäre ließen so wie ihre spätere entschiedene Parteinahme gegen die Interventions- und Aggressionspolitik der USA deutlich werden, dass es durchaus eine andere deutsche Vietnam-Politik geben konnte als jene, die dem ererbten Antikommunismus verhaftete politische Kräfte betrieben. Demonstrative staatliche und gesellschaftliche Solidarität mit dem Opfer kriegerischer imperialistischer Gewalt war das Markenzeichen der Vietnam-Politik der DDR. Sie widersetzte sich auch mit allen verfügbaren propagandistischen Mitteln dem steten Mühen des anderen deutschen Staates, im Einklang mit seinem überseeischen Hauptverbündeten der Demokratischen Republik Vietnam das Etikett des Täters anzuheften. Die Bundesrepublik negierte bereitwillig, dass es sich bei dem von Frankreich vorbereiteten und von den USA im Landessüden 1955 installierten Gebilde »Republik Vietnam«, dem man großzügige Unterstützung vielfältiger Art zuteil werden ließ, um nichts anderes handelte als die unter Bruch des Völkerrechts okkupierte südliche Hälfte der 1945 gegründeten DRV.

Im Vergleich zu dem sowohl selbst verschuldeten als auch ihnen aufgezwungenen Indochina-Dauerdilemma der diversen Bundesregierungen und aller staatstragenden Parteien der Bundesrepublik könnte man der DDR dank ihrer politischen Grund- und Ausgangsposition eine nachgerade komfortable Lage bescheinigen. Sie begab sich nicht auf unbekannte Pfade, sondern konnte sich auf die skizzierten, über Jahrzehnte gewachsenen geistigen deutsch-vietnamesischen Bande stützen. Sie brauchte niemandem Bündnistreue zu beweisen, hatte bei allem Tun in Richtung Indochina im Grunde nichts zu verbergen und war im Hinblick auf Vietnam keinem Druck ihres Hauptverbündeten – der UdSSR – ausgesetzt. Niemand verlangte von ihr, Truppen für den Kampfeinsatz nach Nord- oder gar Südvietnam zu entsenden. Sie befand sich überdies weltweit in guter Gesellschaft, wie der von Millionen Menschen getragene Protest auch so mancher Regierung gegen den amerikanischen Krieg erkennen ließ. Überdies konnte ihre Führung auf eine umfassende Bewegung der Solidarität im Lande bauen, wie sie niemals von einer Partei oder einer Regierung einem Volke aufgezwungen werden könnte.

Die politische und materielle Unterstützung des überfallenen Nordens war ab der zweiten Hälfte der 60er Jahre verbunden mit dem klaren Bekenntnis der DDR zur Befreiungsbewegung im Süden. Als ein *Kongress der Vertreter des Volkes von Südvietnam* am 8. Juni 1969 die Gründung der *Republik Südvietnam (RSV)* beschloss, die fortan die patriotischen Kräfte des Südens auf diplomatischem Parkett repräsentierte und bei den Verhandlungen mit den USA in Paris an die Stelle der FNL[1] trat, gehörte die DDR zu den ersten Gratulanten. Am 12. Juni verkündete die Regierung in Berlin die Anerkennung des neuen Staatswesens, das in seinen Gründungsdokumenten die Bereitschaft bekundete, gestützt auf eine Außenpolitik des Friedens und der Neutralität »diplomatische, wirtschaftliche und kulturelle Beziehungen mit allen

Ländern ungeachtet des politischen und gesellschaftlichen Regimes, einschließlich den USA, entsprechend den fünf Prinzipien der friedlichen Koexistenz herzustellen« sowie »nicht an politische Bedingungen geknüpfte Hilfe eines jeden Landes in Form von Kapital, Technik und Spezialisten anzunehmen«. Orientiert wurde auf die Bildung einer provisorischen Koalitionsregierung mit anderen politischen Kräften, die Durchführung allgemeiner Wahlen im Süden und letztendlich Verhandlungen zwischen Süd und Nord zur Wiederherstellung der nationalen Einheit.[2]

Für das Establishment der Bundesrepublik und die Masse der bundesdeutschen Medien war die Entstehung eines politisch-diplomatischen, der nationalen Einheit verpflichteten Gegengewichts zur Administration in Saigon nichts weiter als ein untaugliches Manöver von Hanoi und »Vietcong«. Der Erste Sekretär des SED-ZK, Staatsratsvorsitzender Walter Ulbricht, und der Ministerratsvorsitzende Willi Stoph hingegen machten in Glückwünschen an die Repräsentanten der RSV deutlich, welche Bedeutung die DDR diesem Vorgang beimaß. Ulbricht erklärte in seinem Telegramm an den Vorsitzenden des Präsidiums des FNL-ZK und des Konsultativrats der Provisorischen Revolutionären Regierung (PRR) der RSV, Rechtsanwalt Nguyen Huu Tho, sowie an den Vorsitzenden der PRR, Architekt Huynh Tan Phat: »Dieser historische, für die Zukunft des vietnamesischen Volkes bedeutsame Schritt widerspiegelt die reale Lage in Südvietnam und wird zweifellos den weiteren Zusammenschluß des Volkes fördern. Ich bin sicher, daß die in den Dokumenten des Nationalen Delegiertenkongresses gefaßten Beschlüsse beitragen werden, Unabhängigkeit und Frieden für das südvietnamesische Volk herbeizuführen.«

Er sprach im Namen von Staats- und Ministerrat die Anerkennung der RSV aus und tat die Bereitschaft kund, »diplomatische Beziehungen aufzunehmen und Botschafter auszutauschen«.³

Im Dezember 1971 verurteilte die DDR-Regierung die Wiederaufnahme der Bombardierung dichtbesiedelter Gebiete Nordvietnams trotz der in Paris andauernden Friedensverhandlungen. Am 11. Mai 1972 erklärte sie: »Die vom Präsidenten der USA, Nixon, befohlene Blockade und Verminung der Häfen der Demokratischen Republik Vietnam sowie die Ausdehnung des Luftterrors der USA auf das gesamte Territorium der DRV stellen einen weiteren flagranten Bruch des Völkerrechts dar. Die Rechtsnormen der internationalen Seefahrt wie die Genfer Konvention von 1948, denen auch die USA beigetreten sind, werden auf das gröblichste verletzt. Durch diesen völkerrechtswidrigen Akt wird der Versuch unternommen, den Handel der DRV mit anderen Ländern zu unterbinden, die Versorgung ihrer friedliebenden Bevölkerung zu lähmen und die Lieferungen internationaler Solidarität zu verhindern. Mit diesem Willkürakt werden die Interessen aller Staaten und Völker unmittelbar betroffen. Er bedroht den Weltfrieden und die Sicherheit der Völker.«⁴ Widerspruch oder gar Protest der Bundesregierung gegen diesen Kriegsakt, mit dem Nixon am 8. Mai das Vorgehen der USA gegen das faschistische Japan in der Endphase des zweiten Weltkrieges wiederholte, war nicht zu vernehmen.

Schärfsten Protest nicht nur der DDR und der Gesamtheit der Staaten des Warschauer Vertrages, sondern zahlreicher Regierungen aller Erdteile, darunter auch von NATO-Mitgliedern, erntete Präsident Nixon, als er vom

18. bis zum 29. Dezember 1972 gegen das gesamte Gebiet Nordvietnams einschließlich der Hauptstadt Hanoi die heftigsten Luftangriffe des ganzen Krieges richten ließ. Das geschah, obwohl schon im Oktober in Paris ein Friedensabkommen unterschriftsreif ausgehandelt und ein Paraphierungstermin fixiert war. Die Bundesregierung unter Kanzler Brandt schwieg trotz aller vorausgegangenen Lippenbekenntnisse des SPD-Politikers zu einer schnellstmöglichen Friedensregelung. Das Dokument wurde am 23. Januar 1973 in der unverändert gebliebenen Fassung dann doch in der französischen Hauptstadt paraphiert, am folgenden Tag veröffentlicht und am 27. Januar dort feierlich unterzeichnet.[5] Der Abschluss des *Abkommens über die Beendigung des Krieges und die Wiederherstellung des Friedens in Vietnam* wurde nahezu in der ganzen Welt mit großer Genugtuung zur Kenntnis genommen.

Das Politbüro des SED-ZK und der DDR-Ministerrat nannten am 24. Januar in einer Erklärung das Abkommen »einen großen Sieg des langjährigen heroischen und opferreichen Kampfes des vietnamesischen Volkes für Freiheit, Unabhängigkeit und Frieden. Es ist ein großer Sieg der brüderlichen Solidarität der Sowjetunion und der anderen sozialistischen Länder mit dem gerechten Kampf des vietnamesischen Volkes. Es ist zugleich ein Erfolg der weltumspannenden Bewegung aller friedliebenden Kräfte, die unermüdlich für die Beendigung der Aggression der USA eingetreten sind.« Die Aggression sei endgültig gescheitert. »Die stärkste Militärmacht des Imperialismus mußte eingestehen, daß sie den Völkern ihren Willen nicht mehr aufzwingen kann.« Politbüro und Ministerrat versicherten: »Wir werden dem Brudervolk der DRV bei der Überwindung der schweren Folgen der USA-Aggression und bei der Fortsetzung des sozialistischen Aufbaus tatkräftige Hilfe gemäß den Grundprinzipien des Marxismus-Leninismus und des proletarischen Internationalismus erweisen. Wir rufen das Volk der Deutschen Demokratischen Republik auf, die Solidarität mit Vietnam zu verstärken, damit die Wunden des Krieges bald vernarben und Vietnam auf dem Wege des Sozialismus weiter voranschreiten kann.«[6]

Die Bundesregierung reagierte in der ihr eigenen Art der Parteinahme. Sie lud den Staatschef in Saigon, General Nguyen Van Thieu, zu seinem ersten Staatsbesuch in der Bundesrepublik ein. Demonstrativ stellte man sich damit an die Seite jenes Mannes, der dann zusammen mit dem Chef seiner Administration, massiver amerikanischer Rückendeckung gewiss, bis zu seiner Flucht am 21. April 1975 nach Taiwan die permanente Verletzung des Friedensabkommens zu verantworten hatte. Die Thieu zugesicherte und prompt gewährte finanzielle Hilfe der Bundesregierung als zweitgrößter Geldgeber bis 1975 ging folgerichtig stets einher mit propagandistischem Trommelfeuer gegen den Norden, den man für das Wiederaufflammen und die Fortdauer der Kämpfe verantwortlich zu machen suchte. Thieus Aufenthalt im Mai in der Bundeshauptstadt am Rhein löste einen Proteststurm quer durch alle Bereiche des politischen Lebens aus und mobilisierte wieder zu zahlreichen Aktionen der inzwischen heterogen gewordenen Vietnam-Bewegung. Mitglieder der maoistisch orientierten KPD (M.-L.) und ihr anhängender Organisationen besetzten bei der spektakulärsten Aktion das Bonner Rathaus und verbarrikadierten sich unter den Fahnen der DRV und der RSV.[7]

Zur Krönung des Befreiungskampfes mit der Einnahme der Südmetropole Saigon am 30. April 1975 nach jahrelanger Sabotage Saigons und der USA am Abkommen von 1973 gratulierten ZK, Staats- und Ministerrat in einem Telegramm an Nguyen Huu Tho und Huynh Tan Phat, in dem sie erklärten, dass dieser Sieg als eines der bedeutendsten Ereignisse in die Geschichte des vietnamesischen Volkes eingehen werde. Er »eröffnet der ganzen Bevölkerung Südvietnams eine lichte Zukunft in Frieden, Freiheit, Demokratie und sozialem Fortschritt. Er ist zugleich ein bedeutender Beitrag für die Festigung des Friedens und der Sicherheit in Südostasien und der ganzen Welt.« Partei- und Staatsführung versicherten, »daß das Volk der Deutschen Demokratischen Republik wie bisher solidarisch an der Seite des vietnamesischen Volkes stehen wird.«[8] »Herzlichste Glückwünsche und brüderliche Kampfesgrüße« richtete der Erste Sekretär des SED-ZK, Erich Honecker, auch an den Ersten Sekretär des ZK der PWV, Le Duan. »Seien Sie gewiß«, schrieb er in seinem Telegramm, »daß die Deutsche Demokratische Republik auch weiterhin fest an Vietnams Seite steht und ihre internationalistische Pflicht der Solidarität erfüllt.«[9]

Die DDR gelobte auf diese Weise, Vietnam auch unter den Bedingungen des hart erkämpften Friedens den Beistand zu erweisen, der ihm nun bereits seit zweieinhalb Jahrzehnten zuteil geworden war. Die solidarische Unterstützung des damals um sein Überleben kämpfenden, von der Außenwelt weitgehend abgeschnittenen demokratischen vietnamesischen Staates hatte zwangsläufig nur auf bescheidenem Niveau in Angriff genommen werden können, war aber stetig verstärkt worden. Im Januar 1952 beschloss der Ministerrat der DDR ein Medikamentengeschenk an die DRV-Regierung im Wert von 216 000 DM, das Vietnams Botschaft in Peking übergeben wurde. Anfang 1954 kam die DDR der über die Botschaften in Moskau vorgetragenen Bitte Vietnams nach, Schreibmaschinen zur Verfügung zu stellen, wurde auch die Lieferung von Rundfunksendern und ersten Textilmaschinen vereinbart. Zur selben Zeit tat die DRV-Regierung ihre Absicht kund, mit der Regierung der DDR ein Handelsabkommen abzuschließen, bat sie um die Eröffnung von Konten bei den Staatsbanken beider Länder. Im März 1955 beschloss die Regierung der DDR wirtschaftliche Hilfe für die DRV in den Jahren 1955 und 1956. Das Staatssekretariat für Hochschulwesen lud im Januar jenes Jahres 50 vietnamesische Studenten für das Studienjahr 1955/56 in die DDR ein. Dem gegenseitigen Kennenlernen beider Völker diente eine im September 1955 eröffnete Ausstellung im Ostberliner Kulturzentrum über die DRV. Im August bereitete eine Delegation aus Berlin die Einrichtung eines Krankenhauses in Hanoi vor.[10]

Die Zahl der Verträge, Abkommen und Vereinbarungen, die von nun an zwischen der DDR bis zu deren Ende und Vietnam in Gestalt der DRV und ab 1976 der Sozialistischen Republik abgeschlossen wurden, ist Legion. Sie heute für einen detaillierten Rückblick zu ermitteln, wäre ein wohl aussichtsloses Unterfangen, vielleicht in Hanoi sogar leichter zu bewerkstelligen als hierzulande. Von 1956 an und über das folgende Jahrzehnt richtete sich die Hilfe der DDR für Vietnam zu einem großen Teil auf die Entwicklung einer industriellen Basis, die für die Überwindung ererbter Rückständigkeit und von Kriegsfolgen dringend notwendig war. Der Bombenkrieg ab

Anfang 1965 führte dabei zu Unterbrechungen, erheblichen Erschwernissen und oftmals äußerst komplizierten Bedingungen für entsandte DDR-Spezialisten.

Schon ab 1954 wurden enge Verbindungen in allen Bereichen der Gesellschaft geknüpft. Einbezogen waren noch vor dem Friedensschluss vom Januar 1973, erst recht aber danach und in der Folge in den 80er Jahren viele Industriezweige, Land- und Forstwirtschaft, das gesamte Verkehrs- und Transportwesen mit direkter Verbindung auf dem Luft- und dem Seeweg, Wissenschaft und Technik, alle Bereiche der Kultur, das Rechtswesen, Volks-, Fach- und Hochschulbildung, das Gesundheits- und Sozialwesen, Sport, der Tourismus in seinen Anfängen, voran der von der FDJ organisierte Jugendtourismus, Presse, Rundfunk und Fernsehen. Die Nachrichtenagenturen beider Länder, der Allgemeine Deutsche Nachrichtendienst (ADN) und die Vietnamesische Nachrichtenagentur (Thong Tan Xa Viet Nam), begründeten ihre enge Zusammenarbeit, die mit umfangreicher technischer Hilfe des ADN verbunden war, im Oktober 1958. Nicht ausgespart blieben Militär, Polizei und Staatssicherheit.

Ein außergewöhnliches Kapitel der Freundschaft zwischen beiden Völkern unter extremen Bedingungen schrieb Ende 1970 eine repräsentative Gruppe von Artisten, Sängern und Musikern aus der DDR, geleitetet vom Direktor der DDR-Künstleragentur, Günther Wahale. Am Ende der fast vierwöchigen Tournee dieses Künstlerensembles stand nicht nur die Ehrung aller seiner Mitglieder mit der staatlichen Freundschaftsmedaille der DRV. Zu Buche standen zweieinhalb Wochen und 2260 Kilometer in zwei klapprigen Bussen und einigen Jeeps durch Nordvietnam von der Provinz Cao Bang im äußersten Norden an der chinesischen Grenze bis zur Provinz Quang Binh am 17. Breitengrad und 18 Veranstaltungen mit 130 000 Besuchern. Wer bei dieser nüchternen Zahlenbilanz an Straßen und Wege, Kulturhäuser und Bühnen wie hierzulande denkt, verkennt die dramatischen Folgen kolonialer Unterentwicklung und jahrelangen Bombenterrors. Auf der Fahrtstrecke lagen 245 Brücken, 243 davon waren zerbombt. Mit den Bussen und Jeeps mussten 50 Furten durchquert werden, passierte man Seilhängebrücken und hunderte Kilometer zerbombter, von mutigen Mädchen der Stoßbrigaden des Jugendverbands notdürftig reparierter Straßen.

Die Gäste traten in kleinen Kulturhäusern, die seit dem Bombenstopp von 1968 wieder aufgebaut worden waren, auf Sportplätzen und notdürftig hergerichteten Freilichtbühnen auf. In der Gebirgsprovinzstadt Cao Bang zauberten Brückenbauer aus Brückenbauteilen und Brettern eine Freilichtbühne mit Gerüst für Trapez und Hängeperch herbei. Eine Freilichtveranstaltung in der Nachbarprovinz Lang Son musste abgebrochen werden, weil sich auf dem höchstens 15 000 Menschen fassenden Platz viele tausend mehr drängten, Absperrungen ihren Zweck verfehlten und die Polizei machtlos war. In Quang Binh vermochten es wolkenbruchartiger Tropenregen und ausgedehnte Überschwemmungen nicht, die geplanten Vorstellungen »ins Wasser fallen« zu lassen, obwohl alle Kräfte benötigt wurden, tausende Bewohner überfluteter Dörfer zu evakuieren. Bewohner eines Ortes der Provinz wateten durch fast brusttiefe Schlammfluten, um zum Kulturhaus zu gelangen. Mancherorts eilten Menschen bis zu 30 Kilometer zu Fuß herbei, um das Programm zu erleben, sie übernachteten auf der Straße, wenn unvorhergesehene Schwierigkeiten auf der Fahrt das Eintreffen des Ensembles zur abendlichen Vorstellung unmöglich machten.

Nicht nur einmal mischten sich Bombendetonationen und Flakfeuer in der Ferne in Musik und Gesang. Soldaten und Bewohner griffen dann zu Hacke und Schaufel, um für die Künstler Unterstände anzulegen. Flakbatterien wurde Schießverbot erteilt, um den Feind nicht anzuziehen. Wegen naher Bombardierung musste eine Freilichtveranstaltung ausfallen, für die schon 30 000 Karten verkauft waren. Die allerorts umjubelten Gäste bekamen einen nachhaltigen Eindruck vom Ausmaß der Zerstörungen, aber auch von der Standhaftigkeit der Bevölkerung. Was tat es, dass auf dieser einmaligen Tournee, die für Gastgeber und Gäste zum Examen in Einsatzbereitschaft, Ideenreichtum und Improvisationstalent wurde, Kostüme unbrauchbar wurden und die Technik Schaden nahm. 35 000 Zuschauer bei zwei Veranstaltungen in Cao Bang, mindestens ebenso viele in Lang Son, 12 000 Kohlekumpel und andere Einwohner bei einem Auftritt in der Bergbaustadt Hong Gai nördlich von Haiphong, tausende und abertausende im Süden Nordvietnams entschädigten für alles. Am Schluss waren sich die Künstler, »alte Hasen« unter ihnen, einig: Derartiges hatten sie noch nicht erlebt.[11]

Engste Beziehungen entwickelten sich im Laufe der Jahre zwischen der SED und der vietnamesischen Schwesterpartei, die von 1951 bis 1976 den Namen Partei der Werktätigen Vietnams (PWV) trug und 1976 zur KPV wurde. Ihre Parteiapparate, Bildungsstätten, gesellschaftswissenschaftlichen Einrichtungen und Zentralorgane kooperierten per intensivem Erfahrungs- und Delegationsaustausch. Vielseitige Kontakte pflegten die gesellschaftlichen Organisationen, die Nationale Front der DDR und die Vaterländische Front Vietnams, die Gewerkschafts-, Frauen und Jugendverbände. In vielfältigen Formen erfolgten die Abstimmung der Außenpolitik beider Seiten und ihre gegenseitige solidarische Unterstützung auf internationaler Ebene, so beim Bemühen beider Seiten um Aufnahme in die UNO, der DDR im September 1973, der SRV im Dezember 1977.

Als Washington Anfang Februar 1965 den Zerstörungskrieg gegen Nordvietnam begann, beließ es die DDR nicht dabei, im Chor der Mitgliedstaaten des Warschauer Vertrages die Stimme zum Protest zu erheben, wie das dessen höchstes Gremium, der Politische Beratende Ausschuss, zuletzt im Januar getan hatte. Die sofortige Antwort der UdSSR als der Hauptmacht des östlichen Paktsystems auf den Bombenkrieg waren »Maßnahmen zur Festigung der Verteidigungsfähigkeit der DRV«, wie es in einem vietnamesisch-sowjetischen Kommuniqué in Hanoi hieß. Die Sowjetunion erklärte auch, sie werde im Falle eines Ersuchens der DRV-Regierung sowjetischen Bürgern, die »für die gerechte Sache des vietnamesischen Volkes und für die Erhaltung der sozialistischen Errungenschaften der Demokratischen Republik Vietnam kämpfen« wollen, die Ausreise nach Vietnam gestatten.[12]

Dass Nordvietnam binnen kurzem ein höchst wirksames System der Luftverteidigung in Aktion treten lassen konnte, zu dem Fla-Raketen, MiG-Jagdflugzeuge, Flak aller Kaliber und schwere Fla-MG gehörten, war das Verdienst gemeinsamer Anstrengungen der Sowjetunion und einiger anderer sozialistischer Staaten, darunter der DDR. Zwar kamen die entsprechenden Waffensysteme und Mittel zur rechtzeitigen Erfassung feindlicher Flugzeuge genauso wie die für die Unterweisung vietnamesischer Kräfte nötigen Militärspezialisten zum überwiegenden Teil aus der UdSSR, doch bot auch die DDR für die Ausbildung von Offizieren und Soldaten im Kampf nach dem Prinzip »learning by doing« Freiwillige aus den Reihen der Luftverteidigungskräfte der NVA an. Die DRV machte von dem Angebot, Freiwillige zu entsenden, jedoch grundsätzlich keinen Gebrauch, bat aber um Ausbildungshilfe und um Spezialisten für Aufbau und Organisation eines modernen Luftverteidigungssystems.

So setzte die NVA 1965 Berater für den Aufbau und die Organisation eines komplexen Systems der Luftverteidigung nach Nordvietnam in Marsch, darunter Spezialisten für den Einsatz von Fla-Raketen. Parallel dazu wurden vietnamesische Offiziere in der DDR ausgebildet. Unter den Staaten des Warschauer Vertrages verfügte die DDR über das dichteste Luftverteidigungssystem; die entsprechenden Truppeneinheiten hatten einen anerkannt hohen Ausbildungsstand. Nach Einschätzung westlicher Militärexperten verfügte die DRV nach kurzer Zeit über das zweitdichteste System auf der östlichen Seite.[13] Wenn amerikanische Piloten nach eigenem Bekunden bald das »mörderische Feuer«, die »Hölle« an Nordvietnams Himmel fürchteten, wie Gefangene eingestanden, dann konnte sich das gemeinsam mit den Verbündeten die DDR als Verdienst anrechnen.

Im Rahmen der Handelsbeziehungen, die ab 1975 auch Südvietnam zugute kamen, lieferte die DDR in großem Umfang Güter für die Wirtschaft und den Bevölkerungsbedarf. Ausrüstungen für diverse Industriezweige, Baumaschinen, mehr als 10 000 Nutzkraftwagen des vereinzelt bis in die jüngere Vergangenheit auf den Straßen

Vietnams anzutreffenden unverwüstlichen Ludwigsfelder Typs W 50, zuletzt auch Exemplare des dort noch immer präsenten Nachfolgers L 60, landwirtschaftliches Gerät, Erzeugnisse der Elektroindustrie, Düngemittel, Fahrräder (unter chinesischen und anderen Fabrikaten waren jahrelang MIFA-Räder im Hanoier Straßenbild keine Seltenheit), Krankenhauseinrichtungen, Medizintechnik, Medikamente, Schulbedarf, Textilien, ORWO-Filme und vieles mehr gelangten auf dem See- und dem Luftweg nach Vietnam. Es kann davon ausgegangen werden, dass zum Beispiel über den separaten Militärhandel Infanteriewaffen, Nachrichtenmittel, Mittel und Gerätschaften für das Sanitätswesen, diverse Ausrüstungsgegenstände für die Truppe, auch Munition den Weg nach Vietnam nahmen. Die ersten Waffen aus DDR-Produktion sollen bereits 1964 von der Sowjetunion an Hanoi geliefert worden sein, bevor 1965 deren massive Lieferung zunächst von Luftverteidigungsmitteln einsetzte. Im Februar 1966 entsprach das Politbüro des SED-ZK einem Unterstützungsersuchen Vietnams an die Mitglieder des Warschauer Vertrages mit dem Beschluss, aus den Beständen von NVA, Ministerium für Staatssicherheit und Deutscher Volkspolizei weitere militärische Sachhilfe zu leisten.[14] Dass Angaben über materiellen militärischen Beistand für Vietnam kein Verlautbarungsthema waren, liegt in der Natur der Sache. Die Gegenseite hielt es damit keinen Deut anders und dürfte weit mehr der Öffentlichkeit vorzuenthalten gehabt haben. Stahlhelme aus DDR-Produktion hingegen waren keine Verschlusssache.

Von entscheidender Bedeutung für den reibungslosen Transport von Waren und Solidaritätsgütern, deren Menge stetig zunahm, war die Einrichtung der von der Deutschen Seereederei (DSR) der DDR betriebenen Frachtschifffahrtslinie Rostock-Haiphong, in die nach 1975 auch Saigon einbezogen wurde, auf der Grundlage eines bilateralen Vertrages über Handel und Seeschifffahrt. Anfang Februar 1971 eröffnete MS *Edgar André* unter seinem 29-jährigen Kapitän Jürgen Müller den regelmäßigen Schiffsverkehr zwischen dem Überseehafen der DDR an der Ostsee und dem einzigen Hochseehafen Nordvietnams am Golf von Bac Bo. Zu seiner Ladung gehörten eine umfangreiche Solidaritätsfracht aus der DDR, darunter ein zweiter von den Eisenbahnern der DDR gebauter, mit einer Million Mark finanzierter Gleisbauzug für Reparatur und Wartung des noch sehr unterentwickelten und zudem heftig bombardierten Schmalspurnetzes in Nordvietnam, 2800 Tonnen Schienen und 20 generalüberholte Lastwagen des vielfach bewährten Zwickauer Horch-Typs H3A. Geladen hatte das Schiff auch 1000 Tonnen Papier als Solidaritätsgeschenk aus Schweden. Die junge Besatzung des Frachters mit einem Durchschnittsalter von 24 Jahren bekam einen Vorgeschmack davon, was es bedeutet, in ein Kriegsgebiet zu fahren. Vor Südvietnams Küste war das Schiff Objekt im Tiefflug provozierender amerikanischer Aufklärer, wurde es auch von einem U-Boot beobachtet.[15]

»Die Eröffnung des Schifffahrtsweges Rostock-Haiphong ist ein neuer Schritt zur Entwicklung der Beziehungen brüderlicher Zusammenarbeit zwischen beiden Ländern«, schrieb seinerzeit das PWV-Zentralorgan *Nhan Dan*. Von der »Linie der Freundschaft« sprach das Zentralorgan des Gewerkschaftsbundes, *Lao Dong*. Der »Linie der kämpferischen Solidarität Rostock-Haiphong« widmete das Blatt der Vaterländischen Front, *Cuu Quoc*, fast eine ganze Zeitungsseite. In der Folge gehörten Schiffe mit Hammer, Zirkel und Ährenkranz auf schwarz-rot-goldenem Flaggentuch immer wieder zu den Gästen des Haiphonger Hafens. Bis Ende 1971 waren es die *Frieden,* die *Erfurt,* die *Rudolf Breitscheid,* die *Halberstadt* und die *Quedlinburg.* Nach wochenlanger Fahrt von der Südwestküste der Ostsee über Nordsee, Ärmelkanal, Biskaya, entlang der westafrikanischen Küste, vorbei am Kap der guten Hoffnung, durch den Indischen Ozean, an der Inselwelt Indonesiens vorüber und entlang der Küste Vietnams hatten sie die Mündung des Cam-Flusses erreicht. Den Auftakt im zweiten Kalenderjahr dieser Schifffahrtslinie, das für Seeleute nicht nur der DDR zu einer äußerst harten Bewährungsprobe werden sollte, gab *MS Rudolf Breitscheid,* das am 1. Januar auf der Außenreede eintraf. Hatten im Vorjahr Schönebecker Geräteträger des bewährten, in der DDR-Landwirtschaft allgegenwärtigen Typs RS 09 und Lastwagen einen wesentlichen Teil der Ladung des 10 400-TDW-Frachters ausgemacht, so brachte das Schiff diesmal Baustahl für das Feinstahl- und Drahtwalzwerk Gia Sang nördlich Hanois, das mit DDR-Hilfe errichtet wurde und dessen Grundstein vor Jahresfrist gelegt worden war. Auch Ausstattungen für das große Hanoier Krankenhaus *Viet-Duc,* allgemein »Krankenhaus der Freundschaft Vietnam-DDR« genannt, dessen beginnende umfassende Rekonstruktion aus Solidaritätsmitteln der DDR-Bevölkerung finanziert wurde, Medikamente, Zelte, Fischereinetze, Insektenbekämpfungsmittel, ORWO-Kinofilme und andere Hilfsgüter gehörten zur Fracht. Für den Heimatkurs nahm die *Breitscheid* Obst- und Gemüsekonserven, Erdnüsse, Textilien, Zinn, Bambusstangen und kunstgewerbliche Erzeugnisse an Bord.[16]

In der Nacht zum 16. April 1972 fielen B-52 überraschend über Haiphong her, legten sie mit ihrem Bombenteppich ein ganzes Stadtviertel in Trümmer. Von den Morgenstunden an flogen Schwärme von Jagdbombern der vor der Küste liegenden amerikanischen Flugzeugträger in mehreren Wellen Angriffe auf Wirtschaftsobjekte der Stadt und den Hafen, in dem schwere Zerstörungen angerichtet wurden. Die am Kai liegende *Halberstadt* erhielt bei einem der Tieffluganriffe einen Raketenvolltreffer, der nahe der Reling das Deck durchschlug und ein gewaltiges Loch in die Bordwand oberhalb der Wasserlinie riss. Diese Attacke erlebten die ausländischen Korrespondenten aus Hanoi, die in der Nacht alarmiert worden und aufgebrochen waren, im nahe gelegenen Seemannsklub mit. Auf einem polnischen Frachter gab es erhebliche Schäden, als dicht neben ihm ein Container mit Splitterbomben, eine Cluster Bomb Unit (CBU), niederging. Auf dem sowjetischen Frachter *Marschak* rissen Bombensplitter drei vietnamesische Schauerleute in den Tod.[17]

Auf der *Halberstadt* war in der Nacht zum 16. April der Ladebetrieb in vollem Gange, um noch an diesem Tage den Liegeplatz für das *MS Frieden* freimachen zu können, das seit dem 9. April auf Innenreede vor Anker lag. Die Arbeiten ruhten nur kurze Zeit, als eine B-52-Formation aus 10 000 Meter Höhe ihre Bombenlast auf ein dicht bewohntes Industrieviertel am Rande der Stadt ablud. Im Morgengrauen tauchten von See her Jagdbomber auf, lag das Hafengelände erstmals seit Beginn des Luftkrieges unter Bomben und Raketen. Die Druckwellen der Detonationen ließen den Schiffsleib erbeben. Bei der zweiten Angriffswelle Stunden später wurde das Schiff plötzlich heftig durchgeschüttelt, fegte nach ohrenbetäubendem Knall ein Splitterregen über das menschenleere Deck. Der 10 000-Tonner war von einer Luft-Boden-Rakete getroffen. Die Aufbauten waren von Schäden übersät. Dank am Morgen schnell eingeleiteten Sicherungsmaßnahmen kamen jedoch weder Besatzungsmitglieder noch Schauerleute zu Schaden. Der Großteil der Besatzung fand am nächsten Tag auf der *Frieden* Schutz und Unterkunft. Der ADN-Korrespondent erhielt von den zuständigen Behörden die Erlaubnis, den total verwüsteten Hafen zu betreten und das schwer beschädigte Schiff aus seiner Heimat aufzusuchen. Nachdem die Bordwand mit einer angeschweißten Stahlplatte notdürftig abgedichtet worden war, konnte die *Halberstadt* am 24. April mit Kurs auf eine Reparaturwerft im südasiatischen Raum auslaufen.[18]

Das *MS Frieden*, das 1957 in Dienst gestellte erste Großschiff der DDR, war am 10. Januar von Rostock-Warnemünde aus auf die 15 520 Seemeilen lange Route Richtung Fernost gegangen. 6500 Tonnen dringend benötigter, aus Spenden der Bevölkerung finanzierter Solidaritätsgüter waren auf dem Deck und in den fünf Laderäumen verstaut, so oben und innen 99 Lkw W 50, ferner Krankentransportfahrzeuge, ein TV-Übertragungswagen, Montageteile für eine komplette Brücke, medizinisch-technische Geräte, chemische Erzeugnisse, Filmmaterial und Lebensmittel. An Bord ahnte keiner, dass dies mit 466 Tagen die wohl längste Fahrt in der Geschichte der DSR werden würde. Auch als amerikanische Marineaufklärer weit vor der Küste Vietnams in internationalen Gewässern im Tiefflug das Schiff umkreisten, offensichtlich Ladung und Nationalität auszuspähen suchten und wieder abdrehten, war nicht abzusehen, was kommen würde.

Am Morgen jenes Tages, da der Liegeplatz am Kai angesteuert werden sollte, konnte man auf der *Frieden* das totale Zerstörungswerk im Hafen beobachten. Weiteres Warten auf der Innenreede von unbestimmter Dauer war wegen fortdauernder Angriffe angesagt, auch noch nach dem Auslaufen der *Halberstadt*.

Es kam der 8. Mai mit der alarmierenden Ankündigung Präsident Nixons, alle Häfen und Flussmündungen Nordvietnams mit Minen zu blockieren. Zu diesem Zeitpunkt befanden sich 27 Schiffe aus der Sowjetunion, China, Polen, Kuba, der DDR und Großbritannien im Hafen oder auf Reede. Am nächsten Morgen erschienen von See her über der Innenreede langsame Propellermaschinen der US Navy, die im Umfeld der 17 dort ankernden Frachtschiffe und zwischen ihnen Minen an Fallschirmen niedergehen ließen. Der Weg zum oder aus dem Hafen und zur offenen See wurde versperrt, verbunden mit dem Ultimatum, dass man am 11. Mai die Minen mit unterschiedlichsten Zündsystemen ferngesteuert schärfen werde. An Bord des sowjetischen Tankers *Pewek,* der an der Flussmündung auf Außenreede vor Anker lag, gab es bei Bordwaffenbeschuss vier zum Teil Schwerverletzte. Wie vor allem von sowjetischen Seeleuten, so wurde von der Besatzung der *Frieden*, in deren unmittelbarer Nachbarschaft auch polnische, kubanische und chinesische Schiffe ankerten, akribisch beobachtet und in der Seekarte markiert, wo Minen im Wasser verschwanden. Als die amerikanischen Maschinen ihre teuflische Mission beendet und abgedreht hatten, stand Kapitän Helmut Kolleß, Fahrensmann aus Jena, verantwortlich für gestandene Matrosen, für Lehrlinge und Stewardessen, vor den wohl schwierigsten Entscheidungen seines Lebens. Der Schiffsrat beschloss: Bleiben und dem Ultimatum trotzen! Am 10. Mai signalisierten die sowjetischen, polnischen und kubanischen Schiffe Gleiches.

Das Studium der mit vielen Bleistiftpunkten versehenen Seekarte und der Informationsaustausch mit sowjetischen Nachbarn führten am 10. zu der Erkenntnis, dass es in der Minensperre eine Lücke gebe, durch die die *Frieden* den Hafen erreichen könnte, freilich vorausgesetzt, die Markierungen auf der Karte waren vollständig und korrekt. Eine Bordversammlung hatte zu entscheiden, ob man noch rechtzeitig mit voller Ladung kehrt machen oder alles versuchen sollte, die Solidaritätsgüter in den Hafen zu bringen. Die Entscheidung fiel einstimmig. Weil keines der Schiffe wich, zündeten die Leitstationen der USA-Marine am 12. Mai drohend zwei der Minen unweit der ersten Liegeplätze. Am 14. Mai entschloss sich Kapitän Kolleß, das Schiff unter größter Vorsicht und mit halber Maschinenkraft in den Hafen zu führen. Niemand wusste, ob die versenkten Minen auf Schraubengeräusch, eine schwache Bugwelle oder auf Druck reagieren würden. Die *Frieden* schaffte es, weitere Schiffe folgten aus der tödlichen Umklammerung. Über das wagemutige Manöver des DDR-Schiffes war wenig später in dem USA-Nachrichtenmagazin *Newsweek* zu lesen.

Sofort nach Erreichen des vorgesehenen Liegeplatzes begannen, trotz häufiger Angriffe auf das Hafengelände, die Löscharbeiten ausschließlich mit eigenem Ladegeschirr. Immer wieder mussten die Männer Schutz suchen, prasselten Splitter auf das Deck, wurden Elektroleitungen zerfetzt und Löcher in die Aufbauten geschlagen. Am 1. Juni hievten die Ladebäume die ersten Stückgüter in die Luken, kisten- und ballenweise

Jute- und Bambusmatten, Arbeitsbekleidung und Konserven. Stets von neuem Angriffen ausgesetzt, vergingen Wochen. Am 3. Juli wurde der standhaften Besatzung die hoch verdiente Ehrung zuteil: Botschafter Dr. Klaus Willerding überreichte an Bord den Orden *Banner der Arbeit,* die Auszeichnung des Schiffes durch den Vorsitzenden des Staatsrats. DDR-Verkehrsminister Otto Arndt dankte in einem Schreiben »für die disziplinierte Durchführung des erteilten Transportauftrags sowie das klassenmäßige und internationalistische Eintreten für die Sache des um seine Freiheit kämpfenden vietnamesischen Volkes«.

Es folgten noch viele entbehrungsreiche Monate. Der DDR-Frachter und die wie er im Hafen vertäuten Schiffe halfen einander, *Babuschkin, Mitschurin, Balaschika, Diwnogorsk* aus der UdSSR, *Jozef Conrad* und *Kilinski* aus Polen, *Imeas* aus Kuba, der »Tauschhandel« untereinander blühte. Doch bei allen gingen allmählich die Vorräte zur Neige. Vietnamesische Hafenarbeiter brachten frisches Gemüse, Bananen und Eier; Hilfe der Stadt konnte nicht erwartet werden. Das Leben an Bord wurde bei unerträglicher Hitze um 40 Grad am Tage wie in der Nacht und durch Myriaden von Stechmücken zum Martyrium, Waschmittel wurden rar. Wochenlang stand nur abgekochtes Wasser als Getränk zur Verfügung. Krankheiten traten auf. Zur Zerstreuung wurden gemeinsame Sportwettkämpfe, Filmabende und andere Veranstaltungen organisiert. Vietnamesische Künstler traten an Bord auf.

Ende August musste die *Frieden* einem anderen Schiff zum Löschen und Laden im Hafen Platz machen und durch die erkundete Lücke im Minengürtel wieder den einstigen Innenreede-Ankerplatz als Endstation ansteuern. Am 6. Oktober ging es auf bewährtem Kurs noch einmal zurück in den Hafen, um weitere Ladung aufzunehmen. Inzwischen war wie auf den sowjetischen Schiffen eine Ablösung und Reduzierung der Besatzung in die Wege geleitet worden. Mit der am 18. Dezember eingeleiteten strategischen Bombardierungskampagne gegen ganz Nordvietnam verschärfte sich die Lage der Seeleute im Hafen nach zeitweiliger Einstellung der Luftangriffe noch einmal dramatisch. In der Nacht zum 20. Dezember brach in Haiphong, in Stadt und Hafen die Hölle los. B-52 und Jagdbomber lösten einander ab. Die *Jozef Conrad* bekam zwei Bombenvolltreffer und stand in Flammen. Acht Besatzungsmitglieder wurden verwundet, drei erlagen ihren schweren Verletzungen. Das Nachbarschiff, ein chinesischer Frachter, verweigerte den Verletzten Erste Hilfe. Die erschöpfte Besatzung fand Aufnahme auf der *Diwnogorsk*. Mitte Januar 1973 traf die erste Gruppe der im Oktober abgelösten Stammbesatzung der *Frieden* wieder in Haiphong ein, keiner hatte gezögert.

Am Morgen des 27. Januar, des Tages der Einstellung der Kampfhandlungen in Vietnam, ertönten auf den Ozeanpötten im Hafen und auf Reede die Schiffssirenen. An diesem Tage sollte dem Abkommen entsprechend auch die Minenräumung durch die USA einsetzen. Doch die US Navy ließ sich viel Zeit, wenigstens die ersten Minen zu entfernen. Noch im März war der Weg zur offenen See nicht gefahrlos passierbar. Am 13. März wurde Kapitän Kolleß das Auslaufen aus dem Hafen ohne Garantie genehmigt. Die wieder vollzählige Stammbesatzung ging das Risiko ein, nicht ohne noch einmal mit sowjetischen Freunden beraten zu haben. Als die *Frieden* und mit ihr der sowjetische Frachter *Sotschi* am Morgen des 15. März die offene See im Golf von Bac Bo erreicht hatten, fegten in Minutenabständen amerikanische Jagdbomber im Tiefflug über sie hinweg. Sie öffneten die Bombenschächte, drehten ab und flogen erneut an. Über Funk verlangte man Angaben zu Fahrtziel und Ladung, anderthalb Monate nach Inkrafttreten des Pariser Friedensabkommens.

Von den Sirenen des *MS Völkerfreundschaft*, des Frachters *Neubrandenburg* und all der anderen Schiffe in den Hafenbecken lautstark begrüßt, konnten am 17. Mai in Rostocks Überseehafen auf Liegeplatz 51 die Leinen geworfen werden. Nachdem die letzten Kommandos verhallt waren und das Orchester der Deutschen Seereederei zur Begrüßung aufgespielt hatte, war eine Schiffsfahrt zu Ende gegangen, deren Akteure ein außergewöhnliches Kapitel im Buch der Solidarität und Freundschaft schrieben. Stolz trugen die an Bord angetretenen Frauen und Männer der Besatzung bei ihrer Begrüßung in der Heimat Vietnams Medaille der Freundschaft an ihren bügelfrischen Uniformen. Diese Auszeichnung war den 61 Besatzungsmitgliedern am 19. Februar im Auftrag von Ministerpräsident Pham Van Dong von Oberbürgermeister Le Duc Thinh in einer Feierstunde im unversehrt gebliebenen Haiphonger Hotel *Hong Bang* überreicht worden.[19]

Mitte der 70er Jahre war auch, für die Beförderung von Personen und Gütern von großer Bedeutung, der von der DDR-Luftverkehrsgesellschaft getragene direkte Linienflugverkehr zwischen Berlin-Schönefeld und Hanoi aufgenommen worden. Spezialisten, die in immer größerer Zahl nach Hanoi entsandt wurden, und Delegationen blieb fortan der zeitraubende und strapaziöse Flug per

IL 18 nach Moskau, von dort per TU 104 nach Peking, per Trident der chinesischen CAAC in das südchinesische Nanning und von dort per IL 14 nach Hanoi erspart, wie man ihn 1970 erleben konnte. 1974 ging es bereits mit der Kraft der vier Propeller-Turbinen-Luftstrahltriebwerke (PTL) der IL 18 der Interflug mit Zwischenstopps in Moskau, Usbekistans Hauptstadt Taschkent und der Hauptstadt Bangladeshs, Dacca, zur vietnamesischen Kapitale. Etliche Jahre später wurden die vierstrahligen IL 62 auf die mit 10 300 Kilometer zweitlängste Route im Streckennetz der Interflug geschickt. IL-18-Sondermaschinen waren allerdings auf der Strecke Berlin-Hanoi schon Ende der 60er/Anfang der 70er Jahre mit leicht verderblichem und dringend benötigtem Gut im Einsatz. So transportierten drei Maschinen dieser Bauart 1970 auf Bitte der DRV-Regierung fast 17 000 Einheiten Blutplasma im Wert von fast drei Millionen Mark, finanziert aus Spendenmitteln der Bevölkerung der DDR, zusammen mit den nötigen Verdünnungsmitteln und Übertragungsgeräten nach Vietnam. Das Blut war überwiegend von DDR-Bürgern gespendet worden, stammte aber auch von Piloten der polnischen Fluggesellschaft LOT und aus einer Solidaritätsaktion der britischen Organisation *Medical aid for Vietnam*.[20]

Einen wichtigen Platz für Vietnams Entwicklung aus kolonialer Rückständigkeit nahm Hilfe der DDR bei der beruflichen Qualifizierung junger Menschen ein. Von 1966 bis Ende 1972 wurden auf vertraglicher Basis mehr als 2700 Mädchen und Jungen in vielen Orten und Betrieben der DDR zu Facharbeitern, Technikern, Ingenieuren oder Ingenieurpädagogen ausgebildet. Im Laufe des Jahres 1973 trafen wieder mehrere hundert Praktikanten zur Weiterbildung in der DDR ein. Auf der Grundlage eines weiteren Regierungsabkommens vom Oktober 1973 über Berufsausbildung und Qualifizierung wurden in den folgenden Jahren dann in Etappen noch einmal rund 10 000 junge Vietnamesen, nun auch aus dem Süden, als Lehrlinge oder Praktikanten in die DDR delegiert. Sie fanden wie ihre Vorgänger Aufnahme in mehr als 60 Betrieben der unterschiedlichsten Industriezweige überall in der DDR. Ende 1982 belief sich die Zahl der seit Mitte der 60er Jahre in der DDR beruflich aus- oder weitergebildeten jungen Vietnamesen auf rund 12 500, unter ihnen waren etwa 900 Mädchen. Rund 550 von ihnen waren Ingenieurpädagogen geworden. Die dreijährige Berufsausbildung schloss einen sechsmonatigen Sprachkurs ein, für angehende Ingenieure und Ingenieurpädagogen stand am Anfang der vierjährigen Ausbildung ein einjähriger Sprachkurs. Die DDR wendete für diese Unterstützung der vietnamesischen Volkswirtschaft rund 500 Millionen Mark aus dem Staatshaushalt auf.

1982 wurde zwischen Vietnams Hauptverwaltung Berufsbildung und dem zuständigen DDR-Staatssekretariat eine weitere Vereinbarung getroffen, die für den Zeitraum bis 1985 vorwiegend den Erfahrungsaustausch auf dem Fachgebiet zum Inhalt hatte. Parallel dazu ging man zur Berufsausbildung mit DDR-Beistand in Vietnam selbst über. So finanzierte die DDR mit 18 Millionen Mark zum Teil aus dem Solidaritätsfonds die Errichtung einer Ausbildungsstätte mit 900 Plätzen für Metallfacharbeiter in Pho Yen unweit Hanois. Zur Wiederaufbauhilfe der DDR in Vinh gehörte die Finanzierung des Baus einer Ausbildungsstätte mit 720 Plätzen für Baufacharbeiter. Spezialisten aus der DDR gaben an beiden Orten

Starthilfe, auch wurden Lehrmaterial und Dokumentationen zur Verfügung gestellt.

Vor allem auf Wunsch der vietnamesischen Seite waren im Laufe der Jahre für die Lehrausbildung 85 Berufe zunächst vor allem in den Bereichen Elektrotechnik, Land- und Forstwirtschaft, Leicht- und Lebensmittelindustrie, Verkehr, Post und Fernmeldewesen, Gesundheitswesen, Bauwesen, Maschinenbau sowie Metallurgie und Bergbau ausgewählt worden. Das Regierungsabkommen vom Oktober 1973 war für Lehrausbildung und berufliche Weiterbildung gerichtet auf Verarbeitungsmaschinen- und Fahrzeugbau, Bauwesen, Schwermaschinen- und Anlagenbau, Metallurgie, Leicht- und Lebensmittelindustrie, Elektrotechnik, Glas- und Keramikindustrie, polygraphische Industrie, Land-, Forst- und Nahrungsgüterwirtschaft, Verkehrswesen, Gesundheitswesen, Post- und Fernmeldewesen. Die Ausbildung sollte zu erheblichem Teil gezielt für schon vorhandene oder gerade entstehende Betriebe erfolgen. Dazu gehörte das mit DDR-Hilfe entstehende Feinstahl- und Drahtwalzwerk Gia Sang in der Provinz Thai Nguyen nördlich der Hauptstadt, für das dringend Facharbeiter herangebildet werden mussten. Nicht alle von den delegierenden Ministerien als Wunsch gelisteten Berufe aber entsprachen den realen Bedingungen und konnten in absehbarer Zeit vor Ort ausgeübt werden. So traf man 1970 im Haiphonger Glaswerk, das mit DDR-Hilfe wiederhergestellt und modernisiert wurde, junge Männer an, die in der DDR Facharbeiter für die Sicherheitsglasproduktion geworden waren, nun aber für ungewisse Zeit in der Flaschenproduktion standen. Die DDR-Seite konnte nur bedingt korrigierend wirken.

Es war ein kleines Fest und für den DDR-Bürger vor Ort ein Erlebnis, als am 26. Februar 1971 erstmals mit offizieller Zeremonie ein aus Richtung Norden kommender Zug der vietnamesischen Eisenbahngesellschaft mit 101 jungen Leuten an Bord auf dem Hanoier Bahnhof begrüßt wurde. Sie hatten in der DDR eine zwei- und teils auch dreijährige Facharbeiterausbildung absolviert oder als Praktikanten eine Weiterbildung zu Ingenieuren oder Technologen erhalten. Mehr als die Hälfte von ihnen kamen aus dem Bauwesen, waren Schweißer geworden, hatten die Technologie von Skelett- und Plattenbau kennengelernt oder sich mit der Projektierung von Gesundheits-, Hotel-, Kultur- und Sportbauten vertraut machen können. Ihre Ausbildung erfolgte in Berlin, dort auch an der Bauakademie, in Leipzig, Halle, Karl-Marx-Stadt, Zwickau und anderen Städten. 30 dieser Rückkehrer hatten eine Ausbildung als Fernsehtechniker bei der Studiotechnik Fernsehen in Berlin-Adlershof oder in Dresden hinter sich gebracht. Als die jungen Frauen und Männer heimatlichen Boden betraten, von Angehörigen, Verantwortlichen des Arbeitsministeriums und Vertretern der DDR-Botschaft begrüßt, befanden sich bereits wieder 42 Praktikanten aus dem Bereich des Bauministeriums für die Qualifizierung als Fachleute des Straßenbaus in der DDR. Die anstrengende 15-tägige Heimreise von Berlin über Warschau, Moskau, Ulan Bator und Peking mit mehreren Tagen Aufenthalt in Moskau, der Gelegenheit bot, die sowjetische Hauptstadt kennenzulernen, war den strahlenden Gesichtern der Rückkehrer nicht anzumerken.

Am 28. Februar 1983 wurde in der vietnamesischen Hauptstadt im Beisein von Botschafter Dr. Hermann

Schwiesau die letzte Gruppe von 45 angehenden Lehrlingen und Praktikanten feierlich in Richtung DDR verabschiedet, vorwiegend vom Ministerium für Bergbau und Kohle delegiert. Zu ihnen gehörte als 10 000. gemäß dem 73er Regierungsabkommen der 22-jährige Tran Van Ky aus der Bergbauprovinz Quang Ninh nördlich Haiphongs. Der ehemalige Soldat sollte Metallfacharbeiter werden und versprach, alles zu tun, um viel zu lernen.[21]

Auch Hoch- und Fachschulen der DDR hatten beträchtlichen Anteil an der praktischen Unterstützung des vor gewaltigen Aufgaben stehenden Freundeslandes. Bis zum Frühjahr 1973 erhielten 1300 junge Vietnamesen eine Ausbildung an solchen Bildungsstätten der DDR, bis 1976 waren bereits mehr als 2000 junge Vietnamesen an Studieneinrichtungen der DDR immatrikuliert worden. Im Dezember 1972 wurde eine zwischenstaatliche Vereinbarung über den Praktikumseinsatz von Absolventen vietnamesischer Fach- und Hochschulen in Betrieben und Forschungseinrichtungen der DDR getroffen. Im Mai 1973 schlossen die Hoch- und Fachschulminister beider Staaten eine Vereinbarung über die Zusammenarbeit bis 1975. So waren dann seit Ende der 70er Jahre schon in vielen Bereichen von Produktion und Forschung der SRV deutsch sprechende Fachleute mit DDR-Erfahrung tätig.

Beim Aufenthalt einer Regierungsdelegation der DDR im Dezember 1971 in Hanoi waren die Weichen für den weiteren Ausbau der Beziehungen unter erwarteten günstigeren Bedingungen gestellt worden. Noch im selben Monat wurde beim Besuch von Volksbildungsministerin Margot Honecker in Vietnams Metropole die Zusammenarbeit im Bildungswesen für die Jahre 1972 bis 1975 vertraglich geregelt. Während der Visite wurde in Hanoi eine umfangreiche Lehrmittelausstellung der DDR eröffnet, die enorme Resonanz fand und in der auch Ministerpräsident Pham Van Dong begrüßt werden konnte. Während der 26 Tage wurden mehr als 40 000 Besucher registriert, waren rund 500 Abordnungen aus ganz Nordvietnam gekommen, darunter fast 350 aus Schulen und anderen Einrichtungen des Bildungswesens. Die Verantwortlichen für Lehrmittel in den Volksbildungsämtern der Provinzen waren für drei Tage zur Ausstellung abkommandiert. Die Besucher konnten sich mit der Funktion der Lehrmittel im Unterricht vertraut machen, wie sie von der Vorschulerziehung bis zur Oberstufe eingesetzt wurden. Vietnams damaligen Bedingungen gemäß lag der Schwerpunkt auf der Demonstration der Unterrichtsmöglichkeiten in der mit der Unterstufe in der DDR vergleichbaren Schule 1. Grades. Viele Pädagogen und Eltern äußerten den Wunsch, die Schau für ständig zu belassen oder zur Wanderausstellung zu gestalten.

Die Wiederaufnahme des Luftkrieges gegen Nordvietnam in großem Maße im April 1972 beantwortete die DDR mit zusätzlicher materieller Hilfe. So wurde am 19. Mai eine Vereinbarung über die Lieferung von Industrieausrüstungen, Medikamenten, Lebensmitteln, Textilien und Fahrzeugen unterzeichnet, finanziert mit Mitteln aus Solidaritätsspenden in Höhe vom sieben Millionen Mark. Im April und Oktober jenes Jahres folgten Abkommen und Protokolle über wissenschaftlich-technische Zusammenarbeit im Fernmeldewesen, in Bereichen der Industrie sowie in Land- und Forstwirtschaft. Ein Regierungsabkommen über materiell-technische Hilfeleistungen der DDR im Jahre 1973 gehörte zu den Ergebnissen einer weiteren Visite einer Regierungsdelegation im Januar in Hanoi.[22]

Einen nicht immer gebührend gewürdigten und in Abhandlungen für erwähnenswert befundenen, aber ungemein wichtigen Platz in den vietnamesisch-deutschen Beziehungen ab Ende der 60er Jahre nahm die Hochschule für Fremdsprachen in Hanoi mit ihrem im Dezember 1967 begründeten Lehrstuhl für deutsche Sprache ein. Das Wirken von Dozenten und Lektoren aus der DDR fast von Beginn an wurde von den vietnamesischen Verantwortlichen, sowohl dem zuständigen Ministerium der DRV als auch der Leitung der Lehreinrichtung, hoch geschätzt. 1968 begann am Lehrstuhl zusätzlich zum normalen Studienbetrieb der Unterricht in vier Klassen für Studenten und Aspiranten, die für ein weiterführendes Studium in der DDR auserwählt waren. Eine von der Dozentin Eugenie Neumann geleitete Lektorengruppe von Hochschulen in Leipzig und Dresden unterstützte dabei die vietnamesischen Lehrkräfte. »Diese erfahrenen Lehrer scheuten nicht die zahlreichen Opfer und Entbehrungen. Seite an Seite mit ihren vietnamesischen Kollegen schufen sie feste Grundlagen zur Verbreitung der deutschen Sprache und Literatur in Vietnam«, schrieb der einstige Moritzburger Knabe Tran Duong, der zum Journalisten, Schriftsteller, Übersetzer und Herausgeber heranwuchs, in einem Pressebeitrag zum 30. Gründungstag des Lehrstuhls.[23]

Der Beschluss zur Einrichtung des Lehrstuhls für deutsche Sprache in einer Periode, da der Bombenkrieg gegen den Norden in vollem Gange und ein Ende nicht abzusehen war, wurde vom Hochschulministerium der DRV «in den stürmischen Tagen des Kampfes gegen die

USA und zur Rettung des Landes« wegen seiner »großen Bedeutung für die Zukunft« gefasst, so Tran Duong. Zu jener Zeit hatte die Hochschule wie viele Bildungs- und Forschungseinrichtungen, aber auch Produktionsstätten wegen der Bombardierungen die Hauptstadt verlassen und in abgelegenem ländlichem Gebiet provisorisch unterkommen müssen. »Die Studenten der ersten Gruppe des Lehrstuhls werden die Tage des Studiums am Evakuierungsort fern von Hanoi in der Provinz Ha Bac nie vergessen. Wie könnten sie Professor Dr. Phan Binh vergessen, der sich ganz allein um die Arbeit des Lehrstuhls kümmerte. Jede Woche unterrichtete er 25 Stunden, 16 Wochen lang. Das Leben im Evakuierungsgebiet war sehr schwer. An vielen Tagen gab es nur Maniok und Mehl zu essen. Es gab Tage, an denen der Lehrer, nachdem er gerade aus Hanoi zurückgekommen war, schnell das Fahrrad abstellte und in die Unterrichtsklasse eilte.«

Der »Gründervater« Phan Binh, damals gerade 40 Jahre alt, »hat die gesamten 30 Jahre all seine Kräfte und seinen Geist dem Lehrstuhl für deutsche Sprache gewidmet«, bilanzierte der Autor. »Das 30jährige Jubiläum des Lehrstuhls, der in voller Blüte steht, sagt seiner Meinung nach sehr viel Gutes über dieses geistige Kind aus, das er sehr liebt, dem er vertraut und in das er immer neue Hoffnung setzt.« In jenen drei Jahrzehnten hatte der Lehrstuhl mehr als 5000 Aspiranten, Praktikanten und Studenten, die dann in der DDR studiert oder gearbeitet haben, Grundkenntnisse in der deutschen Sprache vermittelt und gleichzeitig in fünf Studiengängen mehr als 150 Studenten als Germanisten ausgebildet. »Sehr viele leitende Angestellte, die auf wirtschaftlichem und sozialem Gebiet unseres Landes große Verantwortung tragen, haben einige Zeit den Lehrstuhl für deutsche Sprache besucht.«

Besondere Würdigung ließ Tran Duong stellvertretend für alle Sprachexperten aus der DDR den Eisenachern Studienrat Dr. Bernhard und Studienrätin Dr. Lucia Igel zuteil werden, die von Oktober 1979 bis Ende 1983 an der Hochschule als Cheflektor und Lektorin im Fachbereich Ausbildung von Dolmetschern/Übersetzern und Lehrern gewirkt haben. Der Pädagoge, Germanist, Publizist und Literaturkritiker, ein exzellenter Kenner der deutschsprachigen Prosa und Lyrik, sowie die Russistin und Hochschuldozentin für Deutsch als Fremdsprache publizierten neben ihrer Haupttätigkeit regelmäßig in der Hanoier Wochenzeitung *Van Nghe (Literatur und Kunst)* wie auch im landessprachlichen Informationsbulletin der DDR-Botschaft und referierten im Schriftstellerverband. Zu ihren Beiträgen für die vietnamesische Leserschaft über deutsche Schriftsteller und Dichter aus Vergangenheit und Gegenwart wie über die Wahrnehmung Vietnams im Schaffen von Literaten der DDR gesellten sich die Vorstellung von Werken vietnamesischer Autoren, die Beschreibung der Brecht- und Becher-Rezeption in Vietnam, die Vorstellung der vietnamesischen Kinderliteratur für das deutsche Publikum und vieles mehr. Lucia Igel schuf ein umfangreiches Arbeitsmaterial für das Sprachkabinett der Hochschule. Sie erlernte während der Arbeit an der Hochschule die vietnamesische Sprache und legte dazu ein Staatsexamen ab. Dolmetschertätigkeit für DDR-Spezialisten im Raum Hanoi in Russisch, Englisch und dann auch Vietnamesisch sowie Deutsch-Unterricht für Lehrer an der Hanoier Schule *Viet Duc (Vietnam-DDR)* gehörten zum nebenberuflichen Arbeitsprogramm

Lucia Igels, der die Ehre zuteil wurde, den deutschen Tonbandtext für die Führung durch das Ho-Chi-Minh-Mausoleum in der Hauptstadt zu sprechen.

Für ihren unermüdlichen Einsatz wurden Bernhard Igel die Medaille und der Orden der Freundschaft verliehen, Lucia Igel zeichnete das Gastland zweimal mit der Medaille der Freundschaft aus. In sein Buch *Herzen der Genossen*, im Hanoier Verlag *Tac Pham Moi (Neue Werke)* editiert, nahm Tran Duong einen Beitrag Bernhard Igels auf. In dessen »Kleinem Bekenntnis« werden die Gefühle für das Gastland wach: »Vietnam ist für uns das Erlebnis seiner Menschen, der Berge und Flüsse, von denen Ho Chi Minh so ergreifend geschrieben hat, der weiten fruchtbaren Reisebenen mit ihren kunstvollen Bewässerungsanlagen und der traumhaft schönen Bucht von Ha Long, der Berge um Da Lat, der ehrwürdigen Paläste Hues und der Regenstürme in Tam Dao, der gnadenlos brennenden Sonne und der feuchtkalten Wintertage, der von Abertausenden Knallkörpern zerfetzten Têtfest-Nacht und des stählernen Gesangs der Zikaden, des Raschelns der Palmwedel und der liegenden Mondsichel, der Dichtungen von Nguyen Trai und Nguyen Du, der fröhlich spielenden Kinder, der unzähligen Teestuben und der gutmütig-fleißigen Wasserbüffel.«[24]

Solche Gefühle, von einem Manne offenbart, der einmal scherzhaft meinte, die Hochschule könne ihn getrost zu einem runden Geburtstag zum Professor machen, dürften all jenen eigen gewesen sein, die unter oftmals schwierigsten Bedingungen und erheblichen Gefahren auf den verschiedensten Gebieten über die Jahre an einer beeindruckenden Anthologie deutsch-vietnamesischer Freundschaft mitgeschrieben haben.

1973: Neue Bedingungen für Zusammenarbeit

Erich Honecker und Präsident Ton Duc Thang
unterzeichnen am 4. Dezember 1977 im Präsidentenpalast
in Hanoi den Vertrag über Freundschaft und
Zusammenarbeit zwischen der DDR und der SRV.
BArch Bild 183-S1204-001, ADN-Zentralbild

Nach dem Abschluss des Friedensabkommens Ende Januar 1973 verband sich das Bestreben der DDR und der vietnamesischen Partner, die beiderseitigen Beziehungen unter den neuen Bedingungen kontinuierlich und planmäßig weiter auszubauen, mit der Hoffnung auf dauerhaft friedliche Verhältnisse im ganzen Land. Bald aber zeigte sich, dass sich wohl der Norden von außen ungestört dem Wiederaufbauwerk widmen konnte. Im Süden hingegen sprachen nach kurzer Atempause dank der von Washington abgesegneten Abkommenssabotage Saigons allmählich wieder die Waffen.

Die intensivierten Kontakte zwischen Berlin und Hanoi spiegelten sich in der Folge in zahlreichen gegenseitigen Arbeitsbesuchen von Delegationen der verschiedensten Ebenen und Sachgebiete wider. Reisen der Partei- und Staatsspitzen knüpften an die einstigen Besuche Ho Chi Minhs an der Spree und Otto Grotewohls in der Metropole am Roten Fluss an. Mitte März 1973 begab sich eine DDR-Partei- und Regierungsdelegation, geleitet vom Ministerratsvorsitzenden Willi Stoph, nach Vietnam. In seiner Rede auf einer Kundgebung im hauptstädtischen Ba-Dinh-Palast würdigte der Delegationschef das Pariser Abkommen als bedeutenden Sieg des vietnamesischen Volkes. »Voll Ehrerbietung verneigen wir uns vor den ruhmreichen Kämpfern der Volksarmee der DRV und der Volksbefreiungsstreitkräfte der Republik Südvietnam, die ihr Leben für den nationalen Befreiungskampf und eine lichte Zukunft gaben. Für immer in die Geschichte eingegangen sind die heroischen Leistungen unzähliger vietnamesischer Frauen, Männer und Jugendlicher, die unter unsagbaren Opfern die Voraussetzungen für den Sieg schufen.« Noch war das Kommende nicht im ganzen

Ausmaß vorherzusehen, als Willi Stoph erklärte: »Wir begrüßen, daß nunmehr auch für Südvietnam die Möglichkeit gegeben ist, den Weg des friedlichen Aufbaus zu beschreiten. Diese Aufgabe wird gewiß nicht leicht sein. Wir werden die demokratische, unabhängige Entwicklung Südvietnams nach Kräften unterstützen.«

Im Kommuniqué über den Besuch wurde informiert, dass beide Seiten »Maßnahmen zur Unterstützung der Demokratischen Republik Vietnam bei der Überwindung der Kriegsfolgen, zur Beschleunigung des sozialistischen Aufbaus und zur Erweiterung der wirtschaftlichen und wissenschaftlich-technischen Zusammenarbeit« beraten haben. Es sei eine »neue Etappe der Zusammenarbeit« eingeleitet worden. Auf einem abschließenden Empfang, dem neben den Verhandlungen beider Regierungsdelegationen herzliche Begegnungen der Gäste mit Werktätigen eines Hanoier Maschinenbaubetriebes, des Glaswerkes Haiphong, einer landwirtschaftlichen Produktionsgenossenschaft unweit der Hauptstadt und anderer Einrichtungen vorausgegangen waren, sprach der DDR-Regierungschef von »einem neuen Meilenstein auf dem Wege der allseitigen Entwicklung unserer Beziehungen«. Ministerpräsident Pham Van Dong dankte seinerseits dafür, »daß Sie die prachtvollen Blumen Ihrer aufrichtigen Freundschaft mitgebracht haben. Gewiß wird Ihr Besuch einen breiten und tiefen Widerhall bei unserem Volk im ganzen Lande finden. Damit sind gleichzeitig neue Samen gesät, die noch schönere Blumen der unzerstörbaren Brüderlichkeit zwischen unseren Völkern hervorbringen werden.«[1]

Pham Van Dongs Abschiedsgruß auf dem Flugplatz Gia Lam an der Gangway zur IL 18 DM-STM der Interflug »Wir versprechen, dass wir uns in Berlin wiedersehen« sollte schon Mitte Oktober jenes Jahres Realität werden. Auf einem Empfang zum Auftakt der Visite einer von ihm geleiteten Partei- und Regierungsdelegation in Berlin sagte der Ministerpräsident: »Wir betrachten unseren Besuch als eine Pilgerfahrt der Vertreter des vietnamesischen Volkes in das Land von Karl Marx und Friedrich Engels, jener großen Genien, die den wissenschaftlichen Sozialismus begründeten und der Arbeiterklasse, den unterdrückten Völkern in der ganzen Welt die unbesiegbare ideologische und politische Waffe für den stürmischen revolutionären Kampf hinterließen.« Er dankte »Genossen Willi Stoph dafür, daß er eine Partei- und Regierungsdelegation leitete, die als erste aus einem sozialistischen Staat gleich nach unserem Sieg über die USA-Aggression unser Land besuchte«. Auf einer Kundgebung im Berliner Friedrichstadtpalast, auf der auch der neue DDR-Regierungschef Horst Sindermann das Wort ergriff, sprach der Gast Tage später von unvergesslichen Eindrücken, die die Delegation bei Aufenthalten in Potsdam, im Bezirk Erfurt und in Weimar, in der Nationalen Mahn- und Gedenkstätte Buchenwald und beim NVA-Truppenteil »John Schehr« gewonnen habe.

Die im Gemeinsamen Kommuniqué getroffenen Aussagen über die künftige Zusammenarbeit zeugten von der rapiden Entwicklung der bilateralen Beziehungen. Vereinbart wurde die Hilfe der DDR bei Wiederaufbau und gleichzeitiger Modernisierung von Objekten besonders der Industrie, die einst – teils schon ab 1956 – mit DDR-Unterstützung entstanden und durch Bomben stark beschädigt oder zerstört worden waren, bei der Vollendung von Objekten, deren Bau durch den Bombenkrieg unterbrochen worden war, und bei der Errichtung neuer. Auf der Grundlage dieser Vereinbarung standen 1977 dann 26 moderne Industriebetriebe und große Produktionsanlagen zu Buche. Die DDR sagte Hilfe beim Wiederaufbau der 300 000-Einwohner-Stadt Vinh zu. Vorbereitungen dafür waren auf Vorschlag des SED-Politbüros und des Ministerrats bereits im Mai in Berlin getroffen worden. Die drittgrößte Stadt Nordvietnams, Hauptstadt der mittelvietnamesischen Provinz Nghe An, war bereits im Widerstand gegen den französischen Rückeroberungsfeldzug in Schutt und Asche gelegt und nach 1954 den damaligen sehr begrenzten Möglichkeiten entsprechend wieder aufgebaut worden. Bei ungezählten Luftangriffen seit Anfang Februar 1965 und durch Schiffsartilleriebeschuss wurde sie wieder dem Erdboden gleichgemacht. Bevor ab April 1972 B-52-Bomber das Zerstörungswerk vollendeten und mit ihren Bombenteppichen die letzten Ruinen der Innenstadt pulverisierten, hatte Vinh von März bis August 1968 die schwersten Angriffe vorwiegend von Jagdbombern erlebt.

Der Besuch der DRV-Delegation mündete ferner in die Zusage umfangreicher materieller Hilfe der DDR in Gestalt unter anderem von Maschinen und Ausrüstungen im Jahr 1974 sowie aus Solidaritätsmitteln finanzierter zusätzlicher Warenlieferungen über den allgemeinen Warenaustausch hinaus. Beide Seiten vereinbarten, die wirtschaftlichen und wissenschaftlich-technischen Beziehungen auf den verschiedensten Gebieten der Volkswirtschaft sowie die Ausbildungshilfe der DDR auszudehnen und weitere vietnamesische Bürger zur Qualifizierung in die DDR zu entsenden. Horst Sindermann betonte in seiner Rede auf der Berliner Kundgebung, dass die Tage des Besuchs »angefüllt waren mit einem sehr nützlichen

Meinungs- und Erfahrungsaustausch und wichtigen Verhandlungen, die einen bedeutenden Beitrag zur weiteren Entwicklung und Vertiefung unserer Beziehungen leisteten«. Er zeigte sich zudem überzeugt, »daß auch die jetzt in die DDR kommenden jungen Arbeiter und Studenten Vietnams während ihres Aufenthalts und ihrer Ausbildung die Liebe und Fürsorge der Arbeiterklasse und aller Werktätigen der DDR verspüren werden«.[2]

Eine Delegation der Republik Südvietnam unter Leitung des Präsidiumsvorsitzenden des FNL-ZK, Nguyen Huu Tho, kam im September 1974 zu einem offiziellen Freundschaftsbesuch nach Berlin, eingeladen vom Staatsratsvorsitzenden Willi Stoph. Wenn man die DDR besuche, so gestand der Gast in einem Toast bei einem Essen, »fühlt man sich glücklich, weil man sich inmitten jenes Landes befindet, dessen Bürger als wahre Söhne und Töchter des deutschen Volkes die humanen, revolutionären Traditionen von Goethe, Schiller und Beethoven, von Karl Marx, Ernst Thälmann und Wilhelm Pieck bewahren, fortsetzen und damit einen Beitrag zum Vorwärtsschreiten der Menschheit leisten«. Man frage sich, wieso ein geografisch so weit entferntes Volk »eine solche Liebe für Vietnam aufweisen« könne. Die Antwort sei, weil die DDR »stets auf der Seite der Gerechtigkeit, auf der Seite der Völker im Kampf für Unabhängigkeit, Freiheit und sozialen Fortschritt steht«.

Im Gemeinsamen Kommuniqué wurde die Fortsetzung des Krieges im Süden durch die USA-gestützte Saigoner Administration gebrandmarkt und bekräftigt, dass die DDR die PRR der RSV »als einzig wahre Vertreterin der Bevölkerung Südvietnams« betrachte. Sie werde auch künftig »der Republik Südvietnam bei der Überwindung der Kriegsfolgen, bei der allseitigen Festigung der befreiten Gebiete tatkräftige Hilfe und Unterstützung erweisen«. Konstatiert wurde Übereinstimmung, dass die erzielten »Abkommen über die nichtrückzahlbare ökonomische Hilfe der Deutschen Demokratischen Republik für die Republik Südvietnam im Jahre 1975 sowie die kulturelle und die wissenschaftliche Zusammenarbeit neue Möglichkeiten zur Entwicklung und Vertiefung ihrer Beziehungen ... bieten«.[3]

Als Mitte Oktober 1975 eine vom Ersten ZK-Sekretär der PWV, Le Duan, geleitete Partei- und Regierungsdelegation zum offiziellen Freundschaftsbesuch in der DDR weilte, konnte Gastgeber Erich Honecker, Erster Sekretär des SED-ZK, auf einer Kundgebung im Berliner Friedrichstadtpalast bilanzieren, dass vom Besuch Ho Chi Minhs 1957 an »eine rasche Entwicklung der Beziehungen auf den verschiedenen Gebieten« zwischen beiden Parteien und Völkern begonnen habe. Es sei wohl unmöglich, »auch nur annähernd vollständig über die vielen guten Taten unserer Verbundenheit zu berichten. Immer mehr vietnamesische Arbeiter und Ingenieure, die in unserer Republik ihre Ausbildung erhielten, setzen all ihre schöpferische Kraft für den sozialistischen Aufbau ihrer Heimat ein.« Experten und Studiendelegationen tauschten Erfahrungen aus. Die »Linie der Freundschaft« sei »für die Realisierung unserer vielgestaltigen Beziehungen von hohem Wert«. Neben dem Beitrag zum Wiederaufbau der Stadt Vinh helfe die DDR dem Krankenhaus der Freundschaft »Vietnam-DDR«. »Im Feinstahl- und Drahtwalzwerk Gia Sang, das ebenfalls mit Unterstützung der DDR entsteht, wurde bereits der erste Stahl geschmolzen – Stahl für den friedlichen sozialistischen

Aufbau. Zahlreiche Werkstätten und andere Betriebe wurden und werden in gemeinsamer Arbeit errichtet.«

Le Duan fand bei dieser Gelegenheit Worte höchster Wertschätzung für die erwiesene Hilfe. »Die Spezialisten aus der DDR scheuen keine Schwierigkeiten, arbeiten Tag und Nacht auf den Baustellen, in den Betrieben und setzen mit ganzem Herzen all ihr Können dafür ein, Vietnam bei der Heilung der Kriegswunden zu helfen und zum Wiederaufbau der Hauptstadt der Heimatprovinz des Präsidenten Ho Chi Minh, der Stadt Vinh, beizutragen. Lehrmeister, Hoch- und Fachschullehrer der DDR haben in Betrieben, an Hoch- und Fachschulen mit großer Fürsorge Tausende vietnamesischer Facharbeiter und wissenschaftlicher Kader ausgebildet und ihnen wertvolle Kenntnisse für den Aufbau ihrer Heimat vermittelt. In vielfältiger Art und Weise brachten die Arbeiterklasse und die anderen Werktätigen der DDR durch konkrete Taten ihre internationalistische Pflicht dem vietnamesischen Volk gegenüber deutlich zum Ausdruck und leisteten einen würdigen Beitrag zum großen Sieg des vietnamesischen Volkes.«

In der Gemeinsamen Erklärung wurde von der Vereinbarung gesprochen, die staatlichen Beziehungen auf den verschiedensten Gebieten weiter auszubauen und »die Beziehungen zwischen wissenschaftlichen und kulturellen Institutionen sowie zwischen gesellschaftlichen Organisationen beider Länder zu fördern«. Die DDR sagte neben dem gegenseitigen Warenaustausch »umfangreiche Lieferungen und Leistungen auf Kreditbasis und im Rahmen der materiellen Solidarität der Bevölkerung der DDR« ebenso wie weitere »Unterstützung beim Aufbau industrieller Objekte, auf dem Gebiet der Land- und Forstwirtschaft und in anderen Bereichen sowie bei der Aus- und Weiterbildung von Kadern« zu. Von neuer Qualität der Zusammenarbeit zeugten »erfolgreiche Beratungen über die Koordinierung der Volkswirtschaftspläne beider Länder für den Zeitraum 1976 bis 1980 und darüber hinaus«. Abgestimmt wurden »die Grundrichtungen der langfristigen wirtschaftlichen und wissenschaftlich-technischen Beziehungen auf den verschiedenen Gebieten im Zeitraum 1976 bis 1980 und darüber hinaus«. Man kam auch überein, den Abschluss eines langfristigen Handelsabkommens für diesen Zeitraum vorzubereiten, und schloss »ein Abkommen über die Gewährung eines langfristigen Kredits für die Lieferung von Industrieausrüstungen«. Mit all dem, so war man sich einig, wurde »eine neue Stufe in den ökonomischen Beziehungen zwischen beiden Ländern eingeleitet«.[4]

Zum unbestreitbaren Höhepunkt in den bilateralen Beziehungen wurde Anfang Dezember 1977 der Abschluss des *Vertrages über Freundschaft und Zusammenarbeit zwischen der Demokratischen Republik Vietnam und der Deutschen Demokratischen Republik* beim Freundschaftsbesuch einer vom Generalsekretär des SED-ZK und Staatsratsvorsitzenden Erich Honecker geführten Partei- und Staatsdelegation der DDR in Vietnam, das sich am 2. Juli 1976 zur Sozialistischen Republik erklärt hatte. Dieser Vertrag als höchste Form zwischenstaatlicher vertraglicher Beziehungen zwischen Staaten der sozialistischen Gemeinschaft nach dem Muster gleicher Grundsatzvereinbarungen mit den anderen realsozialistischen Staaten sollte eine Laufzeit von 25 Jahren haben und wie üblich automatisch um jeweils zehn Jahre verlängert werden können.

Von dem Willen geleitet, »die allseitige Zusammenarbeit zwischen beiden Staaten ständig weiterzuentwickeln und zu vervollkommnen«, vereinbarten beide Seiten in dem Vertrag, sowohl die wirtschaftliche und wissenschaftlich-technische Zusammenarbeit zu festigen und zu erweitern als auch die »langfristige Koordinierung ihrer Volkswirtschaftspläne« fortzuführen. »Beide Seiten werden die Zusammenarbeit auf den Gebieten der Kultur und Wissenschaft, des Bildungswesens, des Gesundheitswesens, der Literatur, der Kunst, der Presse, des Rundfunks, des Fernsehens, des Filmwesens, der Körperkultur, des Sports und Tourismus sowie auf anderen Gebieten weiterentwickeln. Beide Seiten werden die weitere Ausgestaltung der Zusammenarbeit und der Beziehungen zwischen den gesellschaftlichen Einrichtungen und Massenorganisationen fördern und dies als ein wichtiges Mittel betrachten, damit die Völker der Deutschen Demokratischen Republik und der Sozialistischen Republik Vietnam sich immer näher kommen ...«

Auf einer Kundgebung in Hanoi sagte Erich Honecker: »Unsere feste, unerschütterliche Freundschaft hat eine lange, von den Kommunisten unserer beiden Länder begründete Tradition. Bedeutende Führer der deutschen Arbeiterbewegung wie Wilhelm Pieck und Clara Zetkin waren auch mit Genossen Ho Chi Minh, dem großen Sohn des vietnamesischen Volkes, dem hervorragenden Patrioten und glühenden Internationalisten, persönlich verbunden. Während der zwanziger Jahre, als Ho Chi Minh eine Zeitlang in Deutschland lebte, kämpften sie gemeinsam gegen imperialistische Unterdrückung und Kolonialismus, für nationale und soziale Befreiung der Völker. Eng wirkten sie in den folgenden Jahren in der Kommunistischen Internationale zusammen. Wir betrachten es als ruhmvolles Beispiel internationalistischer Solidarität, daß vietnamesische Kommunisten in den Kerkern der französischen Kolonialisten und der japanischen Okkupanten die ›drei großen L-Feiern‹ zum Gedenken an Lenin, Liebknecht und Luxemburg durchführten.« Auch Le Duan, ZK-Generalsekretär der seit Dezember 1976 den Namen KP Vietnams tragenden Schwesterpartei, verwies auf »die traditionsreiche brüderliche und von den Präsidenten Ho Chi Minh und Wilhelm Pieck geschlossene Freundschaft«, die sich seit mehreren Jahrzehnten stark entwickle.

Auf der Hanoier Kundgebung erklärte der Gastgeber, die vereinbarten Dokumente »sind von historischer Bedeutung und bringen die immer engeren Beziehungen zwischen unseren beiden Parteien, Staaten und Völkern zum Ausdruck. Sie sind neue Meilensteine bei der Erweiterung der allseitigen Zusammenarbeit der beiden Staaten und Kompaß für jene Aktivitäten, die die Solidarität und Freundschaft zwischen Vietnam und der DDR in der kommenden Zeit noch verstärken.« Er würdigte noch einmal die vielfache Hilfe für Vietnam und sagte dazu: »Es ist in der Tat nicht möglich, alle edlen Handlungen, bewegenden Haltungen, bedeutungsvollen Gefühle und Taten der Freunde in der DDR gegenüber dem vietnamesischen Volk aufzuzählen.« Erich Honecker versicherte: »Von unserem Aufenthalt in Ihrer schönen Heimat nehmen wir tiefe Eindrücke mit nach Hause. Großartigen Menschen sind wir begegnet. Das alles werden wir nie vergessen. Unser Besuch bei Ihnen war überaus erfolgreich. Was wir in diesen Tagen gemeinsam vereinbarten, wird unsere Zusammenarbeit weiter festigen und unsere Völker noch näher zusammenrücken lassen. Die Sozialistische Republik Vietnam und die Deutsche Demokratische Republik sind Brüder, die sich für alle Zeiten aufeinander verlassen können.«[5]

Dem ersten Jahrestag des Freundschaftsvertrages widmete das Zentralorgan der KPV, *Nhan Dan (Volk)*, am 4. Dezember 1978 seinen Leitartikel. Es schrieb: »Im vergangenen Jahr hat das Volk der DDR, wie Genosse Honecker bekräftigte, alles in seiner Kraft Stehende getan, um unser neues Dokument der Freundschaft und Zusammenarbeit mit Leben zu erfüllen.« Die Bewegung der Solidarität mit Vietnam »entwickelt sich in der DDR weiter mit ganzer Breite und Tiefe. Die Hilfe der DDR schafft günstige Bedingungen für unser Volk beim Aufbau der materiell-technischen Grundlagen des Sozialismus und beim Schutz der Souveränität und der territorialen Integrität unseres Landes.« So sei der 4. Dezember 1977 »ein Meilenstein, der einen neuen Schritt in der Entwicklung der Freundschaft und Zusammenarbeit Vietnams und der DDR kennzeichnet.«. Die von Ho Chi Minh und Wilhelm Pieck gepflegten Traditionen fortsetzend, »verstärken unsere beiden Parteien, Regierungen und Völker ständig ihre kameradschaftlichen Beziehungen brüderlicher Freundschaft, ihre Solidarität und gegenseitige Hilfe und erweitern ihre vielseitige Zusammenarbeit ...«[6] Gut zehn Jahre später sollte das sehr zum Schaden Vietnams Geschichte sein, war der für ein Vierteljahrhundert und länger geschlossene Vertrag Makulatur.

Auf der Basis der von den Staats- und Parteispitzen getroffenen Absprachen und Vereinbarungen entwickelte sich ab Anfang 1973 ein in Umfang und Intensität bis dahin nicht gekannter und auch nicht ohne weiteres möglicher Delegationsaustausch zwischen beiden Ländern, der im Grunde genommen alle Bereiche des gesellschaftlichen Lebens betraf. Den Auftakt bildete bereits im Januar in Berlin die 4. Tagung des Gemeinsamen Wirtschaftsausschusses DDR-DRV, die erste Beratung des vor einigen Jahren geschaffenen Gremiums unter Friedensbedingungen. Geleitet von den stellvertretenden Ministerpräsidenten Gerhard Weiß und Le Thanh Nghi, stellte der Ausschuss fortan jährlich alternierend in Berlin und Hanoi die Weichen für die nächsten Schritte in der Kooperation auf allen Gebieten der Ökonomie. Vereinbarungen für die weitere Zusammenarbeit in Land- und Forstwirtschaft, Leicht- und Lebensmittelindustrie sowie Bau- und Verkehrswesen sowie Abkommen über materielle und technische Hilfe der DDR, über Warenlieferungen und Zahlungen im laufenden Jahr beschlossen die 4. Tagung.

Im Jahresverlauf machte sich in der DDR-Hauptstadt der Vorsitzende der Inspektionskommission der DRV-Regierung mit der Tätigkeit der Arbeiter- und Bauerninspektion vertraut, schlossen die Minister für Hoch- und Fachschulbildung eine Vereinbarung über die Zusammenarbeit im selben Zeitraum, studierte eine vietnamesische Delegation die Erfahrungen der DDR in medizinischer Forschung und Gesundheitsschutz. Eine Abordnung des FNL-ZK weilte zum »Monat der antiimperialistischen Solidarität« in der DDR. Der ideologischen Arbeit der SED, Fragen der Propaganda- und Pressearbeit sowie den Erfahrungen der SED auf dem Gebiet der Planung und Leitung der Volkswirtschaft waren Besuche von PWV-Delegationen gewidmet. In Hanoi stand der Abschluss eines Vertrages über die Zusammenarbeit der Gesundheitsministerien zur Diskussion, wurde ein Plan der Kooperation der Akademie der Pädagogischen Wissenschaften der DDR und der Partnereinrichtung unterzeichnet, vereinbarten die Minister für Hoch- und Fachschulwesen die Zusammenarbeit in den Jahren bis 1975. Gespräche in der vietnamesischen Metropole mündeten auch in eine Vereinbarung über die Zusammenarbeit von Nationaler Front der DDR und Vaterländischer Front der DRV sowie ein Abkommen über kulturelle und wissenschaftliche Zusammenarbeit des DDR-Kulturministeriums und des DRV-Komitees für kulturelle Verbindungen mit dem Ausland.

Die Teilnahme von Delegationen des FDGB und des DFD an Kongressen der Partnerorganisationen in Hanoi stand am Beginn der bilateralen Kontakte im Jahr 1974. Regierungsdelegationen berieten dort über Fragen der wissenschaftlich-technischen Zusammenarbeit auf dem Gebiet der Lebensmittelindustrie und erstmals über die Einrichtung von Werkstätten des Handwerks durch die DDR in der DRV, die in der Folgezeit bis in die 80er Jahre hinein, vorwiegend mit Mitteln aus dem Solidaritätsfonds finanziert, Handwerkskammern mehrerer DDR-Bezirke oblag. Für 1975 wurde ein Plan der Zusammenarbeit in der Volksbildung unterzeichnet. Eine SED-Delegation machte sich mit den Erfahrungen der PWV in der ideologischen Arbeit bekannt. Mehrere KPV-Delegationen weilten in der DDR, so zum Studium der Tätigkeit der SED auf ideologischem Gebiet und zum Erfahrungsaustausch über Fragen des Parteiaufbaus. Erfahrungen der DDR bei der Entwicklung der sozialistischen Kultur und aktuelle Fragen der Außenpolitik beider Länder waren Gegenstand bilateraler Kontakte in Berlin. Unter den veränderten Bedingungen in Vietnam konnte auch die Zusammenarbeit mit der revolutionären Macht in den befreiten Gebieten des Südens auf eine neue Stufe gehoben werden. Ausdruck dessen waren 1974 neben den auf höchster Ebene abgeschlossenen Abkommen über ökonomische Hilfe für die RSV im Folgejahr sowie über kulturelle und wissenschaftliche Zusammenarbeit, die Unterzeichnung des ersten Regierungsabkommens auf dem Gebiet des Gesundheitswesens in Berlin und der Studienaufenthalt einer RSV-Frauendelegation beim Demokratischen Frauenbund Deutschlands.

1975, das Jahr des endgültigen Triumphes im Befreiungskampf, war von weiterer deutlicher Intensivierung der staatlichen und gesellschaftlichen Kontakte zwischen der DDR und Vietnam gekennzeichnet. Abgeschlossen wurde in Berlin ein Luftverkehrsabkommen DDR-DRV, das für die weitere Ausgestaltung der Beziehungen enorme Bedeutung hatte. Beraten wurden in der DDR-Hauptstadt auf jeweils höchster Verantwortungsebene Fragen des gegenseitigen Warenverkehrs, der koordinierten Außenpolitik ebenso wie die Zusammenarbeit von Rundfunk und Fernsehen, der Staatsanwaltschaften, auf dem Gebiet der Leichtindustrie und in anderen Bereichen. In Hanoi übergab eine Delegation des Vietnam-Ausschusses beim DDR-Solidaritätskomitee an die dortige RSV-Sondervertretung Material für das Gesundheitswesen in Südvietnam. Auch wurde in Vietnams Hauptstadt ein Abkommen über die Zusammenarbeit beider Journalistenverbände bis 1980 signiert, vereinbarten das Staatliche Komitee für Gesellschaftswissenschaften der DRV und die Akademie der Wissenschaften der DDR einen Plan der Zusammenarbeit, trafen das Institut für Marxismus-Leninismus beim ZK der SED und die

Kommission zur Erforschung der Parteigeschichte beim ZK der PWV eine langfristige Vereinbarung über ihre Kooperation. Diverse Delegationsbesuche in Berlin, so der einer Jugenddelegation aus Südvietnam, der Komitees für Afro-Asiatische Völkersolidarität der DRV und der SRV, des Vietnamesischen Gewerkschaftsbundes und mehrerer Studiendelegationen des ZK der PWV zeugten ebenso vom hohen Stand der bilateralen Beziehungen wie ein Kurzbesuch der RSV-Außenministerin Nguyen Thi Binh.

Inzwischen hatte auch die im Oktober 1973 beim DDR-Besuch Pham Van Dongs zugesagte DDR-Hilfe beim Wiederaufbau der Stadt Vinh, der Hauptstadt von Präsident Ho Chi Minhs Heimatprovinz, konkrete Formen angenommen. Zunächst waren Architekten, Projektanten und andere Fachleute des DDR-Bauwesens in Berlin und gemeinsam mit vietnamesischen Kollegen vor Ort ans Werk gegangen. Mit dem Beginn der Arbeiten machte sich im September eine vom Politbüromitglied und ZK-Sekretär Kurt Hager geleitete Partei- und Regierungsdelegation, die zum 30. Gründungstag der DRV nach Vietnam gekommen war, an Ort und Stelle vertraut. Im Oktober gehörten Maßnahmen zur weiteren Realisierung der entsprechenden Vereinbarung zu den Themen der 7. Tagung des Gemeinsamen Wirtschaftsausschusses. In der Folgezeit errichtete die DDR ein Plattenwerk, in dem es große Anlaufprobleme zu überwinden gab, wurden unter erheblichen Schwierigkeiten und meist strapaziösen klimatischen Bedingungen in gemeinsamer Arbeit deutscher und vietnamesischer Bauleute in der hierzulande vielfach erprobten Plattenbauweise neue Wohnviertel förmlich aus dem Boden gestampft.

»Immer wieder äußern Besucher abfällig mitleidige Bemerkungen über den **Anblick der Stadt Vinh** (Provinz Nghe An)«, schrieb die Berliner Vietnamistin Monika Heyder vor einem Dutzend Jahren.[7] »Die abgeblätterten Farben an den scheinbar lieblos hingeklotzten Häuserblöcken wirken traurig, die Straßen sind zu breit, irgendwie fehlt es an städtischem Charme ... Die DDR habe diese trostlose Ansammlung von Neubauten errichtet? Ach so, dann sei es ja kein Wunder ... Vielleicht ist es aber doch eines. Vinh wurde nämlich in diesem Jahrhundert zweimal bis zur Unkenntlichkeit zerstört.« Die Autorin weiter: »Als 1974 der Wiederaufbau mit DDR-Unterstützung begann, lebten die meisten Bewohner der Stadt immer noch in Hütten und Erdhöhlen, die kaum Schutz vor Kälte, Regen und Sturm boten. Es gab keine Straßen, keine Kanalisation, kaum Wasser und Strom. Mit großem Elan begannen die Einwohner der Stadt Vinh, ihre in die Steinzeit zurückgebombte Stadt wieder zum Leben zu erwecken. Viele Arbeiten wurden in freiwilliger Aufbauarbeit und ohne jede Bezahlung geleistet. Es ging darum, so schnell wie möglich Wohnraum für 150 000 Menschen zu schaffen, und dieses Ziel wurde auch erreicht. Schönheit war in diesem Zusammenhang ein Luxus, den sich weder Vietnam noch die DDR, deren Bürger diese Hilfe schließlich finanzierten, leisten konnten. (Westeuropäische Ästheten, die die Stadt schöner wieder aufgebaut hätten, wurden leider weder damals noch heute in Vinh gesichtet.)«

Im Jahr der Konstituierung der einheitlichen Sozialistischen Republik Vietnam, des Beginns eines neuen Zeitabschnitts in der Geschichte Vietnams, war die Zeit spektakulärer neuer Aspekte der Zusammenarbeit vorüber.

Die Tage der Leipziger Frühjahrsmesse im März 1976 wurden von den zuständigen Ministern genutzt, das erste langfristige Regierungsabkommen über gegenseitige Warenlieferungen und Zahlungen, eine Vereinbarung für die Jahre bis 1980, zu schließen. Wieder reisten Studiendelegationen von SED und PWV in das jeweilige Bruderland. Aus Vietnam kam zum ersten Mal eine Delegation der Generaldirektion für Körperkultur und Sport zum Studium der Entwicklung dieses Bereichs in der DDR, war eine Abordnung des Verbands der Werktätigen Jugend »Ho Chi Minh« zu Gast bei der FDJ. Nachdem 1974 in Berlin eine Ausstellung »Malerei und Grafik aus der Demokratischen Republik Vietnam« gezeigt worden war, der das DDR-Solidaritätskomitee im folgenden Jahr eine Schau zum 30. Jahrestag der DRV folgen ließ, hatte nun in der DDR-Hauptstadt eine Fotoausstellung »Vietnam ist eins« Premiere.

1977 eröffnete Verteidigungsminister Armeegeneral Vo Nguyen Giap mit einer Militärdelegation der SRV den Reigen gegenseitiger Freundschafts-, Arbeits- und Studienbesuche. Die Journalistenverbände schlossen in Berlin ein Abkommen über ihre Zusammenarbeit bis 1980, Gleiches erfolgte für die Volksbildungsministerien. Fragen der weiteren Vertiefung der Zusammenarbeit auf kulturpolitischem Gebiet und die Kulturpolitik der SED standen in Berlin oder Hanoi ebenso zur Diskussion wie die Beschlüsse des IX. SED-Parteitages auf dem Gebiet des Bauwesens, die Weiterentwicklung der wissenschaftlich-technischen Zusammenarbeit oder die Tätigkeit des Rates für gegenseitige Wirtschaftshilfe (RGW), an dessen Tagungen die SRV vorerst noch als Beobachter teilnahm. Eine Abordnung der Vaterländischen Front studierte Aufgaben und Erfahrungen der Nationalen Front der DDR, einige Wochen später erfolgte ein Gegenbesuch. Erstmals besuchte eine Abordnung des DDR-Solidaritätskomitees Vietnams größte Stadt, die seit dem Vorjahr den Namen Ho Chi Minhs trug. Höhepunkt und Ausklang des Jahres war der Besuch der von Erich Honecker geleiteten Partei- und Staatsdelegation in Vietnam, der im Abschluss des für Jahrzehnte konzipierten Freundschaftsvertrages gipfelte.

In den ersten Monaten des Jahres 1978 wurden für den Zeitraum bis 1980 Protokolle, Pläne oder Vereinbarungen über die Zusammenarbeit auf dem Gebiet des Hoch- und Fachschulwesens sowie über den Austausch von Studierenden zwischen beiden Ländern, erstmalig über die Zusammenarbeit auf dem Gebiet des Filmwesens sowie über die Zusammenarbeit in Gesundheitswesen und medizinischer Wissenschaft unterzeichnet. Mit der vietnamesischen Erstaufführung des Dokumentarfilms »Die eiserne Festung« wurde in Hanoi im Februar eine Woche mit Filmen aus dem Studio Walter Heynowski/ Gerhard Scheumann eröffnet. Dieser Film über den heroischen Befreiungskampf des vietnamesischen Volkes hatte im November 1977 in Berlin seine festliche Premiere und war dann im Dezember von Erich Honecker in Hanoi der Partei- und Staatsführung der SRV als Geschenk überreicht worden. Die beiden Filmdokumentaristen wurden auf Beschluss der Nationalversammlung nach der Filmwoche mit dem »Orden der Freundschaft« geehrt. Diese höchste Auszeichnung der SRV für ausländische Bürger wurde im Laufe des Jahres auf Erlass von Präsident Ton Duc Thang auch dem Vietnam-Ausschuss beim DDR-Solidaritätskomitee und dem Nationalrat der Nationalen Front der DDR zuteil. Die gleiche Würdigung erfuhr die

Zentrale Leitung der Druckereien und Verlage der SED (Zentrag) für umfassende Hilfe bei der Rekonstruktion der Druckerei des KPV-Organs *Nhan Dan,* zu deren Inbetriebnahme eine Delegation des SED-ZK nach Hanoi kam. Die Kapazität der Druckerei war auf eine Million Zeitungsexemplare täglich gesteigert worden. Zur Jahresbilanz zählten wiederum zahlreiche gegenseitige Delegationsbesuche und Einzelvisiten, so der einer Juristendelegation der DDR, des Präsidenten des Nationalen Forschungszentrums der SRV, der Vaterländischen Front Vietnams, eines stellvertretenden SRV-Außenministers, der Staatlichen Plankommission der SRV, des höheren Bildungswesens der SRV und von Fachbereichen der Parteiführungen.

Der weiteren Vertiefung der Zusammenarbeit der Nachrichtenagenturen ADN und VNA, der Staatlichen Rundfunkkomitees beider Länder, der Staatsanwaltschaften, des Kommunistischen Jugendverbands »Ho Chi Minh« und der FDJ dienten Verträge und Vereinbarungen, die im Jahr 1979 zu Buche standen. Studiendelegationen entsandten der Vietnamesische Frauenverband, das SRV-Ministerium für die Angelegenheiten der Kriegsinvaliden, Vietnams Sportorganisation und der Gewerkschaftsbund Vietnams in die DDR. Nach Vietnam reisten neben Parteiabordnungen eine Juristendelegation, eine Delegation des Dietz Verlages Berlin, eine Abordnung des FDGB und Vertreter der Akademie der Wissenschaften der DDR. Zur Übergabe der mit DDR-Hilfe errichteten Ausbildungsstätte für Baufacharbeiter in Vinh sowie zu Gesprächen über die weitere Verwirklichung des bilateralen Abkommens über die Berufsausbildung und Weiterqualifizierung vietnamesischer Bürger in der DDR weilte

Mitte des Jahres eine Delegation des Staatssekretariats für Berufsausbildung vor Ort. Gespräche der Fachministerien in Hanoi mündeten in ein Abkommen über den weiteren Ausbau des mit maßgeblicher DDR-Hilfe entstehenden großen Orthopädie-

Eines der größten aus Solidaritätsspenden der DDR-Bevölkerung finanzierten Objekte in Vietnam ist das Orthopädie- und Rehabilitationszentrum (ORZ) Hanoi in Ba Vi nahe der Hauptstadt. Die ersten beiden Betriebsteile waren 1975 und 1978 fertiggestellt worden. Im Bild: Der dritte und letzte Betriebsteil im Juli 1984 kurz vor der Übergabe an das Ministerium für Kriegsversehrte und Sozialwesen der SRV.
Belegarchiv Kapfenberger, ADN-Zentralbild / Kapfenberger

Technischen Zentrum (OTZ) Ba Vi südlich Hanois. Dieser ausgedehnten Produktions-, Behandlungs- und Ausbildungsstätte kam angesichts der gewaltigen Zahl kriegsversehrter Soldaten und Zivilpersonen unschätzbare Bedeutung zu. Ergebnis solcher Gespräche war auch ein Protokoll über weitere DDR-Hilfe für das hauptstädtische Krankenhaus der Freundschaft Vietnam-DDR (Viet-Duc). Es ging um Rekonstruktion, Modernisierung und Erweiterung dieser größten Gesundheitseinrichtung Nordvietnams, die im Unterschied zu anderen Hanoier Krankenhäusern von Bomben und Raketen verschont geblieben war, in etwa mit Berlins Klinikum Buch verglichen werden konnte und auch die führende Rolle in der medizinischen Forschung der SRV spielte.[8]

Von Jahr zu Jahr bestätigte sich so auf beeindruckende Weise immer wieder von neuem, dass die vertrauensvollen, fruchtbaren Beziehungen zwischen beiden Staaten genauso wie die selbstlose Unterstützung des kriegsgebeutelten Freundeslandes durch die DDR auf einem überaus stabilen Fundament ruhten. Die Resultate sprachen für sich. Zu den modernen Industriebetrieben und anderen großen Produktionsanlagen, die von 1956 an im Norden Vietnams mit finanzieller, materieller und personeller Hilfe der DDR entstehen konnten und zum Teil nach 1973 wieder aufzubauen oder umfassend zu reparieren waren, gehörten neben den erwähnten Objekten wie dem Feinstahl- und Drahtwalzwerk Gia Sang und der Behälterglasfabrik Haiphong unter anderem eine Schweißelektrodenfabrik, die Großdruckerei »Tien Bo« und eine Konservenfabrik in Hanoi, das leistungsfähige Plattenwerk in Dao Tu in Hanois Bannmeile für den Wohnungsbau, eine Spezialpapierfabrik, eine Harzdestillationsanlage, eine Verarbeitungslinie zur Herstellung von Obstkonzentraten, eine Baumwollspinnerei in Vinh und ein Porzellanwerk. 26 dieser Objekte entstanden in den rund 20 Jahren bis 1977.

Die Hilfeleistungen der DDR aus Haushaltsmitteln insbesondere für die ökonomische Erholung und Stärkung des Nordens und ab 1975 auch des vietnamesischen Südens beliefen sich in der Zeit von 1966 bis 1977 auf rund 2,6 Milliarden Mark aus dem Staatshaushalt, ergänzt durch erhebliche Mittel aus dem solidarischen Spendenaufkommen aller Schichten der Bevölkerung. Parallel zur 1974 eingeleiteten Hilfe beim Wiederaufbau von Vinh ging die für den Ausbau der Industrie und die Wiederherstellung und Modernisierung der Infrastruktur weiter. So wurde die für die Versorgung der Bevölkerung auch mit nichtalkoholischen Getränken wichtige Rekonstruktion und Erweiterung der total veralteten hauptstädtischen Brauerei in Angriff genommen. Im Rahmen des RGW beteiligte sich die DDR an der Wiederherstellung der stark überalterten, schon deshalb sehr leistungsschwachen und zudem bei ungezählten Flächenbombardements von B-52 weitgehend zerstörten Schmalspur-Eisenbahnlinie Hanoi–Ho-Chi-Minh-Stadt. Nahezu alle Stationen, große Streckenabschnitte, die Signalanlagen, hunderte Brücken und fast das gesamte rollende Material waren dem gezielten Bombenterror zum Opfer gefallen. Hilfe der DDR kam dem veralteten Fernmeldewesen zugute, so dem Fernmeldeamt in der Hauptstadt.[9]

Tausende Spezialisten aus der DDR, Bauleiter, Ingenieure, Technologen, Techniker, Meister und Facharbeiter waren im Laufe der Jahre zur Realisierung der vereinbarten Vorhaben auf den zahlreichen Baustellen und auf anderen Feldern der Ökonomie vor Ort in oftmals entbehrungsreichem Einsatz. Die vietnamesische Seite zollte ihrem Wirken größte Anerkennung, wie es KPV-Generalsekretär Le Duan 1975 bei seinem Besuch in Berlin zum Ausdruck gebracht hatte. Sie arbeiteten häufig über einen längeren Zeitraum im Lande, nicht nur in Städten und größeren Orten, sondern auch in entlegenen Gegenden, nicht selten unter für Europäer bisweilen nahezu unerträglichen klimatischen Bedingungen. Nicht wenige von ihnen konnten vietnamesische Auszeichnungen der Freundschaft entgegennehmen oder wurden in der DDR geehrt.

Spezialisten waren auch auf Gebieten anzutreffen, über die nur selten gesprochen wurde. Im Raum der Provinzstadt Dalat, einer waldreichen Region des mittelvietnamesischen Hochlands (Tay Nguyen) von atemberaubender Schönheit, arbeiteten seit 1980 Experten der Sektion Forstwirtschaft Tharandt der TU Dresden, des Instituts für Forstwissenschaft Eberswalde sowie der Staatlichen Forstwirtschaftsbetriebe Kyritz und Dargun an der Umwandlung extensiver Waldnutzung in eine intensive Kiefern-Forstwirtschaft mit Holz- und Harzproduktion. Erosionsschutz, Wasserschutz und Schaffung von Erholungswäldern waren Bestandteile eines vom VEB Forstprojektierung Potsdam getragenen vierjährigen Projekts. Vorarbeiten dafür auch andernorts im Norden waren seit Anfang der 70er Jahre geleistet worden; vietnamesische Forstingenieure wurden in der DDR ausgebildet oder zusätzlich qualifiziert.

Sie hießen Mariella, Karpina, Fringilla, Turpella, Libelle, Kardia, Galina – Kartoffelsorten aus der DDR, die Leute vom Fach im Januar 1981 als aussichtsreiche

Sorten auf Flächen landwirtschaftlicher Produktionsgenossenschaften in vietnamesischen Ackerboden brachten. Kartoffeln waren in Vietnam erst seit etwa 60 Jahren bekannt und wurden nach französischer Tradition als Gemüse betrachtet. Mit Hilfe von Experten der VVB Saat- und Pflanzgut Quedlinburg und der Zentralstelle für Sortenwesen der DDR wurde nun Kurs darauf genommen, sie als Beitrag zur Lösung des Nahrungsmittelproblems neben Reis und Bataten (Süßkartoffeln) zu einem wichtigen Nahrungsmittel werden zu lassen. An mehreren Standorten in Nord- und Südvietnam wurde an Pflanzgutvermehrung oder Erhaltungszucht gearbeitet. Die Sortenwertprüfung erfolgte zeitgleich an fünf Standorten. Der erste Versuch einer Pionierarbeit leistenden LPG, die schon seit längerem eine einheimische Kartoffelsorte anbaute, mit DDR-Pflanzgut datierte bereits von 1972. Ab 1978 wurde in größerem Maßstab geprüft, ob DDR-Sorten mit Erfolg in Vietnam angebaut werden können. Für die Anbauperiode 1979/80 waren 70 Tonnen Pflanzgut verschiedener Sorten aus der DDR angeliefert worden.

Der rege Delegationsaustausch setzte sich in den 80er Jahren fort, Verträge über die Zusammenarbeit auf den verschiedensten Gebieten wurden fortgeschrieben. Ende 1980 erwiderte zu diesem Zweck Ministerin Margot Honecker die DDR-Visite ihrer Amtskollegin Nguyen Thi Binh, ehemals Außenministerin der RSV, aus dem Jahre 1977. Es war für die Gäste ein ergreifendes Erlebnis, in der Hanoier Schule der Freundschaft Vietnam-DDR, einer Bildungseinrichtung 3. Grades, von Mädchen und Jungen mit »Spaniens Himmel«, gesungen in deutscher und vietnamesischer Sprache, willkommen geheißen zu werden. Die der Oberstufe in der DDR entsprechende Schule hatte schon bis 1954 im Widerstandszentrum des Viet Bac existiert, sie war 1956 von der DDR komplett neu ausgestattet und 1974 zur »Schule der Freundschaft« erklärt worden, die gute Beziehungen zur EOS Ho Chi Minh in Berlin unterhielt. 1976 bekam sie aus der DDR naturwissenschaftliche Fachkabinette. Die Gruppe der jüngsten Mitglieder der Pionierorganisation »Ho Chi Minh« an der Schule trug seit 1960 den Namen Ernst Thälmanns.

Einer der Schwerpunkte waren die Zusammenarbeit und die weitere Unterstützung Vietnams im Bereich Transport- und Verkehrswesen. Der vor allem qualitativen Weiterentwicklung des Seeverkehrs zwischen beiden Ländern dienten intensive Verhandlungen Mitte 1980 in Hanoi und Haiphong. Ziel war, schrittweise von der Einseitigkeit zur Gemeinsamkeit in echter Kooperation überzugehen. 1979 waren rund 20 % der Schiffstransporte zwischen Ostsee und Südchinesischem Meer unter vietnamesischer Flagge erfolgt, für 1980 wurden etwa 33 % erwartet. Auch waren die Schiffsliegezeiten in Vietnam spürbar zu senken, die 1979 im Durchschnitt noch 45 Tage betrugen und im ersten Halbjahr 1980 auf 35 Tage verringert werden konnten. Beraten wurden die Zusammenarbeit auf neuen Gebieten, so im Bereich der technischen Schiffssicherheit, und solidarische Hilfe der DDR beim weiteren Aufbau der Seeverkehrswirtschaft der SRV, unter anderem durch Studienbesuche in Rostock-Warnemünde und durch die Ausbildung vietnamesischen Fachpersonals der Hafenwirtschaft in der DDR.

Ende 1980 kehrten 30 junge Eisenbahner, die drei Jahre lang in fünf Betrieben des Schienenfahrzeugbaus der DDR als Praktikanten tätig waren, nach Hanoi zurück. Als Geschenke des Instituts für Schienenfahrzeugbau Berlin und des VEB Waggonbau Görlitz brachten sie Prüfgeräte für das einheimische Institut zur Projektierung von Lokomotiven und Waggons mit. Ihr Aufenthalt in der DDR war während des Besuchs Erich Honeckers 1977 vereinbart worden. Weitere 30 junge Leute weilten noch in der DDR. Vietnams Eisenbahn mit einem Streckennetz von nur rund 3000 Kilometer Länge wies seinerzeit eine jährliche Transportleistung von weniger als fünf Millionen Tonnen auf und beförderte pro Jahr unter noch äußerst primitiven Bedingungen nicht ganz 40 Millionen Passagiere. Die tatkräftige Unterstützung Vietnams im Bereich von Transport und Verkehr dokumentierte sich Ende des Jahres auch in der Übergabe des 10 000. Lastwagens vom Typ W 50 durch Vertreter des Außenhandelsbetriebes Transportmaschinen und des Herstellerwerkes in Ludwigsfelde in Ha Dong bei Hanoi an das SRV-Kombinat Materialwirtschaft. Dieser Nutzkraftwagen, mit dessen Lieferung nach Vietnam zehn Jahre zuvor begonnen worden war, hatte sich nach dem Zeugnis der vietnamesischen Kunden auf dem vom Bombenkrieg schwer gezeichneten Straßennetz voll bewährt.

Das noch immer im Ausbau befindliche Orthopädie-Technische Zentrum (OTZ) Ba Vi brachte Mitte 1981 seine erste »Ernte« ein. 130 Mädchen und Jungen bekamen in Minister-Gegenwart nach zweijähriger Lehrausbildung an einer Berufsschule Hanois und in den großen zentrumseigenen Werkstätten ihre Zeugnisse als Orthopädieschuhmacher, Orthopädiemechaniker und Bandagisten. Sie waren für den Einsatz in den damals in Nord- und Südvietnam bestehenden sechs Rehabilitations- und

Orthopädie-Einrichtungen vorgesehen. 14 Orthopädietechniker aus der DDR, so von Orthopädietechnik Berlin (OTB), waren für die theoretische und praktische Ausbildung der jungen Leute in Ba Vi im Einsatz und erarbeiteten unter anderem die Lehrpläne. Als Facharbeiternachwuchs beherbergte das Internat des OTZ zum Zeitpunkt der Verabschiedung der ersten Ausgebildeten wieder 128 Lehrlinge, zu zwei Dritteln Mädchen, aus Dörfern des Nordens und aus Ho-Chi-Minh-Stadt. Vorgesehen waren für die nächste Zeit im Rahmen der fortdauernden DDR-Hilfe die Einrichtung einer eigenen Berufsschule, neben der Lehrlingsausbildung auch die weitere Qualifizierung von Facharbeitern und die Vermittlung erster medizinischer Kenntnisse an Maschinenbauingenieure, die an der Entwicklung orthopädietechnischen Geräts arbeiteten.

Die DDR war zu jener Zeit mit vielen Gesichtern in Vietnam präsent, der Freundschaftsvertrag von 1977 hatte dafür die Tore weit aufgestoßen. Die bis dahin größte Buchausstellung in Vietnam, die im Januar 1981 in der Hauptstadt eröffnet wurde, ab Februar in Ho-Chi-Minh-Stadt zu sehen war und schließlich als Geschenk in die Hände der Gastgeber gelangte, ging auf das Konto dieser beträchtlich erweiterten Zusammenarbeit. Die Schau mit mehr als 2000 Titeln zog binnen zehn Tagen in Hanoi rund 10 000 Besucher an. Fachbücher über Landwirtschaft, Bauwesen und andere Gebiete fanden in einer Verkaufsausstellung reißenden Absatz. Viele Besucher, die in der DDR eine naturwissenschaftliche oder technische Ausbildung erhalten hatten, interessierten sich besonders für Fachliteratur von der theoretischen Physik bis zu Mikroelektronik. Stark gefragt waren ebenso Arbeiten über die entwickelte sozialistische Gesellschaft, zum Thema sozialistische Integration wie über Planung und Leitung der Volkswirtschaft. Wörterbücher und Lexika, Atlanten, die ersten Bände der MEGA, DDR-Literatur über Vietnam, Bildbände und andere Literatur über die DDR fanden großes Interesse. Die Belletristikstände mit Büchern von Anna Seghers, Erwin Strittmatter, Hermann Kant, Harry Thürk und anderen Autoren, die man zum Teil schon durch Übersetzungen in Vietnam kannte, waren umlagert. Mädchen und Jungen drängten sich am Stand der Kinder und Jugendliteratur.

Die Buchausstellung war begleitet von zahlreichen Fachgesprächen. Der mit ihr verbundene Aufenthalt einer Delegation des Kulturministeriums mündete auch in die Zusage der DDR, in Vinh eine repräsentative Buchhandlung einzurichten, in die Vereinbarung von Direktbeziehungen zwischen Verlagen beider Länder wie auch in ein Abkommen über die Zusammenarbeit zwischen beiden Fachministerien auf dem Gebiet des Verlagswesens und des Buchhandels im Zeitraum bis 1985. Eine weitere bei dieser Gelegenheit getroffene Vereinbarung zwischen beiden Ministerien gemeinsam mit der Hauptverwaltung Film regelte den Beginn der Koproduktion von Spiel- und Animationsfilmen. Schon im Dezember 1981 wurde auf diesem Gebiet das erste Projekt Realität. In der »japanischen« Hang-Bac-Straße im Hanoier Stadtbezirk Hoan Kiem, in einem der extrem dicht besiedelten Wohn- und Händlerviertel der Altstadt, zogen Dreharbeiten Menschenscharen in ihren Bann. Ein Drehstab der DEFA war am Werk, Aufnahmen für den Film »Sonjas Rapport« nach dem Erlebnisbericht von Ruth Werner standen an. Die bewaffneten vietnamesischen Soldaten-Komparsen in japanischen Uniformen mögen manchen der älteren Hauptstädter an die Geschehnisse vor genau vier Jahrzehnten erinnert haben, als japanische Truppen Vietnam okkupierten. Drehstäbe von DEFA und DDR-Fernsehen waren in den folgenden Jahren noch einige Male in Vietnam am Werk, so für die Fernsehserie »Treffpunkt Flughafen«.

»Chieu Phim: Sinh doi (Cong hoa dan chu duc)« kündigte eines Tages Ende März 1981 das Programm des hauptstädtischen Fernsehzentrums an. Die Rede war von dem DDR-Fernsehfilm »Zwillinge oder nimm dir ein Beispiel an Evelin«, der am Abend lief. Für Giang Vo, das Hanoier Adlershof, war das keine Seltenheit mehr. 1980 waren mehr als 30 Spiel-, Dokumentar- und Kurzfilme von DDR-Fernsehen und DEFA, Filmserien, Dokumentationen und Reportagen aus der DDR über die noch nicht sehr vielen Bildschirme geflimmert, nicht synchronisiert, sondern vietnamesisch eingesprochen. Die Palette dessen, was bei wöchentlich nur 16 Sendestunden geboten wurde, war reichhaltig: »Krupp und Krause«, »Wege übers Land«, »Die lange Straße«, zum 30. Jahrestag der DDR ausgestrahlt, das siebenteilige »Zimmer mit Ausblick«, »Marx und Engels« in sechs Teilen, »Heimkehr des Joachim Ott«, »Zeit zu leben«, »Es gibt ein Land in Europa«, die 13 Teile von »Archiv des Todes«, »Das unsichtbare Visier«, »Ich möchte nach Hause«, »Mume Mehle« und vieles mehr. Die Zuschauer sahen fortan auch den »Polizeiruf 110«, »Jan und Tini« eroberten Kinderherzen. Die Antwort in Giang Vo auf die Frage nach der Resonanz war eindeutig: groß.

Hanois Fernsehen hatte sich wegen des Bombenkrieges erst Anfang September 1972 für ganze zwei TV-Geräte melden können; in Saigon hatte man 1967 mit der Einrichtung des Fernsehens begonnen. Doch schon in jenem Jahr waren künftige Fernsehleute aus Hanoi zum Praktikum beim kubanischen Fernsehen nach Havanna entsandt worden, hatten die Rundfunkchefs der DRV und der DDR, Le Quy und Professor Gerhard Eisler, in Berlin ein Protokoll über Hilfe der DDR bei der Entwicklung des vietnamesischen Fernsehens unterzeichnet. Im darauffolgenden Jahr kamen die ersten 30 Auserwählten zur entsprechenden Ausbildung und Qualifizierung nach Berlin, Dresden und Königs Wusterhausen, 1969 folgte eine weitere Gruppe. 1976 konnte mit tatkräftigem Beistand der DDR, aber auch der CSSR und der UdSSR, das Fernsehzentrum eingeweiht werden. Anfang 1981 stand bereits umfangreiche personelle und materielle Unterstützung durch die DDR zu Buche. Auf allen Gebieten hatten hierzulande Praktika absolviert werden können, DDR-Experten waren vor Ort. Geschenksendungen aus Adlershof enthielten Filmmaterial, eine komplette Studiobeleuchtung, Kostüme, Schminke und anderes.

Mitte 1981 war in Hanoi, organisiert vom Schriftsteller- und Künstlerverband sowie vom Verband der schönen Künste Vietnams, eine Ausstellung dem 90. Geburtstag des Schriftstellers und Kulturpolitikers Johannes R. Becher gewidmet, der ab 1954 das Amt der DDR-Kulturministers bekleidet hat. Die Schau war ein Geschenk des Kulturbundes der DDR, als dessen erster Präsident Becher fungiert hatte, für das Museum der schönen Künste in Hanoi. Sie zeigte Photos aus dem bewegten Leben des Mannes, der als kommunistischer Dichter, Schriftsteller und Redakteur 1933 in die Tschechoslowakei hatte emigrieren müssen, dann in Frankreich und der Sowjetunion im Exil wirkte und 1945 nach Berlin zurückgekehrt war. Zu seinem umfangreichen Schaffen von den Jahren des ersten Weltkrieges bis in die Zeit nach dem zweiten großen Völkermord gehörte der später bei der Partei- und Staatsführung in Ungnade gefallene Text der DDR-Nationalhymne. Zur Schau gestellt waren in die Landessprache übersetzte Arbeiten aus dem reichen dichterischen Schaffen und Illustrationen zu Gedichten Bechers.

Der Juni 1983 brachte für das Theaterleben am Roten Fluss etwas, das Aufsehen erregte: »Der Kaukasische Kreidekreis« von Bertolt Brecht erlebte im Hanoier Stadttheater seine vietnamesische Erstaufführung. Brecht war zu jenem Zeitpunkt nur für das breite Publikum noch ein Unbekannter. Professor Dr. Nguyen Dinh Quang, nun Rektor der Hochschule für Theater und Film der SRV, hatte schon zehn Jahre zuvor an der Humboldt-Universität in Berlin zum Theater Vietnams in der Epoche des nationalen Befreiungskampfes promoviert. Ein besonderer Aspekt galt der Integration der Arbeitsweise Brechts in das vietnamesische Theater. 1974 erschien ein Band Brecht-Dramen, darunter der »Kreidekreis«. Fortan vertieften sich Theaterkritiker und Dramatiker in Brechts Schaffen, experimentierte Nguyen Dinh Quang mit dessen Werk an der Hochschule. Die Einführung im *Schauspielführer* des Berliner Henschel Verlags in das dramatische Schaffen Brechts wurde in die Landessprache übersetzt. In gewagten Adaptionen für das Cheo (Volkstheater) kamen schon seit Jahren mehrere Male Brecht-Stücke auf die Bühne.

Den bis dahin gültigsten Versuch, Brecht in einer den Theatertraditionen und -gewohnheiten Vietnams angemessenen Form zu präsentieren, unternahmen 1983

Regisseur Alexander Stillmark und Bühnenbildner Jürgen Müller vom Deutschen Theater Berlin gemeinsam mit dem Ensemble des Zentralen Cheo-Theaters der SRV. Cheo-Theater-Direktor Tran Bang nannte das »Brecht vorstellen und die Erweiterung des Cheo testen«. Die Theaterleute aus der DDR waren die ersten Ausländer, die mit dem Cheo arbeiteten, das in seiner Synthese von Musik, Gesang, Deklamation sowie anderen Ausdrucksmitteln und -formen als ältester und kompetentester Vertreter des vietnamesischen Nationaltheaters gilt und als »episches Theater« Berührungspunkte zu Brecht hat. Das Experiment stieß auf große Resonanz des neugierigen, mit der uralten Tradition des nationalen Theaters bestens vertrauten Publikums.

Als genau zur selben Zeit etwa 100 junge Leute und auch schon erfahrene Praktiker als erste Absolventen der Hochschule für Theater und Film in Hanoi ihre Diplome erhielten, galt der Dank von Professor Dr. Nguyen Dinh Quang für die geleistete Lehrtätigkeit auch Gastdozenten aus der DDR. Das Studium dieses Absolventenjahrgangs hatte 1979 noch an den damals existierenden, mehr als 20 Jahre zuvor gegründeten Fachschulen für Theater, Film und Tanz begonnen. Bei der Einrichtung der neuen Hochschule leistete neben einigen anderen Freundesländern die DDR mit Rat und Tat Beistand.

Das Jahr 1983 war als landesweit begangenes Karl-Marx-Jahr in den Kinos von Ho-Chi-Minh-Stadt und seinem Umland in mehreren Etappen vom DDR-Film geprägt. Die erste Phase dieser »Tage des DDR-Films« galt Mitte Mai/Anfang Juni mit der Vorführung von DDR-Filmen in den 17 größten Lichtspieltheatern aller zehn Stadtbezirke dem Gedenken an den 1883 verstorbenen

Marx. Binnen einer Woche wurden 134 000 Besucher gezählt. Zur Aufführung gelangten, eingeleitet mit »Anton der Zauberer«, Spiel-, Märchen- und Dokumentarfilme. Sehr gute Erfahrungen mit DDR-Filmen hatte man in Vietnams größter Stadt allerdings schon zuvor gemacht. 1982 hatten 17 Filme aller Genres aus der DDR in 37 Kopien mehr als 1,4 Millionen Zuschauer angezogen. Große Resonanz hatte dabei »Der blaue Vogel« gefunden, den fast 400 000 Menschen sahen. Von Januar bis April 1983 standen sieben Filme aus der DDR in den Kinoprogrammen der Stadt. Als Magnet erwies sich dabei in nur einem Monat für rund 800 000 Zuschauer »Sing, Cowboy, sing«, obwohl der Dean-Reed-Streifen auch vom Fernsehen ausgestrahlt wurde. Wie die Verantwortlichen der Vertriebsgesellschaft Fafim erklärten, liebte das Ho-Chi-Minh-Städter Publikum Filme aus der DDR wegen leicht verständlichen Inhalts, schöner Farben, junger attraktiver Schauspieler und guter künstlerischer Gestaltung. Besonders große Resonanz fanden Aktionsfilme. Langatmige Szenen und bedächtige Handlungen hingegen waren wenig gefragt.

Es würde Bände füllen, wollte man versuchen, Umfang und Vielfalt der kontinuierlich gewachsenen freundschaftlichen Beziehungen zwischen beiden Ländern in allen erdenklichen Bereichen zu dokumentieren. Der DDR war in Vietnam auf Schritt und Tritt auch in Gestalt von Menschen zu begegnen, die ihr ihre Deutsch-Kenntnisse verdankten. So war es für den ADN-Korrespondenten gar nicht einmal überraschend, 1981 bei einem Besuch in der Schule für Politoffiziere der Volksarmee in Bac Ninh am Tor vom Diensthabenden Offizier mit »Guten Tag!« begrüßt zu werden. Oberleutnant Pham Thanh Ku weilte von 1976 bis 1980 an der Militärakademie »Friedrich Engels« in Dresden, nachdem er fünf Jahre im Süden gekämpft hatte. Beim Besuch der Technischen Offiziersschule »Wilhelm Pieck« in Ho-Chi-Minh-Stadt vernahm man 1983 deutsche Laute nicht nur am Tor. 38 Offiziere des Lehrkörpers hatten bis dahin in Prora, Löbau und Freiberg eine mehrjährige Ausbildung erhalten. Es war nicht verwunderlich, dass die gediegene Information über die Lehreinrichtung in deutscher Sprache gegeben wurde.

An der noch sehr jungen, 1976 aus sechs kleineren Einrichtungen gebildeten Polytechnischen Hochschule in Hanoi konnte man von Professor Dr. Nguyen An Vinh begrüßt werden, der nach Studium in Jena in Ilmenau promoviert und dort am historischen 30. April 1975 die Urkunde für die Promotion B bekommen hat, oder mit Dr. Truong Minh Ve zusammenkommen, dem es ermöglicht worden war, in Magdeburg zu promovieren. 24 Angehörige des Lehrkörpers hatten in der DDR studiert, waren Diplom-Ingenieur, Dr.-Ingenieur oder habilitierter Doktor geworden. Studienorte waren neben Jena, Ilmenau und Magdeburg Dresden, Freiberg, Merseburg, Karl-Marx-Stadt, Halle und Berlin. Der DDR begegnete man an der Hochschule für Architektur in Ho-Chi-Minh-Stadt, begrüßte einen der Architekt Phan Si Chau, der 1974 ein Studium an der TU Dresden abgeschlossen hatte. Einige der 60 Professoren und Dozenten hatten in der DDR Praktika absolviert. Auch im Bereich der Wirtschaft spiegelte sich in leitendem Personal die Ausbildungshilfe der DDR wider. Mit dem Maschinenbaubetrieb Da Nang im Landessüden machte den Korrespondenten 1984 Produktionsdirektor Nguyen Hai Duong bekannt, der von 1967 bis 1972 in Freiberg Gießereitechnik studiert hatte.

In der Technischen Abteilung trug Diplom-Ingenieur Nguyen Van Thung Verantwortung, Absolvent der Hochschule für Maschinenbau Karl-Marx-Stadt.[10]

Viele andere Produktionsstätten in Nord und Süd, Einrichtungen der Kultur, des Bildungs- und Hochschulwesens, alle Bereiche des gesellschaftlichen Lebens hätten sich von Deutsch sprechenden leitenden Mitarbeitern dem journalistischen Besucher vorstellen lassen können. Allgemein war zu registrieren: Mit Dankbarkeit erinnerte man sich erlebnisreicher Jahre des Lernens und Studierens in dem kleineren der beiden deutschen Staaten.

»Arbeitskräftekooperation« zu beiderseitigem Nutzen

Versammlung von deutschen und vietnamesischen Arbeiterinnen des VEB Feinwäsche »Bruno Freitag« in Limbach-Oberfrohna (Bezirk Karl-Marx-Stadt) am 09. 03. 1989 mit ihrem Kandidaten (mit dem Mandat des FDGB) für die Stadtverordnetenversammlung, ihrem als Sprachmittler tätigen Kollegen Dang Dinh Dung.
BArch Bild 183-1989-0309-023, ADN-Zentralbild / Ebert

Zusammenarbeit und gegenseitige Hilfe, der Übergang von der vorherrschenden Einseitigkeit in den bilateralen Beziehungen zu echter Kooperation, wie es Ende des achten Jahrzehnts nicht nur auf dem Gebiet der Seeschifffahrt zur Maxime wurde, war auch der Leitgedanke eines völlig neuen Kapitels im Miteinander von DDR und SRV, das den Zusammenbruch der DDR weit überdauert hat. Es brachte erhebliche Probleme für das dann neu zu gestaltende deutsch-vietnamesische Verhältnis, womit man sich in Bonn angesichts von Vergangenheit und eigenem politisch-ideologischem Credo sehr schwer tat, und wurde in den Medien, auch den im Osten gleichgeschalteten, für viele Jahre zum strapazierten Thema in einem Gemisch aus Dichtung und Wahrheit.

1980 wurde zur Unterstützung der DDR-Wirtschaft und zur Linderung gravierender Arbeitslosigkeit in Vietnam die »Arbeitskräftekooperation« in die Wege geleitet. Auf der Grundlage eines entsprechenden, zunächst für fünf Jahre geschlossenen Regierungsabkommens war vorgesehen, maximal 20 000 junge Männer und Frauen für den Einsatz in Industrie, Landwirtschaft und Dienstleistungssektor in die DDR zu entsenden. Delegierungsbasis sollte generell ein Berufsnachweis sein. Geplant und vereinbart war, den Aufenthalt in geringem Maße Bedarf des Entsendelandes entsprechend dennoch auch mit Berufsausbildung oder beruflicher Qualifizierung, so zum Meister, zu verbinden. Bis Ende 1982 waren bereits rund 10 000 Jugendliche für jeweils dreijährige Tätigkeit in der DDR eingetroffen. Die zwischenstaatliche Regelung wurde in der Folge vor allem auf vietnamesische Bitte fortgeschrieben, die Aufenthaltsdauer verlängerte sich bisweilen erheblich, was nicht ohne Probleme blieb. Die

Zahl der auf dieser Basis in der DDR weilenden vietnamesischen Bürger betrug zur Jahreswende 1989/90 etwa 54 000, aus unerfindlichen Gründen seit vielen Jahren auch quasi-offiziell mit Nachwende-Begriffen wie »Vertragsarbeiter« oder »Abkommens-Arbeitnehmer« belegt.

In einer neueren westdeutschen landeskundlichen Publikation über Vietnam ist zu lesen: »Was die Boat People für die BRD, waren die Studenten, Lehrlinge und vor allem Vertragsarbeiter für die DDR. Von 1980 an arbeiteten aufgrund eines Regierungsabkommens mehr als 200 000 Vietnamesen in Ostdeutschland. Sie rekrutierten sich sowohl aus Anhängern des Systems als auch aus Gegnern, denen es durch Bestechung gelungen war, die begehrten Arbeitsplätze im Ausland zu erhalten.« Die Zahl ist anzuzweifeln. Ein offenes Geheimnis aber war bald, dass im entsendenden Ministerium für Arbeit durchaus gelegentlich, wenn auch nicht von »Gegnern«, mindestens 15 000 Dong über den Tisch geschoben wurden, um für Sohn oder Tochter einen der höchst begehrten Arbeitsplätze in der DDR zu ergattern. Plätze in der Sowjetunion, der Tschechoslowakei und Bulgarien, mit denen Vietnam gleichgeartete Regierungsvereinbarungen getroffen hatte, waren billiger zu haben.

In der Publikation heißt es weiter: »Die Gastarbeiter mussten personelle Unterbesetzungen in den Betrieben auffangen, nicht selten bekamen sie unqualifizierte Arbeiten zugeteilt und mussten oft die gefährlichsten und schmutzigsten Tätigkeiten übernehmen. Die vietnamesische Regierung hingegen hatte etliche Arbeitslose weniger und konnte sich 12 % des Bruttoverdienstes eines Vertragsarbeiters in das Staatssäckel stecken. Kontakte zwischen Deutschen und Vietnamesen waren nicht gerne gesehen. Die asiatischen Genossen wohnten in ghettoähnlichen Unterkünften und wurden auch von vietnamesischer Seite aus streng überwacht. Vietnamesen, die einen deutschen Partner gefunden hatten und im Land bleiben wollten, wurden schikaniert. Waren alle behördlichen Hürden überwunden, musste sich die vietnamesische Seite mit 8000 DM vom eigenen Staat loskaufen. Ledige Arbeiterinnen durften keine Kinder gebären. Bis Februar 1989 galt: Abbruch der Schwangerschaft oder Heimflug. Noch zu DDR-Zeiten wurden die Gastarbeiter als ›Fidschi‹ beschimpft. Es gab Hetzkampagnen, sie würden AIDS verbreiten u. ä.«[1]

So liegen denn in einer über weite Strecken durchaus seriösen Schrift dem sogenannten Zeitgeist geschuldete Dichtung und eine Portion Wahrheit dicht beieinander. Fakt ist, dass die Verwendung dieser jungen Arbeiterinnen und Arbeiter aus Freundesland in vielen Betrieben und Einrichtungen wie auch ihr Leben in der DDR allgemein nicht gerade als das ruhmvollste Kapitel in die Geschichte der bilateralen Beziehungen eingegangen sind. Vor allem von vietnamesischer Seite gewünscht und von ihrer Berliner Botschaft überwacht, lebten sie abgeschottet in ihren Wohnheimen, bei denen jedoch schon nach außen hin von »ghettoähnlich« keine Rede sein konnte. Die ursprüngliche Delegierungsbasis wurde im Laufe der Zeit auf einen Schulabschluss reduziert, nur begrenzt verband sich Arbeit mit geplanter beruflicher Aus- oder Weiterbildung. Die Vietnamesinnen und Vietnamesen wurden für gleiche Arbeit keine Mark anders entlohnt als ihre deutschen Kollegen, unterstanden demselben Arbeitsrecht und wurden von den Gewerkschaftsleitungen wie jedes einheimische Belegschaftsmitglied betreut. Es darf sicherlich davon ausgegangen werden, dass die in aller Regel ungemein fleißigen Vietnamesen im allgemeinen fest in die Arbeitskollektive integriert und auch von außerbetrieblichen Brigadeaktivitäten nicht ausgeschlossen waren. Kein Geheimnis blieb, dass sie in vielen Fällen Arbeiten zu verrichten hatten und des Verdienstes wegen auch übernahmen, die deutschen Kollegen nicht genehm waren.

Trotz mancher Fehlentwicklungen einer unzweifelhaft zum beiderseitigen Nutzen getroffenen zwischenstaatlichen Vereinbarung muss widersprochen werden, wenn – wie es in den vergangenen Jahren immer wieder geschah – der DDR Diskriminierung und quasi Sklavenhalterei vorgeworfen wird. Grundsätzlich waren beide Seiten bei den Verhandlungen zur Arbeitskräftekooperation davon ausgegangen, dass der Aufenthalt in der DDR zeitlich zu begrenzen ist. Ein Verweilen im Gastland war im Interesse weder der DDR noch der SRV. Deren Mühen um die Linderung der Arbeitslosigkeit ging einher mit der Erwartung, durch die Arbeit in modernen Betrieben und Einrichtungen besser qualifizierte Arbeitskräfte zurückzubekommen. Das erklärt die nach hiesigen Vorstellungen undenkbaren, teilweise drastischen Restriktionen gegen Rückkehrunwillige. Selbstverständlich war es Sache der vietnamesischen Seite, zum Nutzen des permanent Not leidenden Staatshaushalts den auch zu deren unleugbarem Vorteil in das Ausland Entsandten einen Tribut abzuverlangen.

Wie war die Ausgangsbasis für Vietnam, als die Arbeitskräftekooperation in die Wege geleitet wurde? Mitte 1982 waren im Arbeitsministerium in Hanoi dazu aufschlussreiche Fakten zu erfahren. Bei der Befreiung des Südens 1975 standen mehr als 3,5 Millionen Arbeitslose zu Buche. Von den etwa 55 Millionen Einwohnern waren rund 25 Millionen im arbeitsfähigen Alter. Bei einem Bevölkerungswachstum von 1,5 % kamen jährlich etwa eine Million Arbeitskräfte hinzu. Die aus naheliegenden Gründen noch stark entwicklungsbedürftige Wirtschaft, gekennzeichnet von äußerst niedriger Arbeitsproduktivität, war mit dieser Situation überfordert. Das war KPV-Generalsekretär Le Duan Anlass, wie Erich Honecker auch die Parteiführer anderer Bruderländer um Unterstützung zu ersuchen.

Man suchte auch aus eigener Kraft dem Problem arbeitsloser Jugendlicher beizukommen. Landwirtschaft und Handwerk sollten dafür vor allem genutzt werden. So beschloss der 5. Parteitag der KPV im März 1982, in den kommenden Jahren mehr als eine Million Jugendliche in Neulandgebiete zu entsenden. Jedoch war die Arbeitslosigkeit nicht das einzige Problem. Bei allem Arbeitskräfteüberschuss machten die Arbeiter nur 15 % der Arbeitskräfte aus, musste ihr Anteil im Interesse der notwendigen Industrialisierung und der Schaffung neuer Arbeitsplätze erheblich steigen. Die eigenen Kapazitäten für die Ausbildung von Facharbeitern vermochten den Bedarf nicht zu decken. Deshalb sollte die forcierte Einrichtung neuer Berufsausbildungsstätten einhergehen mit der Qualifizierung durch Arbeit im Ausland. Zu den Anfängen der Kooperation auf dem Gebiet der Arbeitskräfte gehörte deshalb zum Beispiel 1981/82 die Entsendung von mehr als 200 Beschäftigten des Feinstahl- und Drahtwalzwerkes Gia Sang zur Arbeit und weiteren Qualifizierung in Stahl- und Walzwerke der DDR.

Die Mitte 1982 im Arbeitsministerium gesprächsweise präsentierte erste Zwischenbilanz nannte als Einsatzgebiete der entsandten Arbeitskräfte vorrangig die Industrie, darunter die chemische Industrie, den Land-, Druckerei-, Textil- und allgemeinen Maschinenbau, die Leicht- und die Nahrungsmittelindustrie, den Dienstleistungsbereich, die Land- und Forstwirtschaft, das Bau- und das Gesundheitswesen. So war zu jenem Zeitpunkt mit mehr als 600 jungen Vietnamesinnen und Vietnamesen das größte Kontingent im Chemiefaserwerk Guben anzutreffen. Auch der Überseehafen Rostock-Warnemünde und die Interflug hatten Anteil. Von Seiten des Ministeriums wurde auf gute Lebensbedingungen, sehr gute Betreuung und die berufliche Weiterbildung in den DDR-Betrieben nach speziellen Programmen verwiesen. Besonders betonte man, dass die vietnamesischen Arbeitskräfte die gleichen Rechte genössen und Pflichten hätten wie ihre deutschen Kollegen. Im Unterschied zu den anderen Einsatzländern würden ihnen in der DDR auch Trennungs- und Kindergeld gezahlt.

Die vietnamesische Seite, erfuhr man, hielt ihre jungen Landsleute zu guter Arbeit an und beorderte Erkrankte oder Undisziplinierte wieder nach Hause. Eine spezielle Verordnung regelte das Verhalten der Arbeitskräfte im Ausland, Verstöße dagegen hatten Disziplinarverfahren zur Folge. Nach Einschätzung der Botschaft Vietnams in Berlin erfüllten die Arbeiterinnen und Arbeiter ihre Aufgaben. 1981 konnten einige bereits als Aktivist der sozialistischen Arbeit ausgezeichnet werden, wurden zwei sogar mit dem Orden »Banner der Arbeit« geehrt. Im VEB WEMA Werkzeugmaschinen Zeulenroda formierte sich das erste vietnamesische »Kollektiv der sozialistischen Arbeit«.

Problematisch für die DDR wurde im Laufe der Jahre die Frage, wie die große Menge technischer Konsumgüter nach Vietnam gebracht werden sollte, die die jungen Leute von ihrem beachtlichen Einkommen für die Unterstützung ihrer Familien oder für den späteren Aufbau einer eigenen Existenz zu kaufen vermochten. Da der Schiffstransport der Fahrräder, Mopeds, Koffer- und anderen Nähmaschinen sowie vieler anderer auch sperriger Gebrauchsgüter zu unsicher und zu langwierig war, hatte sich auf beharrlichen Wunsch der vietnamesischen Seite die damit nahezu völlig überforderte Interflug dieser Aufgabe zu stellen.

Mit dem abrupten Ende der DDR veränderte sich für die mehr als 50 000 zu jener Zeit im Lande arbeitenden Vietnamesen die Situation schlagartig und dramatisch. Mindestens 30 000 von ihnen nutzten die von der letzten DDR-Regierung unter Ministerpräsident Lothar de Maizière gebotene Möglichkeit, mit »einmaliger Unterstützung« in Höhe von 3000 DM ausgestattet in die Heimat zurückzukehren. Die anderen gerieten, ohne die teilweise verheerenden Konsequenzen für sich erahnen zu können, in den Strudel des Untergangs ihres bisherigen Gastlandes. Die »neue« Bundesrepublik tat sich schwer mit ihnen und brauchte etliche Jahre, um ihr Schicksal zu klären. Einem großen Teil der Zurückgebliebenen wurde 1993 ein Bleiberecht eingeräumt. Wie zu hören war, haben einige tausend von ihnen nach der Grenzöffnung voller trügerischer Hoffnung »die Seiten gewechselt«. Sie trafen auf antikommunistisch gesinnte Landsleute, die seit 1975 als »boat people« oder auf anderem Wege aus Südvietnam hinausgelangt waren.

Anfang der 90er Jahre lebten mehr als 30 000 Süd-Flüchtlinge in den alten Bundesländern und im Westteil Berlins, maximal 15 000 einstige Arbeitskräfte in der

DDR waren überwiegend in den neuen Bundesländern und in Ostberlin verblieben. Welcher Prozess der Verschmelzung oder weiteren Abgrenzung von Vietnamesen in Ost und West seither vonstatten gegangen sein könnte, ist für Außenstehende wohl kaum zu durchschauen. In den Folgejahren gelangten noch viele junge Vietnamesen, die in anderen sozialistischen Ländern, vor allem in der Tschechoslowakei, gearbeitet hatten, illegal nach Deutschland. Inzwischen ist die illegale Einwanderung auch direkt aus Vietnam zu einem lukrativen Geschäft von Schleuserbanden geworden. Um die Jahrhundertwende sollen etwa 90 000 Vietnamesen in Deutschland gelebt haben. Die Gründer vietnamesischer Asia-Märkte, Textil- und Blumenläden, Imbisse, Restaurants und Marktstände im Osten der Hauptstadt und vielerorts in den neuen Bundesländern dürften in aller Regel einst im Rahmen der Arbeitskräftekooperation oder zur Ausbildung in die DDR gekommen sein und den Wendewirren widerstanden haben. Sie, in vielen Fällen auch Nachkommen und nachgeholte Angehörige haben wohl kaum etwas gemein mit dem herumlungernden Fußvolk der kriminellen Zigarettenmafia.[2]

Eine gleichfalls in den 80er Jahren begründete andere Form der Kooperation zum beiderseitigen Nutzen erfüllte im Gegensatz zu jener auf dem Gebiet der Arbeitskräfte die Erwartungen nicht, die insbesondere die DDR an sie geknüpft hatte. Sie hieß Kooperation in der Leichtindustrie in Gestalt von Auftragsfertigung oder Lohnproduktion von Textilien in Vietnam für den Markt der DDR. Gefertigt wurden vor allem Oberhemden sowie Arbeits- und Berufsbekleidung. Anliegen war, das Außenhandelsdefizit der SRV gegenüber der DDR auf diese Weise zum

Teil zu decken. Nicht die Frage der Qualität oder der Vertragstreue des Auftragnehmers war das Problem, sondern die Kosten erwiesen sich als unzureichend kalkuliert. Da abgesehen vom Stoff alles Nötige nach Vietnam gebracht werden musste und die für die hiesige Versorgungsbilanz fest eingeplanten Fertigprodukte zumeist von der Interflug statt auf dem kostengünstigeren Seeweg heranzuschaffen waren, schrieb die DDR letztendlich »rote Zahlen«.

Auch auf einigen anderen Kooperationsgebieten konnten trotz umsichtigen Einsatzes erster Spezialisten aus der DDR die gewünschten Ergebnisse nicht erzielt werden. Verantwortlich dafür waren Wunschvorstellungen der DDR von den Möglichkeiten der Zusammenarbeit in der tropischen Landwirtschaft im Süden Vietnams. Geplantes zeitgleiches Engagement in der Kautschukproduktion in den Heveaplantagen auf dem mittelvietnamesischen Hochland, in der Produktion von Kokosöl in den südlichen Küstenprovinzen und von Pfeffer kam über erste Schritte nicht hinaus. Es mangelte an den eigenen materiellen Möglichkeiten und der notwendigen Planung durch die vietnamesische Seite. Spezialisten aus der DDR hingegen konnten in der Hochlandregion um Dac Lac für die Stabilisierung und Ausweitung der vom Krieg stark in Mitleidenschaft gezogenen, noch schwach entwickelten vietnamesischen Kaffeeproduktion wirken. Wenn sich Vietnam heute auch in Deutschland einen Namen als Kaffeeexporteur machen kann, dann können es sich Fachleute aus der DDR als Verdienst anrechnen, das materielltechnische Fundament dafür mit gelegt zu haben.[3]

Beispiellose Bewegung der Solidarität

Hafen Haiphong, DDR-Frachter Edgar André, Anfang Februar 1971: Der zweite mit Spenden und Sonderschichten der Eisenbahner der DDR finanzierte Gleisbauzug für Nordvietnams Eisenbahn wird entladen.
Belegarchiv Kapfenberger, ADN-Zentralbild / Kapfenberger

Ob Stahlwerker als Berater in Gia Sang oder Baufachleute in Vinh, ob Handwerks-Spezialisten an vielen Orten in Vietnam oder Deutsch-Dozenten an der Fremdsprachen-Hochschule in Hanoi, ob Offiziere der Luftstreitkräfte/Luftverteidigung (LSK/LV) der NVA wie die Oberste John und Böhme bei Einheiten der Volksarmee oder Matrosen der Handelsflotte in Haiphong, ob Künstler und Artisten wie Vera Schneidenbach, der damalige Jürgen Pippig und das Duo Rubin auf halsbrecherischer Tournee durch den Norden oder Meister der Orthopädietechnik wie Rudi Lässig in Ba Vi – sie alle verrichteten nicht einfach einen »Job«. Ihr Wirken, unabhängig von Metier, Dauer und Aufenthaltsort, verstand sich als Teil der beispiellosen Bewegung der Solidarität, die über Jahrzehnte allerorten in der DDR spürbar und erlebbar war. Ob das jedem Einzelnen von ihnen bewusst gewesen ist oder nicht, dürfte dabei ohne Belang sein. Unbestreitbar ist, dass sich eine nach Breite, Dauer und Umfang wohl nicht nur in der Geschichte der DDR einmalige Solidaritätsbewegung mit einem nie zuvor auch nur annähernd erreichten Spendenaufkommen entwickelte. Ihrer erinnern sich noch viele in den ostdeutschen Landen, unvergessen ist sie auch in Vietnam.

Die allerersten Schritte solidarischer materieller Unterstützung Vietnams waren noch unter dem Dach des im September 1950 gegründeten *Korea-Hilfsausschusses* der DDR getan worden, der sich dann im November 1954 als *Solidaritätsausschuß für Korea und Vietnam* konstituierte. Im Juli 1960 wurde das *Komitee der DDR für die Solidarität mit den Völkern Afrikas* gegründet, aus dem im Oktober 1963 das *Afro-Asiatische Solidaritätskomitee (AASK)* hervorging. Am 20. Juli 1965 – dem 11. Jahrestag der Unterzeichnung der Genfer Indochina-Abkommen – erblickte auf einer Veranstaltung im Haus des Nationalrats der Nationalen Front in Berlin der *Vietnam-Ausschuß beim Afro-Asiatischen Solidaritätskomitee* das Licht der Welt. Das Gründungsmotto war: »Solidarität hilft siegen!«. Zwei Jahre später erhielt der Vietnam-Ausschuss selbstständigen Status im Rahmen des AASK, das im März 1973 zum *Solidaritätskomitee der DDR* wurde.

Erster Vorsitzender des Ausschusses war der stellvertretende Ministerratsvorsitzende Gesundheitsminister Max Sefrin, Vorsitzender der Deutsch-Südostasiatischen Gesellschaft der DDR. Aufgaben des Ausschusses waren, die Bevölkerung mit Hilfe der gesellschaftlichen Organisationen zur materiellen und moralischen Unterstützung Vietnams zu mobilisieren, die Solidaritätsaktionen zu koordinieren, die Verwendung der gesammelten Spenden und den Transport der mit diesen Mitteln finanzierten Solidaritätsgüter mit den zuständigen staatlichen Stellen abzustimmen, die permanente Herausgabe umfangreichen und vielfältigen Informationsmaterials zu garantieren sowie enge Zusammenarbeit mit den Partnergremien der DRV und der FNL sowie anderen ausländischen und internationalen Solidaritätsorganisationen zu pflegen.[1] Über all die Jahre hatten die Mitarbeiter des Ausschusses ein gewaltiges Arbeitspensum zu leisten.

Die tragenden Kräfte der Solidaritätsbewegung waren die gesellschaftlichen Organisationen, voran der Freie Deutsche Gewerkschaftsbund (FDGB), der Demokratische Frauenbund Deutschlands (DFD), die Freie Deutsche Jugend (FDJ) mitsamt der Pionierorganisation »Ernst Thälmann«, die Vereinigung der gegenseitigen Bauernhilfe (VdgB) ebenso wie der Schriftstellerverband, der Verband Bildender Künstler, der Kulturbund. Hervorragenden Beitrag leisteten neben anderen auch der Verband der Journalisten (VdJ), insbesondere mit seinen – nicht nur Vietnam gewidmeten – jährlichen zentralen und regionalen Solidaritätsbasaren, der Verband der Kleingärtner, Siedler und Kleintierzüchter (VKSK), der Verband der Konsumgenossenschaften (VdK) und die Handwerkskammern.[2] Nicht abseits standen die politischen Parteien der DDR, der Deutsche Turn- und Sportbund (DTSB) und die Sportverbände, die bewaffneten Kräfte und mit humanitärer Hilfe auch die Kirchen. Presse, Rundfunk und Fernsehen informierten und mobilisierten. Unverzichtbarer Aktivposten waren die örtlichen Organe und Organisationen der Nationalen Front.

Den Anfang hatte schon im Dezember 1953 ein Tag der Solidarität mit dem vietnamesischen Volk markiert, der dem FDGB Anlass war, erste Hilfssendungen zu organisieren. Im Juli 1954 – nach der Unterzeichnung der Genfer Indochina-Abkommen – kam der Korea-Hilfsausschuss der DDR einer dringenden Bitte der vietnamesischen Regierung an die befreundeten Staaten nach, Medikamente und medizinisches Gerät zur Verfügung zu stellen. Humanitäre und vor allem medizinische Unterstützung bekam die DRV auch in den folgenden Jahren des sechsten Jahrzehnts, so konkret das später zum »Viet-Duc« gewordene einstige französische Krankenhaus in Hanoi. Die ersten zwei Vietnam gewidmeten Wunschkonzerte des DDR-Rundfunks im Rahmen der 1957 gestarteten Konzertreihe »Dem Frieden die Freiheit« erbrachten die Summe von rund einer Million Mark. Von jener Zeit an wurden aus Spendenmitteln der Bevölkerung der DDR insgesamt Solidaritätsleistungen für Vietnam im

Wert von mehr als einer Milliarde Mark erbracht. Sie fanden beeindruckende Ergänzung in Schiffs- und Flugzeugladungen von Sachspenden, an denen von Kindergartenkindern bis zu Seniorinnen und Senioren Menschen aller Alters- und Bevölkerungsgruppen teilhatten.

Bis weit in die 80er Jahre hinein führten gezielte Massenaktionen zu überwältigenden Ergebnissen. **Nähmaschinen für Vietnam**, namentlich vom DFD initiiert, halfen Frauen, ihre Familien zu kleiden oder das Familieneinkommen aufzubessern. **Blut für Vietnam** kam verwundeten Soldaten und zivilen Bombenopfern zugute. **1000 Tonnen Kali für Vietnam**, eine vom FDGB organisierte Aktion, halfen durch die Steigerung der landwirtschaftlichen Produktion vor allem die Versorgung mit Nahrungsmitteln zu stabilisieren. Von der Pionierorganisation getragen, erbrachte die Aktion **Hefte für Vietnam** binnen einem Jahr einen Betrag von drei Millionen Mark. Die Initiative **Schulen für die Kinder Vietnams**, verantwortet von FDJ, Pionierorganisation und DFD, schlug sich mit fünf Millionen Mark für den Solidaritätsfonds zu Buche. **Ein Gleisbauzug für Vietnam**, 1969 von FDJlern der Deutschen Reichsbahn initiiert und einige Jahre später durch einen zweiten ergänzt, half bei der Instandsetzung zerbombter Schienenstränge, wenn auch sein Einsatz noch unter organisatorischen Mängeln litt und sich die vietnamesischen Arbeiter mit manchen der schweren Arbeitsgeräte überfordert zeigten.[3]

Sehr verdient machte sich mit derartigen sachbezogenen Unternehmen der Schriftstellerverband. Dessen Vietnam-Kommission stand der einstige Spanienkämpfer Kurt Stern vor, gemeinsam mit seiner Frau Jeanne Autor mehrerer auf Reisen in den Norden basierender

Vietnam-Bücher. Im Juni 1966 gestartet, brachte die Verbandsaktion **1000 Fahrräder für Vietnam** das Geld für mehr als 2000 Fahrräder ein, die vor allem dem Transport von Versorgungsgütern für die Bevölkerung wie auch dem Nachschub für die Truppen und die paramilitärischen Kräfte zu dienen hatten. Als »Hilfsaktion deutscher Schriftsteller 1967« in die Wege geleitet, resultierte die Aktion **Strom für Vietnam** in einem Spendenaufkommen von 1,1 Millionen Mark, für die Notstromaggregate mit einer Gesamtleistung von 2,2 Millionen Watt verschifft werden konnten. Im Aufruf dazu hieß es: »Strom für Vietnam – das bedeutet, die Produktion in Stadt und Land, die Röntgenapparate und Operationslampen der Ärzte und Chirurgen, die Laboratorien der Forscher und Wissenschaftler in Gang zu halten. Strom für Vietnam – das bedeutet Licht und Kraft für das um seine Freiheit ringende vietnamesische Volk.«

Im September 1969 rief der Verband zu seiner dritten Aktion auf: **Gesundheit für Vietnam.** Er erklärte: »Noch fallen Bomben auf das ferne Vietnam, noch fallen Menschen unter den Bomben, noch fließt jeden Tag Blut. Auch wenn früher oder später der Sieg errungen und das Land befreit ist, werden viele Wunden zu heilen sein. Aber Krankenhäuser und andere medizinische Einrichtungen des Landes sind von den Zerstörungen schwer betroffen. Hier ist sofort und noch für lange Zeit Hilfe nötig. Dazu wollen wir beitragen. Unsere Aktion »Gesundheit für Vietnam« bedeutet Krankenhausbetten, medizinische Geräte, Heilmittel, sie bedeutet gerettetes Leben, neue Kraft für den Aufbau, nötigenfalls für die Verteidigung.« Das Ergebnis war ein Spendenaufkommen von 362 000 Mark. Die Wiederaufnahme der Bombenangriffe auf Nordvietnam am 16. April 1972 beantwortete der Verband mit seiner vierten Aktion, **Für Vietnams Kinder.** Rund 500 000 Mark ermöglichten die Beschaffung naturwissenschaftlicher Lehr- und Lernmittel, vor allem für den Physikunterricht.[4]

Auf einer Solidaritätskundgebung des FDJ-Zentralrats rief dessen 1. Sekretär Günter Jahn im Februar 1968 die Jugend der DDR auf, eine Schiffsladung von Motoren, Elektroaggregaten, Medikamenten und medizinischen Einrichtungen mit Spenden zu finanzieren und nach Vietnam zu senden. Die Teilnehmer gaben mit einem »Aufruf an die Jugend der DDR« den Startschuss für die Aktion **Eine Schiffsfracht für Vietnam.** Im Juli konnte Jahn auf einem Solidaritätsmeeting in der Jugendhochschule »Wilhelm Pieck« am Bogensee nahe Berlin dem Botschafter der DRV und dem Vertreter der FNL-Mission in der DDR-Hauptstadt einen symbolischen Scheck über eine Million Mark als erstes Resultat der Aktion übergeben. Bei einer Solidaritätskundgebung im Überseehafen Rostock-Warnemünde nahm der polnische Frachter *Kochakowski* am 7. Januar 1969 als Schiffsfracht der DDR-Jugend Waren im Wert von zehn Millionen Mark an Bord. Im Mai 1975 nahmen die Botschafter der DRV und der RSV auf einer Tagung des Vietnam-Ausschusses aus der Hand des Zentralratssekretärs Frank Bochow einen Scheck über weitere fünf Millionen Mark entgegen, die von FDJlern und Pionieren gespendet worden waren.[5]

Vorschulkinder und Pioniere machten mit vielfältigen Aktionen deutlich, dass auch sie praktische Solidarität zu üben verstanden. Die Kinderzeitschrift *Bummi,* die die Wende überlebt hat und im Februar 2007 ihren 50. Geburtstag beging, ist noch immer stolz auf ihre Sammlung

Dein zweitbestes Sonntagskleid für Vietnam.[6] Viele Kinder waren dem Ruf des namenspendenden gelben Wuschelbären gefolgt und hatten mit Mama in den Kleiderschrank gegriffen, Päckchenberge landeten in der Berliner Redaktion. 1979/80 erfreuten Pakete mit lustig bunten wollenen Häkeldecken, Produkt einer weiteren *Bummi*-Aktion, die Herzen vietnamesischer Vorschulkinder. Hunderttausende Mädchen und Jungen beteiligten sich an einer Bewegung des persönlichen Verzichts zugunsten der Kinder Vietnams. Sie leerten ihre Sparbüchsen oder verzichteten auf die Erfüllung an Geld gebundener Wünsche, auf Geburtstags- und Weihnachtsgeschenke. Sie baten ihre Eltern, mit diesem Geld ihren Altersgefährten im fernen und doch sehr nahen Vietnam zu helfen. Im Dezember 1968, der in der DDR als »Monat der Solidarität mit Vietnam« begangen wurde, erbrachte diese Aktion der Kinder allein im Bezirk Erfurt einen Spendenbetrag von 200 000 Mark. Die Schuljugend jenes thüringischen Bezirks sammelte unter dem Motto **Roter Schmetterling flieg** zur Unterstützung der Schulen in Vietnam mit Lehr- und Lernmitteln, Schreibmaterial und anderen Utensilien.[7]

Unvergessen sind die überall im Lande von Haus zu Haus ziehenden, Papier, Flaschen und Gläser sammelnden Jung- und Thälmann-Pioniere. Ende 1979 gab die Pionierorganisation den Startschuss für eine Aktion **Zwei Millionen rote Halstücher.** Ziel war, im Rahmen einer »Woche der sozialistischen Pionierhilfe« durch Altstoffsammlungen das Geld für zwei Millionen rote Halstücher als Geschenk für die Pionierorganisation »Ho Chi Minh« aufzubringen. Im Juni 1980 konnte Botschafter Klaus Zorn am Sitz des Kommunistischen Jugendverbands in Hanoi die erste Million dieser Symbole der Ho-Chi-Minh-Pioniere übergeben, die auf der Schiffs-»Linie der Freundschaft« nach Vietnam gebracht worden waren.[8]

Im Geiste einer alten Tradition der deutschen Arbeiterbewegung und der antiimperialistischen Solidarität spendeten die Mitglieder der Gewerkschaften monatlich für Vietnam, manch einer sicherlich auch nicht ganz freiwillig. Daraus wurde im Laufe einiger Jahre ein bedeutender Hilfsfonds, der Hauptanteil am gesamten Spendenaufkommen der Bevölkerung der DDR. Er machte es möglich, über die zweckgebundenen Aktionen von Organisationen und Verbänden hinaus Solidaritätsgüter wie Medikamente, medizinisch-technische Geräte und Instrumente, Notstromaggregate, Dieselmotore, Nähmaschinen, Motorräder, Mopeds, Fahrräder, landwirtschaftliches Gerät, Nahrungsgüter, Textilien, Film- und Photokameras und vieles mehr zu finanzieren, deren Bereitstellung allerdings zunehmend Probleme bereitete. Der Bundesvorstand des FDGB konnte anlässlich einer Ausstellung in Berlin zum 30. Jahrestag der DRV Anfang September 1975 dem Solidaritätskomitee 50 Millionen Spenden-Mark übergeben. Am 7. Oktober 1978 überreichte FDGB-Vorsitzender Harry Tisch dem Vorsitzenden des vietnamesischen Gewerkschaftsbundes einen Scheck über zehn Millionen Mark aus Spenden für Opfer einer Hochwasserkatastrophe in Vietnam.

Wie die Schriftsteller, so organisierten auch die Künstler Solidaritätsaktionen. Die Orchester der DDR stellten Musikinstrumente für Vietnams Symphonieorchester und andere Klangkörper zur Verfügung, Schriftsteller spendeten Bücher, Bibliotheken gingen an ihre Depotbestände.[9] Genossenschaftsbauern spendeten bis 1969 mehr als anderthalb Millionen Mark zur Beschaffung von Rückensprühgeräten für Vietnams Landwirte, Handwerks- sowie Industrie- und Handelskammern der Bezirke brachten bis zu diesem Zeitpunkt 3,5 Millionen Mark an Spenden auf, das Komitee der antifaschistischen Widerstandskämpfer 800 000 Mark. Die medizinischen Belangen dienende Kirchenaktion **Brot für die Welt** resultierte in einem Betrag von 80 000 Mark.[10]

Solidaritätsaktionen mit respektablen Ergebnissen gab es im Staatsapparat aller Ebenen, in den Einheiten der NVA, den Dienststellen der Deutschen Volkspolizei (DVP) und – auch wenn das manch einer heute nicht gern hört – unter den Angehörigen des Ministeriums für Staatssicherheit (MfS). Allein die Soldaten und Offiziere der Volksarmee brachten bis 1969 eine Spendensumme von 5,6 Millionen Mark auf. Eine von der Gesellschaft für Sport und Technik (GST) mit 500 000 Spenden-Mark finanzierte hochmoderne Schießanlage nach dem Muster jener auf dem Suhler Friedberg für Vietnams noch junge Sportschützengilde im Trainingszentrum Nhon unweit Hanois konnte Anfang der 80er Jahre an die Hauptverwaltung Körperkultur und Sport der SRV übergeben werden. Die Nationalmannschaft der Sportschützen hatte die Möglichkeit, sich in Suhl auf die Asienspiele 1982 in Neu Delhi vorzubereiten. Solidaritätsgeschenk des Deutschen Turn- und Sportbundes (DTSB) für die Hauptverwaltung war 1979 ein Zentrallabor für Leistungsdiagnostik als erste sportmedizinische Forschungsstätte Vietnams.[11]

Erstmals war im Juli 1964 zum 10. Jahrestag der Genfer Indochina-Abkommen vom AASK eine »Woche der Solidarität mit Vietnam« initiiert worden. In jenem Jahr gingen in Berlin auch die ersten größeren Sachspenden für die Opfer der ersten Bombenangriffe auf den südlichen Raum Nordvietnams ein. Der 21. Jahrestag der Zerstörung Dresdens, der 13. Februar 1966, war Anlass für einen Appell aus der Elbe-Stadt an »alle Menschen diesseits und jenseits der Grenzen unserer Republik« zu verstärkter Solidarität mit Vietnam. Im folgenden Jahr standen als Solidaritätsleistungen für Vietnam bereits 33 Millionen Mark zu Buche. Das Spendenaufkommen des Jahres 1968 für Vietnam belief sich bereits auf mehr als 40 Millionen Mark. 1969 wurden Spenden in Höhe von 47 Millionen Mark registriert, davon 22 Millionen aus dem monatlichen Solidaritätsbeitrag der FDGB-Mitglieder.[12]

Von der Gründung des Vietnam-Ausschusses im Sommer 1965 an bis Anfang 1969 hatten Werktätige in Stadt und Land, Wissenschaftler und Künstler, Handwerker, Komplementäre, private Unternehmer und Gewerbetreibende, Lehrer und Schüler, Studenten und Dozenten, Hausfrauen und Angehörige der bewaffneten Organe schon mehr als 110 Millionen Mark für Vietnam gespendet. Ende 1972 belief sich die Spendenbilanz auf 230 Millionen Mark.[13] Unter der Losung »Solidarität mit Vietnam – jetzt erst recht!«, von Erich Honecker geprägt, setzte die Bevölkerung nach dem Abschluss des Pariser Friedensabkommens von Januar 1973 ihre Solidaritätsaktionen unvermindert fort. Allein im Januar 1973 waren Spenden in Höhe von 4,5 Millionen Mark zu verzeichnen.[14] Von 1966 bis 1977 wurden neben 2,6 Milliarden Mark staatlicher Hilfe 642 Millionen Mark an Spendengeldern für Vietnam aufgebracht.[15] Dank dem hohen Spendenaufkommen war es Vietnam-Ausschuss und Solidaritätskomitee in den 80er Jahren in engem

Zusammenwirken mit den staatlichen Organen möglich, die finanziellen Aufwendungen für Hilfeleistungen der DDR im materiellen Bereich wie auf dem Gebiet der Ausbildung zu einem großen Teil zu tragen. Sie organisierten in den meisten Fällen auch den Transport der mit Spenden finanzierten, von staatlicher Seite bereitgestellten Solidaritätsgüter.[16]

Einen besonderen Platz unter den Objekten, die mit Mitteln aus dem Solidaritätsfonds errichtet oder erneuert wurden, nahm über viele Jahre das Krankenhaus der Freundschaft Vietnam-DDR (Krankenhaus Viet Duc) ein. Für die Rekonstruktion und Modernisierung dieses Komplexes von rund 40 Gebäuden auf weitläufigem Areal, der sich auch als Stätte der medizinischen Forschung Vietnams einen Namen gemacht hat, und für nachfolgende materielle Hilfe wurden von 1973 bis 1989 etwa 25 Millionen Mark aufgewendet, in den 80er Jahren rund eine Million jährlich. An den umfangreichen Arbeiten in der 1906 errichteten, total veralteten Einrichtung waren 40 Betriebe aus der DDR beteiligt. Ab Ende April 1976 leistete dort die erste nach Vietnam entsandte Freundschaftsbrigade der FDJ einen viereinhalbmonatigen Einsatz. Das Städtische Krankenhaus Berlin-Friedrichshain unterstützte im Rahmen eines Freundschaftsvertrages die Aus- und Weiterbildung von Ärzten und medizinischem Personal. Erfahrene Mediziner aus der DDR arbeiteten zeitweilig in Hanoi, vietnamesische Ärzte kamen zu Ausbildung oder weiterer Qualifizierung nach Berlin.[17]

Unter Mitwirkung vieler DDR-Spezialisten und finanziert aus Spendenmitteln entstand in Ba Vi unweit der Hauptstadt bis zur schlüsselfertigen Übergabe 1984 das größte und modernste orthopädietechnische Zentrum

Vietnams, das unter der Bezeichnung Orthopädie- und Rehabilitationszentrum (ORZ) mit mehr als 400 Beschäftigten zur Leiteinrichtung für weitere orthopädische Werkstätten im Lande wurde und zur größten derartigen Einrichtung ganz Indochinas werden sollte. Die handwerkliche Passteilfertigung hatte schon in den 50er Jahren mit DDR-Hilfe in Hanoi begonnen. Für die Errichtung einer Passteilfabrik, der großzügigen Orthopädiewerkstatt, eines dreistöckigen Rehazentrums samt Patientenunterkunft und einer Berufsschule in Ba Vi sowie spätere Hilfssendungen wurden von 1973 bis 1989 ebenfalls rund 25 Millionen Mark aus Spendenmitteln bereitgestellt. In jenem Zeitraum wurden von der DDR 90 Ärzte, fachliche Berater und andere Spezialisten nach Ba Vi entsandt, die 130 Facharbeiter ausbildeten. Die fachliche Leitfunktion hatte die noch existierende Orthopädietechnik Berlin (OTB), die den vietnamesischen Partnern bis 1989 zur Seite stand.[18] Für die Errichtung der Ausbildungsstätte für Metallfacharbeiter in Pho Yen wurden aus Spendenmitteln fast vier Millionen Mark aufgewandt. Etwa die gleichen Aufwendungen erforderte die Errichtung jener für Baufacharbeiter in Vinh.

Von großem Stellenwert für die Versorgung der Bevölkerung war ein 1973 begonnenes und nach 15 Jahren im wesentlichen abgeschlossenes Programm des Neubaus als »Handwerkstätten« firmierender Einrichtungen für die Produktion von Konsumgütern, für Reparaturen, Dienstleistungen und die Lehrausbildung. Grundlage des aus Mitteln des Solidaritätsfonds finanzierten anspruchsvollen Programms war ein für den Zeitraum 1973 bis 1975 geschlossenes Regierungsabkommen, das dann für die Jahre 1976 bis 1980 fortgeschrieben wurde. Neben noch einigen wenigen Neubauten vereinbarten beide Seiten schließlich für die Jahre 1981 bis 1985 die Rekonstruktion oder Erweiterung bestehender Werkstätten. Im Zusammenwirken von Ministerium für Bezirksgeleitete Industrie, Handwerkskammern mehrerer Bezirke sowie Vietnam-Ausschuss und Solidaritätskomitee wurden bis 1979 – zunächst in Provinzen des Nordens und ab 1975 auch des Südens – 55 derartige Einrichtungen geschaffen. Allein im Jahr 1973 wurden 24 Handwerkstätten im Wert von zehn Millionen Mark aus Spendenmitteln für Reparaturen und Dienstleistungen in besonders stark bombardierten und beschossenen Gebieten errichtet, so in Hanoi, Haiphong sowie den Provinzen Nam Dinh und Nghe An. Insgesamt entstanden im Laufe der anderthalb Jahrzehnte in der Regie von acht Handwerkskammern der DDR 153 Werkstätten mit anfangs bis zu 30 Arbeitsplätzen. Seit 1972 waren viele der für die ersten zwei Dutzend Werkstätten benötigten Fachkräfte in der DDR ausgebildet worden.

Fast 800 Handwerker aus der DDR waren unter häufig extremen Klima- und Lebensbedingungen in Hanoi, Haiphong, Ho-Chi-Minh-Stadt und 17 Provinzen monatelang im Einsatz, viele von ihnen nicht nur einmal. Sie übernahmen die Projektierung und den Aufbau der Einrichtungen sowie die Ausbildung und Anleitung der dort zu Beschäftigenden. Auch garantierten sie die Serviceleistungen für die Werkstätten. Schneiderei, Metallverarbeitung, so Schlosserei und Schmiede, Reparatur von Elektrogeräten, Elektromotoren und Notstromaggregaten, von Rundfunk-, Fernseh- und Tonbandgeräten, von Schreib- und Rechenmaschinen, Papierproduktion, Fahrradreparatur und sogar -produktion, Täschnerei,

Holzverarbeitung besonders für die Möbelproduktion, Nähmaschinenreparatur bis hin zur Ersatzteilproduktion, Schuhmacherei, Uhrmacherei, Druckerei, Produktion von Lehrmitteln und Spielwaren wurden so vielerorts möglich gemacht. Manche dieser Werkstätten entwickelten sich wegen des großen Bedarfs mit dem über 1979 hinaus fortdauernden DDR-Beistand zu kleinen oder sogar mittleren Betrieben mit mehreren hundert Beschäftigten.

Beispiele dafür gab es an den verschiedensten Orten. Eine im Zuge des Wiederaufbaus von Vinh in der Stadt errichtete Werkstatt zur Holzverarbeitung, in der nach einiger Zeit rund 300 Frauen und Männer beschäftigt waren, verschrieb sich der Produktion von Fenstern, Türen, Tischen und Stühlen wie auch Reparaturen.[19] Eine Holzverarbeitungswerkstatt in der südlichen Küstenprovinz Phu Khanh entwickelte sich Anfang der 80er Jahre als einzige Holzfabrik in der Provinz zu einer Produktionseinrichtung mit mehr als 120 Beschäftigten. Ihr Produktionsprogramm umfasste inzwischen neben Sitz- und Schlafmöbeln, Schränken und anderen Einrichtungsgegenständen für die Bevölkerung auch Büromöbel, Türen sowie Fußbodenbretter und seit 1983 Webstühle für staatliche Webereien. Eine vergleichbare Entwicklung nahm eine holzverarbeitende Werkstatt in der südlichen Küstenstadt Hoi An, in der 1984 bereits 150 Beschäftigte Möbel für die Bevölkerung, Schulmöbel wie auch Salonmöbel für Sitzungsräume und Hotels herstellten. Direktor Diplomingenieur Pham Phu Quynh hatte 1973 in Dresden ein einjähriges Praktikum absolviert.

Eine noch 1980 eingerichtete Rundfunk- und Fernsehreparaturwerkstatt in der südlichen Küstenstadt Qui Nhon mit anfangs 18 Beschäftigten hatte sich 1984 zur »Fabrik für Rundfunk und Fernsehen Qui Nhon« mit 50 Beschäftigten, darunter sechs Ingenieuren, entwickelt. Längst waren nicht mehr nur Gerätereparaturen angesagt, sondern wurden auch Verstärker und anderes Zubehör für zahlreiche regionale und örtliche Rundfunkstationen, Spannungsregler für die Bevölkerung und Lautsprechersysteme für den öffentlichen Raum produziert. Der große Textilbetrieb »Viet Thang« in Ho-Chi-Minh-Stadt erhielt im Rahmen des Handwerkstättenprogramms eine Spindelfabrik, Anfang der 80er Jahre die einzige Produktionseinrichtung dieser Art in Vietnam. Der Chef ihrer 130 Beschäftigten zu jener Zeit, Tran Thanh Canh, war 1972 bis 1976 in Dresden zum Diplomingenieur für Verarbeitungsmaschinen ausgebildet worden. 1979 weilte er zu einem halbjährigen Praktikum in der Spindelfabrik Neudorf (Bezirk Karl-Marx-Stadt), die auch mit Ersatzteilen, Werkzeugen, Material und Fachleuten vor Ort Beistand leistete. Geplant war die Erweiterung der Kapazität zur Versorgung der gesamten Textilindustrie Vietnams.

Mit 70 Arbeitsplätzen wurde eine Schneiderwerkstatt in der Provinzstadt Buon Me Thuot die erste Produktionseinrichtung dieser Art im zentralen Hochland (Tay Nguyen). An 45 modernen Nähmaschinen fertigte man Hosen, Hemden, Arbeitsschutzbekleidung und Uniformen. Zum Werkstättenprogramm gehörte ab 1975 eine Schneider-Lehrwerkstatt in dem Ende 1972 schwer bombardierten Hanoier Stadtbezirk Kham Thien, der die Ausbildung von Fachkräften für Konfektion und Maßschneiderei in der Hauptstadt übertragen wurde. In den Schulferien konnten Lehrerinnen und Schülerinnen in dieser Einrichtung mehrwöchige Lehrgänge belegen. Die Schuh- und Lederwarenfabrik Hanois, die im Dezember

1972 zerbombt worden war, wurde 1978 um eine Täschnerwerkstatt erweitert. Im Rahmen der Industriekooperation zwischen beiden Ländern fertigte man dort 1983 rund 750 000 Paar Arbeitsschutzhandschuhe für die DDR; der Plan für 1984 sah 1,5 Millionen Paar vor. Aus einer seit 1960 existierenden kleinen Manufaktur für Schulhefte in Hanoi wurde ab 1974 ein Betrieb für Büromaterial, der nach seiner Rekonstruktion 1982 knapp 400 Frauen und Männer beschäftigte. Ein Viertel der Mitarbeiter stellte in drei Schichten Schulhefte her, im ersten Jahr nach der Rekonstruktion 24 Millionen Stück. Der einzige Betrieb dieser Art im Norden Vietnams erhielt 1982 den Orden der Arbeit.[20]

Eine vollständige Aufzählung jener Handwerkstätten, die sich zu leistungsfähigen Betrieben entwickelten, wurde bisher in der Öffentlichkeit nicht präsentiert und dürfte auch nur schwer zu gewinnen sein. Auch muss unbeantwortet bleiben, ob es möglich war, den Bestand und die nach einiger Zeit unumgängliche Modernisierung aller Werkstätten aus eigener Kraft zu gewährleisten, nachdem es Unterstützung aus der DDR nicht mehr geben konnte. Als Bilanz aber bleibt, dass die Finanzierung dieses umfangreichen Werkstättenprogramms und seine Realisierung durch ein Heer aufopferungsvoll arbeitender Spezialisten als Ruhmesblatt in der Geschichte der Vietnam-Solidarität der DDR registriert werden darf. Seine materielle Absicherung stellte für die DDR-Volkswirtschaft und deren Planer, aber auch für die bezirklichen Handwerkskammern eine große Herausforderung dar und stieß nicht nur einmal an Grenzen.

Erwähnung verdient unbedingt ein spezieller Beitrag der Nationalen Volksarmee zur Solidarität mit dem kämpfenden Vietnam. Im Februar 1979 übergab Hauptinspekteur Generalleutnant Helmut Borufka als Leiter einer DDR-Militärdelegation in Ho-Chi-Minh-Stadt an die vietnamesische Volksarmee eine Ausbildungsbasis für eine Technische Unteroffiziersschule als Geschenk der NVA.[21] Im Februar 1981 als Ausdruck der Wertschätzung des ermöglichten hohen Ausbildungsniveaus in eine Technische Offiziersschule umgewandelt, wurde der Lehreinrichtung von Verteidigungsminister Armeegeneral Vo Nguyen Giap am 19. Mai 1982, dem Geburtstag Präsident Ho Chi Minhs, der Name »Wilhelm Pieck« verliehen. Zehn Offiziere des Lehrkörpers hatten einen Qualifizierungsaufenthalt in Prora auf Rügen hinter sich, 25 waren Hörer an der Offiziershochschule »Ernst Thälmann« der NVA-Landstreitkräfte in Löbau gewesen. Einige von ihnen hatten zuvor ein Studium in Freiberg absolviert. Wimpel und Geschenke der OHS und der Militärtechnischen Schule »Erich Habersaath« im Traditionsgebäude der Schule kündeten ebenso von tiefer freundschaftlicher Verbundenheit wie die selbstverständliche Begrüßung und Begleitung des Gastes aus der DDR in seiner Sprache und die zum Lehrplan gehörenden Deutsch-Lehrgänge.[22]

Nicht allein die enormen Geld- und Sachspenden der Bevölkerung, die erheblichen finanziellen Aufwendungen von staatlicher Seite und die Bekundungen der Führung von Partei und Staat bezeugten die solidarische Verbundenheit der DDR mit Vietnam. Von großem Gewicht waren auch politische Aktionen zu seiner Unterstützung. Am 2. September 1968 bekundeten hunderttausende DDR-Bürger in Solidaritätsadressen ihre Zustimmung zu dem Verlangen der DRV-Regierungsdelegation in Paris, vor den von Präsident Johnson angebotenen Verhandlungen über eine Friedensregelung die Bombenangriffe und alle anderen Kriegshandlungen gegen Nordvietnam sofort und bedingungslos einzustellen. Um die Jahreswende 1968/69 an die Delegation der FNL und dann an jene der Provisorischen Revolutionären Regierung der RSV in Paris gerichtete Solidaritätsbotschaften von Parteien und gesellschaftlichen Organisationen, Hausgemeinschaften, Produktionsbrigaden und Einzelpersonen zum Verlangen nach einer gerechten politischen Regelung des Südvietnam-Problems trugen die Unterschrift von mehr als zwei Millionen Bürgern. Insgesamt bekundeten mehr als sechs Millionen DDR-Bürger in solchen Adressen an die beiden vietnamesischen Delegationen in der französischen Hauptstadt ihre solidarische Verbundenheit.[23]

Die solidarischen Leistungen der Bevölkerung wurden über all die Jahre ergänzt durch eine umfangreiche Öffentlichkeitsarbeit in der Regie des Vietnam-Ausschusses. Zwei Millionen Solidaritätsabzeichen mit dem Bildnis Ho Chi Minhs, eine Kunstmappe mit vietnamesischer Malerei, eine in großer Zahl hergestellte Plakette der Staatlichen Porzellanmanufaktur Meißen, eine Vielzahl von Plakaten und vielfältiges Informationsmaterial kamen in Umlauf. Verdienste um die Solidarität wurden ab 1980 mit einer silbernen Ho-Chi-Minh-Medaille in Münzgröße gewürdigt. Im Rahmen einer vom AASK organisierten Woche wissenschaftlicher Tagungen und Kolloquien über Probleme des antiimperialistischen Kampfes in Süd-, Südost- und Ostasien fand Mitte Februar 1969 in Berlin ein mehrtägiges Internationales Kolloquium über die Aggression der USA in Vietnam statt. Der Vietnam-Ausschuss editierte das Protokoll dieser Beratung prominenter Persönlichkeiten aus Ländern Europas, Asiens und Lateinamerikas.

In der Verantwortung des Ausschusses erschienen Dokumentationen wie die broschierte Schrift *Herbizide in Vietnam* des Greifswalder Professors Dr. Gerhard Grümmer, *Völkermord mit Herbiziden, Anklage aus dem Dschungel* und *Die Wahrheit über die* USA-*Aggression* in einer Gesamtauflage von rund 150 000 Exemplaren in deutscher, englischer und französischer Sprache. Die Publikationen *Wie kam es zum Vietnam-Krieg?* und *Barbarisches Engagement* wurden in mehr als 200 000 Exemplaren herausgegeben. Das Monatsbulletin des Ausschusses hatte eine Auflage von rund 120 000 Exemplaren in den drei Sprachen. Im Rahmen der Öffentlichkeitsarbeit verbreitete Dokumentarfilme aus dem Studio Heynowski/Scheumann erregten ab Mitte der 60er Jahre weltweit Aufmerksamkeit: *Ich klage an, Robert Jackson klagt an*, die fünfeinhalbstündige Serie *Piloten im Pyjama, Ballade von den grünen Baretten* über die berüchtigten US Special Forces, *Familie heißt Gia Dinh, Von Hanoi bis zum Ben Hai* (dem Fluss an der mittelvietnamesischen Trennungslinie zwischen Nord und Süd), *Denk an mein Land* oder *Ham Rong – Festung am Fluß* über eine zum Symbol des Abwehrkampfes gewordene Brücke an der Nationalstraße 1 in Nordvietnam. 500 Kopien von zwölf dieser Filme in deutscher, teilweise auch englischer, französischer und vietnamesischer Sprache wurden 1970 Vietnam-Komitees im Ausland zur Verfügung gestellt und unter anderem in 14 westlichen Ländern gezeigt. Insgesamt verschickte der Vietnam-Ausschuss Informationsmaterial unterschiedlichster Art an 107 Solidaritätskomitees in aller Welt, darunter in

28 westlichen Ländern. Hilfe leistete er ihnen auch beim Versand von Solidaritätsgütern.

Aktiv wirkte die DDR an den wesentlich vom Weltfriedensrat unter seinem Präsidenten Romesh Chandra initiierten fünf Stockholmer Vietnam-Konferenzen mit, die ab 1967 stattfanden und im Prinzip als koordinierendes Organ der internationalen Solidarität mit Vietnam fungierten. Im Mai 1970 wurde der Vietnam-Ausschuss Mitglied des Exekutivkomitees der Stockholmer Vietnam-Konferenz. Ebenso aktiv beteiligte sich die DDR ab Oktober 1970 an der Tätigkeit der von der letzten Stockholmer Vietnam-Konferenz im März beschlossenen Internationalen Kommission zur Untersuchung der USA-Kriegsverbrechen in Vietnam. In ihr spielte der Strafrechtler Professor Dr. jur. habil. Erich Buchholz von der Berliner Humboldt-Universität eine allgemein anerkannte Rolle. Er hatte auch die DDR-Delegation auf dem Berliner Vietnam-Kolloquium geleitet. Hervorragende Mediziner, so Professor Dr. Schmaus vom Städtischen Krankenhaus Berlin-Friedrichshain, der sich auch um das Krankenhaus Viet-Duc verdient machte, Professor Dr. Grümmer und Obermedizinalrat Dr. Landmann, Leiter des TBK-Forschungsinstituts Berlin-Buch, traten wiederholt auf Beratungen der Stockholm-Bewegung auf und präsentierten der internationalen Öffentlichkeit ihre Untersuchungsergebnisse.[24]

Das entschiedene Engagement der DDR, ihrer Bevölkerung wie des Staates, im Kampf gegen die imperialistische Aggression auf der indochinesischen Halbinsel fand in Vietnam stets höchste Anerkennung und Würdigung. Beim Besuch der von Erich Honecker geleiteten Partei- und Staatsdelegation der DDR im Dezember 1977 erklärte der Generalsekretär des KPV-ZK, Le Duan, auf einer Kundgebung in Hanoi: »Seit mehreren Jahrzehnten, insbesondere während des erbitterten Vietnamkrieges, hat sich die traditionsreiche brüderliche und von den Präsidenten Wilhelm Pieck und Ho Chi Minh geschlossene Freundschaft stark entwickelt; die kämpferische Solidarität unserer beiden Parteien und der Völker unserer beiden Länder hat sich bewährt und ist unerschütterlich. ›Die Solidarität mit Vietnam ist Herzenssache eines jeden Bürgers und Staatspolitik der DDR.‹ Dieser berühmte Aufruf des Genossen Erich Honecker hat eine mächtige, kontinuierliche und breite Volksmassen erfassende Solidaritätsbewegung mit Vietnam entwickelt. Von den Fabriken, den Baustellen, den landwirtschaftlichen Produktionsgenossenschaften bis zu den Forschungsinstituten, von den Kindergärten bis zu den Altersheimen, überall in Ihrem Land haben die Arbeiterklasse sowie alle anderen Bevölkerungsschichten mit dem vietnamesischen Volk das Herz, den Verstand und die Errungenschaften ihrer Arbeit geteilt. Es ist in der Tat nicht möglich, alle edlen Handlungen, bewegenden Haltungen, bedeutungsvollen Gefühle und Taten der Freunde in der DDR gegenüber dem vietnamesischen Volk aufzuzählen.«[25]

Vergangenheit im Spiegel der Gegenwart

SRV-Präsident Nguyen Minh Triet empfing im September 2010 im Präsidentenpalast in Hanoi Egon Krenz, als Nachfolger Erich Honeckers letzter Generalsekretär des ZK der SED und bis Anfang Dezember 1989 Vorsitzender des DDR-Staatsrats.
Privatarchiv Krenz

Sollte jemand meinen, das Wirken der DDR als treuer Freund und Helfer in extrem schwerer Zeit, der aufopferungsvolle Beistand, den Millionen ihrer Bürger – viele von ihnen in eigener Erinnerung an Krieg und Tod – ideell und materiell geleistet haben, seien nun im Land an Rotem Fluss und Mekong vergessen, der lasse sich eines Besseren belehren. Präsent ist die DDR noch immer in Gestalt von weit über 100 000 Frauen und Männern, die im Land zwischen Rostock und Suhl die deutsche Sprache erlernten. Gegenwärtig ist sie selbst mehr als zwei Jahrzehnte nach ihrem Untergang in noch vielerorts sichtbaren materiellen Zeugnissen ihres Gewesen-Seins. In der Erinnerung lebt sie auch und besonders bei jenen, die an der Front oder als deren Stütze im bombardierten Hinterland die langen Jahre des Abwehrkampfes gegen die imperialistische Aggression durchzustehen hatten.

Was Monika Heyder, eine exzellente Kennerin der Materie, vor reichlich einem Jahrzehnt einmal bilanzierte, hat offenbar kaum etwas an Gültigkeit verloren. »Befragt man Vietnamesen zum Thema Krieg«, schrieb sie, »dann wird man heute sachliche und ruhige Antworten zu hören bekommen, die wenig von den Gefühlen der Menschen ahnen lassen. Es ist schon viel, wenn jemand zugibt, es sei damals eine schwere Zeit gewesen. Von seinen eigenen Erlebnissen oder gar Heldentaten wird niemand sprechen. Das heißt nicht, daß die Vietnamesen nicht nach dem Krieg gefragt werden wollen. Sie zeigen sogar eine gewisse leise Genugtuung, wenn man im Ausland Geschichte und Schicksal ihres Landes nicht vergißt.« Als Ausländer müsse man dabei davon ausgehen, »daß die Vietnamesen sehr genau wissen, *welche Staaten ihnen während dieser schweren Zeit Beistand leisteten*, welche die Politik der USA-Regierung unterstützten, in welchen Ländern es große Solidaritätsbewegungen gab oder auch nicht. Für junge Leute mag das keine Konsequenzen haben, sehr wohl aber für die Jahrgänge, die den Vietnamkrieg schon bewußt erlebten und deshalb eine Haltung dazu haben konnten. In Vietnam ist man zwar in der Regel zu taktvoll, um einen offensichtlich bereits verlegenen Gast zu fragen, was er denn damals gedacht oder getan habe. Daß trotzdem genau zwischen ›unserer‹ und der ›anderen‹ Seite unterschieden wird, kann man höchstens an der unterschiedlichen Bereitschaft, freimütig über den Krieg zu sprechen, merken. In dieser Hinsicht genießen Gäste aus Osteuropa, besonders aus der ehemaligen DDR, einen Bonus. Sie werden a priori als Freunde und Verbündete eingeordnet und das nicht ohne Grund. Es ist ein Fakt, daß die Bevölkerung der DDR in den Kriegsjahren so umfangreiche und vielseitige Hilfe leistete, daß auch 30 Jahre später deren Spuren noch in den Herzen der Vietnamesen tief eingeprägt sind.«[1]

Der westdeutsche Autor Hans-Jörg Keller konstatierte vor gut zehn Jahren in seiner bereits erwähnten landeskundlichen Schrift: »Viele Vietnamesen im Norden des Landes erinnern sich noch heute dankbar an die moralische und finanzielle Unterstützung durch die DDR-Bürger zu Kriegszeiten und an deren Projekte im Land. Auch die meisten Fremdarbeiter in der DDR haben trotz mangelhafter Integration ein positives Bild von ihrem Aufenthalt mit nach Hause gebracht. Immerhin konnten viele mit dem dortigen Verdienst eine kleine Existenzgrundlage für ihre Familie erwirtschaften. Als Heimkehrer brachten sie auch die feste Überzeugung mit: ›Was der Deutsche verspricht, hält er.‹«[2]

Als der damalige Vorsitzende der Linkspartei.PDS, Lothar Bisky, im Dezember 2006 in einem Interview zu seinem ersten Vietnam-Besuch gefragt wurde, was von den Bruderland-Beziehungen Vietnam-DDR geblieben sei, gestand er: »Ich bin geradezu überwältigt. Seit vielen Jahren werde ich geprügelt für den Ärger, den die DDR gemacht hat. Und jetzt bin ich in einem Land, wo die DDR nur gelobt wird. Überall – ob im Gespräch mit KPV-Generalsekretär Nong Duc Mang oder bei anderen Treffen – hören wir Dank für die Solidarität, an der sich seinerzeit viele DDR-Bürger beteiligt haben. Diese Verbundenheit ist hier nicht vergessen, und sie wird, wie man betont, auch nicht vergessen. Dass die Erinnerung daran so lebendig ist, das haben wir alle in unserer Delegation nicht geahnt. Ganz offensichtlich hat die DDR damit etwas Gutes in die Beziehungen zwischen Deutschland und Vietnam eingebracht. Etwas, was niemand bereuen muss. So wird das auch auf vietnamesischer Seite gesehen. Und es tut gut, das zu erfahren.«[3]

Bis zum heutigen Tage ersteht die DDR immer wieder in Bekundungen und Handlungen von Vietnamesen auf, die mit ihr auf den unterschiedlichsten Gebieten hatten Bekanntschaft machen können. Im Dezember 1997 organisierte das Goethe-Institut der Bundesrepublik in Hanoi gemeinsam mit dem Verband vietnamesischer Fotografen eine Ausstellung *Seeing in Halle* des Fotographen Le Phuc. Der hatte 50 zur Schau gestellte Bilder in den 60er Jahren – damals Student an der Fotoklasse der Hochschule für Grafik und Buchkunst in Leipzig – bei einem Aufenthalt in der Saale-Stadt gemacht. Inzwischen war Le Phuc Generalsekretär des Fotografenverbands und Herausgeber einer Illustrierten geworden. Den Schwarz-weiß-Bildern jener Zeit stellte er Farbfotos gegenüber, die nach der »Wende« bei neuerlichem Besuch in Halle entstanden waren. Veränderungen wurden deutlich, zu denen eine Hanoier Zeitung schrieb: »Hinter den Veränderungen ist das Bild des Volkes unverändert geblieben.«[4]

Als die aus der westdeutschen Anti-Vietnamkriegs- und Solidaritätsbewegung hervorgegangene Freundschaftsgesellschaft Vietnam[5] Mitte 2001 ihren 25. Jahrestag beging, konnte sie in Düsseldorf prominente Gäste aus dem Partnerland begrüßen. Der Vorsitzende der Vietnamesisch-Deutschen Freundschaftsgesellschaft, Professor Dr. Hoang Van Huay, hat nach Studium in China und Dozentur in Hanoi zum Abschluss einer Aspirantur an der Karl-Marx-Universität Leipzig in den Jahren 1972 bis 1975 dort auf den Gebieten Biochemie und Landwirtschaft promoviert. Ein weiteres Studium in den Jahren 1984 bis 1987 an der Humboldt-Universität Berlin schloss er mit der Habilitation ab. Professor Dr. Nguyen Dinh Quang, der bereits erwähnte Theatermann und Brecht-Experimentator, im Krieg gegen den französischen Rückeroberungsfeldzug bis 1954 Offizier der Volksarmee und nach Studium in Peking Leiter der Schauspielschule in Hanoi, kam 1968 als Aspirant an die Humboldt-Universität und promovierte dort 1972. Die Ständige Sekretärin der Vietnamesisch-Deutschen Freundschaftsgesellschaft, Pham Thi Thai, hat ab 1984 in der DDR die deutsche Sprache erlernt und dann ein Studium der Polygraphie an der TU Karl-Marx-Stadt als Diplomingenieurin abgeschlossen.

»Die Kenntnisse, die wir hier erworben hatten, konnten wir direkt in Vietnam einsetzen«, sagte Professor Hoang Van Huay in einem Interview für den *Viet Nam Kurier*, die Mitgliederzeitschrift der Gesellschaft. »Ich habe immer noch enge Beziehungen zu Kollegen und Kolleginnen, die im gleichen Bereich arbeiten, und besonders zu meinem betreuenden Professor. Wir tauschen zum Beispiel wissenschaftliche Literatur aus. Vor einigen Tagen bin ich bei ihm in Berlin gewesen.« Zum Zeitpunkt des Besuchs in Düsseldorf war er stellvertretender Minister für Wissenschaft, Technologie und Umweltschutz. Professor Nguyen Dinh Quang war mittlerweile emeritiert. Von 1979 bis 1983 hatte er die Theater- und Filmhochschule Vietnams geleitet, von 1984 bis 1999 war er Vizeminister für Kultur. Er war, wie er in dem Interview sagte, bei seiner Doktorarbeit in Berlin über Brecht von Professor Dr. Erich Schumacher betreut worden. Während seines Aufenthalts zum Jubiläum in Düsseldorf konnte er auch Professor Schumacher besuchen. »Das war eine große Freude für mich. Er ist sehr beeindruckend, er ist schon über 80 Jahre alt. Er wohnt in Schwerin, einem Vorort von Berlin. Außer Professor Schumacher habe ich noch viele Bekannte: Heiner Müller, Volker Braun, Gisela May und so weiter. In Berlin arbeitete ich zwei Jahre am Berliner Ensemble. Da lebte Helene Weigel noch.«

Frau Pham Thi Thai antwortete auf die Frage, warum sie in der DDR studiert hat: »Ich wollte damals Polygraphie studieren, und dieses Fach soll in der DDR besonders gut vertreten gewesen sein, also schickte man mich in die DDR zum Studieren.« Sie war 1990 von Karl-Marx-Stadt nach Berlin gezogen und hatte von 1991 bis 1993 noch ein Chemiestudium an der FU Berlin absolviert. Als Europa-Expertin in der Union der Freundschaftsgesellschaften Vietnams hatte man sie nun mit der Verantwortung für die Beziehungen zwischen Vietnam und Deutschland betraut. Sie ließ im Interview wissen, die meisten der etwa 1000 Mitglieder der Freundschaftsgesellschaft seien Vietnamesen, »die irgendwann aus der DDR oder der BRD zurückgekehrt sind«. Zu den 13 örtlichen Gruppen der Gesellschaft gehörten neben jener in der Hauptstadt welche zum Beispiel in Ho-Chi-Minh-Stadt, Vinh, Haiphong und Da Nang. Außerdem seien Organisationen wie Clubs der ehemaligen Studierenden an der TU Dresden und der Bergakademie Freiberg Kollektivmitglieder.[6]

Besondere Kapitel freundschaftlicher Beziehungen und des Erinnerns an ihre »zweite Heimat« schreiben die einstigen »Moritzburger«, wie sie sich noch im Alter selbst nennen und wie sie noch immer auch in Vietnam genannt werden. Auf einer Pressekonferenz zum 30. Jahrestag der Aufnahme diplomatischer Beziehungen zwischen der Bundesrepublik und der DRV 1975 hieß der damalige Botschafter in Hanoi, Christian-Ludwig Weber-Lortsch, sie ebenso wie die Vietnamesen, die in Deutschland leben oder auf deutschem Boden, so eben in der DDR, ausgebildet wurden, im September 2005 Teile einer »humanitären Brücke« zwischen beiden Ländern. »Es war der erste Schritt in der langen Tradition der Ausbildung von jungen Vietnamesen in der DDR und in Vietnam selbst«, schrieb die führende vietnamesische Zeitung *Nhan Dan* zum Thema Moritzburg in ihrer online-Ausgabe über die Pressekonferenz des Botschafters.[7]

50 der ehemals rund 350 Mädchen und Jungen, die 1955/56 für einige Jahre nach Moritzburg und Dresden gekommen waren, besuchten ein halbes Jahrhundert später noch einmal die Orte glücklicher Kinderjahre und ungetrübten Lernens im Frieden. Sie erfüllten sich mit der teils von Sponsoren, hauptsächlich aber selbst finanzierten Reise, die von der Deutschen Botschaft in Hanoi und

dem Deutschen Akademischen Austauschdienst (DAAD) organisiert wurde, nach eigenem Bekunden einen lang gehegten Wunsch, noch einmal gemeinsam Deutschland zu besuchen. Am 23. September 2005 traten sie als »die Pioniere, die die Grundlage für eine starke Zusammenarbeit zwischen beiden Ländern gelegt haben«, wie Botschafter Weber-Lortsch kommentierte, in Vietnams Hauptstadt die neuntägige Bahnreise auf derselben Strecke wie damals an.[8] Am 9. Oktober wurden sie am Ort ihrer Sehnsucht begrüßt. Auf dem Programm ihres einwöchigen Aufenthalts standen auch Besuche in Berlin und natürlich in Dresden.

Ihr Wiedersehen mit Moritzburg schilderte eine örtliche Zeitung unter der Überschrift »Die Wiederkehr der Völkerfreundschaft«: »›Alle Vögel sind schon da‹, will dann doch keiner mehr singen. Vielleicht, weil der Vorschlag zu verhalten geäußert wurde. Vielleicht auch, weil das Lied zu fröhlich ist. ›Wenn Engel reisen, dann lacht der Himmel‹, sagen die Begleiter der vietnamesischen Reisegruppe immer wieder. Das Wetter lässt am Sonntagabend nichts zu wünschen übrig, aber vielen der etwa 50 ›Engel‹ stehen Tränen in den Augen, sie schweben schwermütig in Erinnerungen, als sie sich um den Ho-Chi-Minh-Gedenkstein auf dem Gelände des ehemaligen Käthe-Kollwitz-Heimes versammelt haben. Vorher hat die Gruppe der 58- bis 65-jährigen Vietnamesen ihrem alten Präsidenten zu Ehren deutsche und vietnamesische Volkslieder gesungen. In ihrer Mitte, gehalten und gestützt von zahlreichen Händen und mindestens ebenso gerührt wie ihre ehemaligen Schüler: Ruth Rehmet (78), eine frühere Erzieherin des Käthe-Kollwitz-Heimes. ›Wenn der Tod mir nimmt das Leben, hör' ich auf, dir treu zu sein‹, so klingen die Verse des Liedes ›Wahre Freundschaft‹ aus den Kehlen der Asiaten. Eine nicht weniger melancholische Weise über den Sieg gegen die Franzosen in der Schlacht von Dien Bien Phu 1954, die auch Ruth Rehmet auf Vietnamesisch mitsingt, folgt.«

Weiter schrieb der Reporter: »Als die Vietnamesen die Räume des ehemaligen Käthe-Kollwitz-Heimes betreten, hört es mit dem Gefühl der Vertrautheit auf. Heute gehören die Gebäude der Diakonie, und in den komplett umgebauten Häusern ist eine Drogenklinik untergebracht. Die Menschen, die Ho Chi Minh ihren Onkel nennen, sind zwar längst in der post-kommunistischen Zeit angekommen, aber es lässt sich nicht leugnen, dass die DDR und nicht die Bundesrepublik, Käthe-Kollwitz und nicht die Diakonie sie geprägt haben. Das wird deutlich beim Festakt in Adams Gasthof in Moritzburg. ›Unser Besuch hier war nur möglich durch den DAAD und den Botschafter der Deutschen Republik‹, sagt der ›Moritzburger‹ Din Huy Tam in seiner Dankesrede und denkt dabei an die DDR, bevor er merkt, dass er heute einen anderen Staat besucht. Den Begriff ›Völkerfreundschaft‹ verwendet Tam, ohne zu merken, dass den von den Deutschen im Saal schon lange niemand mehr gehört hat. Jüngere Zeitgenossen mögen sich eher an den Film ›Good Bye Lenin!‹ erinnert fühlen, als die Frauen der vietnamesischen Reisegruppe auf der Bühne das Pionierlied ›Unsere Heimat, das sind nicht nur die Städte und Dörfer« anstimmen. Man merkt, sie singen es aus vollstem Herzen. ›Wenn wir nach Dresden oder Moritzburg kommen, sind wir zu Hause‹, sagt Din Huy Tam noch.«[9]

Zum einstigen Aufenthalt in der DDR sagte Le Dang Doanh, Ökonom in Regierungsdiensten und Mitglied der Forschungsabteilung im Amt des Ministerpräsidenten: »Ich hatte keine Angst, weil ich sicher war, in guten Händen zu sein.« Diese Zeit sei prägend gewesen. »Wir hatten nicht nur Unterricht in Deutsch, sondern auch in Sport und Zeichnen. Man hat uns beigebracht, hart zu arbeiten, pünktlich zu sein und in Arbeit und Studium Disziplin zu zeigen.« Viele der Kinder studierten später an Hochschulen und Universitäten in Berlin, Dresden, Magdeburg und anderen Städten der DDR. Nguyen Kim Ly hat in Dresden studiert und dann im zuständigen Ministerium die Realisierung der Programme für die Entsendung von Arbeitskräften in Bruderländer zu überwachen gehabt. »Die Kindheit in Deutschland war mit die schönste unseres Lebens«, sagte sie. »Ich habe viele Freunde, aber die engsten sind die aus Deutschland.« Sie korrespondiere »noch immer regelmäßig mit früheren Lehrern und Freunden aus der Schulzeit«. Nguyen Ngoc Quang kam in den diplomatischen Dienst und kehrte als Handelsattaché an der Botschaft seines Landes in die DDR zurück. Professor Hoang Cuong wurde Dozent für Geige und Direktor des Hanoier Konservatoriums. Tran Dinh Qui leitete noch im Rentenalter eine Hotelanlage auf der Insel Phu Quoc im Golf von Thailand. Truong Ngoc Hanh brachte es zur Lebensmittelchemikerin.[10]

Der *Viet Nam Kurier* resümierte: »Die Kinder von damals sind heute gestandene Persönlichkeiten und alle um die 60 Jahre alt. Die Jahre in der damaligen DDR haben diese Menschen tief geprägt und sie übertragen ihre große Verbundenheit anscheinend ohne Probleme auf das heutige vereinte Deutschland. Viele kehrten später zum Studium zurück. In zahlreichen Fällen hat die deutsche

Ausbildung dazu geführt, daß die Moritzburger wichtige Ämter im akademischen, wirtschaftlichen oder politischen Bereich in Vietnam innehatten oder bis heute innehaben.«[11] Noch immer erscheinen sie als verschworene Gemeinschaft, die nichts auf ihre Moritzburger Zeit kommen lässt und auch in Vietnam zusammenhält. Diesen Schluss ließ eine Filmreportage zu, die Mitte April 2009 unter dem Titel »Vietnam in einem Zug – Eine Reise mit den Moritzburgern« als Koproduktion von MDR und NDR im Programm des Mitteldeutschen Rundfunks erstmals zu sehen war. Einer der Hauptakteure auf der Bahnreise von Hanoi nach Ho-Chi-Minh-Stadt zu einem Treffen in der Metropole am Saigon-Fluss war der schon erwähnte Schriftsteller Tran Duong. Wer sie in der ausgelassen-fröhlichen Runde singen und schwadronieren hörte, hätte zu dem Eindruck kommen können, Deutsche säßen zusammen.[12]

Doch nicht nur bei den Moritzburgern ist das Erlebnis DDR unvergessen. Professor Lothar Bisky wusste über seinen Aufenthalt zu berichten: »Ich hatte hier das Glück, mich mit Absolventen der Filmhochschule in Potsdam-Babelsberg treffen zu dürfen, also mit meinen ehemaligen Studenten. Die beherrschen ihren Beruf, sind in Film und Fernsehen tätig, gewinnen Filmpreise. Ich bin zwar zum ersten Mal in Vietnam, aber bei dieser Begegnung, beim Austausch von Erinnerungen, habe ich mich fast wie zu Hause gefühlt.«[13] Tief verwurzelten Gefühlen einstigen solidarischen Miteinanders begegnete Ende 2007 auch eine Abordnung ostdeutscher Baufachleute, die sich um den beginnenden Wiederaufbau der Stadt Vinh verdient gemacht hatten und den Ort einstigen Wirkens noch einmal besuchten.[14]

Ostern 2007 herrschte in Cottbus so etwas wie Klassentreffenatmosphäre: Ehemalige vietnamesische »Vertragsarbeiter«, die in den 80er Jahren im Textilkombinat TKC, in den Braunkohletagebauen rund um die Stadt oder im nahen Kraftwerk Jänschwalde beschäftigt waren, nun noch hier leben oder noch einmal den Weg in die Lausitz genommen hatten, trafen sich zu einer großen Wiedersehensfeier. Organisiert hatte die Zusammenkunft von Landsleuten und einstigen deutschen Kollegen oder Bekannten eine Vereinigung der Vietnamesen in Cottbus und Umgebung. Anlass war ein Jubiläum: Vor 20 Jahren hatten die ersten von später 700 vietnamesischen Arbeitskräften im Textilkombinat ihre Tätigkeit aufgenommen. Zum Teil schon seit Anfang der 80er Jahre hatten weitere 300 Vietnamesen in anderen Betrieben von Stadt und Region gearbeitet. Vietnamesen und damalige deutsche Arbeitskollegen konnten nun zwei Jahrzehnte später in geselliger Runde, bei Musik und Tanz in Fotoalben blättern und Erinnerungen auffrischen.

Von den einst rund 1000 Vietnamesen in der Spreestadt sind nach der Wende mehr als 300 am Ort geblieben. Andere waren Anfang der 90er Jahre unter den von der letzten DDR-Regierung gebotenen Konditionen in ihre Heimat zurückgekehrt oder nach 1997 gen Westen gezogen, als nach jahrelanger Verzögerung durch die Bundesregierung das von vielen ersehnte Bleiberecht der ehemaligen Arbeitskräfte in der DDR endlich gesichert war und Arbeit auch in den alten Bundesländern aufgenommen werden durfte. »Viele unserer Landsleute, die einmal in Cottbus Röcke und Jacken zugeschnitten und genäht haben, arbeiten heute in den alten Bundesländern als selbstständige Gewerbetreibende«, sagte Le Duc Long von der Vereinigung.»Dort betreiben sie heute, ebenso wie ihre zurückgebliebenen Kollegen in Cottbus, kleine Läden oder asiatische Restaurants.«[15]

Manche Vietnamesen, die sich noch immer gern ihrer Zeit als Arbeitskräfte in der DDR erinnern und daraus keinen Hehl machen, zogen auch in andere Richtung. Die gebürtige Hanoierin Tran Thi Dan, die jetzt im nordböhmischen Moldova dicht an der deutschen Grenze einen Laden mit Zigaretten, Bekleidung und Lederwaren betreibt und viele Ostdeutsche zu ihren Kunden zählt, sagt von sich:»Weil ich eine fleißige Schülerin war, schickte man mich Mitte der 80er Jahre in die DDR, die viele Arbeitskräfte brauchte. Ich kam nach Schwerin in Mecklenburg, wo alles schön und ordentlich aussah, und lernte den Beruf der Lederfacharbeiterin. Nach der Ausbildung bekam ich einen soliden Facharbeiterlohn, von dem ich meine Verwandten in Hanoi unterstützen konnte. Für die vietnamesischen Arbeitskräfte gab es nach zwei Jahren einen bezahlten zweimonatigen Heimaturlaub, Hin- und Rückflug eingeschlossen. Es war eine schöne Zeit, die ich nicht missen möchte. Mit den deutschen Kollegen sind wir immer gut ausgekommen. Nach der Wende wurde ich wie viele meiner Landsleute und deutschen Kollegen entlassen. Man wurde einfach nicht mehr gebraucht, jeder musste zusehen, wo er bleibt. Mich hat es nach Tschechien verschlagen.«[16]

In vielerlei Weise wurde in den zwei Jahrzehnten seit dem Ende der DDR auch auf Arbeitsebene an einstige gegenseitige Beziehungen angeknüpft. 1996 war eine Expertendelegation der Berliner Humboldt-Universität bei der Alma mater in Vietnams Hauptstadt zu Gast. Hauptziel ihrer Reise war,»an die zu DDR-Zeiten bestehenden intensiven, nach der Wende aber in den Hintergrund geratenen vertraglichen Arbeitskontakte zwischen beiden Universitäten anzuknüpfen und sie neu zu beleben«. Die HUB hatte wie viele andere Bildungseinrichtungen der DDR zahlreiche vietnamesische Studenten in den verschiedensten Fachrichtungen ausgebildet, so Ökonomen, Juristen und Agrarfachleute. Viele von ihnen bekleideten inzwischen Schlüsselpositionen in der Wirtschaft und im öffentlichen Dienst. »So kam es in Hanoi auch zu herzlichen Begegnungen zwischen den Absolventen und ihren ehemaligen Lehrern.«[17] Frau Dr. Nguyen Thi Hoang Anh, seit August 2012 Botschafterin der SRV in Berlin, hat von 1980 bis 1984 an der HUB Rechtswissenschaft studiert und dort zum Dr. jur. promoviert. Auch Nguyen Anh Tuan, der ebenfalls in den 80er Jahren an der HUB – wie er noch immer sagt – »Rewi« (Rechtswissenschaft) studiert hat, wurde Diplomat und war bis vor kurzem 1. Sekretär der SRV-Botschaft in Berlin.

Im Juli 1998 schlossen die Progreß Filmverleih GmbH und eine Delegation unter Leitung des stellvertretenden Ministers für Kultur und Information Vietnams, Nguyen Truong Kien, in Berlin eine Reihe von Verträgen und Arbeitsvereinbarungen. Neben der Lieferung neuer deutscher Filmproduktionen und der Zusage von Hilfe beim Bau moderner Kinos in Vietnam sahen die Übereinkommen unter anderem Unterstützung beim Sichten und Aufbereiten von Filmmaterial aus fünf Jahrzehnten vietnamesischer Geschichte vor. Dutzende Frontkameramänner hatten während des französischen Kolonialkrieges bis 1954 und der USA-Aggression hunderttausende Meter Zelluloid belichtet. Viele tausend Rollen Filmmaterial lagen nun in den Archiven des Armeefilmstudios, des

Dokumentarfilmstudios und des Filminstituts in Hanoi, sowohl fertige Dokumentationen und Wochenschauen als auch noch nicht aufbereitetes Schnittmaterial. Die Inhalte der Filmbüchsen waren nur teilweise und fast nur auf Karteikarten in vietnamesischer Sprache erfasst. Gestützt auf seine Erfahrungen bei der computer-gestützten Archivierung des kompletten DEFA-Filmstocks, sagte Progreß zu, diese Kenntnisse nun den vietnamesischen Partnern zur Verfügung zu stellen.

Vereinbart wurde auch Vermittlerdienst von Progreß für die Produktion einer TV-Dokumentation zum 25. Jahrestag des Kriegsendes in Vietnam. Die Serie *Apokalypse Vietnam*, vom MDR zusammen mit den vietnamesischen Partnern produziert und im Frühjahr 2000 ausgestrahlt, zeichnete in Original-Filmaufnahmen und Interviews nicht nur mit vietnamesischen Zeitzeugen ein beeindruckendes Bild von den Jahrzehnten des Kämpfens und Leidens. Authentische Bilder der Zeit zwischen 1954 und 1975 aus dem Archiv des Filmstudios in Hanoi waren im Rahmen der neu begründeten Zusammenarbeit im Mai 1999 auf einem Kolloquium im Berliner Haus der Kulturen der Welt zu sehen. Zu Wort kam auf dieser Veranstaltung unter anderem Nguyen Van Nhiem, der an der Hochschule für Film und Fernsehen (HFF) *Konrad Wolf* in Potsdam-Babelsberg studiert hatte und dann zwischen 1970 und 1975 als Frontkameramann der Befreiungsarmee im Süden eingesetzt war. Gemeinsam mit Progreß veranstaltete schließlich das Filmkunsthaus *Babylon* in Berlin-Mitte im Januar 2003 eine »Vietnamesische Filmwoche« mit Spielfilmen, Dokumentationen, Gesprächen und einer Fotoausstellung von Thomas Billhardt. Zu den vietnamesischen Gästen der Filmwoche gehörte der

Regisseur Phi Tien Son, der 1984 ein Studium als Kameramann an der HFF beendet hat.[18]

2001 wurde die Ernst-Moritz-Arndt-Universität Greifswald in das Förderprogramm »Export deutscher Studienangebote« des DAAD aufgenommen. An dieser DDR-Bildungseinrichtung hatten zwischen 1960 und 1981 etwa 50 Vietnamesen ein Studium absolviert, viele von ihnen mittlerweile in leitender Funktion tätig. Der DAAD stellte Mittel bereit, »um diese besonders effektive Förderung weiterzuführen und dafür zu sorgen, dass mehr qualifizierte Leitungskräfte für die dringenden Aufgaben in Vietnam ausgebildet werden«. Diesem Zweck sollten unter anderem Lehrveranstaltungen von 26 Greifswalder Hochschullehrerinnen und -lehrern in Vietnam dienen.[19] Anfang 1999 hatte der Deutsche Entwicklungsdienst (DED) auf seiner Jahresversammlung in Vietnam konstatiert, dass seine Möglichkeiten zur Hilfe im Kampf gegen die Armut, zur Förderung selbstständiger Klein- und Mittelbetriebe, in Naturschutz und Umweltmanagement sowie für die Errichtung von Gesundheitsstationen »nicht zuletzt auf die langjährigen Kontakte zurückzuführen« seien, »die durch die ehemalige DDR aufgebaut worden sind«. Der DED, der seit 1993 in der SRV wirkt, unterstützte auch zurückgekehrte ehemalige »DDR-Vertragsarbeiter« mit Ausbildungsprogrammen.[20]

In einem Interview für die Hanoier Zeitung *Viet Nam News* bemerkte Anfang 2000 der damalige Botschafter Dr. Wolfgang Massing, dank den zehntausenden deutschsprechenden Personen, deren viele in der DDR gelebt hätten, »können deutsche Firmen und Institutionen auf viele vietnamesische Mitarbeiter zurückgreifen, die sowohl Deutsch als auch Vietnamesisch sprechen. Wichtiger ist aber, dass sie beide Kulturen kennen. Dies ist eine ideale Situation, die hilft, zwischen unseren beiden Gesellschaften Beziehungen zu knüpfen.« Der Botschafter verwies darauf, in den zurückliegenden Jahren seien »Firmen aus Ostdeutschland besonders erfolgreich beim Aufbau von Geschäftsbeziehungen« gewesen.[21] Bereits Ende 1994 hatten sich Vertreter von sieben Firmen aus Berlin und 13 aus ostdeutschen Bundesländern nach neuen Geschäftsmöglichkeiten in Vietnam umgesehen. Nach dem Ende der ökonomischen Beziehungen zwischen der DDR und der SRV waren damals ostdeutsche Unternehmen nur noch mit drei Prozent am allerdings sehr geringen deutschen Export nach Vietnam beteiligt. Einige der in der Abordnung vertretenen ostdeutschen Firmen, so die Deutsche Waggonbau AG und die Agroanlagen Dresden GmbH, waren schon zu DDR-Zeiten in Vietnam engagiert.[22] Aussteller aus Berlin und Brandenburg präsentierten sich im November 1995 auf einer Internationalen Messe der Leichtindustrie in Ho-Chi-Minh-Stadt mit dem Ergebnis, Beziehungen vertiefen und neue Kontakte knüpfen zu können.[23]

Mit einer Weltneuheit erregte 2002 die Kranbau Eberswalde AG in Ho-Chi-Minh-Stadt gehöriges Aufsehen. Reeder aus aller Welt kamen in den Container-Umschlaghafen Saigon New Port, um den mobilen Feeder Server, ein Kransystem mit gummibereiftem Fahrwerk, in Aktion zu sehen. Im Juli waren dort die ersten beiden Geräte dieses im Jahr 2000 mit dem Innovationspreis Berlin-Brandenburg honorierten Container-Spezialkran-Typs in Betrieb genommen worden.[24] Ein regionaler »Firmenpool Vietnam«, Mittelständler aus Sachsen-Anhalt, erhielt Ende 2002 in Hanoi grünes Licht für die

Einrichtung eines »Hauses der deutsch-vietnamesischen Wirtschaft« als Bildungs- und Begegnungszentrum. Die Firmendelegation wurde vom Leiter der Wirtschaftskommission beim ZK der KPV, Truong Tan Sang, empfangen, der sich kurz zuvor im Solarzentrum im anhaltischen Barby mit modernster Solartechnik vertraut gemacht hatte. Ein Ergebnis des Aufenthalts der Unternehmer war die Vereinbarung, gemeinsam mit der Technischen Universität Hanois ein Ausbildungs- und Forschungszentrum für erneuerbare Energien zu errichten.[25]

Nutznießer des guten Namens DDR war der Autohändler Klaus Thiele aus Brandenburg, der 2002 rund 500 noch fabrikneue Lastwagen der Typen W 50 und L 60 nach Vietnam liefern konnte. Er hatte diesen »Nachlass« des abgewickelten Ludwigsfelder Werkes elf Jahre zuvor erworben. Sieben Jahre lang waren die Fahrzeuge im Brandenburgischen auf grüner Wiese geparkt.[26] Lothar Bisky wusste als Beispiel erfolgreicher Zusammenarbeit vom »›Siegeszug‹ der thüringischen Bratwurst in Vietnam« zu berichten. »Wir waren in einem Betrieb, der Thüringer Bratwurst herstellt. Das Unternehmen Viet-Duc GmbH ist teils in Erfurt, teils in Vietnam beheimatet und arbeitet offenbar mit Erfolg.«[27]

»Ostalgie in Vietnam – Wo die DDR noch weiterlebt« überschrieb Hans-Jörg Keller ein Kapitel seines Vietnam-Führers. «Im Norden fahren noch zahlreiche Simson-Motorräder. Einst wurden sie von vietnamesischen Vertragsarbeitern aus der DDR nach Hause geschickt und ermöglichen heute dem einen oder anderen eine kärgliche Existenz als Motorradtaxi-Fahrer.« Noch weise »so manche verblassende Tafel mit der Aufschrift *Viet-Duc* auf ehemalige DDR-Projekte hin. Die einst gefragten

ORWO-Filme aus Wolfen werden Sie heute vergebens in Vietnam zu kaufen suchen. Längst sind in den Städten Minilabs von Fuji und Kodak entstanden. Viele vertraute Markenprodukte sind ebenso verschwunden wie der Staat, aus dem sie stammten. Doch wird die DDR noch etliche Jahre eine Spur der Erinnerung hinterlassen.«[28]

Was also ist geblieben von jahrzehntelangen zwischenstaatlichen Beziehungen mit kräftigen historischen Wurzeln, von Beziehungen, wie sie enger, vielgestaltiger, solidarischer und unbestritten auch freundschaftlicher nicht hätten sein können? Ist von einer »Spur der Erinnerung« die Rede, dann dürfte gesprochen werden von eben jener Riesenschar deutschsprechenden Vietnamesen mit DDR-Erfahrung, einem enormen Potential mit mannigfaltiger, für ihr Land unverzichtbarer Qualifikation. Die in vielen Bereichen der Gesellschaft, in Ministerien, Verwaltungen, Institutionen, Betrieben, Lehreinrichtungen, Krankenhäusern, in Wissenschaft und Kultur Tätigen können für eine zukunftsorientierte Entwicklung fruchtbarer, beiden Seiten zum Nutzen gereichender Beziehungen zwischen Deutschland und Vietnam von unschätzbarem Wert sein. Seit einigen Jahren mehren sich die Anzeichen dafür, dass das auch die »Politik« hierzulande zu erkennen beginnt, nachdem selbst die altbundesdeutsche Wirtschaft schon lange begonnen hat, mit diesem Pfund zu wuchern.

»Spur der Erinnerung« – das heißt überall im Lande, im Norden zwangsläufig mehr als im Süden, noch immer sichtbare materielle Zeugen der solidarischen Hilfe eines geografisch sehr fernen, in Idealen und Zielen aber sehr nahen Landes, das es im Gegensatz zu Vietnam unter zweifelsfrei günstigeren Bedingungen eines »nur«

Kalten Krieges nicht geschafft hat, komplizierte Bedingungen zu meistern und zu überleben. Die »Spur der Erinnerung« ist auch das Erinnern der älteren Generation dort wie im hiesigen Osten an eine über Jahrzehnte gepflegte, in Ehren gehaltene Tradition, die nun in nur noch sehr bescheidenem Maße manifest sein kann.

Vieles deutet darauf hin, dass es die vergrößerte Bundesrepublik noch immer nicht vollends gelernt hat, den Schatten ihrer eigenen Vergangenheit zu überspringen und mit einem reichen materiellen und ideellen Erbe des politischen Gegners unverkrampft und auch in wohlverstandenem Eigeninteresse nutzbringend umzugehen. Es gibt in Vietnam die sorgsam geschaffenen und gepflegten Stätten der Erinnerung an einen Krieg, den die Bundesrepublik über Jahre gutgeheißen und nach Kräften unterstützt hat. Auch das ist offenkundig in Vietnam nicht vergessen, doch es gibt kein Verlangen nach Buße. Das sollte hierzulande von all jenen nicht außer Acht gelassen werden, die über Wohl und Wehe der deutsch-vietnamesischen Beziehungen in Gegenwart und Zukunft zu befinden haben.

Neuanfang auf außenpolitischem Scherbenhaufen

Am 30. April 1975 stand die Bundesrepublik vor einem Scherbenhaufen auf gewichtigem außenpolitischem Gebiet. Ihre zwei Jahrzehnte lang voll auf den Kriegsschauplatz Indochina fokussierte, mit großem Aufwand verbundene, von den etablierten Parteien unisono getragene proamerikanische Südostasienpolitik war auf der ganzen Linie gescheitert. Spätestens seit dem Abschluss des Pariser *Abkommens über die Beendigung des Krieges und die Wiederherstellung des Friedens in Vietnam* vom 27. Januar 1973 war für nüchtern Denkende und wirklich an Frieden auf der indochinesischen Halbinsel Interessierte dieses Debakel vorhersehbar gewesen. Die Regierungen in Bonn aber, ob das Kabinett unter Kanzler Willy Brandt (bis 1974) oder jenes unter Nachfolger Helmut Schmidt, wie alle Vorgängerregierungen seit Konrad Adenauer eingeschworen auf den Kampf gegen den Kommunismus in welcher Form und in welcher Region der Welt auch immer, verweigerten sich jeder politischen Logik. Was der Bundesrepublik in diesem Frühjahr 1975 mit dem finalen »Ho-Chi-Minh-Feldzug« der vietnamesischen Befreiungsstreitkräfte von dem stets beharrlich gehaltenen Kurs im Kielwasser der USA blieb, war nicht nur die Einbuße von einigen Milliarden D-Mark, verpulvert für ein schon seit seiner Geburt zum Untergang verurteiltes völkerrechtswidriges Regime. Zu Buche stand zweifellos auch ein erheblicher Gesichtsverlust in der Region.

Es bedurfte vermutlich großer Überwindung und schmerzhafter Leugnung der ungebrochenen Bündnistreue, sich wenigstens nach außen hin dem extrem quälenden »Vietnam-Trauma« der USA zu verschließen. Sollte auf der weltpolitischen Bühne, die man mit dem unterwürfigen Indochina-Engagement betreten hatte, nicht wertvoller Boden verloren gehen, war ein Neuanfang mit Blick auf Vietnam unumgänglich. Den aber belastete von vornherein zum einen die fortdauernde Feindseligkeit der USA, die sich durch den Verlust ihrer teuer bezahlten Bastion Südvietnam zutiefst gedemütigt fühlten, gegenüber dem Kriegsgegner von gestern. Zum anderen hieß es, sich ohne Verzug, wenn auch höchst widerwillig, mit einem unverändert kommunistisch regierten Land zu arrangieren, dem man eben noch an der Seite des Hauptverbündeten feindlich gegenüber gestanden hatte. Den Ausschlag dafür, schnell wenigstens den ersten Schritt zur Überwindung ideologischer Barrieren zu tun, dürfte letztendlich die Überlegung gegeben haben, der DDR nicht das Feld im wieder vereinigten, ganzen Vietnam zu überlassen und gewisse eigene Positionen aus den Kriegsjahren im zivilen Sektor des Südens möglichst zu retten.

Die unrühmlichen diplomatischen Beziehungen der Bundesrepublik zur Administration in Saigon hatten mit der Schließung der dortigen Botschaft am 24. April 1975, eine Woche vor dem Fall der Süd-Metropole, ihr Ende gefunden. Schon am 23. September traten an ihre Stelle, von Kanzler Schmidt sowie seinem Vize und Außenminister Hans-Dietrich Genscher in der Einsicht verantwortet, sich in Unvermeidliches fügen und das Kriegsbeil begraben zu müssen, diplomatische Beziehungen zur Demokratischen Republik Vietnam. Noch aber schien man, aus welchem Grund auch immer, in Bonn den Weg nach Hanoi zu scheuen. Die Vereinbarung über die Aufnahme der Beziehungen wurde, wie wenige Jahre zuvor das Friedensabkommen zwischen den USA und Vietnam, von beiden Seiten in Paris signiert.

Der 20. April 1976 ist als Datum der Errichtung einer Botschaft in Hanoi registriert. Deren Sitz und die »Residenz« des interimistischen Geschäftsträgers Dr. Peter Truthart wurde ein Appartement in dem kriegs- und entwicklungsbedingt wenig attraktiven Hotel *Thong Nhat* im Zentrum der vietnamesischen Hauptstadt. Nach der Proklamierung der Sozialistischen Republik am 2. Juli 1976 »vereinbarten beide Seiten, die diplomatischen Beziehungen fortzusetzen und den 23. September auch als Datum der Aufnahme der diplomatischen Beziehungen zwischen der Bundesrepublik Deutschland und der Sozialistischen Republik Vietnam anzusehen«. Wenige Wochen später, am 31. Juli, traf der erste bundesdeutsche Botschafter in der SRV, Dr. Peter Scholz, in Hanoi ein. Vietnam setzte zur gleichen Zeit einen Mann als Botschafter nach Bonn in Marsch, der die deutsche Sprache beherrschte. Nguyen Trung hatte an der Karl-Marx-Universität Leipzig Germanistik studiert. Die einstige Botschaft in Saigon wurde am 10. April 1991 als Generalkonsulat in Ho-Chi-Minh-Stadt wiedereröffnet.[1]

Die Bundesrepublik hatte in unverkennbarem Eigennutz auf diplomatischem Parkett einen Schritt getan, von dem die USA noch meilenweit entfernt waren. Erst reichlich anderthalb Jahrzehnte später ließ Washington von seiner Nachkriegs-Blockadepolitik gegenüber Vietnam ab. Anfang der 90er Jahre wurden unter Präsident George Bush sen. Gespräche zwischen Washington und Hanoi über die Normalisierung der gegenseitigen Beziehungen aufgenommen. Es war nicht der vietnamesischen Seite anzulasten, dass es dann noch bis 1995 dauerte, ehe beide Seiten die Aufnahme diplomatischer Beziehungen auf höchster Ebene kundtun konnten. Ende Mai 1996 schließlich berief Präsident Bill Clinton einen Mann zum ersten Botschafter in der SRV, der auf amerikanische Weise Bekanntschaft mit Vietnam hatte schließen dürfen. Douglas Peterson hatte 30 Jahre zuvor das Schicksal vieler USA-Piloten ereilt, die Luftangriffe auf Nordvietnam flogen. Sein Jagdbomber wurde 1966 nahe der Hauptstadt abgeschossen, Peterson war bis Anfang 1973 nach Abschluss des Friedensabkommens Gefangener in einem Lager in Hanoi.

Die Aufnahme offizieller zwischenstaatlicher Beziehungen und der Austausch von Botschaftern zwischen der Bundesrepublik und Vietnam blieben allerdings lange Zeit einziges Zeichen für beginnendes Umdenken am Rhein. Man war in Bonn entweder nicht gewillt oder vermochte es nicht, die Fesseln atlantischer Gefolgschaft endlich abzustreifen und dem Anfang eine Fortsetzung folgen zu lassen. Die vietnamesische Seite tat schließlich den ersten Schritt und beorderte im Mai 1982 Außenminister Nguyen Co Thach zur Kontaktaufnahme mit seinem Amtskollegen Genscher nach Bonn. Die bundesdeutsche Öffentlichkeit samt den Medien honorierte diese Geste des Vergebens und der Versöhnung nicht.

Es sollte nach dem Pariser Handschlag rund 17 Jahre dauern, ehe sich die Regierenden in der bundesdeutschen

Behelfsmetropole dazu durchrangen, ihrerseits dem Willen zu Arbeitskontakten auf Regierungsebene deutlich Ausdruck zu verleihen. Offenbar hatte auch erst die DDR von der Bildfläche zu verschwinden. Und es brauchte elf Jahre, ehe es für angebracht empfunden wurde, den Besuch des SRV-Chefdiplomaten zu erwidern. Klaus Kinkel, Außenamtschef des 1982 ans Ruder gekommenen Kabinetts unter Kanzler Helmut Kohl, flog Anfang April 1993 mit dem absonderlichen Auftrag nach Hanoi, erst einmal die Lage zu sondieren. Als er dort die Deutsche Botschaft aufsuchte, musste er seinen Fuß auf einstiges DDR-Territorium setzen. Nach dem Ende des diplomatischen Dienstes der DDR hatte man keinen Augenblick gezögert, den attraktiven Komplex der DDR-Vertretung mit Residenz, Dienstgebäude, Klub, Funktionsgebäuden und Wohnraum im Diplomatenviertel an der Tran-Phu-Straße in unmittelbarer Nachbarschaft zur Dien-Bien-Phu-Allee in Besitz zu nehmen.

Die Ergebnisse der Kinkel-Visite waren der heimischen Presse nur wenige Zeilen wert und wurden auch von amtlicher Seite der Öffentlichkeit nicht vermittelt. Wie man lesen konnte, sicherte er Vietnam Hilfe bei dessen »Embargoproblem mit den USA« und im Hinblick auf den Wunsch nach einem Kooperationsabkommen mit der Europäischen Gemeinschaft (EG) zu. Keine Erwähnung fand dabei, dass die Bundesrepublik bis dahin selbst an der rigorosen Embargo- und Blockadepolitik Washingtons teilgehabt hat, mit der sich die USA als Repressalie für die Befreiung des Südens der 1973 in Paris eingegangenen Verpflichtung entzogen, Vietnam bei der Heilung der Kriegswunden zu helfen. Kinkel schränkte denn gegenüber Journalisten auch gleich ein, mit dieser

Zusage habe er »keine zu hohen Erwartungen wecken wollen«. Beide Seiten unterzeichneten einen Vertrag »über die Förderung und den gegenseitigen Schutz von Investitionen«, der aber, so die Bedingung der Bundesregierung, erst nach der »Regelung der Altschuldenfrage« in Kraft treten sollte. Die Angabe in einem Pressebericht, dass es um »vietnamesische Altschulden in Höhe von 9,2 Millionen Mark an zwei deutsche Firmen« gegangen sei, ist zwar nicht verbürgt, doch darf man schon fragen, ob die Regierung Kohl etwa einst von westdeutschen Firmen in Südvietnam erbrachte Leistungen nun Hanoi in Rechnung stellte. Eine offizielle Erläuterung blieb man schuldig.[2]

Die Reise des Bundesaußenministers wie auch noch folgende Visiten demonstrierten, dass die Bundesrepublik fast zwei Jahrzehnte nach der Anbahnung zwischenstaatlicher Beziehungen von einer auf gegenseitigem Respekt beruhenden, beiden Seiten zum Nutzen gereichenden vielseitigen Zusammenarbeit mit Vietnam Lichtjahre entfernt war. Verglichen mit den von der DDR hinterlassenen enormen potentiellen Möglichkeiten, aber auch mit dem Anstandsgebot nach Wiedergutmachung für die Taten der Bundesrepublik von einst, nahmen sich die Resultate gegenseitiger Regierungskontakte vorläufig äußerst bescheiden aus. Deutlich wurde, dass Vietnam für Bonn ab 1976 ebenso wie später für Bundes-Berlin auf politischem Gebiet einen weitaus geringeren Stellenwert besaß und augenscheinlich bis in die Gegenwart besitzt als dereinst für die Regierung in Berlins Ostteil. So bleibt zu konstatieren, dass mit dem Ende der DDR im deutsch-vietnamesischen Verhältnis unermesslich viel Substanz verloren gegangen und der SRV beträchtlicher Schaden entstanden ist, den zu kompensieren zumindest zunächst hierzulande nicht interessierte.

Das kennzeichnete auch eine offizielle Visite des vietnamesischen Ministerpräsidenten Vo Van Kiet, der auf einer zweiwöchigen Europa-Tour Ende Juni 1993 in Bonn Station machte und mit Kanzler Kohl zusammenkam. Mit diesem ersten Besuch eines vietnamesischen Regierungschefs auf westdeutschem Boden gab die SRV den Anstoß für Kontakte auf höchster regierungsamtlicher Ebene, den man von deutscher Seite erwartet hätte. In einer lediglich fünf Sätze enthaltenden Information des Sprechers der Bundesregierung, der einzigen Verlautbarung über das Gespräch beider Regierungschefs und über den Besuch insgesamt, hieß es lapidar, man habe »die bilateralen Beziehungen und regionale Fragen« erörtert. Der Kanzler habe »die sichtbaren Erfolge der Wirtschaftsreformen in Vietnam in Richtung Marktwirtschaft« gewürdigt und »das deutsche Interesse am konkreten Ausbau der beiderseitigen Beziehungen, insbesondere auf politischem, wirtschaftlichem und kulturellem Gebiet«, unterstrichen. Was dafür getan werden soll, blieb entweder ungesagt oder wurde öffentlicher Erwähnung nicht für wert erachtet. Stattdessen hielt es der Kanzler als Mann jenes politischen Establishments, das in deutschem Namen teilhatte an Völkerrechtsbruch und Krieg auf vietnamesischem Boden, für angezeigt, »Bemühungen zum Aufbau rechtsstaatlicher Strukturen« in diesem Land zu beschwören.[3]

Anfang August 1993 wurde zu dem Zweck, »die Beziehungen zu Vietnam zu verstärken«, ein Sonderbeauftragter der Bundesregierung ernannt und auf den Weg nach Hanoi geschickt. Der frühere Peking-Botschafter

Hellbeck habe sich darauf »in Gesprächen mit Wirtschaftsunternehmen vorbereitet«, hieß es aus dem Auswärtigen Amt.[4] Das ließ auf zunehmenden Druck einflussreicher deutscher Wirtschaftskreise schließen, dem Rechnung getragen werden musste. Es besteht kein Zweifel, dass sie darauf drängten, dem amerikanischen Embargo zum Trotz endlich die politischen Rahmenbedingungen dafür zu schaffen, auf einem zukunftsträchtigen und enormen Gewinn versprechenden, von anderen schon längst betretenen Markt für Waren und Investitionen Fuß fassen zu können. Über die Ergebnisse der Hellbeck-Mission verlautete nichts, doch stellten sie offenbar die Spitzenverbände der deutschen Wirtschaft nicht zufrieden. Die forderten im April 1994 die Bundesregierung auf, trotz ungelöster anderer Fragen als staatliche Garantien für Geschäfte mit Vietnam Hermes-Deckungen zu gewähren. In Vietnam herrsche »enorme Aufbruchstimmung«, die deutsche Unternehmen wegen ungeklärter Risiko-Deckungsverhältnisse nur unzureichend nutzen könnten.[5]

Das politische Bonn hatte offensichtlich noch nicht zur Kenntnis genommen, dass im Dezember 1986 vom 6. Parteitag der KP Vietnams Richtlinien für die Politik der Erneuerung (doi moi), vor allem in Bezug auf die Wirtschaft, erarbeitet und beschlossen worden waren. 1987 wurde erstmals ein Gesetz über ausländische Investitionen in Vietnam erlassen. Im Juni 1991 beschloss der 7. Parteitag die Fortsetzung dieses Erneuerungsprozesses und der Politik der Öffnung mit sozialistischer Grundorientierung. Die nun von Kanzler Kohl als Wirtschaftsreformen gelobte marktwirtschaftliche Öffnung und Liberalisierung, gelegentlich auch vietnamesische

»Perestroika« genannt, bot alle Voraussetzungen für ausländisches Engagement. Asiatische Länder und aus dem europäischen Raum insbesondere Frankreich hatten das schon lange erkannt. Seit 1988 waren bereits elf Milliarden US-Dollar an ausländischem Kapital in das Land geflossen. Die Liste der Investoren in Vietnam führten Japan und Australien an, Deutschland lag nur an 27. Stelle. Die gesamten deutschen Direktinvestitionen in Vietnam beliefen sich 1993 auf ganze zwei Millionen DM. Konkreter Anlass für Hellbecks Mission und den massiven Druck vonseiten der Wirtschaft dürften Signale gewesen sein, dass nun Washington erwog, den Wirtschaftsboykott gegen Vietnam aufzuheben. Eine entsprechende Verfügung erließ Präsident Clinton dann im Februar 1994. Zwei Jahre später begannen amerikanisch-vietnamesische Verhandlungen über ein Handelsabkommen. Im Juli 2000 unterzeichneten beide Seiten in Hanoi eine grundsätzliche Vereinbarung über die Aufnahme von Handelsbeziehungen, im Juli 2001 legte Präsident George W. Bush dem USA-Kongress das erste Handelsabkommen zur Bestätigung vor.[6]

Die Jahre bis dahin konnten deutsche Konzerne und Firmen trotz verbliebener, von staatlicher Seite aufgerichteter Hindernisse bereits nutzen. Der Weg wurde ihnen mit einer am 6. Januar 1995 in Ho-Chi-Minh-Stadt vereinbarten »Gemeinsamen Erklärung über Ausbau und Vertiefung der Deutsch-Vietnamesischen Beziehungen« geebnet. Vorausgegangen waren zähe, langwierige Verhandlungen über etliche äußerst strittige, darunter mit dem Ende der DDR verbundene und gleich danach von deutscher Seite aufgeworfene Probleme. Hauptstreitthema war die Frage der von Bonn mit Nachdruck vergebens gewünschten Rücknahme in Deutschland weilender Vietnamesen, namentlich in den neuen Bundesländern verbliebener, durch ihr Heimatland. Wegen der Differenzen in dieser noch nicht vertraglich geregelten Angelegenheit fror die Bundesregierung 1994 seit dem Vorjahr gewährte Entwicklungshilfe für Vietnam und Kreditbürgschaften für deutsche Unternehmen in der Annahme wieder ein, Hanoi zum Einlenken zwingen zu können. Ausgehandelt und unterzeichnet wurde das Grundsatzdokument von erheblicher Brisanz für die deutsche Seite vom Staatsminister beim Bundeskanzler, Bernd Schmidbauer, und vom Staatsminister im Auswärtigen Amt, Dr. Werner Hoyer.

Das Papier regelte zunächst Details für Aktivitäten der deutschen Wirtschaft in Vietnam. Die Bundesregierung erklärte ihre Bereitschaft, »die bereits vereinbarten Projekte der entwicklungspolitischen Zusammenarbeit schnell zu realisieren und die Verhandlungen über die entwicklungspolitische Zusammenarbeit mit Vietnam sehr bald aufzunehmen«. Einschließlich einer »Wiedereingliederungshilfe« für aus Deutschland zurückgekehrte Vietnamesen werde sich die »finanzielle und technische Zusammenarbeit mit Vietnam für 1995 auf ca. 100 Millionen DM belaufen. Der gleiche Betrag ist auch für das Jahr 1996 vorgesehen.« In einem weiteren Punkt hieß es: »Die Bundesregierung wird den Hermes-Plafonds für mittel- und langfristige Exportgeschäfte mit Vietnam erweitern und deutsche Unternehmen zu Investitionen in größerem Umfang ermutigen.« Dafür werde Vietnam »die notwendigen rechtlichen und administrativen Voraussetzungen schaffen«.[7] Damit schien zum ökonomischen Nutzen beider Seiten das Eis gebrochen.

Mit der Einbeziehung von »Wiedereingliederungshilfe« in den Rahmen der »finanziellen und technischen Zusammenarbeit« setzte die deutsche jedoch sehr zum Verdruss der vietnamesischen Seite ein vertraglich fixiertes Junktim durch, das in den folgenden Jahren noch für beträchtlichen Zündstoff sorgen sollte. Beide Seiten hätten sich darauf verständigt, hieß es in der Gemeinsamen Erklärung, »daß die Sozialistische Republik Vietnam vietnamesische Staatsangehörige, die sich ohne gültigen Aufenthaltstitel in der Bundesrepublik Deutschland aufhalten, (…) zurücknimmt«. Es bestehe »Einvernehmen, daß die Rückführung nicht von der Zustimmung der Betroffenen abhängt«. Etwa 40 000 Personen wurden als »bereits ausreisepflichtige Vietnamesen« bezeichnet, die »bis zum Ende des Jahres 2000 zurückgeführt« würden. Ihre Rückführung beginne »mit dem Jahre 1995 und wird so gestaltet, daß bis zum Jahre 1998 20 000 Vietnamesen in Vietnam wieder aufgenommen worden sind«. Die der Gegenseite aufgenötigte Verknüpfung wurde mit der Festlegung bekräftigt: »Die Regierungsverhandlungen über den Abschluß eines Rückübernahmeabkommens sowie die Regierungsverhandlungen über die entwicklungspolitische Zusammenarbeit werden umgehend in Bonn aufgenommen.«[8]

In ihrer Antwort auf eine Kleine Anfrage von PDS-Bundestagsabgeordneten zu den in der Erklärung vorgesehenen »Abschiebungen in der Bundesrepublik Deutschland lebender Vietnamesinnen und Vietnamesen« tat die Bundesregierung mit Schreiben des Bundesinnenministeriums vom 16. Februar kund: »Die Gemeinsame Erklärung enthält insbesondere Vereinbarungen zum Ausbau der wirtschaftlichen, entwicklungspolitischen und kulturellen Zusammenarbeit. Die Erklärung stellt die Gesamtbeziehungen zwischen beiden Ländern auf eine feste Grundlage und gibt ihnen eine langfristige Perspektive. Die Gemeinsame Erklärung enthält ferner eine Rahmenabsprache für die Rückführung derjenigen Vietnamesen, die sich in Deutschland ohne gültigen Aufenthaltstitel befinden.« Vietnam wurde als eines der »Hauptproblemländer« bezeichnet, das sich »bislang wie kaum ein anderes Land beharrlich weigerte, die in Deutschland ohne Aufenthaltstitel lebenden Staatsangehörigen aufzunehmen«. Die Bundesregierung sehe »in der Gemeinsamen Erklärung einen wichtigen Schritt auf dem Weg zur Lösung der Rückübernahmeproblematik«. Als unzutreffend wies sie die Feststellung der Abgeordneten zurück, dass der Bundesminister für wirtschaftliche Zusammenarbeit und Entwicklung, Carl-Dieter Spranger, in einer Pressemitteilung zur Gemeinsamen Erklärung »eine Bevölkerungsgruppe pauschal in die Nähe von kriminellen Straftätern« gerückt habe. Spranger hatte am 11. Januar in seinem Papier von »40 000 illegal in Deutschland lebenden vietnamesischen Staatsangehörigen« gesprochen.[9]

Die in der Erklärung angekündigten Verhandlungen in Bonn mündeten am 21. Juli 1995 in ein »Abkommen zwischen der Regierung der Bundesrepublik Deutschland und der Regierung der Sozialistischen Republik Vietnam über die Rückübernahme von vietnamesischen Staatsangehörigen (Rückübernahmeabkommen)«, gültig zunächst bis zum 31. Dezember 2000. Es regelte die Modalitäten der geplanten Abschiebungen.[10] Laut Antwort der Bundesregierung auf die Abgeordnetenanfrage waren Ende 1994 im deutschen Ausländerzentralregister (AZR) 96 659 im Lande lebende Vietnamesinnen und

Vietnamesen registriert. Zu ihnen gehörten mehr als 30 000 einstige »boat people« mit nachgekommenen Angehörigen, sämtlich mit unbefristeter Aufenthaltserlaubnis ausgestattet und als »rechtmäßig in Deutschland lebende vietnamesische Staatsangehörige« von Abschiebung nicht bedroht. Insgesamt 49 059 Vietnamesen besaßen einen als Aufenthaltsbefugnis, -bewilligung, befristete -erlaubnis, unbefristete -erlaubnis oder -berechtigung bezeichneten sogenannten Aufenthaltstitel, waren somit von Abschiebung vorerst nicht oder gar nicht betroffen. Etwa 47 500 Vietnamesen besaßen keinen solchen Aufenthaltstitel oder befanden sich in Asylverfahren, rund 6000 von ihnen waren bereits als Asylberechtigte anerkannt.[11]

Presseberichten und anderen Quellen war zu entnehmen, dass es bei den gut 40 000 für die »Rückübernahme« Auserkorenen um etwa 10 000 ehemalige Arbeitskräfte in der DDR sowie 20 000 abgelehnte Asylbewerber und 10 000 »erkannte illegal Eingereiste« handelte.[12] Aus dem Bundesinnenministerium hieß es, dass die »in Ostdeutschland lebenden Vietnamesen fast ausnahmslos als Kandidaten für eine Ausweisung gelten«.[13] Eine Verordnung der DDR-Regierung unter Ministerpräsident Lothar de Maizière vom 13. Juni 1990 über die Veränderung von Arbeitsrechtsverhältnissen mit ausländischen Bürgern, die auf der Grundlage von Regierungsabkommen in der DDR beschäftigt waren, hatte den vietnamesischen Arbeitskräften einen Rechtsanspruch auf eine Arbeits- wie auch auf eine Gewerbeerlaubnis »zu den gleichen Bedingungen wie einem DDR-Bürger« zugesprochen. Im Einigungsvertrag war die Weitergeltung dieses Anspruchs mit gewissen Veränderungen und

Ergänzungen vereinbart worden.[14] Dieser gesetzliche Anspruch wurde nach der Vereinigung negiert. Das frühere DDR-Aufenthaltsrecht wurde in eine zeitweilige Aufenthaltsduldung bis zum Ende der ursprünglichen Vertragszeit, die in der Regel vier bis fünf Jahre betrug, umgewandelt.

Am 17. Dezember 1992 beauftragten die Regierungschefs die Innenminister von Bund und Ländern, »sich mit der Lage der Vertragsarbeitnehmer der ehemaligen DDR zu befassen, um eine humanitäre Lösung (…) zu finden«.[15] Im Ergebnis räumte man denen, die nach der Wende nicht von dem Angebot der letzten DDR-Regierung Gebrauch gemacht hatten, mit 3000 DM Starthilfe ausgestattet in die Heimat zurückzukehren, ein vages »Bleiberecht« ein. Die Bundesregierung verweigerte ihnen gleiche Rechte wie den einstigen Gastarbeitern in den alten Bundesländern und die Anerkennung ihrer Aufenthaltsjahre in der DDR. In der 1993 getroffenen Bleiberechtsregelung der Innenminister wurde als eine Voraussetzung für die Erteilung einer zweijährigen, verlängerbaren Aufenthaltsbefugnis, der niedrigsten Stufe eines amtlichen Aufenthaltstitels, der Nachweis einer legalen Erwerbstätigkeit festgeschrieben, die nur im »Beitrittsgebiet« ausgeübt werden durfte. Viele der ehemaligen »Vertragsarbeiter« konnten jedoch bis zum Stichtag 17. April 1994 keine unselbstständige oder selbstständige Arbeit nachweisen. Der Verlust ihres Arbeitsplatzes und die hohe Arbeitslosigkeit im Osten hatten sie zu Arbeitslosen- oder Sozialhilfeempfängern gemacht.

Es konnte nicht ausbleiben, dass die im Bonner Abkommen vom Juli 1995 fixierte Vereinbarung, der sich die vietnamesische Seite nicht entziehen konnte, unter den Vietnamesen in Ostdeutschland »große Ungewißheit, Angst und Enttäuschung« hervorrief, wie die »Vereinigung der Vietnamesen in Berlin & Brandenburg« seinerzeit in einem Offenen Brief konstatierte. Sie erhob Einspruch und verwies darauf, dass »viele von uns Weiterbildungs- und Umschulungsmaßnahmen absolviert und mit Fleiß an der Vervollkommnung ihrer Deutschkenntnisse gearbeitet« hätten. Wenn man es mit dem »Bleiberecht« ernst meine, müssten sie eine Chance erhalten, »sich hier eine Existenz zu schaffen«. Die Vereinigung, die noch immer existiert, bestand auf Gleichstellung mit den »Gastarbeitern der früheren BRD«.[16] Widerspruch gab es auch von einzelnen Politikern, den Ausländerbeauftragten der neuen Bundesländer sowie diversen Vereinen und Arbeitsgruppen.

Die folgenden Jahre zeigten, dass das von der Bundesregierung durchgedrückte, auch von sachkundigen Deutschen kritisierte Rückübernahmeabkommen weder den behördlichen Möglichkeiten Vietnams entsprach noch der Notwendigkeit Rechnung trug, Abschiebekandidaten von deutscher Seite zunächst zweifelsfrei zu identifizieren. Daraus resultierende schleppende Übergabe unzulänglicher Namenslisten erschwerte und verzögerte erheblich deren Prüfung in Hanoi. Es regierten gegenseitige Vorwürfe und Beschuldigungen. Entsprechende Äußerungen deutscher Regierungsbeamter nannte Vietnams Regierung im Mai 1996 in einer Botschafter Christian Krämer übergebenen Note »unfreundlich, beleidigend und inakzeptabel«.[17] Das Auswärtige Amt ließ seinen Sprecher kontern, die Note sei »in Ton und Sache unangemessen«.[18]

Zu jenem Zeitpunkt waren statt 2500 Vietnamesen, die 1995 abgeschoben werden sollten, und der Hälfte der 5000 für 1996 Vorgesehenen erst 70 Personen nach Vietnam zurückgelangt. Zwischenzeitliche Klimaverbesserung wechselte mit neuerlichen Auseinandersetzungen, auf deutscher Seite nahezu regelmäßig von Stimmen begleitet, Vietnam Entwicklungshilfe zu versagen. Es wäre zu wünschen gewesen, man hätte in den hiesigen Amtsstuben einmal überlegt, welchen zwingenden Grund es für Vietnam hätte geben sollen, sich permanent unter Druck setzen oder gar mit ökonomischem Liebesentzug erpressen zu lassen. Fruchtbare wirtschaftliche Beziehungen lagen schließlich im Interesse beider Seiten. Und 1995/96 nahm Deutschland unter den ausländischen Investoren in Vietnam erst den 23. Platz ein. Überdies wurde hierzulande übersehen, dass die SRV auch von anderen Ländern gedrängt wurde, tausende einstige Flüchtlinge zurückzunehmen, die allesamt im Lande hätten versorgt und beschäftigt werden sollen. Gegen 1998 standen nicht 20 000, sondern nur 3700 aus Deutschland abgeschobene Vietnamesen zu Buche. Mehr als 1000 waren zudem freiwillig in die Heimat zurückgekehrt. In der Folgezeit gewannen offensichtlich wieder diplomatische Bemühungen die Oberhand, entschloss man sich hier zu Modifizierungen und Erleichterungen, sprachen auch Gerichte. Ob die angepeilte Zahl von 40 000 Abschiebungen Bestand hatte, ist nicht zu erfahren. Auch die genaue Zahl der jetzt in Deutschland lebenden Vietnamesen liegt im Dunkeln.

Fast 37 Jahre nach der ersten Visite eines deutschen Regierungschefs in Vietnam, jener von DDR-Ministerpräsident Grotewohl, betrat Kanzler Kohl im Rahmen einer Asien-Reise am 16. November 1995 vietnamesischen Boden. Mit dem nach eigenem Bekunden ersten Besuch eines Bundeskanzlers in Vietnam folgte er einer Einladung, die Amtskollege Vo Van Kiet 1993 in Bonn ausgesprochen hatte. Von ihr hat die Öffentlichkeit damals amtlich nichts erfahren. Über den viertägigen Aufenthalt des Kanzlers, der mit einer 170 Mitglieder zählenden Delegation angereist war, sind offenbar weder eine gemeinsame Mitteilung noch eine offizielle Verlautbarung von deutscher Seite verfügbar. Zu seiner Begleitung gehörten, wie von vietnamesischer Seite vermerkt wurde, »führende Köpfe der deutschen Wirtschaft«. Dass er neben dem Ministerpräsidenten auch mit KPV-Generalsekretär Do Muoi, Staatspräsident Le Duc Anh und dem Präsidenten der Nationalversammlung, Nong Duc Manh, zu Gesprächen zusammenkam, war nur der vietnamesischen Presse zu entnehmen.[19] Das Bundespresseamt gab in einem Bulletin über den »Besuch in der Sozialistischen Republik Vietnam« lediglich die Ansprachen zur Kenntnis, die der Gast bei unterschiedlichen Anlässen in Hanoi und Ho-Chi-Minh-Stadt gehalten hat. Begrüßungsreden oder Erwiderungen der Gastgeber blieben unerwähnt.[20]

Die Reden des Kanzlers, die relativ knappen Berichte in der deutschen Presse und die Bilanz der Hanoier Zeitschrift vermittelten einen einigermaßen informativen Überblick über die Gesprächsinhalte wie auch über die Besuchsergebnisse. Unterzeichnet wurden Abkommen über Steuererleichterungen für deutsche Investoren durch Vermeidung von Doppelbesteuerung, über Rechtsgrundlagen für den gegenseitigen Handel, über die finanzielle Zusammenarbeit zwischen beiden Ländern und über die Kooperation auf dem Gebiet der Telekommunikation. Zugesagt wurden Finanzhilfe Bonns in Höhe von 70 Millionen Mark für vereinbarte Projekte auf dem Weg in die Marktwirtschaft, Unterstützung in der Ausbildung und im Technologietransfer sowie Hermes-Exportbürgschaften in Höhe von 150 Millionen DM. Höhepunkt des Besuches war die Grundsteinlegung für ein Automobilwerk, das die Mercedes Benz AG mit einem Investitionsaufwand von 70 Millionen DM gemeinsam mit zwei vietnamesischen Partnern in Ho-Chi-Minh-Stadt errichtete. Vorgesehen war, mit der Montage von Nutzfahrzeugen und Bussen im Herbst 1996 zu beginnen und in der Perspektive auch Oberklassenlimousinen zu fertigen.

Zu erwarten war, dass die Realisierung des Rückübernahmeabkommens Gesprächsgegenstand beider Regierungschefs würde. Helmut Kohl und Vo Van Kiet wollten das Abkommen »korrekt umsetzen«, hieß es schon am ersten Besuchstag. Laut Presseberichten signalisierte die deutsche Seite die Bereitschaft zu Nachverhandlungen, auf die Vietnam drängte. Auch hieß es aus Kreisen der deutschen Abordnung, es sei durchaus vorstellbar, bei vielen der ehemaligen DDR-»Vertragsarbeiter« auf eine Abschiebung zu verzichten. Der Kanzler sicherte zu, dass finanzielle und ökonomische Hilfe und Zusammenarbeit nicht weiter an die Lösung des Problems der Rückführung gebunden werde. Kohl habe zwar in dieser Frage interveniert, »wollte aber die großen Hoffnungen der deutschen Wirtschaft auf den Zukunftsmarkt Vietnam nicht gefährden«, war zu lesen. Die in der Gemeinsamen Erklärung vom 6. Januar zugesagten jeweils 100 Millionen DM Entwicklungshilfe für 1995 und 1996 sollten gezahlt werden.[21]

Wie man weiter vernahm, bedauerte Vo Van Kiet im Gespräch mit dem Kanzler, dass Deutschland bei den Direktinvestitionen nur an 23. Stelle stehe. Das Potential sei noch lange nicht ausgeschöpft. Vietnam sei an engerer Zusammenarbeit vor allem in Chemie und Maschinenbau interessiert.²² Kohl versprach in seinem Toast auf einem von Vo Van Kiet gegebenen Essen, dass Vietnam bei dessen Aufbauwerk »nach Kräften« unterstützt werde. Er plädierte für eine »neue Qualität unserer Beziehungen« und verwies auf bereits »umfangreiche Zusammenarbeit im Bereich der Entwicklungspolitik, den wissenschaftlichen Austausch, die Programme der beruflichen Fortbildung sowie den Ausbau der Zusammenarbeit im Handel und bei Investitionen«. Ein geplantes »deutsch-vietnamesisches wirtschaftspolitisches Dialogforum« könne dazu »Substantielles beitragen«. Vor Lehrkörper und Studenten der Technischen Universität in Hanoi artikulierte er den Wunsch, »daß möglichst viele deutsche Unternehmen sich hier in Vietnam engagieren. Unsere wirtschaftliche Zusammenarbeit soll durch eine wissenschaftlich-technologische Kooperation begleitet werden.« In Ho-Chi-Minh-Stadt nannte der Kanzler das Engagement von Daimler-Benz »stellvertretend für das Interesse der deutschen Wirtschaft am Aufbau in Vietnam«, verbunden mit dem Wunsch, dass neben investierenden großen Unternehmen »auch kleine und mittlere ihren Platz finden«.

Kohl schätzte ein, dass »eine neue Phase der Kooperation eingeleitet« worden sei. »Sie umfaßt das ganze Spektrum von den politischen und wirtschaftlichen Beziehungen bis hin zur Entwicklungs- und Kulturzusammenarbeit.« Man habe auf dem »Weg zu einer neuen Partnerschaft einen großen Schritt nach vorn getan«. Einen Schatz für die bilateralen Beziehungen nannte er die vielen Vietnamesen, »die in Deutschland studiert und gearbeitet haben und die deutsche Sprache beherrschen«. Diese Tausende seien »eine wichtige Größe für die Zusammenarbeit unserer beiden Länder und eine Brücke zwischen unseren beiden Völkern«. Einmal wurde er in dieser Frage konkreter, als er erklärte: »Wir – Vietnamesen und Deutsche – haben vieles, was uns verbindet. Die tiefste und engste Verbindung aber sind die vielen Menschen, die in den vergangenen Jahrzehnten in der ehemaligen DDR gelebt und gearbeitet haben. Viele von ihnen sind dort aufgewachsen und haben dort studiert. Für viele wurde Deutschland zur zweiten Heimat. Viele von ihnen unterhalten oft noch persönliche Kontakte zu Deutschland. Sie können mit ihren menschlichen Beziehungen zu Deutschland und ihrer Sprach- und Landeskenntnis viel dafür tun, daß unsere beiden Länder einander besser verstehen und enger zusammenarbeiten.«

Zu vermissen war ein Wort des Kanzlers zur Rolle der Bundesrepublik in der Vergangenheit. Er beschränkte sich auf die unverbindliche Formel: »Dieses Jahrhundert hat viel Not und Elend erlebt und auch viel Schlimmes, das im deutschen Namen geschehen ist. Jetzt sind wir dabei, gemeinsam mit unseren Nachbarn, Partnern und Freunden das Haus Europa zu bauen.« Zum Gastgeberland wusste er lediglich zu sagen: »Vietnam hat in den vergangenen Jahren Schlimmes, aber auch enorme Veränderungen erlebt. Viele Wunden schmerzen noch. Wahr ist aber auch, daß sie begonnen haben zu verheilen.« Er wünsche »im Hinblick auf die bitteren Erfahrungen dieses Jahrhunderts« Deutschen und Vietnamesen »eine andere, eine bessere, friedlichere Zukunft«. Kohl mochte nicht darauf verzichten, »die Wiedervereinigung Deutschlands in Frieden und Freiheit« als ein »Geschenk der Geschichte« ebenso wie »erste Erfolge« in den neuen Bundesländern zu preisen, wenn auch dort »noch viel Arbeit« zu leisten und »Geduld« nötig sei. »Die Bundesländer im

Osten unserer Republik gehören bereits seit geraumer Zeit zu den Regionen mit dem stärksten Wachstum in Europa. Die Menschen dort können jetzt über sich selbst bestimmen und auch wirtschaftlich ihr Schicksal in die eigene Hand nehmen.«[23] Viele Vietnamesen kannten die DDR mit Sicherheit anders, als es der Bundeskanzler mit dieser Floskel zu vermitteln trachtete.

Bevor es im ersten Jahr des neuen Jahrtausends zum nächsten Kontakt auf hoher Ebene kam, war an den fortdauernden, teils heftigen Auseinandersetzungen um das Rückübernahmeabkommen und an der unfreundlichen deutschen Begleitmusik deutlich geworden, dass die bilateralen Bande bei weitem noch nicht den von Kanzler Kohl beschworenen Entwicklungsstand erreicht hatten. Auch waren sie, gemessen an den zur Kenntnis gelangten Ergebnissen seiner Visite, in der Substanz nach wie vor weit vom Niveau der Beziehungen zwischen DDR und SRV entfernt. Von ausgeprägt politischen Beziehungen konnte schon gar keine Rede sein. Das bestätigte sich in bedrückender Weise, als am 13. und 14. Oktober 2001 eine vom neuen vietnamesischen Ministerpräsidenten Phan Van Khai geleitete Regierungsdelegation die Bundesrepublik besuchte. Ihr Aufenthalt blieb »von den deutschen Medien weitgehend unbeachtet«[24]. Nach einer offiziellen Verlautbarung bilateraler Art oder der deutschen Seite über den Besuch fragt man vergebens.

Von der vietnamesischen Seite angestrebtes Ziel des Besuches war die weitere Entwicklung der Beziehungen vor allem im Bereich von Wirtschaft und Wissenschaft. Dem dienten Gespräche mit Kohl-Nachfolger Gerhard Schröder, Außenminister Joseph Fischer, Entwicklungsministerin Heidemarie Wieczorek-Zeul und Wirtschaftsminister Werner Müller. Kanzler Schröder versicherte, wie zu erfahren war, dass Deutschland sich für den lange von den USA blockierten Beitritt Vietnams zur Welthandelsorganisation (WTO) einsetzen und auf die Öffnung der europäischen Märkte für vietnamesische Produkte hinwirken wolle. Für bessere Verkehrsverbindungen mit Vietnam im Interesse größerer Investitionstätigkeit sollten noch in jenem Jahr Verhandlungen über ein Luftverkehrsabkommen begonnen werden, wie es das zwischen Vietnam und der DDR schon vor drei Jahrzehnten gegeben hatte. Im Rahmen des Besuchs sagte die bundeseigene Kreditanstalt für Wiederaufbau (KfW), die sich im Juni mit einem Büro in Hanoi etabliert hatte, Hilfe aus dem Haushalt des Bundesministeriums für wirtschaftliche Zusammenarbeit und Entwicklung (BMZ) in Höhe von 112 Millionen DM für drei Projekte zu. Es ging um Beschaffung von Lokomotiven, Unterstützung aus Deutschland zurückkehrender Vietnamesen und Aufforstungen im Norden Vietnams. Bis dahin waren über die KfW seit 1992 für Projekte in verschiedensten Bereichen, so Familienplanung, Gesundheitswesen, Wasserver- und Abwasserentsorgung, knapp 380 Millionen DM nach Vietnam geflossen.[25]

Kaum essentiell Neues erbrachte die Gegenvisite Kanzler Schröders Mitte Mai 2003 als Teil einer Asien-Reise. Das nur in einigen Zeitungsnachrichten und in einer Presseinformation der Deutschen Botschaft in Hanoi vermittelte Ergebnis seiner Gespräche mit Regierungschef Phan Van Khai und dem Generalsekretär des KPV-ZK, Nong Duc Manh, waren ein Tourismusabkommen, ein Abkommen über finanzielle Zusammenarbeit und drei Darlehensverträge zur Finanzierung mehrerer

Großvorhaben mit schon 2001 zugesagter KfW-Finanzhilfe in Höhe von 65 Millionen Euro. Es ging um den Ausbau mehrerer Krankenhäuser, den Aus- und Aufbau von Berufsschulen, die Errichtung zweier Abwasser-Aufbereitungsanlagen und die Beseitigung von Hochwasserschäden im Mekongdelta. Die Bundesregierung beschränkte sich darauf, in einem Bulletin zum Besuch lediglich eine Rede des Kanzlers in Hanoi zu dokumentieren. Auch diesmal gab es keine gemeinsame Verlautbarung.

Der mahnende Hinweis des vietnamesischen Ministerpräsidenten auf die 2001 zugesagte Unterstützung in Sachen WTO und Beziehungen zur EU wurde laut Presse von Schröder mit dem unverbindlichen Versprechen beschieden, die Bundesregierung werde »in diesem Sinne aktiv werden«. Der Kanzler wiederholte im Übrigen, was schon 1995 sein Vorgänger in Allgemeinplätzen kundgetan hatte: Die Bundesregierung werde Vietnam auf dem Weg der »wirtschaftlichen und sozialen Erneuerung« unterstützen, und er wolle »bei deutschen Managern für Investitionen in Vietnam werben«, weil das »im Interesse beider Seiten« sei. Deutschland fand sich unter den ausländischen Investoren inzwischen auf Platz 20 und damit nach wie vor ziemlich am Ende der Liste wieder. Wirtschaftsminister Wolfgang Clement, Begleiter Schröders, meinte den Grund zu kennen: »Das Land ist zu lange außerhalb unseres Gesichtsfeldes gewesen.« Für die Zeit vor 1975 hatte das allerdings nicht gegolten. Dem Kanzler gab der Ministerpräsident mit auf den Weg: »Auf dem hohen Potential, das für eine Zusammenarbeit zwischen Vietnam und Deutschland verfügbar ist, sollten die zwei Nationen eine Partnerschaft des Vertrauens und der langfristigen Stabilität anstreben.«[26]

Wie Helmut Kohl wählte auch Gerhard Schröder die Technische Universität in Hanoi als Ort eines öffentlichen Auftritts. Er wiederholte vieles, was schon sein Amtsvorgänger Studenten und Lehrkörper hatte wissen lassen. Die mehr als 100 Dozentinnen und Dozenten der TU, die in Deutschland studiert hätten, seien ein »großer Schatz, den wir miteinander nutzen wollen«. Es gebe bereits lebendige deutsch-vietnamesische Hochschulbeziehungen, die zu erhalten und auszubauen seien. Das Auditorium erfuhr: »Diese engen Beziehungen, das soll gar nicht verschwiegen werden, basieren auf dem regen Austausch, den es zu Zeiten der ehemaligen DDR gegeben hat. Allein bis 1990 wurden etwa 7000 vietnamesische Akademiker in Ostdeutschland, also in der früheren DDR, ausgebildet. Manche von ihnen sitzen hier im Saal, ebenso wie andere Ehemalige, die bereits das wiedervereinigte Deutschland kennen gelernt haben. Sie alle – das will ich ausdrücklich sagen – bilden eine einzigartige Brücke zwischen Ihrem Land und Deutschland.«

Schröder ließ wissen, dass zu jenem Zeitpunkt 1600 Vietnamesinnen und Vietnamesen an deutschen Hochschulen eingeschrieben gewesen seien. In den engen Hochschulbeziehungen liege »ein großes, nur zum Teil genutztes Potenzial für deutsche und vietnamesische Unternehmen«. Innerhalb der Europäischen Union sei Deutschland inzwischen der größte Handelspartner Vietnams geworden. »Erfreulicherweise hat sich unser bilaterales Handelsvolumen seit 1996 mehr als verdoppelt, und wir arbeiten gemeinsam daran, dass das noch besser wird.« Angestrebt werde für die nächsten Jahre »eine ganz ähnliche, erfreuliche Entwicklung bei den Investitionen«. Die deutsche Wirtschaft habe »bereits großes

Interesse signalisiert, die Zusammenarbeit mit Vietnam auszubauen«.[27] Das jedoch war schon zehn Jahre zuvor kein Geheimnis mehr und hatte bereits damals die Vorgängerregierung unter Druck gesetzt.

Vertraut man den verfügbaren, überwiegend sehr spärlichen Informationen über die offiziellen Besuche von deutscher Seite in Vietnam, dann dürfte Gerhard Schröder der erste bundesdeutsche Politiker gewesen sein, der am Ho-Chi-Minh-Mausoleum in Hanoi einen Kranz niederlegte. Seine Visite vermochte dennoch nicht darüber hinwegzutäuschen, dass die Arbeit auf der Baustelle, die »Verhältnis beider Staaten zueinander« hieß, fast drei Jahrzehnte nach der Aufnahme diplomatischer Beziehungen und mehr als ein Jahrzehnt nach dem Untergang der DDR über das Fundament noch nicht hinausgekommen war. Das spiegelte sich nicht zuletzt in der Art und Weise wider, wie Kontakte auf staatlicher Ebene von deutscher Seite in der amtlichen Öffentlichkeitsarbeit behandelt wurden.

Kaum Beachtung fanden hier im Oktober 1993 der offizielle Besuch des damaligen Präsidenten der vietnamesischen Nationalversammlung, Nong Duc Manh, und die Gegenvisite von Bundestagspräsident Wolfgang Thierse im Dezember 2001. Als im September 2003 eine offizielle Delegation der SRV-Volksvertretung die Bundesrepublik besuchte, um sich mit parlamentarischem Prozedere vor allem bei Haushaltsplanung und Gesetzgebung vertraut zu machen, wurde darüber nur in Hanoi informiert.[28] Anders hatte es ausgesehen, als im Juli 1968 eine Abordnung des Parlaments in Saigon, geleitet von dessen Vizepräsident, Bonn die Aufwartung gemacht hat. Darüber war selbstredend unterrichtet worden.

Am 1. März 2004 kam eine Delegation aus Vietnam in die Bundesrepublik, der KPV-Generalsekretär Nong Duc Manh vorstand. Zu ihr gehörten der stellvertretende Ministerpräsident Vu Khoan und der Minister für Planung und Investitionen, Vo Hong Phuc. Die Gäste trafen mit Kanzler Schröder, Bundespräsident Johannes Rau, Minister Clement und Vertretern von Landesregierungen zu Gesprächen zusammen. Über den fünftägigen Aufenthalt wurde in der vietnamesischen Presse dem Rang der Abordnung entsprechend berichtet. In der deutschen Hauptstadt gab nur die Homepage des Bundeskanzleramtes Auskunft, die Berliner Presse negierte die Delegation. Über konkrete Vereinbarungen ist nichts bekannt, der Zusagen von deutscher Seite gab es einige. So versprach der Kanzler zum wiederholten Male Unterstützung für Vietnams Begehr, WTO-Mitglied zu werden. Die Bundesregierung wolle auch den Ausbau der wissenschaftlichen Kooperation, vor allem des Studentenaustauschs, sowie Bemühungen einzelner deutscher Unternehmen um Aufträge im Verkehrsbereich unterstützen. Erfreut zeigte sich Schröder über den Zuschlag, den ein deutsches Architektenbüro für den Bau eines Kongresszentrums in Hanoi erhalten hatte.[29]

Zum ersten Kontakt auf militärischem Gebiet kam es am 18. Oktober 2004 in Berlin. Als Ziele der in der hiesigen Presse nicht registrierten Visite der vietnamesischen Militärs nannte die Homepage des Bundesverteidigungsministeriums »die Entwicklung bilateraler militärpolitischer Beziehungen und die behutsame Intensivierung der Zusammenarbeit auf beiden Seiten«. Die Verteidigungsminister Armeegeneral Pham Van Tra und Peter Struck unterzeichneten ein Abkommen über die Gewährung militärischer Ausbildungshilfe, das die Bereitstellung von fünf Studienplätzen sowie Lehrgänge im medizinischen und technischen Bereich wie auch Lehrgänge zum Thema Blauhelmmissionen der UNO zum Inhalt hatte. Vietnam hatte Interesse an Zusammenarbeit im Sanitätsdienst und an der Teilnahme an solchen Missionen bekundet.[30]

Noch einmal weilte Schröder, vom führenden Mann der KPV im März eingeladen, Anfang Oktober 2004 als Bundeskanzler in Vietnam. Dessen Hauptstadt war Austragungsort des 5. Asien-Europa-Meetings (ASEM 5). An dieser Beratung über Leitlinien der wirtschaftlichen Kooperation nahmen Vertreter der mittlerweile 25 Mitgliedsländer der EU, der Europäischen Kommission, der zehn Mitglieder der Südostasien-Staatengemeinschaft (ASEAN) sowie Chinas, Japans und Südkoreas teil. Schröder nutzte die Gelegenheit zu Gesprächen mit Ministerpräsident Phan van Khai, Staatspräsident Tran Duc Luong und Generalsekretär Nong Duc Manh. Er ließ wissen, dass die SRV im Rahmen der offiziellen Entwicklungshilfe im Zeitraum 2004/2005 deutsche Finanzhilfe in Höhe von 20 Millionen Euro erhalten werde. Im Beisein des Kanzlers wurden Abkommen über den Bau einer Zementfabrik durch eine zum Thyssen-Krupp-Konzern gehörende Firma und über die Lieferung von 16 Diesellokomotiven durch Siemens unterzeichnet.[31]

Drei Jahrzehnte nach dem ersten Staatsbesuch eines deutschen Staatsoberhaupts in der Person von Erich Honecker konnte am 21. Mai 2007 erstmals ein Bundespräsident in Hanoi begrüßt werden. Fernsehen sowie Print- und Online-Medien Vietnams informierten ausführlich über den dreitägigen Aufenthalt Horst Köhlers im Rahmen einer Asien-Reise. Das Organ des KPV-ZK,

Nhan Dan, überschrieb einen Kommentar: »Neue Entwicklung in den deutsch-vietnamesischen Beziehungen«. *Viet Nam News* nannte den Besuch »ein Ereignis, das einen neuen Meilenstein in den bilateralen Beziehungen markierte«.[32] Anders die Medien in Deutschland. Das ZDF wusste vordergründig bilanzierend zu berichten, der Bundespräsident habe sich »mit deutlichen Worten für die Menschenrechte stark gemacht«.[33] Im *Vietnam Kurier* (Düsseldorf) war zu lesen: »Verfolgte man in diesen Tagen die Medien, so schien es nur ein Thema gegeben zu haben: Proteste gegen die Verurteilung von einigen Dissidenten. Nahezu alle Medien hatten nur unter den Schlagworten Dissidenten und Menschenrechte berichtet. Die *Deutsche Welle* titelte ›Wachstum ohne Demokratie‹. *Focus* ›Köhler kritisiert Vorgehen gegen Dissidenten‹ und laut *Der Spiegel* ›sorgt sich Köhler um Menschenrechtslage in Vietnam‹.«[34]

Köhler hatte Gespräche mit dem neuen Staatspräsidenten Nguyen Minh Triet, dem gleichfalls neuen Ministerpräsidenten Nguyen Tan Dung und dem KPV-Generalsekretär. In der Tat fühlte er sich bemüßigt, seinem Amtskollegen im Gespräch im Präsidentenpalast Vorhaltungen wegen der Verurteilung einiger Dissidenten zu machen, die sich den Europäern »nicht unmittelbar erschlossen« habe, und die »Einhaltung der Menschenrechte« einzufordern, laut Presse verbunden mit seinem Hinweis, »dass Deutschland und die EU den Rechtsstaatdialog mit Vietnam fortsetzen wollten«. Die EU hielt es für angezeigt, durch ihre – zu jenem Zeitpunkt deutsche – Ratspräsidentschaft Protest bei der vietnamesischen Regierung einzulegen. *Amnesty International,* die französische Organisation *Reporters sans frontières* und einige andere Organisationen nahmen sich im selben Geist des Themas an.

Im April und Mai waren etliche Personen, unter ihnen zwei Rechtsanwälte, zu mehreren Jahren Gefängnis verurteilt worden. Sie waren unter anderem angeklagt, »Propaganda gegen die Regierung« zu betreiben, Verfassung und Gesetze Vietnams »schwer verletzt« zu haben und die KPV zu verunglimpfen. Einige der Verurteilten wurden beschuldigt, regierungsfeindliches Material auch über das Internet zu verbreiten. Nach den verfügbaren Quellen zu urteilen, handelte es sich um offen regimefeindliche Kräfte, die via Internet und auf anderen Wegen einen »politischen Wechsel« in Vietnam propagierten und sich in ihrem Bemühen, im Land eine organisierte Opposition zu schaffen, der Unterstützung durch Exilvietnamesen in den USA und Frankreich erfreuen konnten.[35] So entgegnete Vietnams Präsident denn auch, dass »nur Verstöße gegen Gesetze des Landes« geahndet worden seien, was nichts mit Einschränkung der Meinungsfreiheit zu tun habe. Angesichts seiner Erfahrungen mit der Kolonialgeschichte trete auch sein Land für die Menschenrechte ein.[36]

Über konkrete Ergebnisse des Köhler-Besuches wurde so gut wie nichts bekannt. In seinem Toast auf einem Staatsbankett in Hanoi, den das Bundespresseamt als einzige Information über die Visite in einem online verfügbaren Bulletin in Umlauf brachte, tat er kund, dass »Absichtserklärungen über die Einführung von Deutsch als 2. Fremdsprache an Mittel- und Oberschulen sowie zur Gründung einer Deutschen Universität in Vietnam unterzeichnet« worden seien. Der Bundespräsident bot seinen Gesprächspartnern eine »Modellpartnerschaft im

Umweltschutz« an. Mehrere Projekte sollten dem Versuch dienen, in Vietnam wirtschaftliches Wachstum und damit auch soziale Verbesserungen zu erzielen, ohne Umwelt und Ressourcen nachhaltig zu zerstören. Köhler pries die Entwicklung des gegenseitigen Handels, der 2006 ein Volumen von drei Milliarden Dollar erreicht habe, und lobte die »bemerkenswerte wirtschaftliche Dynamik« des Landes. Doch für ein »nachhaltiges Wirtschaftswachstum« wie überhaupt als »Fundament einer modernen Gesellschaft, an deren Gestaltung sich die Bürger offen und kritisch beteiligen können«, dozierte er, seien »Rechtssicherheit, Fairness und Transparenz« wichtig. Er sei »zuversichtlich«, dass Vietnams Führung »die günstige Gelegenheit des wirtschaftlichen Wachstums ergreifen« werde, »um der wirtschaftlichen auch mehr gesellschaftliche Vielfalt folgen zu lassen«.

In seinem Toast bilanzierte Köhler, seit der Aufnahme diplomatischer Beziehungen im Jahr 1975 habe »sich unser bilaterales Verhältnis sehr dynamisch entwickelt. Es ist sicher nicht übertrieben, unser heutiges Verhältnis als hervorragend zu bezeichnen. Ausdruck dessen sind die zahlreichen und vielfältigen hochrangigen Kontakte zwischen unseren beiden Ländern. Es gibt außerhalb Europas nur sehr wenige Länder, mit denen der Besuchsaustausch Deutschlands auf höchstem Niveau so eng ist wie mit Vietnam.«[37] Sein Amtskollege Nguyen Minh Triet sah das offensichtlich etwas anders. Der hatte im Gespräch mit dem Gast die Meinung geäußert, der Stand der Beziehungen sei relativ »bescheiden« und könnte deutlich ausgeweitet werden.[38]

Nach fast dreieinhalb Jahrzehnten diplomatischer Beziehungen machte sich Ende Februar 2008 zum zweiten

Mal ein Bundesaußenminister auf den Weg nach Vietnam. Vizekanzler Frank-Walter Steinmeier traf in Hanoi mit dem Ministerpräsidenten sowie dessen Stellvertreter und Außenminister Pham Gia Kiem zusammen. Im Vorfeld eines geplanten Deutschland-Besuchs des Regierungschefs unterzeichneten beide Minister eine Vereinbarung über die Gründung der Vietnamesisch-Deutschen Universität (Vietnamese German University) in der Regie des Bundeslandes Hessen, die dann am 10. September in Ho-Chi-Minh-Stadt eröffnet wurde, finanziert von Hessen, der Bundesregierung, der Industrie und von vietnamesischer Seite. Den Rektor und die meisten Dozenten für Ingenieur- und Wirtschaftswissenschaften entsandte Hessen, Unterrichtssprache ist Englisch. In einer »Gemeinsamen Erklärung über die Zusammenarbeit auf dem Gebiet des Rechts und der Justiz« vereinbarten sie die »Einrichtung eines Rechtsstaatsdialogs« im Rahmen der Zusammenarbeit für einen – wie zu lesen war – »umfassenden Dialog zur Verbesserung rechtsstaatlicher Strukturen in Vietnam«. Absprachen wurden getroffen für die Gründung einer Deutschen Internationalen Schule und eines Deutschen Hauses in Vietnam. Beide Seiten einigten sich darauf, das Jahr 2010 aus Anlass des 35. Jahrestages der Aufnahme diplomatischer Beziehungen zum »Deutsch-Vietnamesischen Jahr« zu erklären.[39]

Ministerpräsident Nguyen Tan Dung traf, von mehreren Fachministern begleitet, am 6. März zu einem dreitägigen Aufenthalt in Berlin ein. In seinem Gespräch mit Kanzlerin Angela Merkel wurden neben politischen Fragen »Maßnahmen und Projekte zur Vertiefung der bilateralen Beziehungen« sowie die »Stärkung der Kooperation in internationalen und regionalen Gremien und

Foren« erörtert. Beide bekräftigten das gemeinsame Interesse, die Wirtschaftskooperation weiter zu intensivieren. Für Investitionen böten sich besonders die Bereiche Verkehr, Umwelt, Energie und Telekommunikation an. Die Schwerpunkte der entwicklungspolitischen Zusammenarbeit sahen sie in nachhaltiger Wirtschaftsentwicklung, Umweltschutz und dezentraler Gesundheitsversorgung. In ihrem Beisein wurden Abkommen über die Zusammenarbeit bei der Ausbildung von Management-Nachwuchs und über einen Beitrag Deutschlands zum Bau der U-Bahn in Ho-Chi-Minh-Stadt unterschrieben.[40]

Um den Zuschlag für die Lieferung von Zügen, Signaltechnik und Steuerungsanlagen für die U-Bahn bewarb sich der Münchner Siemens-Konzern gegen Konkurrenz aus Japan, Russland, Frankreich und Südkorea. Um Siemens bei den Stadtvätern zum Erfolg zu verhelfen, setzte die Bundesregierung auf Drängen der Konzernlobby im Bundestag immense staatliche Fördermittel für Ho-Chi-Minh-Stadt durch. Sie schnürte ein Finanzierungspaket in Höhe von rund 240 Millionen Euro aus dem Haushalt des Wirtschaftsministeriums, von denen die Stadt 86 Millionen – mehr als das Doppelte der jährlichen deutschen Entwicklungshilfe für Vietnam – nicht zurückzahlen muss. Der größte Teil des Pakets sind zinsgünstige KfW-Darlehen. Der Finanzierung dieses Deals verweigerte sich das Entwicklungsministerium mit dem zutreffenden Argument, der Transportsektor gehöre nicht zu den Schwerpunkten der entwicklungspolitischen Zusammenarbeit mit Vietnam. Er stieß auch außerhalb des Bundestages auf Kritik. Geltend gemacht wurde, dass Ho-Chi-Minh-Stadt nicht zu den strukturschwachen Landesteilen zähle, sondern der wohlhabendste und dynamischste Ballungsraum Vietnams sei. Im Parlament hielt sich Kritik an dieser Steuermittel-Spendierfreudigkeit des Kabinetts, die ein Abgeordneter von Bündnis90/Die Grünen einen »Fall von Staatskorruption« nannte, jedoch in Grenzen.[41]

Der Ministerpräsident hatte auch Gespräche mit Horst Köhler, Bundestagspräsident Norbert Lammert, dem Chef des Wirtschaftsressorts, Michael Glos, und anderen Ministern sowie Vorstandsmitgliedern einer Anzahl von Unternehmen, so der Deutschen Bank, der Deutschen Telekom, des Pharmakonzerns Sanofi-Aventis, der Frankfurter Börse und der Europäischen Zentralbank. Minister Glos versicherte dem Regierungschef, die Bundesregierung wolle dafür sorgen, dass Deutschland bei den Direktinvestoren vom 20. Platz nach vorn rücke. Die vietnamesischen Medien berichteten ausführlich über den Besuch des Regierungschefs. Hingegen war einzig sein Gespräch mit Angela Merkel, in dem auch vereinbart wurde, das Jubiläumsjahr 2010 mit Festivals in beiden Ländern zu begehen, Gegenstand einer Gemeinsamen Deutsch-Vietnamesischen Presseerklärung, die von der Deutschen Botschaft in Hanoi verbreitet wurde.[42]

Im Vorfeld der für die nächsten Jahre sicherlich letzten deutsch-vietnamesischen Begegnung auf höchster Staats- oder Regierungsebene, einer Hanoi-Visite von Bundeskanzlerin Angela Merkel, weilte Anfang Juni 2011 nunmehr zum dritten Male ein bundesdeutscher Außenminister in der Metropole am Roten Fluss. Vizekanzler Guido Westerwelle erörterte mit dem Ministerpräsidenten, dem ersten stellvertretenden Außenminister Pham Binh Minh und anderen Regierungsvertretern grundsätzliche Fragen der weiteren Entwicklung der bilateralen Beziehungen mit dem Ziel einer »strategischen

Partnerschaft«. Die dreitägigen Gespräche resultierten im Abschluss einer Vereinbarung über einen KfW-Kredit in Höhe von rund 213 Millionen Euro für die Finanzierung einer zweiten U-Bahn-Linie in Ho-Chi-.Minh-Stadt sowie in einem Darlehensvertrag über etwa 10 Millionen Euro zur Modernisierung von Berufsbildungsstätten.[43]

Westerwelle nannte gegenüber Pham Binh Minh den wirtschaftlichen Austausch einen »stabilen Eckpfeiler« der bilateralen Beziehungen und versicherte, dass Vietnam für deutsche Investoren »außerordentlich attraktiv« sei. Dem hielt der Gesprächspartner entgegen, die Bilanz des beiderseitigen Handels sei noch »bescheiden« und ausbaufähig. Er verband diese kritische Anmerkung mit dem Wunsch nach mehr deutschen Investitionen in seinem Land.[44] Im Gegensatz zu Westerwelles Südostasien-Trip fand wenige Tage danach ein Berlin-Aufenthalt seines Amtskollegen, des stellvertretenden Ministerpräsidenten und Außenministers Pham Gia Khiem, in den hiesigen Medien keine Beachtung. Der Gast nannte Deutschland den größten Partner seines Landes in Europa und erklärte die Bereitschaft Vietnams, für die Anbindung Deutschlands an den ASEAN-Markt als Brücke zu dienen. Auch unterstütze Vietnam die deutschen Initiativen zur Reform des UN-Sicherheitsrats.[45]

Wichtigstes Resultat des nur 36-stündigen Aufenthalts der Bundeskanzlerin in Hanoi und Ho-Chi-Minh-Stadt am 11. und 12. Juni 2011 war eine »Gemeinsame Erklärung von Hanoi«, die die »strategische Partnerschaft« zwischen beiden Ländern begründet. »Sie umfasst Vereinbarungen zur Stärkung von Wirtschaft, Handel und Investitionen, Entwicklungszusammenarbeit, Wissenschaft und Kultur«, so die Deutsche Botschaft in einer

knappen 30-Zeilen-Information über die offizielle Stipp- 435
visite. Damit werde die Zusammenarbeit »auf noch festere
Füße« gestellt, erklärte Merkel. Vertreter beider Seiten
unterzeichneten mehrere Abkommen, darunter eines
über finanzielle Zusammenarbeit, das die Finanzierung
von acht Schwerpunktvorhaben der Entwicklungszusammenarbeit
sichert. Das Finanzierungsvolumen beläuft
sich auf fast 450 Millionen Euro.[46] Vertraglich geregelt
wurde die Errichtung eines Deutschen Hauses in Ho-Chi-Minh-Stadt.

Wie offiziell nur vietnamesischen Verlautbarungen
zu entnehmen war, sicherte die Bundeskanzlerin im Gespräch
mit ihrem Amtskollegen Nguyen Tan Dung zu,
Vietnams Streben nach »umfassenden Banden mit der
EU« und »nach Anerkennung als eine Marktwirtschaft«
weiter zu unterstützen. Man werde Vietnam auch bei
seinen Verhandlungen mit der EU über ein Freihandelsabkommen
(FTA) beistehen. Merkel habe »die Errungenschaften
in der sozial-ökonomischen Entwicklung
Vietnams, speziell bei der Verringerung der Armut und
bei der Erfüllung vieler UN-Millenium-Entwicklungsziele«,
ebenso gewürdigt wie »die erstarkende Position
des Landes in der internationalen Arena«. Die Regierungschefs
seien übereingekommen, den »Delegationsaustausch
auf allen Ebenen« sowie »die Zusammenarbeit
und gegenseitige Unterstützung in multinationalen
Foren und internationalen Organisationen« einschließlich
der UNO zu verstärken. Eingerichtet werde »eine
von den Außenministerien geführte vietnamesisch-deutsche
strategische Steuerungsgruppe« zu dem Zweck,
die »strategische Kooperation« wirksam zu befördern.
Erwogen werden solle, den Erfahrungsaustausch in der

Verteidigungs- und Sicherheitspolitik entsprechend den Interessen beider Seiten in die Wege zu leiten.

Der Präsident der vietnamesischen Nationalversammlung, Nguyen Sinh Hung, versicherte im Gespräch mit der Bundeskanzlerin, das Parlament werde im Interesse beider Seiten wie auch von Frieden und Stabilität in der Welt sein Möglichstes zur Förderung der strategischen Partnerschaft tun, hieß es in den Verlautbarungen weiter. Die Nationalversammlung wolle eng mit dem deutschen Parlament zusammenwirken und »günstige Bedingungen für die Kooperationsprogramme beider Regierungen schaffen«. Merkel erklärte, der Bundestag wolle die Zusammenarbeit mit der Nationalversammlung verstärken.[47]

Auf einer Pressekonferenz beider Regierungschefs in Hanoi verlangte die Bundeskanzlerin für das wirtschaftliche Engagement Deutschlands »verlässliche rechtliche Rahmenbedingungen«. Dafür sei die »Fortführung des Rechtsstaatsdialogs« zwischen den Justizministerien von großer Bedeutung. »Die Wirtschaft braucht solche Rahmenbedingungen«, sagte sie, um in der üblichen anmaßenden Art deutscher Spitzenpolitiker bei Besuchen in Vietnam anzufügen: »Aber wenn Vietnam ein Land mit hoher Bildung und hoher kultureller Vielfalt sein will, dann ist sicherlich auch die Weiterentwicklung der Menschenrechte im Bereich der Pressefreiheit, der Meinungsfreiheit und der Religionsfreiheit von großer Bedeutung. Deshalb messen wir dem Rechtsstaatsdialog eine sehr große Bedeutung bei.«[48] Von vietnamesischer Seite hieß es, beide Seiten wüssten um die Bedeutung rechtsstaatlicher Regeln und wollten »in konstruktiver Weise bilateral und multilateral Dialog und Meinungsaustausch über

Menschenrechte einschließlich der jährlichen Dialoge über Menschenrechte zwischen Vietnam und der EU weiterführen«.⁴⁹

Einig waren sich beide Regierungschefs in der Wertung eines Faktes von enormem Gewicht für fruchtbare Beziehungen. »Beide Seiten würdigen die Brückenfunktion der Gemeinschaft von mehr als 100 000 Vietnamesen, die in Deutschland leben, und der gleichen Anzahl derer, die zu einem früheren Zeitpunkt dort gelebt und gearbeitet haben«, sagte Ministerpräsident Nguyen Tan Dung auf der Pressekonferenz. Er bat offensichtlich nicht ohne Grund ausdrücklich »um die Unterstützung für die Vietnamesen in Deutschland, damit sie sich in die dortige Gesellschaft integrieren und einen positiven Beitrag für die Entwicklung Deutschlands sowie für die bilaterale freundschaftliche Beziehung leisten können«. Die Bundeskanzlerin beschränkte sich auf die Bemerkung, beide Länder seien »einander in besonderer Weise verbunden, weil in der Tat 100 000 Menschen aus Vietnam in Deutschland gelebt haben und die deutsche Sprache sprechen«. Im Gegensatz zu ihren Amtsvorgängern Kohl und Schröder kam ihr ein Hinweis auf die DDR nicht über die Lippen.⁵⁰

Die deutsch-vietnamesischen Beziehungen auf staatlicher Ebene einigermaßen umfassend skizzieren zu wollen hieße, auch Ministeraktivitäten, Visiten von Parlamentsausschüssen und nahezu ausschließlich regionalen ökonomischen Interessen dienende Reisen von Ministerpräsidenten der Bundesländer nach Vietnam zu registrieren. Der wahrscheinlich erste Minister nach seinem Kollegen aus dem Außenamt war im April 1995 Wirtschaftsminister Günter Rexrodt. Er machte sich mit einer großen

Wirtschaftsdelegation auf den Weg nach Hanoi. Am Rande der Gespräche wurde bekannt, dass Vietnams auf Schmalspur fahrende Eisenbahn Waggons im Wert von mehr als 100 Millionen DM bei der Deutschen Waggonbau AG ordern wollte. Das lässt den Schluss zu, dass die vietnamesische Seite im Gegensatz zu den Verantwortlichen in Bonn damals durchaus schon konkrete Vorstellungen von wirtschaftlichen Kontakten zwischen beiden Ländern hatte.[51] Selbstverständlich machten seither weitere deutsche Minister Vietnam ihre Aufwartung.

Gespräche auch auf hoher Regierungsebene vor allem über wirtschaftliche Kooperation ihres Verantwortungsbereichs mit vietnamesischen Partnern konnten vor Ort zunächst der Regierungschef von Mecklenburg-Vorpommern, Harald Ringstorff (SPD), und im März 2007 der bayrische Ministerpräsident Edmund Stoiber (CSU) führen. Gleiches wurde Hessens Roland Koch (CDU) verwehrt, der im September 2008 zur Eröffnung der Vietnamesisch-Deutschen Universität nach Vietnam kam. Seinem Wunsch, den KPV-Generalsekretär und den Außenminister zu treffen, wurde nicht entsprochen. Der Ministerpräsident empfing ihn, aber außerhalb seines Amtssitzes.[52] Was die vietnamesische Seite zu derart ungewöhnlichem Tun bewog, blieb im Dunkeln und war Gegenstand von Spekulationen in der Presse. Ringsdorffs Amtsnachfolger Erwin Sellering begab sich im September 2010 auf Kontaktpflege, Baden-Württembergs Regierungschef Stefan Mappus (November 2010) und der sächsische Ministerpräsident Stanislaw Tillich (März 2011) gingen ebenfalls auf wirtschaftliche Erkundungsreise.

Verdienstvoll wirkte in den bilateralen Beziehungen bisher, besonders bis 2009 unter Ministerin Heidemarie

Wieczorek-Zeul, das Bundesministerium für wirtschaftliche Zusammenarbeit und Entwicklung (BMZ) im Rahmen seiner dokumentierten entwicklungspolitischen Verantwortung. Bei einem Besuch in Vietnam im Oktober 2000, bei dem sie mit Ministerpräsident Phan Van Khai zusammenkam, tat die Ministerin kund, dass die Bundesregierung in den kommenden Jahren jährlich 100 Millionen DM für Entwicklungsprojekte in Vietnam bereitstellen wolle. Die Tageszeitung *Viet Nam News* konstatierte seinerzeit, mit dieser Zusicherung rücke Deutschland unter den Helferländern in Vietnam an die dritte Stelle.[53] Die Realität stellte sich dann doch etwas anders dar; die jährlichen 100 Millionen waren 2006/07 noch nicht erreicht.

Unter Amtsvorgänger Spranger hatte dieses Ministerium Anfang der 90er Jahre überhaupt erst einmal Weichen zu stellen gehabt. »Nach 15 Jahren des Boykotts wurde Vietnam 1990 wieder in die Gruppe der Empfängerländer von Entwicklungshilfe aus Deutschland aufgenommen.«[54] Unterstützung Vietnams im Rahmen der Entwicklungshilfe setzte jedoch erst 1993 ein, um schon ein Jahr später zeitweise wieder ausgesetzt zu werden. Mit dem Wegfall des Regimes in Saigon als erstrangiger Empfänger solcher Hilfe bis 1975 hatte die Bundesrepublik also Vietnam trotz bestehender diplomatischer Beziehungen anderthalb Jahrzehnte lang im Kielwasser der USA ökonomisch in Acht und Bann getan. Bis Ende der 90er Jahre sollen dann nach BMZ-Angaben etwa 800 Millionen DM im Rahmen der Entwicklungshilfe und anderer staatlicher Programme nach Vietnam geflossen sein.

Inzwischen hat die – wie es amtlich heißt – vietnamesisch-deutsche Entwicklungszusammenarbeit augenscheinlich ein stabiles Niveau erreicht. Auf deutscher

Seite trägt dafür nun Minister Dirk Niebel die Verantwortung, der im März 2010 zum Antrittsbesuch in Hanoi erschien. Sie konzentriert sich auf drei Bereiche: Umweltpolitik, natürliche Ressourcen und Stadtentwicklung; nachhaltige Wirtschaftsentwicklung und Berufsbildung; Gesundheit. Vietnamesische Quellen bescheinigten gegen Ende 2011 dem in diesem Bereich »wichtigen Partnerland«, seit 1990 »Vietnam knapp 1 Mrd. Euro Entwicklungshilfe zur Verfügung gestellt« zu haben, ergänzt durch Beiträge zu internationalen Organisationen und zu Projekten der Europäischen Union (EU). Für die Jahre 2008/09 waren von der Bundesrepublik 117 Millionen Euro Entwicklungshilfe materielltechnischer und finanzieller Art zugesagt.[55] Im Oktober 2010 in Berlin geführte Regierungsverhandlungen resultierten dann in der Zusage von rund 300 Millionen Euro für den Zeitraum 2011/12. Zu den vom finanziellen Volumen her größten Vorhaben der entwicklungspolitischen Zusammenarbeit gehört die Verbesserung der Energieversorgung in ländlichen Gebieten Vietnams.[56]

Festzustellen bleibt, dass die Beziehungen zwischen beiden Ländern bislang neben der Entwicklungshilfe nahezu ausschließlich ökonomischen, finanziellen und wissenschaftlich-technischen Belangen, dem Bildungswesen und auch kulturellem Austausch gewidmet sind, wie es sich in den regierungsamtlichen Aktivitäten oder auf höchster staatlicher Ebene widerspiegelt. Die Beziehungen in diesen Bereichen nahmen in der Tat im Laufe vieler Jahre einen merklichen Aufschwung. Allgemeinen politischen Kontakten stehen offensichtlich auf der deutschen Seite noch nicht abgeräumte ideologische Barrieren im Wege. Im Februar 2010, dreieinhalb Jahrzehnte nach der Aufnahme der zwischenstaatlichen Beziehungen, vermeldete die vietnamesische Seite »die zweite politische Konsultation Vietnam-Deutschland auf Ebene der stellvertretenden Außenminister«.[57]

Angaben über den Stand des Zusammenwirkens auf den verschiedenen Gebieten, so über den Warenaustausch, sind zuweilen widersprüchlich oder zumindest verwirrend. Botschafter Wolfgang Erck tat am 3. Oktober 1998 in einem Interview für *Viet Nam News* kund: »Letztes Jahr wurde Deutschland Vietnams größter Handelspartner unter den Mitgliedern der Europäischen Union.«[58] Gleiches konstatierte die Vietnam-Vertretung des Deutschen Industrie- und Handelskammertages (DIHK) mit Büros in Hanoi und Ho-Chi-Minh-Stadt, die Außenhandelskammer Vietnam (German Industry and Commerce Vietnam), für das Jahr 2004.[59] Unter Bezug auf eine vietnamesische Quelle und die Botschaft in Hanoi war dann Ende 2008 zu lesen, die Bundesrepublik »ist auf dem Weg, Vietnams größter europäischer Handelspartner zu werden«.[60] Ein Material des Auswärtigen Amtes wies mit Stand November 2008 Deutschland wiederum als den »mit Abstand größten Handelspartner innerhalb der Europäischen Union« aus.[61] 2007 wurde Frankfurt am Main zum Standort des ersten Handelszentrums Vietnams in Europa.

Für das Jahr 2007 war mit 4 Milliarden US$ das bis dahin größte Handelsvolumen vermeldet worden. 2008 stand ein Volumen von nur noch knapp 3,6 Milliarden US$ zu Buche. Dabei überstiegen die Exporte Vietnams nach Deutschland (2 Milliarden US$) seine Importe aus der Bundesrepublik (ca. 1,6 Milliarden US$). Für 2009 wurde schließlich ein Warenaustausch im Wert von nicht ganz 3,5 Milliarden US$ ausgewiesen, ein der globalen Wirtschaftskrise geschuldeter weiterer Rückgang. In jenem Jahr machte der Export Vietnams nach Deutschland 20 % seiner Warenlieferungen in den gesamten EU-Bereich aus. Eine Steigerung auf 4,1 Milliarden US$ im Jahr 2010 konstatierte der stellvertretende Ministerpräsident Hoang Trung Hai auf einem vietnamesisch-deutschen Wirtschaftsforum in Ho-Chi-Minh-Stadt, dem die Bundeskanzlerin während ihres Kurzbesuchs beiwohnte.[62] Auf der Hanoier Pressekonferenz mit Angela Merkel sagte der vietnamesische Ministerpräsident für 2011 ein bilaterales Handelsvolumen von mehr als 6 Milliarden US$ voraus. Er tat dies aber nicht ohne den Hinweis: »Das bilaterale Handelsvolumen zwischen Vietnam und den USA beträgt 20 Milliarden Dollar, das mit China 30 Milliarden.« Die Bundesrepublik bezieht aus Vietnam vornehmlich Bekleidung, Schuhe, Robusta-Kaffee, Meeresfrüchte und Holzprodukte. Sie stellt für vietnamesischen Kaffee und schwarzen Pfeffer den weltweit größten Markt dar. Vietnam bezieht vor allem Maschinen, Fahrzeuge und Ausrüstungen.[63]

Bis Ende der 90er Jahre hatten sich – wie es hieß – schätzungsweise 150 deutsche Unternehmen dazu entschlossen, in Vietnam aktiv zu werden oder Vertretungen einzurichten, nachdem die Bundesregierung endlich grünes Licht dafür gegeben hatte, die mit Hanois »doi-moi«-Kurs eröffneten Möglichkeiten für ausländisches Kapital zu nutzen. Eine genaue Zahl lag nicht vor und ist den einschlägigen Quellen noch immer nicht zu entnehmen. Bis Ende 2011 soll sich die Zahl der in Vietnam als Investoren, als Handelsgeschäfts- oder Kooperationspartner wirkenden deutschen Unternehmen auf rund 200 erhöht haben, von denen etwa 150 in einer Deutschen Kaufmannschaft mit Sitz in Ho-Chi-Minh-Stadt organisiert sind.

Zu den Wegbereitern gehörte die Deutsche Bank, der Vietnams Staatsbank bereits im Februar 1995 die Lizenz für eine Filiale in Ho-Chi-Minh-Stadt erteilte. Die Krupp Thyssen AG verfügt seit Ende 2002 über Repräsentationsbüros in Hanoi und der Südmetropole. Im November jenes Jahres unterzeichneten die Lufthansa und Vietnam Airlines einen Kooperationsvertrag. Aktiv wurden 1995 die Siemens AG Berlin/München mit der Installation eines landesweiten Mobilfunknetzes, das heute selbst in Urwaldgebieten das Handy aktiv werden lässt, und im selben Jahr BMW mit der Pkw-Montage in Hanoi. Die Waldorfer SAP AG entdeckte den vietnamesischen Markt für seine Unternehmens-Software, die Berliner Dussmann Gruppe investierte in den Wirtschaftsbereich eines großen Ho-Chi-Minh-Städter Krankenhauses. Für Vietnams Eisenbahn errichteten deutsche Firmen einen Wartungs- und Instandsetzungsbetrieb in Da Nang. Ein Verkehrsplanungsbüro erarbeitete ein Gutachten für die Entwicklung des ÖPNV in Hanoi.[64]

Seither haben sich deutsche Firmen weitere gewinnträchtige Tätigkeitsfelder in den unterschiedlichsten Bereichen in dem Land erschließen können, das auf dem eingeschlagenen Weg der Marktwirtschaft mit sozialistischer Orientierung 2020 zu den modernen Industrieländern der Welt gehören will. So jedenfalls lautet das Ziel, das KPV-Generalsekretär Nong Duc Manh Mitte Januar 2011 im Bericht des Zentralkomitees an den 11. Parteitag der Kommunistischen Partei formuliert hat. Gestützt auf die Schlüsselrolle des staatlichen Wirtschaftssektors, der zusammen mit dem Sektor des Kollektiveigentums als Fundament der Volkswirtschaft bezeichnet wird, ist dem privaten Sektor dabei die Rolle einer ökonomischen Triebkraft zugewiesen, will man den Sektor ausländischer Investitionen weiter »ermuntern«.[65]

Nach jüngsten vietnamesischen Angaben stehen inzwischen 92 Länder und »Territorien«, womit zum Beispiel das deutlich präsente Taiwan gemeint sein dürfte, auf der Liste der im Lande wirkenden ausländischen Investoren.[66] Bis Ende 2007 waren 98 Milliarden US$ für 9500 Investitionsprojekte ausgewiesen.[67] Die Ergebnisse dieser Öffnung Vietnams für ausländisches Kapital sind im Lande, wovon sich der Autor im April 2011 überzeugen konnte, nicht zu übersehen. Produktionsstätten schießen aus dem Boden, Autobahnen sind Teil umfassenden Ausbaus der Infrastruktur. Der Bau touristischer Einrichtungen boomt. Nicht nur das mehr und mehr von Hochhäusern geprägte Stadtbild Hanois zeugt von einem atemberaubenden Entwicklungsschub. Auch andere große ebenso wie mittlere und kleine Städte, aber auch ganze Landstriche tragen den Stempel der Doi-moi-Politik. Das in den 60er Jahren von USA-Bomben ausradierte mittelvietnamesische Vinh präsentiert sich heute als pulsierende Großstadt mit 290 000 Einwohnern. Nicht unerheblichen Anteil an dieser Entwicklung haben Investitionen im Ausland lebender Vietnamesen.

Die Bundesrepublik spielt im Wettlauf der ausländischen Investoren noch immer eine untergeordnete Rolle. 1995 zum Bedauern von Ministerpräsident Vo Van Kiet nur auf Platz 23 auszumachen und später dann gar mit Platz 20 bedacht, rangierte sie nach vietnamesischen Angaben aus dem Jahr 2010 an 22. Stelle. Auf dem erwähnten Wirtschaftsforum in Ho-Chi-Minh-Stadt sprach Hoang Trung Hai nun vom 24. Platz. Der Versicherung der Kanzlerin, deutsche Firmen seien sehr daran interessiert, langfristig auf vielen Gebieten in Vietnam zu investieren, hielt er entgegen, die deutschen Investitionen seien noch »bescheiden«. In einer kurzen Erklärung zum Abschluss ihres Besuches sah die Bundeskanzlerin die Ursache dafür einzig auf vietnamesischer Seite. »Das Land hat sich geöffnet. Allerdings ist es zum Teil noch immer ein sehr langwieriger Prozess, Investitionen in Gang bringen zu können«, dozierte sie.[68] Zahlreiche andere Länder scheinen mit den bereits sehr großzügigen gesetzlichen Regelungen Vietnams für Investitionstätigkeit kaum Probleme zu haben.

Im Jahr 2010 standen 145 deutsche Projekte direkter Investition mit dem registrierten Volumen von 783 Millionen US$ zu Buche. Genannt werden dabei Großprojekte wie die Beteiligung am U-Bahn-Bau in Ho-Chi-Minh-Stadt, der Bau eines neuen Parlamentsgebäudes in Hanoi und die Beteiligung am Neubau des Flughafens der Metropole am Saigon-Fluss. Gut entwickelt hat sich dabei die Zusammenarbeit in diversen industriellen Bereichen.[69] Für 2011 bescheinigte Hoang Trung Hai auf dem Wirtschaftsforum der Bundesrepublik, 850 Millionen US$ für 167 Projekte aufzuwenden.

Wissenschaftliche Kontakte und Kooperationsvereinbarungen stehen auf dem Programm des Deutschen Akademischen Austauschdienstes (DAAD), der ein Informationszentrum in Ho-Chi-Minh-Stadt unterhält und seit 2003 mit einer Außenstelle in Hanoi präsent ist. Auch die Deutsche Forschungsgemeinschaft (DFG) und die Alexander-von-Humboldt-Stiftung sind in diesem Sinne aktiv. An der Technischen Universität Hanoi war 1999 ein Zentrum der Vietnamesisch-Deutschen Zusammenarbeit in Bildung, Wissenschaft und Technik (VDZ) als Begegnungsstätte für Wissenschaftler und Studenten sowie als Anlaufstelle für deutsche Hochschulen und Forschungseinrichtungen etabliert worden. Derzeit studieren rund 3800 junge Vietnamesen an deutschen Bildungseinrichtungen. Vereinbart wurden bisher mehr als 50 Partnerschaften zwischen Universitäten und Hochschulen beider Länder. Intensive Kontakte bestehen zwischen dem Bundesministerium für Bildung und Forschung und dem vietnamesischen Partnerministerium.

Das Goethe-Institut in Hanoi und die deutsche Zentralstelle für das Auslandsschulwesen (ZfA) arbeiten daran, Partnerschaften zwischen Schulen beider Länder zu begründen und den Deutsch-Unterricht in Vietnam zu fördern. Im August 2010 konnte eine Deutsche Internationale Schule (German International School and Kindergarten) in Ho-Chi-Minh-Stadt die Arbeit aufnehmen. Im Juli 2011 etablierte sich in Hanoi unter dem Dach der Vietnamesisch-Deutschen Freundschaftsgesellschaft ein vietnamesischer Deutschlehrerverband. Auf der gemeinsamen Pressekonferenz mit Angela Merkel versicherte der Gastgeber: »Vietnam fördert die Etablierung von Deutsch als Fremdsprache im Schulsystem.«

Beispiele für den Beginn von Beziehungen auf kulturellem Gebiet waren die 1997 beschlossene Einrichtung von Kultur- und Informationsbüros in Bonn und Hanoi sowie die Eröffnung des Goethe-Instituts in Hanoi im Dezember desselben Jahres mit später eingerichteter Außenstelle in Ho-Chi-Minh-Stadt. Im Jahr zuvor war eine von der Ausstellungs- und Messe GmbH, dem Organisator der Frankfurter Buchmesse, organisierte deutsche Buchausstellung in der Hauptstadt nicht ohne Probleme eröffnet worden. Die vietnamesische Seite ließ durch ihre Kontrolleure 25 der knapp 3000 Bücher entfernen, darunter eines über Krisenherde in der Welt, in dem Vietnam als »unfreies Land« bezeichnet wurde. Die Bücherschau wurde auch in Ho-Chi-Minh-Stadt gezeigt.[70]

Seither gab es vielfältige Kontakte und Begegnungen auf kulturellem Gebiet. Nach gutem Erfolg des ersten deutschen Filmfestivals als Programmteil des Deutschland-Jahres 2010 erlebten Hanoi, Haiphong, Hue, Da Nang, Ho-Chi-Minh-Stadt und Can Tho von Mitte September bis Mitte Oktober 2011 eine Neuauflage. Aufopferungsvoll wirken seit etlichen Jahren deutsche Zoologen und Biologen, so Fachleute der Zoologischen Gärten in Köln und Leipzig, für die Erhaltung bedrohter Arten der vielfältigen Fauna Vietnams. Ebenfalls seit Jahren sind deutsche Restauratoren und Konservatoren gemeinsam mit anderen ausländischen Experten dabei, die stark klima- und auch kriegsgeschädigten Bauten des zum Weltkulturerbe gehörenden Kaiserpalastes in Hue dem Verfall zu entreißen. Erste Schritte getan wurden im Bereich des Sports. Der allen deutschen Fußballfreunden bekannte Spieler und Trainer Falko Götz war ab Juni 2011 kurzzeitig als Coach von Nationalelf und Olympiamannschaft Vietnams am Werk. Im Herbst 2009 nahm ein Leichtathletikexperte des Deutschen Olympischen Sportbundes (DOSB) im Rahmen eines Langzeitprojekts in Vietnam die Arbeit auf.

Verbindungen im gesellschaftspolitischen Bereich sind hingegen mit dem Ableben der DDR fast gänzlich erloschen. Die Ursache mag in dem zu sehen sein, worauf

Bundeskanzler Kohl in einer Rede in Ho-Chi-Minh-Stadt 1995 hingewiesen hatte: »Deutschland und Vietnam haben unterschiedliche politische Systeme.«[71] Für vietnamesische Massenorganisationen gibt es auf deutscher Seite seit zwei Jahrzehnten keine freundschaftlich verbundenen Partner mehr. Kontakte auf der Ebene von Parteien, einst mit großer Intensität und in ideologischer Eintracht zwischen KPV und SED gepflegt, kamen im Prinzip zum Erliegen. Die in den deutschen Landen als SED-»Nachfolgerin« verfemte PDS war nach anfänglichem Prozess der Selbstfindung, der auch die internationalen Belange betraf, zunehmend bemüht, einstige parteipolitische Brücken nicht vollends einstürzen zu lassen.

Wegbereiter für Kontakte unter völlig veränderten Bedingungen war PDS-Ehrenvorsitzender Hans Modrow, der vorletzte DDR-Ministerratsvorsitzende, der vom 20. bis zum 31. August 1993 Vietnam besuchte. Zu politischen Konsultationen eingeladen hatten das ZK der KPV und der Ministerpräsident Vietnams.[72] Mit Stationen in Hanoi, Ho-Chi-Minh-Stadt und Vinh folgte im Februar/März 1996 – wiederum auf Einladung des KPV-ZK – seine zweite Reise. Modrow erörterte mit Generalsekretär Do Muoi, wie es in einer Pressemeldung hieß, »die Lage in Deutschland und die Kursveränderung in der KPV«. Auch wollte er sich »über Stand und Perspektiven der Beziehungen nach dem Besuch von Kanzler Kohl informieren«.[73] Er konnte danach in einem Presseinterview von ausführlichen Gesprächen auch mit anderen Vertretern der KPV und mit Vertretern der Regierung berichten. Das Interesse daran auf vietnamesischer Seite erklärte er mit den Worten: »Erstens ist die Solidarität der DDR mit Vietnam unvergessen. Das habe ich vor allem in Vinh gespürt, wo seinerzeit 1500 Wohnungen mit DDR-Unterstützung gebaut wurden. Zweitens hat die KP Vietnams ein verständliches Interesse daran, zu erfahren, worin die PDS heute – mit Abstand – die Ursachen für den Untergang des Realsozialismus in Europa sieht. Und schließlich ist die KPV generell an Kontakten zu anderen Parteien, ob kommunistisch, demokratisch-sozialistisch oder sozialdemokratisch, interessiert.«[74]

Im März 2000 hatte eine Delegation der PDS-Bundestagsfraktion mit Fraktionschef Gregor Gysi und Vize Wolfgang Gehrcke auf einer Asien-Reise in Hanoi Gespräche mit der KPV-Führung, im Parlament und im Außenministerium. Dabei wurde vereinbart, die Beziehungen zwischen beiden Parteien sowie zwischen der PDS-Fraktion und dem vietnamesischen Parlament zu verstärken, wie es in der Presse hieß. Besprochen wurden auch wirtschaftliche Projekte, an denen Bundesländer wie Sachsen-Anhalt und Mecklenburg-Vorpommern mitwirken können.[75] Im Dezember 2006 schließlich weilte der Vorsitzende der Linkspartei.PDS, Lothar Bisky, in Vietnam. Seine Eindrücke davon, was dort vom einstigen Bruderland DDR geblieben ist, wurden schon erwähnt. Auf die Interview-Frage, was »die oppositionelle Linkspartei.PDS mit der allein regierenden Kommunistischen Partei Vietnams« verbinde, antwortete er: »Wir haben uns über Gemeinsamkeiten ebenso wie über Unterschiede zwischen unseren Parteien ausgetauscht. Schon die Geschichte unterscheidet uns: Die Kommunistische Partei hat den Befreiungskampf angeführt. (...) Letztlich hat sich das vietnamesische Volk unter Führung der KPV von der Fremdherrschaft befreit. Wir haben eine ganz andere Geschichte, und dennoch haben wir auch

Gemeinsamkeiten. Die KPV bemüht sich um eine Marktwirtschaft mit sozialistischer Orientierung. Die Partei ist interessiert an einem Austausch über sozialistische Perspektiven in den verschiedenen Ländern wie auch generell an einem außenpolitischen Erfahrungsaustausch. …«[76]

Im September 2010 empfing Vietnams Präsident Nguyen Minh Triet im Präsidentenpalast in Hanoi Egon Krenz, als Nachfolger Erich Honeckers letzter Generalsekretär des ZK der SED und bis Anfang Dezember 1989 Vorsitzender des DDR-Staatsrats. Es war die dritte Begegnung zwischen Krenz und dem Staatchef Vietnams.[77]

In die spärlichen gesellschaftspolitischen Kontakte einordnen lässt sich die Tätigkeit deutscher parteinaher Stiftungen in Vietnam. Seit November 1990 ist die sozialdemokratische *Friedrich-Ebert-Stiftung* mit einem Büro in Hanoi präsent. 1993 folgte ihr die CDU-nahe *Konrad-Adenauer-Stiftung*. Als die mit weitem Abstand jüngste parteinahe Stiftung der Bundesrepublik konnte sich 2009 die der Partei DIE LINKE nahestehende *Rosa-Luxemburg-Stiftung* in Hanoi etablieren. Im Mai 2011 erteilte die vietnamesische Seite der bis dahin im Süden Vietnams wirkenden *Hanns-Seidel-Stiftung* der CSU die Lizenz zur Einrichtung eines Büros in Hanoi.

Menschen unterschiedlicher politischer Herkunft und Weltanschauung trugen unter großen, von staatlicher Seite auferlegten Schwierigkeiten dafür Sorge, dass mit dem Ende der DDR nicht auch die Solidarität mit Vietnam ein Ende fand. Leicht wurde es dem *Solidaritätsdienst-international (SODI) e.V.* nicht gemacht, sich in der Nachfolge und in den Fußtapfen des Solidaritätskomitees der DDR nach schwierigem Transformationsprozess in der Zeit von März 1990 bis März 1991 schließlich als international geachtete und vernetzte ostdeutsche Nichtregierungsorganisation wirksam in Szene setzen zu können. Nach eigenem Bekunden war Drohungen, Verleumdungen und Versuchen zu widerstehen, das Wendeunternehmen zu ersticken. Von August 1991 bis März 1992 mussten harte Auseinandersetzungen mit der Treuhandanstalt und der »Unabhängigen Kommission zur Überprüfung des Vermögens der Parteien und Massenorganisationen der DDR« geführt werden, um bis 1990 von der DDR-Bevölkerung aufgebrachte, noch nicht verwendete Spendengelder für weitere internationale Solidaritätsarbeit zu sichern. Neben rund 700 Projekten unterschiedlichster Art in 27 Ländern Afrikas, Asiens, Lateinamerikas und Osteuropas konnte SODI, gestützt auf private Geld- und Sachspenden sowie Zuschüsse von EU, Bundesregierung, Landesregierungen und Stiftungen, bis 2004 in Vietnam mehr als 50 Projekte im Wert von 5,8 Millionen Euro zur Überwindung der Kriegsfolgen realisieren.

Als Ausweis für die verdienstvolle Arbeit von SODI auf einstigen Schlachtfeldern in Vietnam kann die vollendete Wiedergeburt der Dörfer Phuong Coi und Ai Tu in der jahrelang schwer umkämpften mittleren Provinz Quang Tri gelten. Sie ist markantestes Ergebnis des 1998 gestarteten »Integrierten Programms zur Minen- und Blindgängerräumung und zur Wiederansiedlung in der Provinz Quang Tri«. Nach zehn Jahren dieser Solidaritätsarbeit am 17. Breitengrad in Zusammenarbeit mit der Vietnamesischen Volksarmee sowie den lokalen und Provinzbehörden waren in Quang Tri mehr als 1000 Hektar Boden von mehr als 88 000 Minen und Blindgängern befreit. Die Tätigkeit der für die Kampfmittelräumung gewonnenen Firma GERBERA aus Königs Wusterhausen bei Berlin wurde vom Auswärtigen Amt in jenem Zeitraum mit 6,35 Millionen Euro gefördert. Mehrere hundert Vietnamesen wurden von den deutschen Spezialisten an modernem Gerät als Entminer ausgebildet.

Seit 2006 erfolgt diese Arbeit, verbunden mit intensiver Aufklärung der Bevölkerung über die im Boden lauernden tödlichen Gefahren, als erweitertes »Integriertes Programm zur humanitären Kampfmittelräumung und Entwicklung, Quang Tri und Thua Thien Hue« auch in der Nachbarprovinz. Seither konnten dort über 500 Hektar Land von mehr als 21 000 explosiven Hinterlassenschaften des Krieges geräumt und zur Wiederansiedlung, zur landwirtschaftlichen Nutzung oder für den Aufbau der Infrastruktur übergeben werden. Das Auswärtige Amt finanzierte diese Tätigkeit, mit der SODI als weltweit einzige international agierende Nichtregierungsorganisation befasst ist, 2009 mit 785 000 Euro. Für 2010 stellte das deutsche Außenministerium rund 890 000 Euro bereit, für 2011 war von rund 800 000 Euro die Rede. Insgesamt wurden so nach Angaben der Deutschen Botschaft in Hanoi seit 1998 rund 8,5 Millionen Euro zur Unterstützung der SRV »bei der Beseitigung der schlimmsten Kriegsfolgen« und als »Beitrag zur Verbesserung der Lebensbedingungen in Zentralvietnam« aufgewendet. Im April 2006 konnten die Räumungsarbeiten in Quang Tri, die bis dahin vom Verein Potsdam Kommunikation betreut worden waren, an vietnamesisches Fachpersonal übergeben werden, dem ein deutscher SODI-Programm-Manager zur Seite steht.

Die mit der Kampfmittelräumung verbundene Entwicklung der Gebiete wird vom Bundesministerium für wirtschaftliche Zusammenarbeit und Entwicklung finanziell unterstützt. Für Wiederansiedlung und Armutsbekämpfung wurden bis Ende 2008 knapp 1,3 Millionen Euro aufgewandt, darunter über 400 000 Euro SODI-Spenden aus neuen und auch alten Bundesländern. Auch andere SODI-Projekte konnten dank Spenden aus der Bevölkerung in Angriff genommen werden. Berliner Mitglieder der *Volkssolidarität* brachten 2006/07 in einer Spendenaktion »Solidarität Leben« 15 000 Euro für ein Reha-Projekt in der mittelvietnamesischen Provinz Nghe An auf. Zur selben Zeit konnte im Zusammenwirken mit dem einst mit DDR-Hilfe errichteten Orthopädie- und Rehabilitationszentrum (ORZ) in der Provinzhauptstadt Vinh ein mehrjähriges Betreuungsprogramm für Behinderte gestartet werden. Kinderliebling BUMMI unterstützte 2003 das Wiederansiedlungsprogramm in Quang Tri mit der Sammlung von Geld- und Spielzeugspenden für einen Kindergarten.

Spenden und BMZ-Fördermittel flossen seit 2008 in den Neubau des Dorfes Lim in der Provinz Thua Thien Hue und in die berufliche Ausbildung von Frauen in Nghe An. Auf gleiche Weise finanziert wurden der Bau eines regionalen Gesundheitszentrums in Hai Lang (Quang Tri) und das berufliche Training für Menschen mit Behinderung in Nghe An. 2010 standen SODI dafür rund 115 000 Euro aus dem BMZ-Budget zur Verfügung.[78]

Auch neue Vereine machten sich nach 1990 den Gedanken der solidarischen Hilfe zu eigen. Die in Ostberlin ansässige ökumenische Hilfsorganisation INKOTHA-*netzwerk e.V.* unterstützte in einer ersten Aktion Anfang 1994 das ORZ in Vinh mit 40 000 DM aus eigenen Spendenmitteln. In weit geringerem Maße ist Solidarität mit Vietnam auch noch in den alten Bundesländern lebendig.

Der *Bremer Solidaritätsbasar,* eine aus dem 1966 organisierten ersten Solidaritätsbasar in der Weser-Stadt erwachsene Institution, die jährlich von Neuem in Erscheinung tritt und in Vietnam und mehreren anderen Ländern Hilfe leistet, nahm 1994 SODI-Dank für Unterstützung in Quang Tri entgegen. Stetig sinkendes Spendenaufkommen und zunehmende Verwaltungskosten veranlassten nach eigenen Angaben die größte und verdienstvollste Solidaritätsorganisation aus altbundesdeutscher Zeit, die *Hilfsaktion Vietnam (HAV),* am 31. Juli 1997 zur Aufgabe. 1964 auf Initiative von Martin Niemöller und anderen prominenten westdeutschen Gegnern des Vietnam-Krieges ins Leben gerufen, um den Opfern des Bombenkrieges gegen den Norden zu helfen, stellte sie bis zu ihrem Ende aus Spendenmitteln für mehr als 150 Millionen DM Hilfe zur Verfügung. Ihre Leistungen reichten von Medikamenten und medizinischem Gerät über viele Tonnen Blutplasma und Schiffsladungen mit Reis bis zu Krankeneinrichtungen und Produktionsstätten. Mit der Gründung der HAV war aber auch ein Zeichen gesetzt worden: Der Protest gegen den Krieg in Vietnam wurde in die Öffentlichkeit der Bundesrepublik getragen.[79]

Den Geist der Hilfsaktion atmet die rührige, in Düsseldorf ansässige *Gesellschaft für die Freundschaft zwischen den Völkern in der Bundesrepublik Deutschland und der Sozialistischen Republik Vietnam e.V.,* kurz *Freundschaftsgesellschaft Vietnam.* 1976 von Mitgliedern unterschiedlicher Friedensgruppen gegründet, »die in den 60er Jahren aktiv gegen den Vietnam-Krieg protestiert hatten«, setzte sie sich zum Ziel, »die Beziehungen zwischen den Menschen in den beiden Ländern auf

friedlichem und freundschaftlichem Wege zu verbessern«.
Weitere Gründungsanliegen waren »die Unterstützung
der Opfer des Krieges und Mithilfe zum Wiederaufbau
des zerstörten Landes«. Sie unterhält unter ihrem Vorsitzenden Professor Dr. Günter Giesenfeld, einem Mitstreiter der HAV, enge Kontakte mit Vietnam und vermittelt
vielfältige Informationen über das Land. Seit 1991 existiert ebenfalls mit Sitz in Düsseldorf und einigen regionalen Arbeitskreisen in West und Ost die *Deutsch-Vietnamesische Gesellschaft e.V.* [80]

Jubiläum mit manchen Fragezeichen

Das letzte Jahr des ersten Jahrzehnts im neuen Jahrtausend war dazu auserkoren, in den deutsch-vietnamesischen Beziehungen einen Rang zu erhalten, wie er auf zwischenstaatlicher Ebene durchaus nicht zu den Alltäglichkeiten gehört. Von den Regierenden in Berlin und Hanoi beschlossen, galt 2010 zwischen Rhein und Oder als *Vietnam-Jahr*, während es an der Küste des Südchinesischen Meeres als *Deutschland-Jahr* in die Annalen eingehen sollte. Was am 23. Januar mit einem festlichen Konzert in Hanois Oper und am 5. Februar mit einer auch dem Têt-Fest gewidmeten Veranstaltung im Berliner Viethaus eröffnet worden ist, hatten beide Seiten einem Jubiläum gewidmet: Dem 35. Jahrestag der Aufnahme diplomatischer Beziehungen zwischen der Bundesrepublik und der SRV.

Darauf verweisend, war Anfang März 2008 in einer Presseerklärung über den offiziellen Besuch des vietnamesischen Ministerpräsidenten Nguyen Tan Dung und dessen Gespräche mit Bundeskanzlerin Angela Merkel in Berlin kundgetan worden: »Die beiden Regierungen planen, dieses Jubiläum mit Festivals in Deutschland und Vietnam feierlich zu begehen.« Die deutsche Öffentlichkeit jedoch erfuhr, im Gegensatz zur vietnamesischen, von diesem hehren Vorhaben so gut wie nichts, sieht man ab von knappen Internet-Verlautbarungen des Auswärtigen Amtes. Den Text der Presseerklärung gab einzig die deutsche Botschaft in Hanoi im Internet zur Kenntnis,[1] Presse und elektronische Medien hierzulande ignorierten den Besuch und die regierungsamtliche Verlautbarung darüber völlig.

Das Auswärtige Amt ließ im Internet wissen: »35 Jahre diplomatische Beziehungen sind ein Grund zum Feiern.« In einem Grundsatzmaterial des Amtes zu den »Beziehungen zwischen Vietnam und Deutschland« war in Bezug auf das Deutschland-Jahr in Vietnam von einem »Veranstaltungszyklus aus den Bereichen Kultur, Bildung, Wissenschaft, Politik, Entwicklungszusammenarbeit und Sport« die Rede, der »das breite Spektrum der deutsch-vietnamesischen Beziehungen reflektieren« werde. Vietnams Medien informierten ausführlich über das umfangreiche Veranstaltungsprogramm der deutschen Seite. Gewisse Kenntnis von Vietnams Vorhaben hier im Lande bekam man dagegen lediglich, wenn man die SRV-Botschaft im Internet aufsuchte. Für die gesamte deutsche Medienwelt waren sie kein Thema.

Aufmerken ließen Formulierungen in den spärlichen amtlichen Internet-Verlautbarungen der deutschen Seite zum Jubiläumsjahr, die unwillkürlich an längst überwunden geglaubte Zeiten erinnerten. So ließ die Botschaft in Hanoi im September 2009 im Internet wissen, es werde der »35. Jahrestag der Aufnahme von diplomatischen Beziehungen zwischen Vietnam und Deutschland« gefeiert. In anderem Zusammenhang verwies sie – zudem mit fehlerhafter Zahl – auf »30 Jahre deutsch-vietnamesische Beziehungen«. Auch in dem erwähnten Material des Auswärtigen Amtes sprach man vom 35. Jahrestag »der Aufnahme diplomatischer Beziehungen zwischen

Deutschland und Vietnam«. Dahingestellt sei, ob derlei Formulierungen mit Vorbedacht oder einfach leichtfertig zu Papier gebracht wurden. Bei halbwegs Informierten setzte man sich zwangsläufig dem Verdacht aus, der Geist der Hallstein-Doktrin vagabundiere noch immer in manchen deutschen Politiker- und Diplomatenköpfen. Das war jene Leitlinie der Bonner Deutschland-Politik, mit der von 1955 bis Ende der 60er Jahre versucht wurde, die DDR zum Phantom zu erklären und der Weltgemeinschaft unter Strafandrohung den Alleinvertretungsanspruch der BRD in den deutschen Dingen zu oktroyieren.

Als Schirmherren von Vietnam- und Deutschland-Jahr fungierten die Präsidenten Nguyen Minh Tiet und Horst Köhler. Beide richteten Grußworte an die Bürger des anderen Landes. Der Gruß des Bundespräsidenten wurde von der vietnamesischer Seite ihrer Öffentlichkeit zur Kenntnis gegeben, nichts dergleichen geschah hier jenseits des Internets mit der Jubiläumsbotschaft seines Amtskollegen. In seinem Grußwort tat der Bundespräsident zutreffend kund, »die freundschaftlichen Beziehungen zwischen den Menschen unserer beiden Länder« bestünden »schon sehr viel länger« als die Beziehungen BRD-SRV. Deutlicher wurde er nicht. Gemeint gewesen sein konnten auf der deutschen Seite eigentlich nur die Bevölkerung der DDR wie auch die einstigen Vietnamkriegsgegner in Westdeutschland und Westberlin. Aber meinte er das? Konkreteres vermied Horst Köhler auch, als er beim Hinweis auf etwa 100 000 heute in Deutschland lebende Vietnamesen erklärte: »Etwa genauso viele Vietnamesen sprechen und pflegen die deutsche Sprache in Vietnam.« Das Hauptverdienst daran gebührte zweifelsfrei der DDR.

Deutsche Hauptakteurin bei den Eröffnungsveranstaltungen in Hanoi und Berlin war Cornelia Pieper (FDP), Staatsministerin im Auswärtigen Amt. In der Metropole am Roten Fluss plädierte sie für »mehr Begegnung und Dialog zwischen Vietnamesen und Deutschen«. An der Spree ließ aufmerken, als sie nebulös von »Versöhnung«, die anstehe, und von »Wunden« sprach, die verheilen müssten. Konkretes blieb sie schuldig. Sollte etwa die feindselige pro-US-amerikanische Vietnam-Politik der alten BRD in den Jahren 1955 bis 1975 den Worten der Politikerin mit DDR-Vergangenheit Pate gestanden haben?

Thematischer Schwerpunkt des Deutschland-Jahres in Vietnam war laut offizieller Lesart der deutschen Seite »Stadt der Zukunft – Zukunft der Stadt«. Zum Programm gehörten Konzerte unter anderem der Berliner Philharmoniker, Filmfestivals, Schriftstellerreisen, Symposien zu wirtschafts- und umweltbezogenen Themen, Bildungsmesse, Ausstellungen, Modenschau, eine international angelegte Wirtschaftskonferenz, Politikerbesuche. Nicht fehlen durfte ein »zweiwöchiges Oktoberfest« in Hanoi. All diese Veranstaltungen in der Metropole, in Ho-Chi-Minh-Stadt und etlichen anderen Städten fanden in den vietnamesischen Medien gebührende Aufmerksamkeit und stießen auf äußerst reges Interesse eines Publikums voller Neugier und Sympathie.

Berlin, Frankfurt am Main, Bonn, Magdeburg und wenige andere Städte waren Schauplätze von Veranstaltungen zum Vietnam-Jahr in Deutschland. Über den Höhepunkt, ein Kultur und Tourismus Vietnams gewidmetes buntes Fest Ende August auf dem Berliner Alexanderplatz, schwiegen sich die hauptstädtischen Medien unisono ebenso völlig aus wie über eine Fotoausstellung zur deutsch-vietnamesischen Zusammenarbeit. Die Teilnahme Vietnams an Berlinale und Internationaler Tourismusbörse (ITB), an Berlin-Marathon und Bierfestival war für Berlins Medienwelt so gut wie kein Thema. Frankfurt registrierte, außerhalb der Stadtgrenzen nicht wahrgenommen, die Wahl der »Miss Vietnam in Europa«, eine Fotoschau, ein Freundschaftsspiel der Eintracht gegen Vietnams Fußballauswahl und die Teilnahme der SRV an der Buchmesse. Bonn konnte vietnamesische Musiker zum internationalen Beethoven-Fest begrüßen, Magdeburg erlebte eine vietnamesische Filmwoche. Ein bilaterales Unternehmerforum, Treffen hier ausgebildeter vietnamesischer Juristen mit deutschen Kollegen und diverse andere Aktivitäten standen ebenfalls in einem weitgehend unbekannt gebliebenen Veranstaltungskalender.

Bleibt als Fazit eines Vorhabens, das Glanzpunkt in den bilateralen Beziehungen hatte sein sollen und auch hätte sein können: Die vietnamesischen Partner haben ohne jeden Zweifel das Ihre dafür getan. Die deutsche Seite aber blieb eine Menge schuldig. Es oblag einzig Vietnams Botschaft in Berlin sowie einzelnen regionalen und örtlichen Behörden hierzulande, mit bescheidenen Mitteln das Festival in Deutschland zu organisieren. Weder von Kanzlerin Merkel noch von ihrem Außenminister war im Laufe des Jahres ein Wort dazu zu vernehmen. Hingegen mangelte es der deutschen Botschaft in Hanoi nicht an Mitteln und eigenem regierungsamtlichem Beistand, das dortige Festival zu organisieren und die Bundesrepublik in den schillerndsten Farben erscheinen zu lassen. Großzügiges Entgegenkommen des Partnerlandes und gebührende Aufmerksamkeit der vietnamesischen

Medienwelt kam dem zugute. So ist zu registrieren, dass das Deutschland-Jahr in Vietnam zu einem in der dortigen Öffentlichkeit weithin erlebbaren Ereignis gestaltet werden konnte. Das Pendant in Deutschland hingegen blieb zwangsläufig ohne halbwegs vergleichbare Resonanz, war von der Bevölkerung im Grunde genommen nicht wahrzunehmen.

Das offizielle Berlin hat so eine einzigartige Chance vertan, seinen Worten von den doch so guten Beziehungen zu Vietnam bei gegebenem Anlass im eigenen Haus Taten folgen zu lassen.

Nachwort

Wie steht es nun nach dem Jubiläumsjahr 2010, nach den auf höchster Staats- und Regierungsebene absolvierten gegenseitigen Besuchen und im Zeichen einer proklamierten »strategischen Partnerschaft« um die Beziehungen zwischen den Staaten Bundesrepublik Deutschland und Sozialistische Republik Vietnam? Alle aufrichtigen Freunde Vietnams, all jene, denen von Herzen an gedeihlichen Beziehungen zwischen beiden Ländern gelegen ist, dürften mit wachem Interesse registriert haben, dass in den hiesigen Breiten nicht nur das Jubiläumsjahr, sondern auch der Tag des Jubiläums selbst, der 23. September, weder regierungsamtlich vernehmbar noch medial zur Kenntnis genommen worden ist. Ihnen wird auch nicht entgangen sein, dass von amtlicher deutscher Seite bei diesem Anlass absolut nichts getan, gesagt und geschrieben wurde, um die eigene Öffentlichkeit in freundschaftlichem Geist auf das Thema Vietnam einzustimmen. Handelt es sich doch ohne jeden Zweifel um eine Öffentlichkeit, die in beträchtlichen Teilen namentlich in den alten Bundesländern noch immer nicht bereit zu sein scheint, ihr Herz einem »kommunistischen« Land zu erschließen. In vielen Köpfen nicht nur des über Jahrzehnte so erzogenen »gemeinen« Volkes in den alten Bundesländern, sondern auch heutiger politischer Verantwortungsträger ist offen zur Schau gestellter oder doch zumindest unterschwellig wabernder Antikommunismus unleugbar noch immer präsent.

So ist als Bilanz die Frage nur schwer zu beantworten, ob sich die Bundesrepublik über in reichlichem Maße demonstrierten puren ökonomischen Pragmatismus hinaus als bereit und willens erweist, ohne Wenn und Aber der Wahrheit über die Vergangenheit die Ehre zu geben und auf solchem Fundament umfassende freundschaftliche Beziehungen zu Vietnam zu unterhalten. Zweifel sind angesagt, liest man, was die Deutsche Botschaft in Hanoi einmal in einem Internet-Beitrag zum Besten gab: »Die politischen Beziehungen entwickelten sich nach der Aufnahme diplomatischer Beziehungen zwischen Deutschland und Vietnam 1975 nur langsam, da Vietnam in deutschland- und europapolitischen Fragen der Linie der früheren Sowjetunion folgte. Seit Einsetzen der Reformpolitik (Doi Moi) in Vietnam verbesserten sich die Beziehungen kontinuierlich und gewannen mit dem Vollzug der deutschen Einheit eine neue Qualität. Die vietnamesische Seite war bereit, mit dem geeinten Deutschland ähnlich eng zusammenzuarbeiten wie vorher mit der DDR.«[1]

Solcherlei Verdrehung der vielfach belegten Tatsachen über die Entwicklung im Zeitraum von 1975 bis mindestens 1990, derlei Leugnung eigener Schuld an vieljährigem Stillstand in den vertraglich besiegelten Beziehungen stehen aus amtlicher deutscher Sicht offenbar der proklamierten »strategischen Partnerschaft« nicht im Wege. Vergessen machen möchte man, dass die Bundesrepublik nach 1975 über viele Jahre in den Fußtapfen US-amerikanischer Vietnam-Embargopolitik wandelte und dass Vietnam zuerst die Hand ausstreckte, wohlweislich noch während und trotz der Existenz der DDR. So fehlt es noch immer an einem überzeugenden Beweis, dass die Bundesrepublik Deutschland nun bereit ist, nicht nur begierig ökonomischen Interessen Genüge zu tun, sondern endlich auch einst von ihr selbst errichtete politisch-ideologische Barrieren zu überwinden.

Es ist zu hoffen, dass der zuletzt beim Besuch der Bundeskanzlerin bekräftigte aufrichtige Wunsch der vietnamesischen Seite, die nach außen hin großmütig die Vergangenheit ruhen lässt, nach Beziehungen der Freundschaft und umfassenden Zusammenarbeit tatsächlich auf Gegenliebe und nicht etwa an ökonomische Grenzen stößt. Immerhin ließen die wie auch immer gestaltete Würdigung der dreieinhalb Jahrzehnte währenden offiziellen Beziehungen und die Geschehnisse danach den Schluss zu, dass sich in den vergangenen elf Jahren in der Haltung gegenüber dem Partnerland etwas zum Guten verändert hat. Den 25. Jahrestag der bilateralen Beziehungen jedenfalls hatte man hier von offizieller Seite und unter den Meinungsmachern der öffentlichen Würdigung noch nicht für wert befunden. In den Medien fand der 23. September 2000 durchweg keine Erwähnung.

Dafür war dem 30. April jenes Jahres umso mehr Aufmerksamkeit gewiss. Über die Art und Weise der damaligen Berichterstattung urteilte der Vorstand der Freundschaftsgesellschaft Vietnam in deren *Vietnam Kurier*: »Ende April war es 25 Jahre her, daß mit der Eroberung Saigons ganz Vietnam endgültig befreit wurde. In unseren Medien ist dieses Jahrestags in einer Reihe von Sendungen und Artikeln gedacht worden, die zwar Rück- und Ausblicke zu bieten vorgaben, leider aber kaum mehr enthielten als die bekannten Klischees und Vereinfachungen, die sich in diesem Vierteljahrhundert offenbar kaum geändert haben.«² Es zeugte wahrlich weder von Sympathie für das befreite und wiedervereinigte, als lukrativer Markt geschätzte Land noch von journalistischem Feingefühl, nach einem Vierteljahrhundert staatlicher Beziehungen zum Sieger von damals jenen 30. April »die bitterste Stunde Saigons« zu nennen. Zu dieser bewussten Fehlleistung von ARD-*Weltspiegel*-Redakteur Winfried Scharlau passte das Klagelied eines Moderators des auf deutscher Seite vom ZDF verantworteten Kultur- und Ereigniskanals *arte*, dass in Südvietnam keine Kriegerdenkmäler für die Gefallenen der Saigoner Armee errichtet worden seien, wie sie für die Toten der Befreiungstruppen entstanden sind.³

Nicht bis zum Jahr 2000 muss zurückgeschaut werden, um festzustellen, wie zählebig alte ideologisch determinierte Denkschablonen sind und in Politikerköpfen haften. Hier sei noch einmal der *Vietnam Kurier* zitiert: »Bayerns Ministerpräsident Edmund Stoiber (CSU) hat Ende März 2007 Ho Chi Minh die Ehre erwiesen. An dessen Mausoleum in der Hauptstadt Hanoi legte Stoiber bei seinem Vietnam-Besuch einen mit weiß-blauen Bändern geschmückten Kranz nieder. Es sei ›ein zwiespältiges Gefühl‹ gewesen, sagte der CSU-Vorsitzende danach. Schließlich habe er in seiner Studentenzeit mit Anhängern von Ho Chi Minh Auseinandersetzungen gehabt. ›Das hätte ich mir nie vorstellen können, daß ich hier mal einen Kranz niederlege.‹ Ho Chi Minh sei ja ein ›starrer Kommunist‹ gewesen.«⁴ Stoiber ließ deutlich werden, dass sich sein Tun nicht etwa auf einen einsetzenden Prozess des Umdenkens gründete. Es sei seine »Mission«, etwas für Bayerns Wirtschaft zu tun, für die er in Vietnam »große Chancen« sehe, sagte er freimütig in die Mikrofone.

Vietnam hat das dortige Festival zum 23. September 2010 als Ausdruck von Freundschaft verstanden, hat es mit großer Aufgeschlossenheit und voller Neugier auf den Partner erlebt. Wer das Land kennt, konnte daran keinen Zweifel haben. Zu falschen Schlüssen könnte verleiten, wenn zu lesen war, KPV-Generalsekretär Nong Duc Manh habe im Mai 2007 im Gespräch mit Bundespräsident Köhler die Gelegenheit genutzt, »der deutschen Regierung und der deutschen Bevölkerung für ihre Unterstützung in der Zeit das Kampfes für Unabhängigkeit, Freiheit und Wiedervereinigung zu danken«.[5] Voreilige sollten sich vor dem Trugschluss hüten, eine Bundesregierung könnte gemeint gewesen sein. Fünf Monate zuvor hatte Lothar Bisky aus selbigem Mund vernehmen können, wem dieser Dank für Beistand in schwerer Zeit noch immer gilt. Wie schrieb die Vietnam-Kennerin Monika Heyder? Als Ausländer müsse man davon ausgehen, »daß die Vietnamesen sehr genau wissen, welche Staaten ihnen während dieser schweren Jahre Beistand leisteten, welche die Politik der USA-Regierung unterstützten …« Das trifft garantiert auch auf den ersten Mann der regierenden Partei zu.

Ein böses Omen für die Festivals beider Seiten und für die weitere Entwicklung war und ist das mit Sicherheit nicht. Wohl gibt es in Vietnam viele Stätten der Erinnerung an den Krieg, den die Bundesrepublik Bonner Prägung ohne Skrupel bejaht und nach Kräften begünstigt hat. Es gab und gibt aber kein Verlangen nach Reue oder Buße. Zu wünschen ist, dass die September-Feste 2010 trotz allem als bedeutsamer Schritt auf dem Weg zu normalen, von der Vergangenheit und von fortbestehenden, systembedingten politischen Divergenzen nicht belasteten Beziehungen in die Geschichte eingehen mögen.

Dokumente

Für die Leserinnen und Leser, die nach der Lektüre des Buches ihren Eindruck anhand von Originaldokumenten vertiefen möchten, hat der Autor einen Dokumentenanhang zusammengestellt, der kostenlos vom Verlag bezogen werden kann unter der Internet-Adresse

http://www.gutes-lesen.de/berlin-bonn-saigon-hanoi

Er enthält folgende Dokumente:

Erklärung der Regierung der
Demokratischen Republik Vietnam
an die Regierungen der Länder der
ganzen Welt (14. Januar 1950)

Aufruf der Regierung der DDR an die deutschen
Fremdenlegionäre (2. Februar 1950)

Botschaft des Zentralrats der FDJ an
desertierte deutsche Fremdenlegionäre
in Vietnam (24. Februar 1950)

Botschaft des FDJ-Zentralrats an die
jungen Deutschen in der Fremdenlegion
in Vietnam (24. Februar 1950)

Funkspruch des Nationalrats der Nationalen
Front des demokratischen Deutschland und
ehemaliger Fremdenlegionäre an die Deutschen
in der Fremdenlegion (25. Oktober 1952)

Glückwunsch Otto Grotewohls an
Ho Chi Minh vom 21. Juli 1954

Telegrammwechsel zwischen
Bundeskanzler Konrad Adenauer und
Frankreichs Premierminister Joseph Laniel
(vermutlich 14. Mai 1954)

Aus dem Offenen Brief der Vertreter der
Bruderschaften der Bekennenden Kirche an
Konrad Adenauer (4. Oktober 1950)

Flugblatt der CDU mit Auszug aus der
Regierungserklärung über den Deutschland- und
den EVG-Vertrag vom 3. Dezember 1952

Aus dem Brief Konrad Adenauers an den
Preußischen Minister des Inneren (10. August 1934)

Urteil des Ersten Senats des BVG in dem von
der Bundesregierung beantragten Prozess
gegen die KPD (17. August 1956)

Ansprache Ton Duc Thangs auf dem
Festakt in Berlin zum 80. Geburtstag
Wilhelm Piecks (3. Januar 1956)

ADN-Interview in Moskau mit
Präsident Ho Chi Minh zum bevorstehenden
DDR-Besuch (20. Juli 1957)

Ansprache Präsident Ho Chi Minhs auf
dem Empfang in Berlin (25. Juli 1957)

Rede des Volkskammerpräsidenten
Dr. Johannes Dieckmann auf dem Empfang (Auszug)

Kommunique über den Staatsbesuch
Präsident Ho Chi Minhs in der DDR

Aus dem Kommuniqué über Beratungen
zwischen Delegationen der SED und der
Lao-Dong-Partei Vietnams (26. Juli 1957)

Aus der Gemeinsamen Erklärung der Regierungen
der DDR und der DRV (21. Januar 1959)

Brief des Reichsministers der Luftfahrt,
Hermann Göring, an Hauptmann Dr. Speidel
in Paris (1. September 1934)

Brief von Dr. phil. Hans Speidel,
Hauptmann im Generalstab, Gehilfe des
Militärattachés bei der Deutschen Botschaft
in Paris, an Göring (3. Oktober 1934)

Brief von Dr. Haack (Paris) an
Speidel – Abschrift (1. 10. 1934)

DDR-Erklärung zum Beginn des USA-Bombenkrieges   471
gegen Nordvietnam (6. August 1964)

Telegramm Walter Ulbrichts an Nguyen Huu Tho
und Huynh Tan Phat (12. Juni 1969)

Erklärung des Politbüros des ZK der SED und
des Ministerrates der DDR (24. Januar 1973)

Aus dem Gemeinsamen Kommuniqué
über den Besuch einer Delegation der SRV
in der DDR (9. September 1974)

Telegramm Erich Honeckers, Willi Stophs
und Horst Sindermanns an Nguyen Huu Tho
und Huynh Tan Phat (30. April 1975)

Telegramm Erich Honeckers
an Le Duan (2. Mai 1975)

Aus dem Gemeinsamen Kommuniqué über den
Besuch einer Partei- und Regierungsdelegation
der DDR in der DRV (18. März 1973)

Aus dem Gemeinsamen Kommuniqué über den
Besuch einer Partei- und Regierungsdelegation
der DRV in der DDR (22. Oktober 1973)

Aus der Gemeinsamen Erklärung der Deutschen
Demokratischen Republik und der Demokratischen
Republik Vietnam (Berlin - 19. Oktober 1975)

Aus der Gemeinsamen Erklärung der Deutschen
Demokratischen Republik und der Sozialistischen
Republik Vietnam (Hanoi - 4. Dezember 1977)

Aus dem Vertrag über Freundschaft und
Zusammenarbeit zwischen der Deutschen
Demokratischen Republik und der Sozialistischen
Republik Vietnam (4. Dezember 1977)

Gespräch des Bundeskanzlers Dr. Helmut Kohl mit
dem Ministerpräsidenten der SRV (Mitteilung des
Sprechers der Bundesregierung – 2. Juli 1993)

Besuch von Bundeskanzler Dr. Helmut Kohl
in der SRV (16. – 19. November 1995) –
Ansprache auf Abendessen in Hanoi,
gegeben von Vo Van Kiet (Auszug)

Rede des Bundeskanzlers an der
Technischen Universität Hanoi (Auszug)

Ansprache des Bundeskanzlers auf Empfang
in Ho-Chi-Minh-Stadt (Auszug)

Rede von Bundeskanzler Gerhard Schröder
an der Technischen Universität Hanoi
am 15. Mai 2003 (Auszug)

Rede von Bundespräsident Dr. Horst Köhler auf
Staatsbankett in Hanoi am 21. Mai 2007 (Auszug)

Gemeinsame Deutsch-Vietnamesische
Presseerklärung zum Besuch des
SRV-Ministerpräsidenten in der BRD (Auszug)

Anmerkungen

Alle Internet-Quellen befinden sich als Ausdruck im Archiv Kapfenberger.

Wort zur Sache

1 Deutsche Botschaft Hanoi – Bilaterale Beziehungen (http://www.hanoi.diplo.de/Vertretung/hanoi/de/03/Bilaterale__Beziehungen/Seite__Bilaterale__Beziehungen.html), zuletzt abgerufen am 18. 3. 2013

Ruf aus dem Gebirgsdschungel Nordvietnams

1 Auf der konstituierenden Sitzung der DRV-Nationalversammlung, des unter äußerst komplizierten Bedingungen am 6. Januar 1946 gewählten ersten vietnamesischen Parlaments, wurde Ho Chi Minh zum Präsidenten der DRV gewählt. Bis September 1955 hatte er auch noch das Amt des Ministerpräsidenten inne.
2 Von August 1942 an bis zu seinem Tode trug er den Namen Ho Chi Minh.
3 Der gebirgige Norden Vietnams ist in die geografischen Gebiete Viet Bac, den östlichen Teil bis zum Golf von Bac Bo (Golf von Tonkin), und Tay Bac, den westlichen Teil bis zur nordostlaotischen Grenze, gegliedert. Sie hatten zeitweise auch den Status von Verwaltungseinheiten.
4 Die offenbar längerfristig vorbereitete, im Juli/August 1945 am Rande der Potsdamer Konferenz der drei Mächte (UdSSR, USA, Großbritannien) besiegelte Absprache zwischen London und Washington sah eine Trennungslinie zwischen beiden Besatzungszonen etwa im Raum Hue nördlich des 16. Breitengrades vor. Es handelte sich aller Wahrscheinlichkeit nach um eine Absprache hinter dem Rücken der Sowjetunion.

5 Peter Scholl-Latour: Der Tod im Reisfeld. Dreißig Jahre Krieg in Indochina, Deutscher Taschenbuch Verlag, München 2000, S. 23-26
6 Unter verschiedenen Pseudonymen hielt er sich von Ende 1924 bis Mai 1927, von Ende 1929 bis Frühjahr 1934 sowie von Ende 1938 bis Februar 1941 in China (bzw. zeitweise in Hongkong) auf.
Unter dem Namen Ho Chi Minh begab er sich im August 1942 erneut nach China. Er wurde dort eingekerkert und gelangte erst im September 1944 nach Vietnam zurück.
7 Während der französischen Kolonialherrschaft war Vietnam in die administrativen Einheiten Cochinchina (franz.: Cochinchine – Landessüden mit Saigon), Annam (Landesmitte mit Hue) und Tonkin (Landesnorden mit Hanoi) mit unterschiedlichem Status geteilt. Mit der Unabhängigkeit des Landes wurden daraus die Verwaltungsbereiche Nam Bo (Süden), Trung Bo (Mitte) und Bac Bo; in den ersten Monaten wurde von Nam Ky, Trung Ky und Bac Ky gesprochen.
8 Pham Van Dong, stellvertretender Ministerpräsident und Außenminister, wurde im September 1955 das Amt des Ministerpräsidenten übertragen, als die Nationalversammlung auf Vorschlag Ho Chi Minhs beschloss, die Personalunion an der Staatsspitze aufzulösen. Er hatte das neue Amt bis 1987 inne.
9 Modus vivendi: lexikalisch als »Übereinkunft über ein erträgliches Zusammen- oder Nebeneinanderleben« erklärt.
10 Seit November 1924 existierte die Mongolische Volksrepublik (MVR), nachdem Mitte 1921 eine revolutionäre Volksarmee mit maßgeblicher Unterstützung durch die Rote Armee Sowjetrusslands das Land von chinesischen Okkupanten und russischen weißgardistischen Truppen befreit hatte.
11 Die Entwicklung der Beziehungen zwischen der Deutschen Demokratischen Republik und der Demokratischen Republik Vietnam, ohne Datum, SAPMO-BArch, NY 4090/488 (Nachlass Otto Grotewohl)
12 ebenso

DDR appelliert an deutsche Fremdenlegionäre

1 Neues Deutschland, 3. Februar 1950
2 Junge Welt, 24. Februar 1950
3 ebenda, 29. Mai 1950
4 Neues Deutschland, 26. Oktober 1952
5 Histoire de la Révolution d'Août, Éditions en langues étrangeres, Hanoi 1972, S. 58/59
6 Schütte, Heinz: Zwischen den Fronten / Deutsche und österreichische Überläufer zum Viet Minh, Logos Verlag Berlin 2006, S. 16 und 159
7 Junge Welt, 14. März, 17. März, 21. März, 24. März 1950
8 ebenda, 28. März 1950
9 Junge Welt, 28. März 1950
10 ebenda, 23. Mai 1950
11 Schütte, S. 17/18
12 Junge Welt, 17. Mai 1954
13 Junge Welt, u.a. 20. Mai 1954
14 Schütte, Heinz: Zwischen den Fronten / Deutsche ... und Oelschlägel, Dr. Rudolf: Entscheidung bei Dien Bien Phu – Wurzeln deutscher Solidarität mit Vietnam (Artikel in SODI-Report 2/2004) sowie: Entscheidung von Dien Bien Phu (Artikel In Neues Deutschland, 7. Mai 2004)

Adenauer: »Heldenhafte Verteidiger der freien Welt«

1 Arenth, Joachim: Johnson, Vietnam und der Westen /Transatlantische Belastungen 1963-1969, Günter Olzog Verlag GmbH, München 1994, S. 125
2 Junge Welt, 14. März 1950
3 Arenth, Joachim: wie oben
4 Junge Welt, 5. Mai 1954
5 Es handelte sich um die UdSSR, die USA, Frankreich, Großbritannien und die Volksrepublik China
6 Protokoll der 26. Sitzung des 2. Deutschen Bundestages, 29. April 1954, S. 1068
7 Junge Welt, 8. Mai 1954
8 Presse- und Informationsamt der Bundesregierung, Bulletin Nr. 90, 14. Mai 1954
9 Junge Welt, 20. Mai 1954

10 Junge Welt, 5. Mai 1954
11 Unter »Spätheimkehrern« verstand man in der BRD erst in den 50er Jahren aus der Sowjetunion zurückkehrende Kriegsgefangene.
12 Diese Zusage hatte die DDR allerdings bereits vor 4 Jahren in ihrem Aufruf an die deutschen Fremdenlegionäre gemacht.
13 Schütte, Heinz: Zwischen den Fronten / Deutsche ... (S. 15, nach PolA AA Berlin, Fußnote 23)
14 Der Versailler Vertrag von 1919 zum Ende des ersten Weltkrieges unterstellte Teile der preußischen Rheinprovinz und der bayrischen Pfalz als Saargebiet für 15 Jahre dem in Versailles begründeten Völkerbund. Nach einer Volksabstimmung 1935 kam das Saargebiet wieder zu Deutschland. Es gehörte 1945 zur französischen Besatzungszone, wurde 1946 ausgegliedert, dann erweitert und dem französischen Zollgebiet angeschlossen. Seine deutsche Regierung unterstand ab 1948 einem französischen Hochkommissar. 1954 handelten Bonn und Paris ein Saarstatut aus, das eine »Europäisierung« des Gebiets im Rahmen der Westeuropäischen Union vorsah, in einer Volksabstimmung Ende 1955 aber abgelehnt wurde. Bei Landtagswahlen im Dezember 1955 setzten sich die für die Angliederung des Gebiets an die BRD eintretenden Parteien durch. Mit dem westdeutsch-französischen Saarvertrag von Oktober 1956 wurde es am 1. 1. 1957 BRD-Bundesland.
15 Arenth, Joachim: Johnson, Vietnam ..., S. 12
16 Junge Welt, 12. Mai 1954
17 25. Juni 1950
18 DER SPIEGEL 46/2001, S. 34
19 Es handelte sich um das »Gesetz zum Schutz des deutschen Blutes und der deutschen Ehre« (15. September 1935) und das »Gesetz zum Schutz der Erbgesundheit« (18. Oktober 1935). Es folgte unter Globkes Mitwirkung ein gleichermaßen diskriminierendes »Personenstandsgesetz« (3. November 1937) und das »Gesetz zur Änderung der Familiennamen und Vornamen«.
20 Köhler, Otto: Eichmann, Globke, Adenauer / CIA-Aktenfunde – Warum die rechte Hand des Bundeskanzlers geschont werden musste (Artikel in Freitag 24 vom 16. 06. 2006, (http://www.freitag.de/autoren/der-freitag/eichmann-globke-adenauer), zuletzt abgerufen am 14. 03. 2013

21 1934 aus dem im Jahr zuvor von Pastor Martin Niemöller in Berlin gegründeten Pfarrernotbund im Kampf gegen die nazistisch orientierten Deutschen Christen und die knebelnde Kirchenpolitik des Nazi-Regimes hervorgegangene kirchliche Bewegung; ein Reichsbruderrat und Landesbruderräte fungierten als Kirchenleitungen. Die Bekennende Kirche wurde vom Nazi-Regime sehr bald verfolgt. Martin Niemöller war von 1937 bis 1945 Häftling in den KZ Sachsenhausen und Dachau; Dietrich Bonhoeffer wurde im April 1945 im KZ Flossenbürg ermordet. Nach 1945 wirkte die Bekennende Kirche entscheidend an der Neuordnung der deutschen Evangelischen Kirche mit.

22 zitiert aus Schrift von Albert Norden: Repräsentant einer untergehenden Zeit (ohne Datum), S. 13

23 Flugblatt der CDU mit Auszug aus der Regierungserklärung vom 3.Dezember 1952, Deutschland Union Dienst 1952, Haus der Geschichte Bonn (http://www.hdg.de/lemo/html/dokumente/JahreDesAufbausInOstUndWest_aufrufAdenauer1952/index.html), zuletzt abgerufen am 14. 03. 2013

24 Arenth, Joachim: Johnson, Vietnam ...,S. 127

25 Die 1871 gegründete bürgerlich-katholische Deutsche Zentrumspartei stellte sich nach dem ersten Weltkrieg gegen die Novemberrevolution. Nach der Machtübergabe an Hitler im Januar 1933 stimmten ihre Abgeordneten im März im Reichstag für das sogenannte Ermächtigungsgesetz, das der Hitler-Regierung diktatorische Vollmachten zur Errichtung des Terrorregimes gab. Im Juli 1933 löste sich die Zentrumspartei selbst auf.

26 zitiert aus Schrift von Albert Norden (wie oben), S. 3, dort zitiert nach Weymar, Paul: Konrad Adenauer, München 1955

27 ebenda, S. 4–6 (mit Faksimile des Briefes)

28 Neues Deutschland, 9. November 1955, S. 2 (Antwort von Prof. Albert Norden auf einen Leser-Brief: Adenauer erhielt Riesensummen vom Hitlerstaat)

29 ebenda (mit Faksimile des Himmler-Papiers)

30 zitiert aus Schrift von Albert Norden (wie oben), S. 13

31 Creuzberger, Stefan: Das BMG in der frühen Bonner Republik, in: »Aus Politik und Zeitgeschichte«, Beilage zur Zeitschrift »Das Parlament«, Nr. 01/2009 vom 29. 12. 2008, Deutscher Bundestag und Bundeszentrale für politische Bildung 2008 (http://webarchiv.bundestag.de/cgi/show.php?fileToLoad=2590&id=1149), zuletzt abgerufen am 15. 03. 2013
32 ebenda
33 ebenda
34 Deumlich, Gerd: KPD-Verbot: Der Antimilitarismus-Giftstoff in deutschem Blut (Artikel in StattZeitung für Südbaden 66 (2006-09) (http://www.stattweb.de/baseportal/ArchivDruck&db=Archiv&Id==712), abgerufen am 23. 1. 2009; Ausdruck im Archiv Kapfenberger
35 ebenda
36 1947 waren die amerikanische und die britische Besatzungszone zu einem Bizone genannten einheitlichen Wirtschaftsgebiet zusammengeschlossen worden; im April 1949 entstand durch den Anschluss des französischen Besatzungsgebiets die Trizone. Es waren die direkten Vorstufen der Bildung des westdeutschen Separatstaates.
37 Seils, Christoph: Geist der NS-Zeit, ZEIT online 17. 08. 2006 (http://www.zeit.de/online/2006/33/KPD-Verbot), abgerufen am 10. 2. 2009
38 ebenda und OST:BLOG: Wenn der Staat rot sieht – 50 Jahre KPD Verbot (http://www.ostblog.de/2006/11/wenn_der_staat_rot_sieht_50_ja.php), abgerufen am 10. 2. 2009
39 Presseinformationen zu Foschepoth, Prof. Dr. Josef: Rolle und Bedeutung der KPD im deutsch-deutschen Systemkonflikt (Studie in der Zeitschrift für Geschichtswissenschaft Nr. 56/2008) und OST:BLOG (wie oben)

Thälmann-Bild im französischen Kolonialkerker

1 Auf dem II. Parteitag im Februar 1951 im Viet Bac gab sich die IKP den Namen Partei der Werktätigen Vietnams (PWV). Der IV. PWV-Parteitag im Dezember 1976 in Hanoi beschloss die Änderung des Namens in Kommunistische Partei Vietnams.
2 Der Name Vietnam war mit der Errichtung der französischen Kolonialherrschaft von der Landkarte getilgt. Dreigeteilt gehörte das Land zu Französisch-Indochina.
3 Mandarin: Einst in Europa gebräuchliche Bezeichnung für Beamte und Würdenträger des chinesischen Kaiserreiches, die dessen politische und soziale feudale Führungsschicht bildeten. Die Bezeichnung wurde möglicherweise von der Kolonialmacht in Vietnam eingeführt.
4 Lao Bao war das größte französische Gefängnis in Annam.
5 3. März 1933
6 9. März 1933

Willkommen in Moritzburg und Dresden

1 Neues Deutschland, 22. Juli 1954 (nach ADN)
2 Presse- und Informationsamt der Bundesregierung, Bulletin Nr. 90, 14. Mai 1954
3 Neues Deutschland, 25./26. Juli 1954 (nach ADN)
4 Die Entwicklung der Beziehungen zwischen der Deutschen Demokratischen Republik und der Demokratischen Republik Vietnam, ohne Datum, SAPMO-BArch, NY 4090/488 (Nachlass Otto Grotewohl)
5 Neues Deutschland, 8. März 1954
6 Die Entwicklung der Beziehungen zwischen ...
7 ebenda
8 Faber, Franz: Rot leuchtet der Song Cai, Kongreß-Verlag, Berlin 1955, herausgegeben im Auftrage des Solidaritätsausschusses für Korea und Vietnam beim Nationalrat, S. 8/9
9 Vorsitzender oder Präsident Wilhelm Pieck

Treffen in Berlin – »Wilhelm, wie geht es Dir?«

1 Neues Deutschland, 10. Dezember 1955
2 Neues Deutschland, 5. Januar 1956
3 Neues Deutschland, 10. Januar 1956 (nach ADN)
4 Neues Deutschland, 20. Juli 1957
5 Neues Deutschland, 27./28./29. Juli 1957
6 Neues Deutschland, 26. Juli 1957
7 Neues Deutschland, 2. August 1957
8 ebenda
9 Ho Chi Minh wurde im Februar 1951 auf dem II. Parteitag der IKP (PWV) mit der neugeschaffenen Funktion des Parteivorsitzenden betraut.
10 Im Kommunique wird von der Lao-Dong-Partei Vietnams gesprochen (Dang Lao Dong = Partei der Werktätigen oder Arbeiterpartei)
11 Neues Deutschland, 28. Juli 1957
12 Boten der Freundschaft – Eine Kamera begleitet Ministerpräsident Otto Grotewohl durch den Nahen und Fernen Osten, Hg.: Nationalrat der Nationalen Front des demokratischen Deutschland, Kongreß-Verlag Berlin 1959

Vietnam-Politik im Zeichen von Antikommunismus und Aufrüstung

1 Information des Politischen Archivs des Auswärtigen Amtes vom 05.01.2009
2 Steininger, Rolf: Der Vietnamkrieg, Fischer Taschenbuch Verlag, Frankfurt a.M. 2004, 2. Auflage, S. 16
3 ebenda
4 Cheysson, Claude: Die Genfer Indochina-Konferenz (1954) aus: apocalypse Vietnam – Das Buch zur Fernsehserie (MDR), Rowohlt Berlin Verlag GmbH, Berlin 2000, S. 86
5 Les vrais et les faux secrets du Pentagone – Documents, Le Courrier du Viet Nam, Hanoi 1971, S. 37
6 Diem ist zwar der Vorname Ngo Dinh Diems, doch wird er in vietnamesischen und ohnehin auch in ausländischen Quellen durchweg so genannt. Diese Verfahrensweise ist in Vietnam nicht unüblich.

7 Seite »Deutschlandvertrag«. In: Wikipedia, Die freie Enzyklopädie. Bearbeitungsstand: 19. Januar 2013, 08:22 UTC. URL: http://de.wikipedia.org/w/index.php?title= Deutschlandvertrag&oldid=113146510 (Abgerufen: 26. Februar 2013, 23:20 UTC)

8 Pariser Verträge – Internet (http://www.hdg.de/lemo/html/ DasGeteilteDeutschland/JahreDesAufbausInOstUndWest/ ZweiStaatenZweiWege/pariserVertraege.html), abgerufen am 8. 2. 2009

9 DER SPIEGEL 46/2002, S. 35

10 ebenda

11 ebenda, S. 36

12 Barthou, Politiker und Gelehrter, ehemals erbitterter Gegner der Sowjetunion auf außenpolitischem Gebiet, revidierte nach der Machtübergabe an Hitler und angesichts zunehmender Aktivitäten französischer faschistischer Kräfte seine Haltung. Er unterstützte 1934 als Außenminister die Aufnahme der UdSSR in den nach dem ersten Weltkrieg in Versailles begründeten Völkerbund, warb für ihre diplomatische Anerkennung durch westliche Länder und bereitete einen Beistandspakt seines Landes mit der Sowjetunion vor, der 1935 abgeschlossen wurde. Auch arbeitete er zielstrebig an der Herausbildung eines festen Blocks der Tschechoslowakei, Jugoslawiens und Rumäniens gegen die bedrohliche Politik der faschistischen Machthaber in Budapest, Rom und Berlin. Die drei Länder hatten sich 1920/21 unter französischer Hegemonie als Kleine Entente konstituiert, gerichtet gegen die UdSSR und gegen revolutionäre Bewegungen in Mittel- und Südosteuropa. Der Machtantritt der Nazis in Deutschland veranlasste sie, sich ab 1933 um gute Beziehungen zur Sowjetunion zu bemühen. Der DDR-Dokumentarfilm Unternehmen Teutonenschwert von Annelie und Andrew Thorndike (1957/58) erregte auch im Ausland großes Aufsehen. Speidel versuchte vergebens, die Aufführung zu unterbinden, und gestand dann teilweise. (sh. http://www.cine-holocaust.de/cgi-bin/ gdq?efw00fbw001290.gd), zuletzt abgerufen am 1. 3. 2013

13 Neues Deutschland, 23. Mai und 19. Juli 1957

14 Information des Politischen Archivs des Auswärtigen Amtes vom 17. 04. 2009

Bundeswehrstrategen wittern Morgenluft

1 Arenth, Joachim: Johnson, Vietnam ..., S. 155
2 ebenda
3 Les vrais et les faux ..., S. 79/80
4 Steininger,Rolf: Der Vietnamkrieg, S. 26
5 In Vietnam heißt das Südchinesische Meer Bien Dong = Ostmeer.
6 Die Truong-Son-Gebirgskette wird in französischen und anderen ausländischen Quellen wie einst meist auch heute noch als Annamitische Kordillere (Cordillère annamitique) bezeichnet. In Laos heißt dieses vietnamesisch-laotische Grenzgebirge Phou Long.
7 Arenth, Joachim: Johnson, Vietnam ..., S. 167
8 Neues Deutschland, 19. März 1966
9 Der hier willkürlich geprägte Begriff »Rheinlandzone« bezieht sich auf eine der militärischen Bestimmungen des Versailler Vertrages von 1919. Sie besagte, dass die linksrheinischen deutschen Gebiete für maximal 15 Jahre von alliierten Truppen besetzt werden und östlich des Rheins eine 50 Kilometer breite entmilitarisierte Zone gebildet wird. 1936 marschierte dort die Wehrmacht ein.
10 Im Ergebnis einer machtvollen Volksbewegung wurde die britische Kronkolonie Zypern im August 1960 zur Republik mit Erzbischof Makarios III. als Präsident. Von den Briten geschürte Spannungen zwischen türkischer und griechischer Inselbevölkerung führten ab Ende 1963 zu bewaffneten Auseinandersetzungen. Internationaler Protest verhinderte eine drohende NATO-Intervention und erzwang die Stationierung von UNO-Truppen zur Gewährleistung der Unabhängigkeit Zyperns.
11 Führungsakademie der Bundeswehr: Über uns (http://www.fueakbw.de/index.php/component/k2/itemlist/category/1-über-uns.html), zuletzt abgerufen am 16. 3. 2013
12 Seite »Führungsakademie der Bundeswehr«.
In: Wikipedia, Die freie Enzyklopädie. Bearbeitungsstand: 19. Februar 2013, 14:24 UTC.
URL: http://de.wikipedia.org/w/index.php?title=F%C3%BChrungsakademie_der_Bundeswehr&oldid=114410434
(Abgerufen: 27. Februar 2013, 21:23 UTC)

13 Das Ersatzheer war als Teil der Wehrmacht im Inland stationiert. Es umfasste Kommando- und Verwaltungsbehörden, Ausbildungseinheiten sowie Wachtruppen. Seine Aufgabe war, neue Soldaten auszubilden und Neuentwicklungen von Militärgerät zu testen. Gegen Ende des zweiten Weltkrieges bildete das Ersatzheer das letzte Aufgebot der Wehrmacht.
14 DER SPIEGEL 46/2001, S. 35
15 Nach Auskunft des Militärgeschichtlichen Forschungsamtes in Potsdam war die »simultane Bezeichnung Wehrmacht« vor dem 16. März 1935 bereits für die Reichswehr üblich. Schon im § 1 Wehrgesetz vom 21. 03. 1921 heißt es: »Die Wehrmacht der Deutschen Republik ist die Reichs-Wehr.« (eMail-Auskunft des MGFA, Hauptmann Berger, vom 03. 04. 2009)
16 Seite »Friedrich Foertsch«. In: Wikipedia, Die freie Enzyklopädie. Bearbeitungsstand: 12. Juni 2012, 16:39 UTC. URL: http://de.wikipedia.org/w/index.php?title=Friedrich_Foertsch&oldid=104311204 (Abgerufen: 27. Februar 2013, 21:28 UTC)
17 General Friedrich Albert Foertsch / Generalinspekteur der Bundeswehr von 1961 bis 1963; Bundesministerium der Verteidigung (http://www.bmvg.de/portal/poc/bmvg?uri=ci:bw.bmvg.ministerium.geschichte_bmvg.generalinspekteure_bw&de.conet.contentintegrator.portlet.current.id=01DB010000000001|6FBFX2063INFO), zuletzt abgerufen am 16. 3. 2013
18 Seite »Heinz Trettner«. In: Wikipedia, Die freie Enzyklopädie. Bearbeitungsstand: 9. Januar 2013, 21:25 UTC. URL: http://de.wikipedia.org/w/index.php?title=Heinz_Trettner&oldid=112741839 (Abgerufen: 27. Februar 2013, 21:42 UTC)
19 General Heinz Trettner / Generalinspekteur der Bundeswehr von 1964 bis 1966; Bundesministerium der Verteidigung (http://www.bmvg.de/portal/poc/bmvg?uri=ci:bw.bmvg.ministerium.geschichte_bmvg.generalinspekteure_bw&de.conet.contentintegrator.portlet.current.id=01DB010000000001|6FBJH2372INFO), zuletzt abgerufen am 16. 3. 2013
20 wie 18

21 Seite »Ulrich de Maizière«. In: Wikipedia, Die freie Enzyklopädie. Bearbeitungsstand: 2. Januar 2013, 11:11 UTC. URL: http://de.wikipedia.org/w/index.php?title=Ulrich_de_Maizi%C3%A8re&oldid=112406050 (Abgerufen: 27. Februar 2013, 22:04 UTC)
22 ebenda
23 General Ulrich de Maizière / Generalinspekteur der Bundeswehr von 1966 bis 1972; Bundesministerium der Verteidigung (http://www.bmvg.de/portal/poc/bmvg?uri=ci:bw.bmvg.ministerium.geschichte_bmvg.generalinspekteure_bw&de.conet.contentintegrator.portlet.current.id=01DB010000000001|6FCDCE088INFO), zuletzt abgerufen am 16. 3. 2013
24 www.lexikon-der-wehrmacht.de/Personenregister/R/RugeF-R.htm, abgerufen am 29. 12. 2008
25 ebenda
26 ebenda
27 Seite »Friedrich Ruge«. In: Wikipedia, Die freie Enzyklopädie. Bearbeitungsstand: 2. Februar 2013, 19:37 UTC. URL: http://de.wikipedia.org/w/index.php?title=Friedrich_Ruge&oldid=113718318 (Abgerufen: 27. Februar 2013, 22:10 UTC))
28 Karl-Adolf Zenker – aus Wikipedia (http://de.wikipedia.org/wiki/Adolf_Zenker), abgerufen am 26. 2. 2009
29 Die Bombardierung Freiburgs findet in amtlichen oder anderen Internetbeiträgen im Zusammenhang mit der Personalie Kammhuber keine Erwähnung. Das im Internet verfügbare Braunbuch gibt entsprechende Auskunft.
30 Trautloft, Hans (http://www.lexikon-der-wehrmacht.de/Personenregister/T/TrautloftH-R.htm), abgerufen am 29.12.2008
31 Oberst Johannes Steinhoff, Mitglied des exklusiven Jagdverbandes 44 (http://www.waffenhq.de/biographien/biographien/steinhoff.html), abgerufen am 29. 12. 2008

Bonn rechtfertigt Bombardierung des Nordens

1. Les vrais et les faux ..., S. 62-65
2. McNamara, Robert: Vietnam – Das Trauma einer Weltmacht, Spiegel Buchverlag, Hamburg 1996, S. 172-191
3. ebenda
4. Der Name Golf von Tonkin (oft auch: Tonking, gelegentlich gar Tongking) stammt aus der französischen Kolonialzeit. In Vietnam heißt diese Bucht am Südchinesischen Meer (vietn.: Bien Dong) Golf von Bac Bo, in der Landessprache Vinh Bac Bo.
5. ZEIT ONLINE – DIE ZEIT, 12. Juni 1964, Nr. 24 (www.zeit.de/1964/24/Mit-oder-gegen-China), abgerufen am 2. 3. 2009
6. wie 2, S. 172ff.
7. Arenth, Joachim: Johnson, Vietnam ..., S. 171
8. Neues Deutschland, 7. August 1964
9. Die South East Asia Treaty Organization (SEATO) wurde auf Betreiben der USA am 8. September 1954 als direkte Antwort auf die Genfer Abkommen in der philippinischen Hauptstadt Manila gegründet. Ihr gehörten zu Beginn neben den USA Großbritannien, Frankreich, Australien, Neuseeland, Pakistan, die Philippinen und Thailand an. Der Südostasienpakt wurde als »Verteidigungsbund gegen die kommunistische Gefahr« deklariert.
10. Arenth, Joachim: Johnson, Vietnam ..., S. 166/167
11. ebenda
12. ebenda, S. 174
13. ebenda, S. 165
14. DER SPIEGEL 46/2001, S. 36
15. Arenth, Joachim: Johnson, Vietnam ..., S. 168
16. ebenda, S. 130
17. ebenda
18. Rennhack, Horst: Die »Legion Vietnam« – Formen und Motive in: Die Aggression der USA in Vietnam – Protokoll des Internationalen Vietnam-Kolloquiums 17. Februar 1969 in Berlin, Hg.: Vietnam-Ausschuss beim Afro-Asiatischen Solidaritätskomitee der DDR, S. 223
19. SPIEGEL ONLINE 20.06.2006 KONGO-MÜLLER - Der Söldner mit dem Eisernen Kreuz (www.spiegel.de/politik/ausland/0,1518,423876,00.html) abgerufen am 3. 3. 2009

20 ebenda und Kriegsreisende – Der »Kongo-Müller« und das »Kommando 52«- Deutsche Söldner im kongolesischen Bürgerkrieg 1964/65 (www.kriegsreisende.de/relikte/kongo-mueller.htm, abgerufen 3. 3. 2009)
21 Neues Deutschland, 19. März 1966
22 Kriegsreisende – Der »Kongo-Müller« und ...
23 Neues Deutschland, 20. März 1966
24 Seite »Der lachende Mann«. In: Wikipedia, Die freie Enzyklopädie. Bearbeitungsstand: 6. Februar 2012, 15:57 UTC.
URL: http://de.wikipedia.org/w/index.php?title=Der_lachende_Mann&oldid=99333230
(Abgerufen: 27. Februar 2013, 23:53 UTC)
25 wie 19
26 Neues Deutschland, 20. und 24. März 1966
27 wie 18
28 Nguyen Cao Ky – aus Wikipedia (http://en.wikipedia.org/wiki/Nguyen_Cao_Ky) und Major General Nguyen Cao Ky (http://members.tripod.com/-nguyentin/ncky-2.htm), abgerufen am 1. 3. 2009; Ausdruck im Archiv Kapfenberger
29 Neues Deutschland, 9. Februar 1965
30 ebenda, 3. Februar 1965
31 Arenth, Joachim: Johnson, Vietnam ... S. 168
32 ebenda, S. 173
33 ebenda, S. 174
34 ebenda, S. 175
35 ebenda , nach: Werkmeister, Frank: Die Protestbewegung gegen den Vietnamkrieg in der Bundesrepublik Deutschland 1965-1973, Dissertation 1975, S. 3

Mit großem Aufwand den USA zu Diensten

1. General Curtis LeMay – father of the Strategic Air Command (www.strategic-air-command.com/people/LeMay-General-Curtis.htm), abgerufen am 11. 8. 2008
2. Curtis leMay – aus Wikipedia (http://en.wikipedia.org/wiki/Curtis_LeMay), abgerufen am 11. 8. 2008
3. Pham Van Bach (DRV): Die Völkermordverbrechen der USA-Imperialisten und der siegreiche Kampf des Volkes in Nordvietnam in: Die Aggression der USA – Protokoll des Internationalen ..., S. 121 und 129
4. wie 1
5. wie 2
6. ebenda
7. ebenda
8. wie 1
9. wie 2
10. wie 1
11. Autorenkollektiv der UdSSR: Sozialistische Diplomatie, Staatsverlag der DDR, Berlin 1974, S. 201/202
12. Presse- und Informationsamt der Bundesregierung, Bulletin Nr. 128, 30. September 1966, S. 1017
13. Presse- und Informationsamt der Bundesregierung, Bulletin Nr. 131, 7. Oktober 1966, S. 1041
14. Arenth, Joachim: Johnson, Vietnam ..., S. 128
15. Es handelte sich um Bundeskanzler Ludwig Erhard (1963-1966), Bundesaußenminister Gerhard Schröder (1961-1966) und Bundesverteidigungsminister Kai Uwe von Hassel (1963-1966)
16. Arenth, Joachim: Johnson, Vietnam ..., S. 169
17. ebenda, S. 169/170 und 172
18. ebenda, S. 164
19. ebenda, S. 128
20. ebenda, S. 132
21. ebenda, S. 176/177
22. Neues Deutschland, 20. und 14. März 1966
23. Doernberg, Prof. Dr. Stefan: Die Beteiligung des westdeutschen Imperialismus an der Aggression und den Kriegsverbrechen des USA-Imperialismus in Vietnam in: Die Aggression der USA – Protokoll des Internationalen ..., S. 46
24. ebenda, S. 47

25 ebenda (wie 24 unter Bezug auf Extra-Dienst, Westberlin, 3. 2. 1968, und Konkret, Hamburg, 3. 3. 1968)
26 Grümmer, Prof. Dr. Gerhard: herbizide in vietnam, Vietnam-Ausschuss beim Afro-Asiatischen Solidaritätskomitee der Deutschen Demokratischen Republik, Berlin 1969, S. 30
27 Doernberg, Prof. Dr. Stefan: Die Beteiligung des ..., S. 48
28 Grümmer, Prof. Dr. Gerhard: herbizide in ..., S. 34
29 Doernberg, Prof. Dr. Stefan: Die Beteiligung des ..., S. 45
30 Arenth, Joachim: Johnson, Vietnam ..., S. 187-190
31 ebenda, S. 196
32 Neues Deutschland, 20. März 1966

Reservisten der Bundeswehr »to the front«

1 Kiesinger blieb bis 1969 Bundeskanzler und wurde dann von Willy Brandt abgelöst; Brandt (von 1957 bis 1966 Regierender Bürgermeister von Westberlin) war unter Kiesinger Vizekanzler und Außenminister.
2 Arenth, Joachim: Johnson, Vietnam ..., S. 133
3 ebenda, S. 195 und 196
4 So zu lesen in Biographien des DHM und auf der Website Deutsche-Bundeskanzler.de. (http://www.dhm.de/lemo/html/biografien/KiesingerKurtGeorg/index.html) und Bundeskanzler Kurt Georg Kiesinger / Kiesinger – Licht und Schatten (http://www.deutsche-bundeskanzler.de/kiesinger-kurtgeorg.shtml), abgerufen am 18. 3. 2013
5 Wikipedia (http://de.wikipedia.org/wiki/Kurt_Georg_Kiesinger)
6 Rennhack, Horst: Die »Legion Vietnam« ..., S. 221
7 Arenth, Joachim: Johnson, Vietnam ..., S. 202
8 ebenda, S. 167
9 ebenda, S. 166
10 ebenda
11 Doernberg, Prof. Dr. Stefan: Die Beteiligung des ..., S. 51
12 Arenth, Joachim: Johnson, Vietnam ..., S. 191
13 Doernberg, Prof. Dr. Stefan: Die Beteiligung des..., S. 51
14 ebenda, S. 50/51
15 Grümmer, Prof. Dr. Gerhard: herbizide in..., S. 120
16 Doernberg, Prof. Dr. Stefan: Die Beteiligung des..., S. 51
17 ebenda, S. 50

18 Rennhack, Horst: Die »Legion Vietnam« ..., S. 221/222
19 Die Aggression der USA in Vietnam – Protokoll des Internationalen Vietnam-Kolloquiums in Berlin
20 Rennhack, Horst: Die »Legion Vietnam« ..., S. 222
21 ebenda, S. 223/224
22 ebenda
23 ebenda
24 Doernberg, Prof. Dr. Stefan: Die Beteiligung des ..., S. 49
25 Arenth, Joachim: Johnson, Vietnam ... , S. 176
26 Rennhack, Horst: Die »Legion Vietnam« ..., S. 225
27 Arenth, Joachim: Johnson, Vietnam ..., S. 195
28 ebenda, S. 133
29 Doernberg, Prof. Dr. Stefan: Die Beteiligung des ..., S. 41
30 Der einstige Innen- (1953-1961), Außen- (1961-1966) und Verteidigungsminister (1966-1969) der BRD, ein CDU-Politiker, ist nicht mit dem Ex-Bundeskanzler dieses Namens (SPD) zu verwechseln. Er war am 1. April 1934 Mitglied der NSDAP geworden, soll aber im Mai 1941 ausgetreten sein. Als Innenminister »setzte er den Verbotsantrag gegen die KPD durch« und »scheiterte vor Gericht bei dem Versuch, die Vereinigung der Verfolgten des Naziregimes zu verbieten«. (http.//de.wikipedia.org/wiki/Gerhard_Schr%C3%B6der_ (CDU)), abgerufen am 26. 3. 2009
31 Doernberg, Prof. Dr. Stefan: Die Beteiligung des ..., S. 40
32 Arenth, Joachim: Johnson, Vietnam ..., S. 134/135
33 ebenda
34 ebenda, S. 135 und 208
35 Doernberg, Prof. Dr. Stefan: Die Beteiligung des ..., S. 39/40
36 Horst von Rom – Diplomat (www.munzinger.de/search/portrait/Horst+von+Rom/0/12166.html)
37 Wilhelm Kopf – Diplomat (www.munzinger.de/search/portrait/Wilhelm+Kopf/0/9370.html)
38 Munzinger (www.munzinger.de/search/portrait/York+Freiherr+von+Wendland/0/8640.html)
39 Munzinger (www.munzinger.de/search/portrait/Franz+Schlegelberger/0//830.html)
und Braunbuch. Kriegs- u. Naziverbrecher in der Bundesrepublik und in Westberlin, Staatsverlag der DDR, Berlin 1968

Zu 36 bis 39: Zeitangaben in Gänze, Personalangaben zum Teil nach Information des Politischen Archivs des Auswärtigen Amtes von April 2009.

40 Doernberg, Prof. Dr. Stefan: Die Beteiligung des ..., S. 44/45
41 ebenda, S. 45/46
42 ebenda, S. 42
43 Steininger, Prof. Rolf: Der Vietnamkrieg, Fischer Taschenbuch Verlag, Frankfurt a. M. 2004, S. 37/38
44 Arenth, Joachim: Johnson, Vietnam ..., S. 216
45 ebenda
46 ebenda, S. 137

Zehntausendfacher Ruf: »Hände weg von Vietnam!«

1 MLF – Daten und Fakten, DIE ZEIT, 13. 11. 1964, Nr. 46 (http://www.zeit.de/1964/46/mlf-daten-und-fakten), zuletzt abgerufen am 16. 3. 2013
2 atomwaffen A-Z (www.atomwaffena-z.info/atomwaffen-glossar/m/m-texte/artikel/622), abgerufen am 28. 3. 2009
3 Deutsche Notstandsgesetze – aus Wikipedia (http://de.wikipedia.org/wiki/Deutsche_Notstandsgesetze), abgerufen am 28. 3. 2009
4 Notstandsgesetze (http://www.hdg.de/lemo/html/DasGeteilteDeutschland/KontinuitaetUndWandel/GrosseKoalition/notstandsgesetze.html), abgerufen am 28. 3. 2009
5 Wernicke, Dr. Günter: »Solidarität hilft siegen!« – Zur Solidaritätsbewegung mit Vietnam in beiden deutschen Staaten – Mitte der 60er bis Anfang der 70er Jahre, hefte zur ddr-geschichte, Nr. 72, Forscher- und Diskussionskreis zur DDR-Geschichte, Hg.-Kollektiv, »Helle Panke« zur Förderung von Politik, Bildung und Kultur e.V., Berlin, und Gesellschaftswissenschaftliches Forum e.V., Berlin, Berlin 2001, S. 23
6 ebenda, S. 25/26
7 ebenda, S. 25/26 und Arenth, Joachim: Johnson, Vietnam ..., S. 24/25
8 Arenth, Joachim: Johnson, Vietnam ..., S. 129/130

9 Karl-Günther von Hase – aus Wikipedia (http://de.wikipedia.org/wiki/Karl-G%C3%BCnther_von_Hase), abgerufen am 31. 3. 2009, und
Karl-Günther von Hase 90 - FAZ.NET (http://www.faz.net/print/Politik/Karl-Guenther-von-Hase-90), abgerufen am 2. 4. 2009
10 Alle Passagen zum Studentenprotest in Westberlin wie unter 8, S. 177-180
Zu Rudi Dutschke: 1940-1979 / Rudi Dutschke – Soziologe und Studentenführer (http://www.dhm.de/lemo/html/biografien/DutschkeRudi/), abgerufen am 29. 3. 2009
Zu Ernst Lemmer: Ernst Lemmer – aus Wikipedia (http://de.wikipedia.org/wiki/Ernst_Lemmer)
Zu Jürgen Wohlrabe: Jürgen Wohlrabe – aus Wikipedia (http://de.wikipedia.org/wiki/J%C3%BCrgen_Wohlrabe), beides abgerufen am 28. 3. 2009
11 Arenth, Joachim: Johnson, Vietnam ..., S. 186
12 ebenda, S. 182
13 ebenda, S. 182/183
14 ebenda, S. 132/133
15 Der 1921 in Eger geborene Lorenz Knorr, der in der Zeit des Faschismus wegen antifaschistischer Arbeit zweimal vor einem Kriegsgericht gestanden hatte, war ab 1950 zehn Jahre lang Bundessekretär der Sozialistischen Jugend Deutschlands – Die Falken. Aus Protest gegen das Einschwenken der Partei auf den NATO-Kurs Adenauers trat der 1960 aus der SPD aus. Gemeinsam mit Graf von Westfalen, Renate Riemeck und anderen gründete er die DFU. 1961 kandidierte er für sie zur Bundestagswahl. Dazu sh.
Lorenz Knorr – aus Wikipedia (http://de.wikipedia.org/wiki/Lorenz_Knorr) und
Deutsche Friedensunion – aus Wikipedia (http://de.wikipedia.org/wiki/Deutsche_Friedensunion), beides abgerufen am 31. 3. 2009
16 Wernicke, Dr. Günter: »Solidarität ..., S. 24 und 29
17 ebenda, S. 29, und Arenth, Joachim: Johnson, Vietnam..., S. 131
18 Doernberg, Prof. Dr. Stefan: Die Beteiligung des ..., S. 53
19 Wernicke, Dr. Günter: »Solidarität ..., S. 27-29, und Doernberg, Prof. Dr.: Die Beteiligung des ..., S. 53
20 Wernicke, Dr. Günter: »Solidarität ..., S. 30/31
21 ebenda, S. 31, 11 und 20

22 ebenda, S. 31/32
23 Arenth, Joachim: Johnson, Vietnam ..., S. 200
24 ebenda, S. 206/207
25 Wernicke, Dr. Günter: »Solidarität ..., S. 9
26 nach Wernicke, Dr. Günter: »Solidarität ..., S. 36 und 38
27 ebenda, S. 37-39
28 Doernberg, Prof. Dr. Stefan: Die Beteiligung des ..., S. 53
29 Wernicke, Dr. Günter: »Solidarität ..., S. 39
30 Der Todesschütze wurde nach einem von Polizei und Staatsanwaltschaft manipulierten Verfahren von der 14. Großen Strafkammer des Landgerichts Moabit von der nur auf »fahrlässige Tötung« lautenden Anklage freigesprochen. Ihn eindeutig belastende Zeugenaussagen blieben unberücksichtigt, Tatzeugen wurden wegen angeblicher Unglaubwürdigkeit nicht gehört. Kurras konnte vor Gericht nach Belieben lügen. Dazu sh. (http://de.wikipedia.org/wiki/Benno_Ohnesorg), abgerufen am 2.4.2009, und andere Internet-Einträge zu Ohnesorg.
31 wie unter Ziffer 10 (www.dhm.de/lemo/html/biografien/DutschkeRudi)
32 Wernicke, Dr. Günter: »Solidarität ..., S. 39
33 Ernst Benda – aus Wikipedia (http://de.wikipedia.org/wiki/Ernst_Benda), abgerufen am 2. 4. 2009,
Kampfgruppe gegen Unmenschlichkeit – aus Wikipedia (http://de.wikipedia.org/wiki/Kampfgruppe_gegen_Unmenschlichkeit), abgerufen am 3. 4. 2009
34 Kampfgruppe gegen Unmenschlichkeit – Wikipedia (wie 33)
35 Arenth, Joachim: Johnson, Vietnam ..., S. 132-136
36 Wernicke, Dr. Günter: »Solidarität ..., S. 41/42 und 65
37 ebenda, S. 60/61 und 65
38 Arenth, Joachim: Johnson, Vietnam ..., S. 216
39 Wernicke, Dr. Günter: »Solidarität ..., S. 62, 60, 63/64
40 ebenda, S. 65/66
41 ebenda
42 ebenda und Giesenfeld, Prof. Günter: Rede zum Gedenken an Sybille Weber in Vietnam Kurier, Nr. 3-4/2008, S. 11
43 Wernicke, Dr. Günter: »Solidarität ..., S. 28

DDR auf der anderen Seite der Barrikade

1 Die meistgebrauchte Abkürzung FNL bedeutet *Front National de Libération*. Gelegentlich ist eine deutsche Abkürzung NFB (Nationale Front für die Befreiung) anzutreffen.
2 Le Congrès des Représentants du peuple du Sud Viet Nam pour la formation du Gouvernement Révolutionnaire Provisoire de la République du Sud Viet Nam, Édition Giai Phong, Sud Viet Nam 1969, S. 52/53 und 63
3 Neues Deutschland, 13. Juni 1969
4 Autorenkollektiv: Außenpolitik der DDR – für Frieden und Sozialismus, Hg.: Institut für Internationale Beziehungen an der Akademie für Staats- und Rechtswissenschaft der DDR, Staatsverlag der DDR, Berlin 1974, S. 126
5 Das Friedensabkommen wurde in der Erstfassung von den Verhandlungsführern der DRV und der USA, in einer wortgleichen zweiten Fassung auch von den Vertretern der RSV und der Republik Vietnam (Saigon) signiert.
6 Neues Deutschland, 25. Januar 1973
7 Wernicke, Dr. Günter: »Solidarität ..., S. 66
8 Neues Deutschland, 1. Mai 1975
9 Neues Deutschland, 3./4. Mai 1975
10 Die Entwicklung der Beziehungen zwischen der Deutschen Demokratischen Republik und der Demokratischen Republik Vietnam, ohne Datum, SAPMO-BArch, NY 4090/488 (Nachlass Otto Grotewohl)
11 Kapfenberger, Hellmut: 2260 Kilometer zwischen Cao Bang und Quang Binh, Artikeldienst des ADN, veröffentlicht in: Sächsische Zeitung, Dresden, 1. Januar 1971
12 Autorenkollektiv der UdSSR: Sozialistische Diplomatie, S. 201
13 Schröder, Oberst a. D. Jochen: China, Osteuropa und der Vietnam-Krieg 1964 bis 1973 aus der Sicht der Deutschen Demokratischen Republik, Arbeitsgruppe Geschichte der NVA und Integration ehemaliger NVA-Angehöriger in Gesellschaft und Bundeswehr im Landesverband Ost des Deutschen Bundeswehrverbands, Information Nr. 21, Berlin 2008, S. 61/62
14 Wernicke, Dr. Günter: »Solidarität ..., S. 15 und 17
15 Kapfenberger, Hellmut: »Linie der Freundschaft«, Artikeldienst des ADN, veröffentlicht in: Märkische Volksstimme, Potsdam, 18. März 1972, und Notizen Kapfenberger
16 ebenda

17 Notizen Kapfenberger
18 Blumenthal, Richard: Durchbruch nach Haiphong, Militärverlag der DDR, Berlin 1974, S. 20/21, und Notizen Kapfenberger
19 Blumenthal, Richard: Durchbruch ..., S. 22 bis 63, und Notizen Kapfenberger
20 Privatarchiv Kapfenberger
21 ebenda
22 Autorenkollektiv: Außenpolitik der ..., S. 128, und Notizen Kapfenberger
23 Tran Duong: Wertvolle Beiträge für den Sprach- und Kulturaustausch zwischen Vietnam und Deutschland, Artikel in der Hanoier Wochenzeitung Jugend und Leben (übersetzter Titel), Nr. 71/95, 16.-23. Dezember 1997
24 ebenda und Archiv Igel

1973: Neue Bedingungen für Zusammenarbeit

1 Institut für Marxismus-Leninismus beim ZK der SED / Kommission zur Erforschung der Parteigeschichte beim ZK der KPV: Dokumente und Materialien der Zusammenarbeit zwischen der Sozialistischen Einheitspartei Deutschlands und der Kommunistischen Partei Vietnams 1973 bis 1979, Dietz Verlag Berlin 1980, S. 30 bis 50, und Notizen Kapfenberger
2 ebenda, S. 53 bis 98, und Notizen Kapfenberger
3 ebenda, S. 99 bis 123
4 ebenda, S. 144 bis 176
5 ebenda, S. 219 bis 256
6 ebenda, S. 259/260
7 Heyder, Monika: KulturSchock VIETNAM, Reise Know-How Verlag Peter Rump GmbH, Bielefeld/Brackwede 1997, S. 90/91
8 Institut für Marxismus-Leninismus beim ...: Dokumente und Materialien ..., S. 284-330, und Notizen Kapfenberger
9 ebenda, S. 12/13, Autorenkollektiv: Außenpolitik der ..., S. 127, und Notizen Kapfenberger
10 Privatarchiv Kapfenberger

»Arbeitskräftekooperation« zu beiderseitigem Nutzen

1 Keller, Hans-Jörg: KulturSchlüssel Vietnam, Max Hueber Verlag, Ismaning 2000, S. 19/120
2 Privatarchiv Kapfenberger
3 Schwiesau, Dr. Hermann: Beitrag in Kapitel Die DDR in der Region Süd- und Südostasien in: Herausgeberkollektiv: DDR-Außenpolitik im Rückspiegel – Diplomaten im Gespräch, LIT Verlag, Münster 2004, S. 289/290, und Notizen Kapfenberger

Beispiellose Bewegung der Solidarität

1 Wernicke, Dr. Günter: »Solidarität ..., S. 14/15 und Reichardt, Achim: Nie vergessen – Solidarität üben / Die Solidaritätsbewegung in der DDR, Edition Zeitgeschichte Band 23, Kai Homilius Verlag, Berlin 2006, S. 46-48
2 Reichardt, Achim: Nie vergessen ..., S. 35 und 50
3 ebenda, s. 64
4 Wernicke, Dr. Günter: »Solidarität ..., S. 17/18 und 51/52
5 Redaktionskollegium: Geschichte der Freien Deutschen Jugend – Chronik, Verlag Neues Leben, Berlin 1976, S. 246, 252 und 257/258
6 ver.di-Zeitschrift M – Menschen Machen Medien 3/07, S. 23
7 Reichardt, Achim: Nie vergessen ..., S. 65
8 Notizen Kapfenberger
9 Reichardt, Achim: Nie vergessen ..., S. 65
10 Wernicke, Dr. Günter: »Solidarität ..., S. 51
11 Notizen und Privatarchiv Kapfenberger
12 Wernicke, Dr. Günter: »Solidarität ..., S. 16/17 und 51
13 Sefrin, Max: Die Solidarität der DDR – eine Volksbewegung in: Die Aggression der USA – Protokoll des Internationalen ..., S. 143
14 Autorenkollektiv: Außenpolitik der DDR ..., S. 127
15 Institut für Marxismus-Leninismus beim ..., S. 13
16 Reichardt, Achim: Nie vergessen ..., S. 65,
17 ebenda, S. 66, und Redaktionskollegium: Geschichte der ..., S. 371

18 Reichardt, Achim: Nie vergessen ..., S. 66, und
Notizen Kapfenberger
19 Autorenkollektiv: Außenpolitik der ..., S. 127; Institut für
Marxismus-Leninismus beim ..., S. 13; Reichardt, Achim: Nie
vergessen ..., S. 67, und Notizen Kapfenberger
20 Notizen Kapfenberger
21 Institut für Marxismus-Leninismus beim ..., S. 325
22 Notizen Kapfenberger
23 Sefrin, Max: Die Solidarität der ..., S. 143-145
24 Wernicke, Dr. Günter: »Solidarität ..., S. 54/55; Hg.:
Die Aggression der USA in Vietnam/ Protokoll des
Internationalen ..., und Privatarchiv Kapfenberger
25 Institut für Marxismus-Leninismus beim ..., S. 246

Vergangenheit im Spiegel der Gegenwart

1 Heyder, Monika: KulturSchock VIETNAM, S. 82
2 Keller, Hans-Jörg: KulturSchlüssel ..., S. 123
3 Neues Deutschland, 23. Dezember 2006
4 Vietnam Kurier 3-4/1998, S. 44
5 Der volle Name der Gesellschaft ist Gesellschaft für die
Freundschaft zwischen den Völkern in der Bundesrepublik
Deutschland und der Sozialistischen Republik Vietnam
6 Vietnam Kurier 2/2001, S. 60-68
7 Vietnam Kurier 2/2005, S. 5/6
8 Sächsische Zeitung (Dresden), 26. September 2005
9 SZ/Döbelner Anzeiger, 12. Oktober 2005
10 wie 8 und 9
11 Vietnam Kurier 3-4/2005, S. 7/8
12 MDR-Fernsehen 13. April 2009
13 wie 3
14 Neues Deutschland, 5. Januar 2008
15 ebenda, 7. April 2007
16 Berliner Zeitung, 5. April 2008
17 DAMID – Das Ausländer- und AuslandsMagazin im
deutschsprachigen Raum, Nr. 5/96, S.12
18 Neues Deutschland, 9. Juli 1998, 11. Mai 1999, 2. Januar 2003
und 8. Januar 2003; Flyer zur Filmwoche
19 Vietnam Kurier 3-4/2001, S. 4/5
20 Vietnam Kurier 4/1999, S. 31
21 Vietnam Kurier 3-4/2000, S. 2/3

22 Berliner Zeitung, 3. November 1994
23 DAMID 12/95
24 Berliner Zeitung, 8. Mai 1002
25 Neues Deutschland, 31. Dezember 2002
26 SUPERillu 51/2001 (12. Dezember)
27 Neues Deutschland, 23. Dezember 1006
28 Keller, Hans-Jörg: KulturSchlüssel ..., S. 117

Neuanfang auf außenpolitischem Scherbenhaufen

1 Information Günter Giesenfeld (23. 01. 2009) und Material des Politischen Archivs des Auswärtigen Amtes (April 2009)
2 Neues Deutschland und Berliner Zeitung, 5. April 1993
3 Neues Deutschland, 28. und 30. Juni 1993, BPA-Bulletin 02. 07. 1993, Doknr. 058-93
4 Neues Deutschland, 7. August 1993
5 ebenda, 21. April 1994
6 ebenda, 12. April 1995, und Vietnam Kurier 3-4/2001, S. 78/79
7 DAMID 2/95, S. 3
8 ebenda
9 Antwort der Bundesregierung mit Schreiben des Bundesministers des Inneren vom 16. Februar 1995 auf eine Kleine Anfrage der PDS-Bundestagsabgeordneten zu den in der Gemeinsamen Erklärung vorgesehenen »Abschiebungen in der Bundesrepublik Deutschland lebender Vietnamesen« (Deutscher Bundestag, 13. Wahlperiode, Drucksache 13/875 vom 29. März 1995)
10 DAMID 9/95, S. 16/17
11 wie 9
12 Neues Deutschland, 19. Januar 1995
13 wie 7
14 DAMID 4/95, S. 17
15 Berliner Linke 11/93, S. 11
16 wie 7
17 Neues Deutschland, 23. Mai 1996
18 Berliner Zeitung, 23. Mai 1996
19 Vietnam Kurier 1/96, S. 24
20 BPA-Bulletin 05. 12. 1995, Doknr. 95101
21 Neues Deutschland, 17. und 18. November 1995, Berliner Zeitung, 18. November 1995

22 Neues Deutschland, 17. November 1995
23 wie 20
24 Vietnam Kurier 3-4/2001, S. 3
25 ebenda
26 Vietnam Kurier 2/2003, S. 2/3 (u.a. nach Presseinfo der Deutschen Botschaft Hanoi), Neues Deutschland und Berliner Zeitung, 16. März 2003
27 Bulletin der Bundesregierung Nr. 39-3 vom 15. Mai 2003 (BPA-Bulletin 15. 05. 2003, Doknr. 2003-39-3), Vietnam Kurier 2/2003, S. 3-6 (nach Homepage der Deutschen Botschaft Hanoi)
28 Vietnam Kurier 3/2003, S. 2 (u. a. nach Presseinfo der Deutschen Botschaft Hanoi)
29 Vietnam Kurier 1/2004, S. 2/3 (u. a. nach Homepage des Bundeskanzleramtes)
30 Vietnam Kurier 3-4/2004, S. 3 (nach bmvg-Homepage)
31 ebenda, S. 5/6
32 Vietnam Kurier 2/2007, S. 4
33 ZDF/heute-Nachrichtensendung, 23. Mai 2007
34 wie 32, S. 2
35 Bericht in Vietnam Kurier 1/2007, S. 33-37
36 ebenda und Neues Deutschland, 22. Mai 2007
37 Presse- und Informationsamt der Bundesregierung »REGIERUNGonline« – Wissen aus erster Hand (BPA-Bulletin 21. Mai 2007) und Vietnam Kurier 2/2007, S. 2-4
38 Neues Deutschland, 22. Mai 2007
39 Vietnam Kurier 1/2008, S. 4, Neues Deutschland, 5. September 2008, Auswärtiges Amt: Beziehungen zwischen Vietnam und Deutschland (http://www.auswaertiges-amt.de/DE/Aussenpolitik/Laender/Laenderinfos/Vietnam/Bilateral.html) abgerufen am 6. 6. 2011
40 Deutsche Botschaft Hanoi: Deutschland finanziert Aufbau der U-Bahn-Linie 2 in HCM-Stadt, auf der Internetpräsenz der Botschaft www.hanoi.diplo.de, abgerufen am 6. 6. 2011, Ausdruck im Archiv Kapfenberger, und Vietnam Kurier 1/2008, S. 2/3
41 Neues Deutschland, 29. Februar und 7. März 2008
42 wie 40
43 Deutsche Botschaft Hanoi: Deutscher Außenminister besucht Vietnam (http://www.hanoi.diplo.de/Vertretung/hanoi/de/Archiv/BM__Westerwelle__Jun11.html), zuletzt abgerufen am 16. 3. 2013

44 Botschaft Vietnams: Vietnam: Verhältnis vertiefen und ausbauen (http://www.vietnambotschaft.org/de/news.htm?id=778), abgerufen am 6. 6. 2011
45 Außenministerium Vietnams: Germany eyes strategic partnership with Viet Nam (http://www.mofa.gov.vn/en/nr040807104143/nr040807105001/ns110613102756/view), zuletzt abgerufen am 16. 3. 2013
46 Deutsche Botschaft Hanoi: Bundeskanzlerin Merkel zu Besuch in Vietnam – Strategische Partnerschaft mit Vietnam begründet (http://www.hanoi.diplo.de/Vertretung/hanoi/de/Archiv/Merkel__Okt11.html), zuletzt abgerufen am 16. 3. 2013
47 Außenministerium Vietnams: Talks between Prime Minister Nguyen Tang Dung and visiting German Chancellor Angela Merkel (http://www.mofa.gov.vn/en/nr040807104143/ns111013145942), zuletzt abgerufen am 19. 3. 2013
48 Bundeskanzleramt: Pressekonferenz BK'in Merkel und Ministerpräsident Nguyen anlässlich ihres Besuchs in der SRV (http://www.bundeskanzlerin.de/Content/DE/Mitschrift/Pressekonferenzen/2011/10/2011-10-11-merkel-hanoi.html), zuletzt abgerufen am 16. 3. 2013
49 wie 47
50 wie 48
51 Berliner Zeitung, 6. und 8. April 1995
52 Neues Deutschland, 9. September 2008
53 Vietnam Kurier 3-4/2000, S. 4
54 Vietnam Kurier 3-4/2008, S. 2
55 Botschaft Vietnams: Beziehungen zwischen Vietnam und Deutschland (http://www.vietnambotschaft.org/de/news.htm?id=521), abgerufen am 19. 10. 2011
56 Deutsche Botschaft Hanoi: Deutschland stärkt Entwicklungszusammenarbeit mit Vietnam – rund 300 Mio. Euro für 2011/2012 zugesagt auf der Internetpräsenz der Botschaft www.hanoi.diplo.de, abgerufen am 6. 6. 2011, Ausdruck im Archiv Kapfenberger
57 Botschaft Vietnams: Die zweite politische Konsultation Vietnam-Deutschland auf Ebene der stellvertretenden Aussenminister (http://www.vietnambotschaft.org/de/news.htm?id=514), abgerufen am 19. 10. 2011
58 Vietnam Kurier 3-4/1998, S. 6
59 Vietnam Kurier 1/2005, S. 4

60 wie 54
61 Deutsche Botschaft Hanoi – Bilaterale Beziehungen (http://www.hanoi.diplo.de/Vertretung/hanoi/de/03/Bilaterale__Beziehungen/Seite__Bilaterale__Beziehungen.html), zuletzt abgerufen am 18. 3. 2013
62 Außenministerium Vietnams: German Chancellor Angela Merkel: Germany backs Viet Nam-EU FTA (http://www.mofa.gov.vn/en/nr040807104143/ns111013162608), abgerufen am 13. 10. 2011
63 Deutsche Botschaft Hanoi: Wirtschaftsbeziehungen zwischen Vietnam und Deutschland (http://www.hanoi.diplo.de/Vertretung/hanoi/de/05/Bilaterale__Wirtschaftsbeziehungen/Bilaterale__Wirtschaftsbeziehungen.html), abgerufen am 14.10.2011,
Botschaft Vietnams: Festschrift 35 Jahre der diplomatischen Beziehungen SRV-BRD, Sonderausgabe der Zeitschrift THE GIOI & VIET NAM (THE WORLD & VIETNAM REPORT), Hanoi 2010, S. 35
64 diverse Quellen
65 Online-Material der KPV auf www.cpv.org, abgerufen am 20. 1. 2011, Ausdruck im Archiv Kapfenberger
66 wie 62
67 Vietnam on the move, Verlag The Gioi Publishers, Hanoi 2008, S. 191
68 Bundeskanzleramt: Statement von Bundeskanzlerin Merkel zum Abschluss ihrer zweitägigen Vietnam-Reise (http://www.bundesregierung.de/Content/DE/Mitschrift/Pressekonferenzen/2011/10/2011-10-12-merkel-ho-chi-minh-stadt.html), zuletzt abgerufen am 17. 3. 2013
69 Festschrift 35 Jahre der ..., S. 35/36 und 40
70 Neues Deutschland, 8. Juli 1996
71 wie 20
72 Herausgeberkollektiv: Von den Anfängen – Eine illustrierte Chronik der PDS 1989-1993, Dietz Verlag Berlin GmbH 1994, S. 157
73 Neues Deutschland, 28. Februar 1996
74 ebenda, 28. März 1996
75 ebenda, 31. März 2000
76 ebenda, 23. März 2006
77 Persönliche Information Egon Krenz

78 Deutsche Botschaft Hanoi: Deutschland engagiert sich auch 2011 bei der Beseitigung von Kriegsmunition in Mittelvietnam, Auf den Internetseiten der Deutschen Botschaft in Vietnam, abgerufen am 25. 7. 2011, Ausdruck im Archiv Kapfenberger, und diverses SODI-Material
79 Neues Deutschland, 6. Januar 1994, Vietnam Kurier 3-4/1997, S. 107, und 1/1997, S. 37/38, SODI!Report 2/2004, S. 9
80 Freundschaftsgesellschaft Vietnam (www.fg-vietnam.de/Freunde.htm) und DVG (http://www.vietnam-dvg.de)

Jubiläum mit manchen Fragezeichen

1 Deutsche Botschaft Hanoi: Presseerklärung zum Deutschland-Besuch des vietnamesischen Ministerpräsidenten Nguyen Tan Dung, Auf der Internet-Seiten der Deutschen Botschaft in Hanoi, abgerufen am 25. 4. 2009, Ausdruck im Archiv Kapfenberger

Nachwort

1 Deutsche Botschaft Hanoi – Bilaterale Beziehungen (http://www.hanoi.diplo.de/Vertretung/hanoi/de/03/ Bilaterale__Beziehungen/Seite__Bilaterale__Beziehungen. html), zuletzt abgerufen am 18. 3. 2013
2 Vietnam Kurier 2/2000, S. 1
3 ebenda, S. 36 und 39
4 Vietnam Kurier 1/2007, S. 39
5 Vietnam Kurier 2/2007, S. 4

Literaturverzeichnis

Arenth, Joachim: Johnson, Vietnam und der Westen. Transatlantische Belastungen 1963-1969, Günter Olzog Verlag GmbH, München 1994

Autorenkollektiv: Außenpolitik der DDR. Für Sozialismus und Frieden, Hg.: Institut für Internationale Beziehungen an der Akademie für Staats- und Rechtswissenschaft der DDR, Staatsverlag der DDR, Berlin 1974

Autorenkollektiv der UdSSR: Sozialistische Diplomatie, Staatsverlag der DDR, Berlin 1974

Blumenthal, Richard: Durchbruch nach Haiphong, Militärverlag der DDR, Berlin 1974

Boten der Freundschaft. Eine Kamera begleitet Ministerpräsident Otto Grotewohl durch den Nahen und den Fernen Osten, Hg.: Nationalrat der Nationalen Front des demokratischen Deutschland, Kongreß-Verlag, Berlin 1959

DDR-Außenpolitik im Rückspiegel. Diplomaten im Gespräch, Herausgeberkollektiv, LIT Verlag, Münster 2004

Die Aggression der USA in Vietnam. Protokoll des Internationalen Vietnam-Kolloquiums 17. Februar 1969 in Berlin, Hg.: Vietnam-Ausschuß beim Afro-Asiatischen Solidaritätskomitee der DDR, Berlin 1969

Dokumente und Materialien der Zusammenarbeit
zwischen der Sozialistischen Einheitspartei
Deutschlands und der Kommunistischen Partei
Vietnams. 1973-1979, Hg.: Institut für Marxismus-
Leninismus beim ZK der SED / Kommission
zur Erforschung der Parteigeschichte beim
ZK der KPV, Dietz Verlag Berlin 1980

Faber, Franz: Rot leuchtet der Song Cai, Herausgegeben
im Auftrag des Solidaritätsausschusses
für Korea und Vietnam beim Nationalrat
der Nationalen Front des demokratischen
Deutschland, Kongreß-Verlag, Berlin 1955

Geschichte der Freien Deutschen Jugend. Chronik,
Redaktionskollegium,
Verlag Neues Leben, Berlin 1976

Grümmer, Gerhard: herbizide in vietnam,
Vietnam-Ausschuß beim Afro-Asiatischen
Solidaritätskomitee der DDR, Berlin 1969

Heyder, Monika: KulturSchock Vietnam, Reise
Know-How Verlag Peter Rump GmbH,
Bielefeld/Brackwede 1997

Histoire de la Révolution d'Août, Éditions
en langues étrangères, Hanoi 1972

Keller, Hans-Jörg: KulturSchlüssel Vietnam,
Max Hueber Verlag, Ismaning 2000

Le Congrès des Représentants du peuple du
Sud Viet Nam pour la formation du Gouvernement:
Révolutionnaire Provisoire de la République du Sud
Viet Nam, Éditions Giai Phong (Verlag Befreiung),
Sud Viet Nam 1969

Les vrais et les faux secrets du Pentagone. Documents,
Le Courrier du Vietn Nam, Hanoi 1971

McNamara, Robert / VanDeMark, Brian:
Vietnam. Das Trauma einer Weltmacht,
Spiegel Buchverlag, Hamburg 1996

Reichardt, Achim: Nie vergessen – Solidarität
üben! / Die Solidaritätsbewegung in der
DDR, Kai Homilius Verlag, Berlin 2006

Schneider, Wolfgang: Apocalypse Vietnam. Das Buch zur
Fernsehserie (MDR),
Rowohlt Berlin Verlag GmbH, Berlin 2000

Scholl-Latour, Peter: Der Tod im Reisfeld.
Dreißig Jahre Krieg in Indochina,
Deutscher Taschenbuch Verlag, München 2003

Schröder, Jochen: China, Osteuropa und der
Vietnam-Krieg 1964 bis1973 aus der Sicht
der Deutschen Demokratischen Republik,
Arbeitsgruppe Geschichte der NVA und
Integration ehemaliger NVA-Angehöriger in
Gesellschaft und Bundeswehr im Landesverband
Ost des Deutschen Bundeswehrverbands,
Information Nr. 21, Berlin 2008

Schütte, Heinz: Zwischen den Fronten. Deutsche
und österreichische Überläufer zum
Viet Minh, Logos Verlag, Berlin 2006

Steininger, Rolf: Der Vietnamkrieg,
Fischer Taschenbuch Verlag, Frankfurt a.M. 2004

Vietnam on the move. Compiled by Mai Ly Quang,
THE GIOI PUBLISHERS, Hanoi 2008

Von den Anfängen.Eine illustrierte Chronik
der PDS 1989-1993, Herausgeberkollektiv,
Dietz Verlag Berlin GmbH 1994

506 Wernicke, Günter: »Solidarität hilft siegen!«. Zur Solidaritätsbewegung mit Vietnam in beiden deutschen Staaten; Mitte der 60er bis Anfang der 70er Jahre, hefte zur ddr-geschichte Nr. 72, Forscher- und Diskussionskreis zur DDR-Geschichte, Hg.-Kollektiv, »Helle Panke« zur Förderung von Politik, Bildung und Kultur e.V., Berlin und Gesellschaftswissenschaftliches Forum e.V., Berlin, Berlin 2001

Danksagung

Dank für tatkräftige Unterstützung schulde ich dem Zentralen Dokumentationssystem des Presse- und Informationsamtes der Bundesregierung (Frau Elisabeth Skrip) und dem Politischen Archiv des Auswärtigen Amtes (Herr Ulrich Geyer). Mein Dank gilt dem Bundesarchiv, insbesondere dessen Bildarchiv (Frau Martina Caspers), und dem Parlamentsarchiv des Deutschen Bundestages. Dank sei den Mitarbeiterinnen und Mitarbeitern der Archive der Tageszeitungen *neues deutschland* und *junge Welt* gesagt.

© 2013 Hellmut Kapfenberger
© 2013 Verlag Wiljo Heinen, Berlin und Böklund
Alle Rechte vorbehalten.

Verlagsanschriften:

Verlag Wiljo Heinen Verlag Wiljo Heinen
Franz-Mehring-Platz 1 Schulstr. 20
10243 Berlin 24860 Böklund

www.gutes-lesen.de

Umschlagfoto:
Nick DeWolf, 1995, CC-BY-SA 2.0 US,
http://www.flickr.com/photos/dboo/183086555/in/
set-72157594189127398/;
Insert: Ausschnitt aus BArch Bild 183-R0422-036

Umschlag und Typographie: W. Heinen
Gesetzt aus der Sabon LT, der Frutiger LT und der Avantgarde LT.

Druck und Weiterverarbeitung:

Prime Rate Kft., Ungarn
Printed in the EU.

»Berlin–Bonn–Saigon–Hanoi« hat die

ISBN 978-3-95514-006-9

Bibliografische Information der
Deutschen Nationalbibliothek
Die Deutsche Nationalbibliothek verzeichnet diese Publikation in der
Deutschen Nationalbibliografie; detaillierte bibliografische Daten sind
im Internet über http://d-nb.info/ abrufbar.

Progressive Literatur Verlag Wiljo Heinen

Klaus Steiniger:
Portugal im April
Chronist der Nelkenrevolution

Am 25. April 1974 wurde in Portugal ein Fenster in die Zukunft aufgestoßen. Als ständiger Korrespondent und Fotoreporter berichtet Klaus Steiniger aus dem Herzen der »Revolution der Nelken« – nicht als »distanzierter Beobachter«, sondern als Weggefährte.

Mit seinen lebendigen Schilderungen und bewegenden Fotos macht »Portugal im April« Mut und Hoffnung und führt vor Augen, wie »jähe Wendungen« scheinbar festgefügte Machtverhältnisse erschüttern können.

Mit Anmerkungen zum Buch von General Vasco Gonçalves.

ISBN 978-3-939828-62-4
Tb., 466 S., 60 s/w Fotos
14,– €

Unsere Bücher können Sie im guten Buchhandel beziehen.
Eine Direktbestellung beim Verlag ist u. a.
in unserem Internet-Laden möglich:

www.gutes-lesen.de

Progressive Literatur — Verlag Wiljo Heinen

Heinz Langer:
Zärtlichkeit der Völker
Die DDR und Kuba

»Solidarität ist die Zärtlichkeit der Völker.«

Dieses Buch erzählt von den Beziehungen zwischen der DDR und Kuba, von der solidarischen Verbundenheit ihrer Völker, Staaten und Politiker.

Heinz Langer begleitete diese Beziehungen vom Anfang bis zu ihrem erzwungenen Ende – auch als Botschafter der DDR in Kuba.

Es ist ein sehr persönlicher Bericht über die Freundschaft zwischen der DDR und Kuba, der Schwierigkeiten und Missverständnisse nicht ausspart, doch immer von großer Sympathie getragen ist.

ISBN 978-3-939828-48-8
Tb., 173 S., zahlr. s/w Fotos
9,50 €

Unsere Bücher können Sie im guten Buchhandel beziehen.
Eine Direktbestellung beim Verlag ist u. a.
in unserem Internet-Laden möglich:

www.gutes-lesen.de